U0534964

本书是国家社会科学基金青年项目"数字普惠金融缓解城乡资本错配的机理、效应与路径研究"（项目批准号：21CJY004）的研究成果

数字普惠金融对城乡资本错配的缓解作用研究

A Study on the Mitigation Effect of Digital Inclusive Finance on Urban-rural Capital Mismatch

李晓龙 著

中国社会科学出版社

图书在版编目（CIP）数据

数字普惠金融对城乡资本错配的缓解作用研究 / 李晓龙著. -- 北京：中国社会科学出版社，2024.12.
ISBN 978-7-5227-4647-0

Ⅰ.F832-39

中国国家版本馆CIP数据核字第2024SG1131号

出 版 人	赵剑英	
责任编辑	周　佳	
责任校对	胡新芳	
责任印制	李寡寡	

出　　版	中国社会科学出版社
社　　址	北京鼓楼西大街甲158号
邮　　编	100720
网　　址	http://www.csspw.cn
发 行 部	010-84083685
门 市 部	010-84029450
经　　销	新华书店及其他书店
印　　刷	北京明恒达印务有限公司
装　　订	廊坊市广阳区广增装订厂
版　　次	2024年12月第1版
印　　次	2024年12月第1次印刷
开　　本	710×1000　1/16
印　　张	22
插　　页	2
字　　数	365千字
定　　价	118.00元

凡购买中国社会科学出版社图书，如有质量问题请与本社营销中心联系调换
电话：010-84083683
版权所有　侵权必究

前　言

城乡资本要素的自由流动和合理配置是促进农业农村经济增长、推动城乡融合发展以及实现共同富裕的重要引擎。然而，长期以来，受城乡二元经济结构影响，资本要素难以在城乡之间实现充分自由流动和平等交换，由此偏离最优配置状态并造成了城乡资本错配。普惠金融具有优化资本配置的重要功能，依托数字技术而生的数字普惠金融为有效缓解城乡资本错配提供了可能。数字普惠金融主要定位于金融弱势群体，其在为农村经济主体提供金融支持的同时不但可以弥补传统金融的不足，还能通过数字技术降低经营成本，减少信息不对称造成的风险，从而增强农村资本供给的可持续性。因此，重点研究数字普惠金融缓解城乡资本错配的内在机理与多维效应，并系统构建数字普惠金融缓解城乡资本错配的优化路径和协同政策，具有十分重要的理论价值与实践意义。

一　研究的主要内容

第一，系统构建了数字普惠金融缓解城乡资本错配的理论分析框架。在科学界定相关概念定义及内涵的基础上，系统论述了数字普惠金融缓解城乡资本错配的内在机理，构建了数字普惠金融缓解城乡资本错配的理论模型，探究了数字普惠金融与城乡资本错配的指标评估方法。

第二，描述分析了数字普惠金融与城乡资本错配的现状与问题。首先阐述了中国普惠金融发展与城乡资本配置的演进过程；其次重点剖析了数字普惠金融与城乡资本错配的现状，以及数字普惠金融缓解城乡资本错配的现实模式；最后分析了数字普惠金融缓解城乡资本错配面临的主要问题。

第三，实证检验了数字普惠金融对城乡资本错配的影响效应，以及数字普惠金融缓解城乡资本错配的经济效应。利用面板数据模型实证研究了数字普惠金融对城乡资本错配的直接影响、异质性影响及空间溢出效应，检验分析了数字普惠金融通过缓解城乡资本错配对城乡融合发展产生的影响效应及门槛效应。

第四，探索性研究了数字普惠金融缓解城乡资本错配的总体构想、路径设计与协同政策框架。基于理论与实证研究结论，运用新制度经济学的视角和分析工具，结合实际提出了数字普惠金融缓解城乡资本错配的总体构想，设计了数字普惠金融缓解城乡资本错配的宏微观路径，构建了数字普惠金融缓解城乡资本错配的协同政策框架。

二 研究的主要结论

第一，数字普惠金融通过提升农村金融服务可获取性、降低农村金融服务成本、促进农村金融市场竞争以及增强农村金融风险控制能力，可以有效缓解城乡资本错配。首先，数字普惠金融有助于扩大农村金融覆盖范围，降低农村金融用户准入门槛，提高农村金融服务的渗透性、便利性和可获取性。其次，数字普惠金融发展不仅有助于节约农村金融基础设施建设成本，还能够降低农村金融机构的获客成本、人力成本以及运营成本。再次，数字普惠金融发展不仅促进了传统金融同业机构之间的竞争，还催生出一批新型金融科技企业参与竞争。这些企业凭借着自身独特优势，深度参与到农村地区金融服务当中，有效提高了农村金融市场竞争程度。最后，数字普惠金融发展可以推动金融机构利用大数据分析和人工智能算法，建立信贷风控模型，极大地增强了风险监测和控制能力。随着农村金融服务可获取性的有效提升、农村金融服务成本的持续降低、农村金融市场竞争的不断加剧以及农村金融风险控制能力的进一步增强，资本要素会加速从城市地区向农村地区流动，城乡资本错配由此也将得到有效缓解。

第二，普惠金融发展与城乡资本配置演进息息相关，优化城乡资本配置离不开普惠金融的支持，普惠金融的不同发展阶段对优化城乡资本配置均产生了不同程度的促进作用。普惠金融发展大致可分为三个主要阶段，分别是小额信贷和微型金融发展阶段、普惠金融体系形成和发展阶段和数字普惠金融的创新发展阶段。这三个发展阶段一脉相承又彼此紧密联系：小额信贷和微型金融是普惠金融体系形成的基本前提和重要组成部分，普惠金融体系是小额信贷和微型金融的有机融合与扩大化发展，数字普惠金融则是普惠金融的创新化发展。普惠金融的不同发展阶段对优化城乡资本配置的促进作用主要体现在，小额信贷和微型金融是增加农村资本供给、优化城乡资本配置的重要方式，为其提供了制度安排；普惠金融体系的初步形成有助于普惠金融平稳持续运行，为优化城乡资本配置提供了重要保障；数字普惠金融的创新性发展则促进了金融产品和服务的多元创新发展，并提高了金融机构的风险控制能力，为优化城乡资本配置提供了有效手段。

第三，当前数字普惠金融缓解城乡资本错配的现实模式较为多样，但仍存在丰富拓展的空间，同时数字普惠金融缓解城乡资本错配也面临一些严峻问题。其一，数字化整村授信模式、综合化农村普惠金融平台模式和数字化农业供应链金融模式是数字普惠金融缓解城乡资本错配的主要现实模式。其二，数字普惠金融缓解城乡资本错配面临的问题主要来自数字普惠金融供给层面、农业农村需求层面和国家政府监管层面。从数字普惠金融供给层面来看，尚存在数字普惠金融覆盖广度不够、数字普惠金融产品服务创新不足、传统金融机构数字化转型缓慢、数字化金融服务人才较为缺乏等问题，使数字普惠金融的作用难以有效发挥；从农业农村需求层面来看，还面临农村居民数字金融素养缺乏、农村产业结构单一与附加值低、农村信用体系不够完善、农村创业人才缺乏等困境，导致城乡资本错配的缓解进程较为缓慢；从国家政府监管层面来看，由于政策偏好长期影响城乡资本配置，加之数字普惠金融相关制度不够健全、风险监管有待加强，进一步制约了数字普惠金融对城乡资本错配的缓解作用发挥。

第四，数字普惠金融有助于缓解城乡资本错配，且这种影响存在结构异质性、区域异质性和传统金融发展水平异质性，但数字普惠金融加剧了邻近地区的城乡资本错配程度。面板双向固定效应模型的回归结果表明，数字普惠金融对城乡资本错配具有显著的负向作用，即数字普惠金融有助于缓解城乡资本错配；在进行内生性问题处理以及一系列稳健性检验后，该结论依旧成立；从结构异质性来看，数字普惠金融使用深度对城乡资本错配的缓解作用要强于覆盖广度，数字化程度对城乡资本错配的缓解作用最弱；从区域异质性来看，数字普惠金融对西部地区城乡资本错配的缓解作用要强于中部地区和东部地区，数字普惠金融对东部地区城乡资本错配的缓解作用较为有限；从传统金融发展水平异质性来看，相比于传统金融发展水平较高的地区而言，数字普惠金融对城乡资本错配的缓解作用在传统金融发展水平较低的地区更强。进一步的空间溢出效应分解发现，数字普惠金融对于本地区和邻近地区城乡资本错配的影响方向存在明显差异，能够缓解本地区的城乡资本错配，却加剧了邻近地区的城乡资本错配程度。

第五，数字普惠金融可以显著促进城乡融合发展，城乡资本错配缓解是其重要机制，并且数字普惠金融对城乡融合发展的影响存在门槛效应。面板双向固定效应模型回归发现，数字普惠金融对城乡融合发展具有显著的正向作用，即数字普惠金融有助于促进城乡融合发展。面板中介效应模型证实，数字普惠金融可以通过缓解城乡资本错配促进城乡融合发展，揭示了数字普惠金融→城乡资本错配缓解→城乡融合发展的传导机理。面板交互效应模型回归结果表明，数字普惠金融可以缓解城乡资本错配对城乡融合发展的抑制作用；换言之，一个地区的数字普惠金融发展水平越高，越有助于缓解城乡资本错配对城乡融合发展的负向作用。进一步的面板门槛回归模型检验发现，数字普惠金融对城乡融合发展的影响存在基于数字普惠金融和城乡资本错配的门槛效应，随着数字普惠金融水平的不断提升，数字普惠金融对城乡融合发展的促进作用呈现边际递减趋势；在城乡资本错配程度越高的地区，数字普惠金融对城乡融合发展的促进作用更大。

三 研究的重要观点

第一，资本短缺严重制约了农村经济的进一步发展，为了促进农村经济的长足有效发展，最终能够实现城乡融合发展和乡村振兴的目标，关键在于解决城乡资本配置问题，即二元经济向现代经济转变的主要内容之一在于提高城乡资本配置的有效性，实现资本在城市和农村地区的高效流动与合理配置。

第二，城乡资本错配的本质是资本边际收益率相对较低的城市地区存在明显的资本供给过剩，而资本边际收益率相对较高的农村地区却面临严重的资本供给不足。因此缓解城乡资本错配的核心目标是扩大农村地区的资本供给，满足农村发展的资金需求，增强农村发展的资本集聚能力。

第三，要充分发挥数字普惠金融对城乡资本错配的缓解作用，重点必须从"数字"和"普惠"两个方面着手，一方面坚持效率优先；另一方面兼顾公平，突出数字普惠金融与过去"普惠金融"和传统"金融发展"的本质区别。

第四，数字普惠金融在促进城乡资本错配缓解的过程中，既要发挥市场在资源配置方面的决定性作用，利用市场机制优化调节金融资源，有效匹配金融服务供给与需求；也要发挥政府在资源配置方面的调控性作用，适度调节竞争格局，引导金融资源合理配置，并在发现金融风险时及时进行干预。

第五，数字普惠金融缓解城乡资本错配是一项复杂的系统性工程，需要设计宏微观相结合的优化路径。全景式地将同处宏观层面且内在联系紧密的数字普惠金融制度、市场和组织优化进行有机整合，系统性给出总体思路与关键路径；同时围绕微观运行机制，从务实可操作的角度出发，分别对数字普惠金融产品、服务方式和金融技术创新给出实施方案。

第六，金融追本逐利的本性和农业农村经济与生俱来的弱质性，要求数字普惠金融缓解城乡资本错配不仅需要设计与之相匹配的宏微观路径，还需要围绕政策目标、政策工具与传导机制，从产业政策、金融政策、财税政策、保障政策等方面构建配套政策予以协同。

四 研究的政策建议

第一，明确数字普惠金融缓解城乡资本错配的总体构想。首先，数字普惠金融缓解城乡资本错配的基本指导思想在于，既需要发挥市场在资源配置方面的决定性作用，利用市场机制优化调节金融资源，有效匹配金融服务供给与需求；同时也需要发挥政府在资源配置方面的调控性作用，适度调节竞争格局，引导金融资源合理配置，并在发现金融风险时及时进行干预。此外还要注重构建市场与政府的协同机制，并根据城乡发展情况的变化不断调整协同机制，实现有效市场和有为政府的更好结合。其次，数字普惠金融缓解城乡资本错配的目标定位应着眼于农业农村发展的资金需求得到有效满足，农业农村发展的资本集聚能力显著增强，农业农村发展的金融服务效能明显提升，以及农业农村发展的金融服务风险总体可控。最后，数字普惠金融缓解城乡资本错配的基本原则主要涵盖：一是数字普惠金融服务商业可持续原则，即金融机构不仅需要考虑到农村经济主体的短期利益，还需要注重自身的长期发展，确保在满足农村经济主体需求的同时，实现自身的持续盈利；二是数字普惠金融服务模式差异化原则，即以农村经济主体需求为导向，结合地域差异、服务深度和广度、科技创新以及风险管理等因素，设计灵活多样的服务模式，以满足农村不同类型经济主体的金融需求；三是数字普惠金融服务效率最大化原则，即通过最小的金融服务支出实现城乡资本错配缓解目标的最优化，为更广泛的农村经济主体提供更便捷、更优质的金融服务；四是数字普惠金融服务风险最小化原则，即在提供数字普惠金融服务的过程中，通过采取一系列的风险管理措施，将可能产生的风险降到最低，以确保金融服务的稳定性和安全性。

第二，优化数字普惠金融缓解城乡资本错配的宏观路径。一是数字普惠金融缓解城乡资本错配的制度优化路径。应当从构建专门性法规体系、提高法律法规位阶、放宽市场准入门槛、充分发挥政府作用等方面来完善数字普惠金融的市场准入制度；推动监管技术升级，同时在监管立法中明确"包容审慎"理念，构建风险监管与金融创新的双赢格局，强化数字普惠金融的风险监管制度；加快出台针对金融消费者权益保护的专门性法律，建立金融纠纷多元化解机制和金融知识普及多部门协作机制，健全数字普惠金融的权益保护制度。二是数字普惠金融缓解城乡资本错配的组织优化路径。重点从金融服务、产品创新和风险防控等方面推动传统金融机构的数字化创新与转型；通过建立大数据智能化征信机制、实现普惠金融创新产品应用场景化以及设计智能化风控系统等途径，支持金融科技企业的普惠金融业务创新；利用数字技术赋能农业供应链金融服务线上化、应用场景化以及风控数字化，促进农业供应链金融服务商的数字化创新。三是数字普惠金融缓解城乡资本错配的市场优化路径。大力拓展数字信贷市场，依托金融科技手段、数字化渠道和量化风控技术，大力拓展涉农信贷服务的覆盖广度和深度，实现信贷业务全流程标准化、数字化和可配置化；有效激活数字保险市场，依托数字科技赋能助力保险机构多维度降本增效、创新保险产品和推动农险风控信息化，充分发挥农业保险增信功能，撬动农村信贷规模倍增效应；建立健全数字资本市场，最大限度地发挥其提升资本配置效率和服务实体经济优势，从而引导金融资源向县域、农村下沉，稳步提高资本市场支农水平，不断扩大农村地区的资本集聚。

第三，创新数字普惠金融缓解城乡资本错配的微观路径。一是数字普惠金融缓解城乡资本错配的产品创新路径。明确数字信贷产品的主体融资作用，创新数字信贷产品以降低农村融资约束，增加农村地区资本投资规模；突出数字保险产品的风险兜底功能，创新数字保险产品以加强农村权益保护，加快农村地区社会保障体系发展；引入数字担保产品的补充支持机制，创新数字担保产品以弥补农村担保物空缺，引导城市资金向农村回流。二是数字普惠金融缓解城乡资本错配的服务创新路径。拓展农村数字普惠金融服务场景，打造集数字金融服务与非金融服务于一体的一站式农村金融服务平台，满足农村群体多元化金融服务需求，增加农村的金融供给；扩大农村普惠金融服务站服务半径，拓展数字普惠金融服务的覆盖面，提升农村群体的金融体验感，努力缩小城乡之间的数字鸿沟，为改善农村资本要素匮乏现状提供助力；创新数字金融服务人员服务意识，打造更加开放、更加包容的氛围，塑造"以客户为本"的企业文化，提高数字金融服务人员的服务质量。三是数字普惠金融缓解城乡资本错配的技术创新路径。通过建设数字化征信数据仓、完善数字化征信手段以及升级数字化征信数据仓功能，创新征信技术以缓解农村融资难现象，提高农村金融资源供需匹配效率；遵循市场化、综合收益最大化、数字化、差异化等原则，建立数字化农村贷款定价模型，创新定价技术以缓解农村融资贵现象，提高农村金融可得性；基于机器学习等技术的数字风控模式，通过利用其成本低、实时性强等优势，构建实时智能质检引擎和智能反欺诈引擎，创新风控技术以降低农村地区融资风险，促进城乡资本优化配置。

第四，完善数字普惠金融缓解城乡资本错配的协同政策。一是数字普惠金融缓解城乡资本错配的产业政策。要致力于构建一体化的现代综合农业产业体系，充分发挥农业的经济价值、社会价值、文化价值，加深数字普惠金融的服务程度，引导社会资本投向农村；着力夯实现代农业生产体系，从基础性要素和赋能性要素入手，合理配置生产要素，提高生产效率，增加农业要素投入的单位经济价值，引导更多的金融资本投入资本边际报酬率更高的农业领域；建立健全现代农业经营体系，以培育发展新型农业经营主体和服务主体为抓手，形成现代农业的"产业洼地"，发展适度规模经营，增强资本集聚能力，为资本入乡提供适宜的环境条件。二是数字普惠金融缓解城乡资本错配的金融政策。要进一步优化农村金融资源配置，提供有效的金融供给以达到资本配置均衡；加快培育农村金融市场，为数字普惠金融创造健康的发展条件；增强城市金融辐射带动能力，缩小城乡资本配置效率的差异性；积极引导、规范农村非正规金融发展，增强农村金融的集聚能力。三是数字普惠金融缓解城乡资本错配的财税政策。要合理利用财政投资、税收政策和转移支付等财税政策工具，加大对农村地区财税支持力度的同时，对社会资本形成带动作用，积极引导社会资本对农业经济发展的支持作用。四是数字普惠金融缓解城乡资本错配的保障政策。应从深化农村产权制度改革、夯实农村基础设施建设、构筑农村公共服务网络、完善城乡社会保障体系等方面着手，切实做好数字普惠金融缓解城乡资本错配的外部保障政策制定，并为其他社会资本进入农业生产部门提供优质的外部环境，促使其配合数字普惠金融共同优化城乡资本配置。

五 研究的主要创新

第一，从理论架构层面较为全面地廓清了数字普惠金融缓解城乡资本错配的内在机理及作用机制。本书在借鉴数字经济与互联网金融、金融发展与普惠金融、要素报酬与资本配置、城乡二元经济结构等一般理论的基础上，从金融学与区域经济学交叉视角出发，系统构建了数字普惠金融缓解城乡资本错配的理论分析框架，对数字普惠金融、城乡资本错配等概念内涵进行了科学界定，采用逻辑分析方法论证了数字普惠金融缓解城乡资本错配的内在机理，借助数理分析方法构建了数字普惠金融缓解城乡资本错配的理论模型，为实证研究与政策设计提供了科学的理论依据，并在一定程度上深化和拓展了金融发展与资本配置关系的理论研究范围。

第二，从经验证据层面明晰了数字普惠金融缓解城乡资本错配的直接效应、异质性效应及其间接经济效应。本书构建面板双向固定效应模型、工具变量模型、空间计量模型、面板中介效应模型、面板交互效应模型以及面板门槛回归模型，采用计量分析方法，实证检验了数字普惠金融缓解城乡资本错配的直接效应与异质性效应，并进一步探讨了数字普惠金融通过缓解城乡资本错配对城乡融合发展产生的间接经济效应。基于直接效应、异质性效应以及间接经济效应的检验结果，在实证层面为对策研究与政府决策提供了较为完整的数字普惠金融缓解城乡资本错配的经验证据支撑，揭示了以往研究较少涉及的城乡资本错配缓解过程中的金融服务供给机制。

第三，从政策体系层面系统架构了数字普惠金融缓解城乡资本错配的总体构想、优化路径及协同政策。基于实证研究的重要结论，结合当前中国数字普惠金融与城乡资本错配的现状以及数字普惠金融在缓解城乡资本错配过程中存在的问题，本书提出了数字普惠金融缓解城乡资本错配的指导思想，揭示了数字普惠金融缓解城乡资本错配的目标定位与基本原则，设计了数字普惠金融缓解城乡资本错配的宏微观路径，构建了数字普惠金融缓解城乡资本错配的协同政策框架。本书论证和揭示的重要理论观点与政策主张，可以为各级政府部门以及涉农金融机构制定优化城乡资本配置的相关战略与政策措施提供一定的理论依据和思路参考，为推动研究成果由科学研究向实践指导转化提供了具体方向。

本书是国家社会科学基金青年项目"数字普惠金融缓解城乡资本错配的机理、效应与路径研究"（项目批准号：21CJY004）的研究成果，全书内容是在贵州财经大学应用经济学院李晓龙副教授主持下完成的，参与课题研究的有郑威老师、江唐洋老师，以及张子怡、郝晓婧、刘雨欣、张琼月、袁帅强、蔡云龙、张帅等研究生。研究和出版过程中得到全国哲学社会科学工作办公室、贵州省哲学社会科学规划办公室、贵州财经大学和中国社会科学出版社的大力支持，在此表示诚挚的谢意。

目　录

第一章　总论 ……………………………………………………………（1）
　第一节　研究的问题与背景 ………………………………………（1）
　第二节　研究的目标与意义 ………………………………………（9）
　第三节　研究的思路与方法 ………………………………………（10）
　第四节　研究的内容与资料 ………………………………………（12）
　第五节　研究的特色及创新 ………………………………………（15）

第二章　数字普惠金融缓解城乡资本错配的理论基础 …………（17）
　第一节　经典理论借鉴 ……………………………………………（17）
　第二节　国内外文献综述 …………………………………………（32）
　第三节　国外实践经验 ……………………………………………（62）
　第四节　本章小结 …………………………………………………（69）

第三章　数字普惠金融缓解城乡资本错配的理论框架 …………（70）
　第一节　数字普惠金融与城乡资本错配的概念界定 ……………（70）
　第二节　数字普惠金融缓解城乡资本错配的内在机理 …………（74）
　第三节　数字普惠金融缓解城乡资本错配的理论模型 …………（84）
　第四节　数字普惠金融与城乡资本错配的评估方法 ……………（92）
　第五节　本章小结 …………………………………………………（97）

第四章　数字普惠金融与城乡资本错配的现状及问题 …………（99）
　第一节　普惠金融发展与城乡资本配置的演进过程 ……………（99）

第二节　数字普惠金融与城乡资本错配的现状分析 …………（107）
　　第三节　数字普惠金融缓解城乡资本错配的现实模式 …………（124）
　　第四节　数字普惠金融缓解城乡资本错配的问题诊断 …………（136）
　　第五节　本章小结 ………………………………………………（144）

第五章　数字普惠金融对城乡资本错配的影响效应检验 …………（145）
　　第一节　理论分析与研究假说 …………………………………（145）
　　第二节　模型、变量与数据说明 ………………………………（150）
　　第三节　实证检验与结果分析 …………………………………（153）
　　第四节　进一步讨论：空间溢出效应分析 ……………………（167）
　　第五节　本章小结 ………………………………………………（175）

第六章　数字普惠金融缓解城乡资本错配的经济效应考察 …………（177）
　　第一节　理论分析与研究假说 …………………………………（177）
　　第二节　模型、变量与数据说明 ………………………………（183）
　　第三节　实证检验与结果分析 …………………………………（187）
　　第四节　进一步讨论：门槛效应分析 …………………………（192）
　　第五节　本章小结 ………………………………………………（197）

第七章　数字普惠金融缓解城乡资本错配的总体构想 …………（198）
　　第一节　数字普惠金融缓解城乡资本错配的指导思想 …………（198）
　　第二节　数字普惠金融缓解城乡资本错配的目标定位 …………（207）
　　第三节　数字普惠金融缓解城乡资本错配的基本原则 …………（211）
　　第四节　本章小结 ………………………………………………（215）

第八章　数字普惠金融缓解城乡资本错配的宏观路径 …………（216）
　　第一节　数字普惠金融缓解城乡资本错配的制度优化路径 ……（216）
　　第二节　数字普惠金融缓解城乡资本错配的组织优化路径 ……（223）
　　第三节　数字普惠金融缓解城乡资本错配的市场优化路径 ……（234）
　　第四节　本章小结 ………………………………………………（245）

第九章　数字普惠金融缓解城乡资本错配的微观路径 …………（247）
　第一节　数字普惠金融缓解城乡资本错配的产品创新路径 ……（247）
　第二节　数字普惠金融缓解城乡资本错配的服务创新路径 ……（256）
　第三节　数字普惠金融缓解城乡资本错配的技术创新路径 ……（265）
　第四节　本章小结 ……………………………………………（274）

第十章　数字普惠金融缓解城乡资本错配的协同政策 ……………（276）
　第一节　数字普惠金融缓解城乡资本错配的产业政策 …………（276）
　第二节　数字普惠金融缓解城乡资本错配的金融政策 …………（282）
　第三节　数字普惠金融缓解城乡资本错配的财税政策 …………（289）
　第四节　数字普惠金融缓解城乡资本错配的保障政策 …………（294）
　第五节　本章小结 ……………………………………………（301）

第十一章　研究结论与展望 …………………………………………（302）
　第一节　研究结论 ……………………………………………（302）
　第二节　研究展望 ……………………………………………（306）

参考文献 ………………………………………………………………（309）

第 一 章

总 论

数字普惠金融对城乡资本错配的缓解作用研究是在多年的理论、方法及经验积累和长期的农村实际考察基础上形成的新领域的系统探索。本章作为全书的开篇部分，主要介绍了研究的问题与背景、研究的目标与意义、研究的思路与方法、研究的内容与资料、研究的特色及创新，力求从总体上为研究问题勾勒一个清晰的研究框架。

第一节 研究的问题与背景

一 研究问题

随着中国国民经济的持续快速发展，经济增长所需的生产要素投入量日益增加，其中资本已经成为重要的稀缺性要素。城乡资本要素的自由流动和合理配置是促进农业农村经济增长、推动城乡融合发展以及实现共同富裕的重要引擎。然而，长期以来，受城乡二元经济结构影响，资本要素难以在城乡之间实现充分自由流动和平等交换，必然会偏离最优配置状态而造成城乡资本错配。改革开放以前，中国"重工业优先发展"的战略使国内建立起了城乡分割的发展体系，各种政策偏好与制度安排（如信贷配给、统存统贷以及低利率等）均是为城市重工业筹资服务，从而使农村剩余资金大量流向城市。改革开放以后，中国实行"经济增长主导"的发展战略，政府在执行过程中采取了偏向城市和工业的政策，农村金融政策也是服务于"偏向城市和工业化战略"的需要，进而使农村资本要素大量外流和农村金融发展滞后，并导致城乡经济发展差距日益扩大。与城市地区相比，农村地区经济发展严重落后，从而导致农村资本进一步外流，城乡二元经济结构与资本错配由此陷入"恶性循环"。党的十六大以后，政府采取"统筹城乡"的发展战略，制定了工业反哺农业、城市支持农村和"多予少取放活"的政策方针，城市金融开始对农村金融实行"反哺"。然而，由于城乡二元结构体制已形成并且资本要素流动具有路径依赖性，再加上城市化处于加速发展阶段，农村金融动员农村储蓄为城市和工业提供资本支持的状况并未完全改变，大量的资本要素仍然流向城市。总的来看，资本短缺严重制约了农业农村经济的进一步发展，着力缓解城乡资本错配，提高城乡资本配置的有效性，实现资本在城市与农村地区的高效流动，是现阶段破除城乡二元经济结构的核心内容。

  党的十八大以来，中国高度重视城乡要素的合理配置，不断深化城乡要素配置市场化改革，通过持续加大涉农信贷资金投入力度、推动社会资本下乡等途径，一定程度上扭转了农村资金持续向外净流出的局面。第一，涉农信贷规模持续增加。近年来，各地积极推进以农村承包土地经营权、林权、农业设施、农用机械、农民住房、生物资产等为标的物的农村产权抵押贷款试点，撬动了更多信贷资金流向农业农村，促使涉农贷款规模快速增加。[①] 根据中国人民银行统计，2012—2022 年农村贷款余额从 14.54 万亿元增加到 41.02 万亿元，农户贷款余额从 3.62 万亿元增加到 14.98 万亿元，农业贷款余额从 2.73 万亿元增加到 5.06 万亿元；同期，全口径涉农贷款余额占各项贷款余额的比重从 21.6% 增加到 22.48%。第二，社会资本下乡规模不断扩大。"十三五"以来，社会资本已成为中国农业农村投资的主力，其投入占第一产业固定资产投资的比重一直在 80% 左右。[②] 国家统计局发布的数据显示，全国农林牧渔业民间固定资产投资累计规模自 2013 年以来持续攀升，已从 2013 年的 0.82 万亿元增加到 2021 年的 2.68 万亿元，年均增长率高达 17.4%。PPP 模式是吸纳社会资本投资农业农村的主要方式。根据全国 PPP 综合信息平台管理

[①] 周振：《新时代我国城乡要素配置改革：实践成效、理论逻辑和未来展望》，《经济纵横》2023 年第 1 期。

[②] 《引导社会资本下乡 助力乡村振兴》，2023 年 3 月 3 日，财政部网站，https：//bj.mof.gov.cn/ztdd/czysjg/jyjl/202303/t20230303_3870707.htm。

库统计，截至2022年年底，累计入库乡村振兴领域项目达3026个，总投资额为4万亿元。乡村振兴专项债券和乡村振兴基金也是撬动社会资本投向"三农"的重要途径。2022年各地发行的用于农业农村领域的政府专项债项目达5827个，发行规模达5025.84亿元，主要投向农村人居环境整治、乡村基础设施建设与产业发展等领域。根据艾格农业统计，截至2022年年底，全国范围内的乡村振兴基金累计设立数量为192只，资金管理规模达到1239.82亿元。总体而言，金融支农资金规模和社会资本下乡规模的不断增加，极大地改变了长期以来农村资金由乡到城的净流出局面。

然而，城乡资本要素配置仍然存在诸多问题，如农业农村发展资金缺口较大、社会资本参与动力不足以及农村资本市场发育滞后等，由此造成的城乡资本错配严重制约了城乡二元经济结构转化，城乡发展难以深度融合。首先，农业农村发展的资金需求较大，供给缺口较为突出。根据有关统计数据，中国乡村振兴投资规模至少在7万亿元。[①] 农村现有资金供给总量难以满足农业农村发展日益旺盛的资金需求。以农村基础设施建设项目为例，由于准公益性较强、投资周期较长以及现金流不足等原因，传统财政资金投入难以满足项目需求，该领域资金缺口普遍较大。与此同时，中国当前在农村产业发展、农村人居环境整治以及新型农业经营主体培育等方面还有不少短板和弱项，仍需要大量资金投入。其次，社会资本参与投资"三农"的动力不足。由于目前农村产业发展形态同质化现象较为严重，农村投资回报周期较长、投资风险较高，出于逐利目的和风险规避诉求，社会资本在投资"三农"领域时依旧保持着较为谨慎的态度。加之现阶段农村土地流转范围有限并且农村公共产品供给偏低，城市资本大规模进入农村的情况尚不普遍，其与农村要素的对接也面临诸多障碍。从已有的社会资本下乡情况来看，主要集中在城市郊区或者个别具有独特资源的农村，其向中西部广大农村的流入以及产业改造比较有限。[②] 最后，

---

① 《乡村振兴投资规模将突破7万亿》，2019年1月21日，中国证券网，https://news.cnstock.com/industry, rdjj-201901-4327142.htm。

② 高帆：《基于城乡关系视域的要素市场化改革与全国统一大市场建设》，《马克思主义与现实》2022年第5期。

农村资本市场发育滞后。农村本身拥有大量的资源资产，但由于农村产权确权颁证改革滞后，加上缺乏资产处置市场和风险防范机制，导致农村资产抵押贷款功能难以落地，农村金融活水迟迟未能被激活。①

现阶段如何有效缓解中国城乡资本错配是一个至关重要的命题，既是加快城乡融合发展和全面推进乡村振兴的迫切需要，也是加快建设农业强国和推进农业农村现代化的迫切需要。金融是现代经济的核心，优化资源配置是金融市场最主要、最基本的功能，然而传统金融市场由于存在信息不对称和交易成本高等问题，导致市场摩擦加剧，降低了金融市场的资源配置效率，进而导致城乡资本要素出现错配。因此，如何通过金融创新提升城乡资本配置效率并降低城乡资本错配意义重大。与传统金融相比，普惠金融本质上是一种金融创新，是在金融体系内的制度创新、服务创新和产品创新，目标是要满足社会各阶层和各类市场主体对金融服务的需求，解决金融服务不充分、不均衡问题。发展普惠金融有利于有效配置金融资源，将更多金融资本配置到"三农"领域，补齐小农户、新型农业经营主体、农村个体工商户以及小微企业主等金融服务短板，更好满足其多样化多层次的资本需求，进而缓解城乡资本错配。近年来，数字技术的迅猛发展为普惠金融提供了数字化转型的可能和内生动力，数字普惠金融已经成为普惠金融的主要发展方向。依托大数据挖掘、人工智能、区块链以及云计算等技术，数字普惠金融能够充分发掘"数字"与"普惠"的契合点，从而更好地实现普惠金融在"普"和"惠"两个层面的包容性发展特点。数字普惠金融主要定位于金融弱势群体，其在为农村经济主体提供金融支持的同时不但可以弥补传统金融的不足，还能通过数字技术降低经营成本，减少信息不对称造成的风险，从而使金融服务的"毛细血管"延伸到"三农"的各个角落，增强农村资本供给的可持续性，助力城乡资本高效配置和农村普惠金融高质量发展。

综上分析可以认为，数字普惠金融作为金融服务模式的重要创新，在缓解城乡资本错配过程中发挥着积极的作用。为此，本书拟从数字普惠金融的视角回答如何有效缓解城乡资本错配。具体而言，本书需要考察的科

---

① 孔祥智、周振：《我国农村要素市场化配置改革历程、基本经验与深化路径》，《改革》2020年第7期。

学问题主要有以下三个方面。(1) 数字普惠金融缓解城乡资本错配的内在机理如何？从理论上讲，数字普惠金融与传统金融以及普惠金融存在显著差异。因此，必须厘清数字普惠金融在影响城乡资本错配方面的特殊机理，以便找准数字普惠金融的功能定位，疏通数字普惠金融的作用路径，从而为促进中国城乡资本错配缓解提供强有力的政策和资金支持。(2) 数字普惠金融缓解城乡资本错配的现实效应如何？这里的现实效应既包括数字普惠金融缓解城乡资本错配的直接效应，也包括数字普惠金融通过缓解城乡资本错配对城乡融合发展产生的间接效应。具体地，数字普惠金融对城乡资本错配究竟有何影响？这种影响是否存在结构异质性、区域异质性以及传统金融发展水平异质性？数字普惠金融对城乡资本错配的影响存在正向空间溢出效应还是负向空间溢出效应？数字普惠金融能否通过缓解城乡资本错配促进城乡融合发展？数字普惠金融对城乡融合发展的影响是否存在基于数字普惠金融和城乡资本错配的门槛效应？(3) 如何设计数字普惠金融缓解城乡资本错配的具体路径？如何兼顾效率和公平，突破固化思维和现实桎梏，从宏观与微观两个层面提出科学有效、切实可行的数字普惠金融服务路径，也是本书需要解决的一个重点问题。只有及时回应这些理论和实证问题，才能把握数字普惠金融在缓解城乡资本错配过程中的运行机制与规律，进而为从数字普惠金融视角缓解城乡资本错配提供理论方向指导和经验证据支持。

二 研究背景

当然，对于上述问题的回答不能脱离既定的研究背景，否则可能会导致研究结论和政策建议出现失真或偏误，数字普惠金融对城乡资本错配的缓解作用研究也不例外。为此，本书尝试从理论背景与现实背景两个方面详细阐述数字普惠金融对城乡资本错配的缓解作用研究的背景。

(一) 理论背景

任何研究均需要有相应理论作为支撑，没有理论支撑的研究缺乏足够的说服力。尽管目前尚未有文献直接研究数字普惠金融对城乡资本错配的影响，但相关领域的理论文献较为丰富。一是关于资本错配的研究逐步深入。大量研究表明,资本错配会带来生产率损失,① 已成为掣肘中国经济发展的重要阻碍。② 资本错配不仅广泛存在于不同区域、所有制企业和行业部门之间,而且广泛存在于城乡之间。③ 城乡资本配置的有效性可以通过城乡之间资本边际收益率的变化来反映。④ 相对而言,中国农村的资本边际收益率长期高于城市,⑤ 但大量资本从农村流向城市,形成了中国城乡间资本流动的"卢卡斯之谜"。⑥ 究其原因主要在于,政府实施的大多数经济政策具有明显的"城市偏向"。⑦ 二是关于普惠金融对资本错配的缓解作用,已经获得理论界的一致认可和推崇。长期以来,大量研究集中考察了普惠金融对弱势群体、弱势产业和弱势地区金融排斥的缓解效果,普遍认为普惠金融能够以可负担的价格保证金融服务对弱势群体、弱势产业和弱势地区可及,同时最小化非自愿的金融排斥,⑧ 进而改善资本在不

---

① C. T. Hsieh, P. J. Klenow, "Misallocation and Manufacturing TFP in China and India", *The Quarterly Journal of Economics*, Vol. 124, No. 4, 2009; M. J. Alam, "Capital Misallocation: Cyclicality and Sources", *Journal of Economic Dynamics and Control*, Vol. 112, No. 3, 2020; 王林辉、袁礼:《资本错配会诱发全要素生产率损失吗》,《统计研究》2014 年第 8 期;张伯超、靳来群、胡善成:《我国制造业行业间资源错配、行业要素投入效率与全要素生产率》,《南京财经大学学报》2019 年第 1 期。

② 简泽等:《中国跨企业的资本配置扭曲:金融摩擦还是信贷配置的制度偏向》,《中国工业经济》2018 年第 11 期。

③ 李刚:《城乡正规金融资本错配与城乡一体化》,《当代经济管理》2014 年第 12 期。

④ 周月书、王悦雯:《二元经济结构转换与城乡资本配置效率关系实证分析》,《中国农村经济》2015 年第 3 期。

⑤ 彭小辉、史清华:《"卢卡斯之谜"与中国城乡资本流动》,《经济与管理研究》2012 年第 3 期;周月书、王悦雯:《我国城乡资本流动研究:1981—2012——基于城乡资本边际生产率的分析》,《江淮论坛》2015 年第 1 期;贾晋、高远卓:《改革开放 40 年城乡资本配置效率的演进》,《华南农业大学学报》(社会科学版)2019 年第 1 期。

⑥ 彭小辉、史清华:《"卢卡斯之谜"与中国城乡资本流动》,《经济与管理研究》2012 年第 3 期;李培:《我国城乡间资本流动研究》,《全国流通经济》2017 年第 12 期。

⑦ 王颂吉、白永秀:《城乡要素错配与中国二元经济结构转化滞后:理论与实证研究》,《中国工业经济》2013 年第 7 期;郑宏运、李谷成:《城乡政策偏向对农业资源配置效率的影响研究》,《农业技术经济》2020 年第 7 期。

⑧ S. Claessens, "Access to Financial Services: A Review of the Issues and Public Policy Objectives", *The World Bank Research Observer*, Vol. 21, No. 2, 2006; N. Camara, D. Tuesta, "Measuring Financial Inclusion: A Multidimensional Index", *Economic Research Department*, No. 9, 2014; 吴国华:《进一步完善中国农村普惠金融体系》,《经济社会体制比较》2013 年第 4 期;王伟、朱一鸣:《普惠金融与县域资金外流:减贫还是致贫——基于中国 592 个国家级贫困县的研究》,《经济理论与经济管理》2018 年第 1 期。

同群体、产业和地区层面存在的错配状况。这些理论研究成果不仅包括可以直接吸收和引用的经济学理论及其方法体系，也包括在此基础之上的继承与扩展，从而为研究的顺利开展以及寻求新的突破奠定了较为坚实的理论基础。

（二）现实背景

除上述理论背景外，本书还有既定的现实背景，尤其是近年来政策层面对城乡要素合理配置问题给予了持续的高度关注，这些以统筹城乡融合发展和全面推进乡村振兴为导向的顶层设计构成了本书的现实背景。

一方面，国家对农业农村优先发展的整体政策制定高度重视统筹城乡融合发展和全面推进乡村振兴，而城乡要素合理配置又是统筹城乡融合发展和全面推进乡村振兴的重要举措。早在2012年党的十八大报告中便提出要"加快完善城乡发展一体化体制机制……促进城乡要素平等交换和公共资源均衡配置，形成以工促农、以城带乡、工农互惠、城乡一体的新型工农、城乡关系"。党的十九大报告提出"建立健全城乡融合发展体制机制和政策体系，加快推进农业农村现代化"，这标志着中国城乡关系政策实现了从"统筹城乡发展""城乡发展一体化"到"城乡融合发展"的转变。2018年中央一号文件《中共中央 国务院关于实施乡村振兴战略的意见》和2019年中央一号文件《中共中央 国务院关于坚持农业农村优先发展做好"三农"工作的若干意见》分别聚焦乡村振兴和农业农村优先发展，强调了城乡要素自由流动、平等交换的重要性。2019年4月，中共中央、国务院发布了《关于建立健全城乡融合发展体制机制和政策体系的意见》，提出要"坚决破除妨碍城乡要素自由流动和平等交换的体制机制壁垒，促进各类要素更多向乡村流动"。党的十九届五中全会明确指出，"十四五"期间要加大对城乡融合的推进力度，健全城乡融合发展机制，推动城乡要素平等交换、双向流动，增强农业农村发展活力。党的二十大报告指出，坚持农业农村优先发展，坚持城乡融合发展，畅通城乡要素流动。此外，2021年中央一号文件《中共中央 国务院关于全面推进乡村振兴加快农业农村现代化的意见》和2023年中央一号文件《中共中央 国务院关于做好2023年全面推进乡村振兴重点工作的意见》均将县域作为城乡融合发展的重要切入点，强调要健全城乡融合发展体制机制和政策体系，打通城乡要素平等交换、双向流动的制度性通道。至此，着力推动城乡要素合理配置成为统筹城乡融合发展和全面推进乡村振兴的重要政策施力点。基于这一现实背景，深入探索如何有效缓解城乡资本错配、实现城乡资本合理配置成为亟待解决的研究议题。

另一方面，城乡要素合理配置的政策设计把完善农村金融支持作为促进城乡要素合理配置的重要途径。农村金融支持不足是制约城乡要素合理配置的关键障碍。近年来，在涉及城乡要素合理配置的相关政策设计中，逐步重视将完善农村金融支持作为促进城乡要素合理配置的着力点。2018年中央一号文件《中共中央 国务院关于实施乡村振兴战略的意见》明确指出，农村金融改革任务繁重，城乡之间要素合理流动机制亟待健全，是当前中国发展不平衡不充分问题在乡村最为突出的表现之一。为此，必须"坚持农村金融改革发展的正确方向，健全适合农业农村特点的农村金融体系，推动农村金融机构回归本源，把更多金融资源配置到农村经济社会发展的重点领域和薄弱环节，更好满足乡村振兴多样化金融需求"。2019年中央一号文件《中共中央 国务院关于坚持农业农村优先发展做好"三农"工作的若干意见》提出要"优先满足'三农'发展要素配置，坚决破除妨碍城乡要素自由流动、平等交换的体制机制壁垒，改变农村要素单向流出格局，推动资源要素向农村流动。优先保障'三农'资金投入，坚持把农业农村作为财政优先保障领域和金融优先服务领域"。2019年4月，中共中央、国务院发布的《关于建立健全城乡融合发展体制机制和政策体系的意见》从完善乡村金融服务体系、建立工商资本入乡促进机制等方面着手，强调要建立健全有利于城乡要素合理配置的体制机制。2023年中央一号文件《中共中央 国务院关于做好2023年全面推进乡村振兴重点工作的意见》提出，要"健全城乡融合发展体制机制和政策体系，畅通城乡要素流动……做好农民工金融服务工作"。2023年10月，国务院印发的《关于推进普惠金融高质量发展的实施意见》进一步指出，要"健全农村金融服务体系……加强对乡村产业发展、文化繁荣、生态保护、城乡融合等领域的金融支持"。以上政策设计思路均突出了农村金融支持在促进城乡要素合理配置过程中的重要性。从完善农村金融支持的视角研究如何有效缓解城乡资本错配，成为回应上述政策导向的重要实践议题。

第二节 研究的目标与意义

一 研究目标

本书的总体目标是运用科学的理论和方法,结合实际对数字普惠金融缓解城乡资本错配的现状、存在的问题、产生的影响,以及有效路径和协同政策等进行系统深入研究,为数字普惠金融缓解城乡资本错配提供理论和经验参考。为了实现这一总体目标,需要达到以下具体目标。

第一,系统回顾和借鉴经典的基础理论,整理和总结国内外相关问题研究的已有成果,科学界定数字普惠金融、城乡资本错配等相关概念,分析数字普惠金融影响城乡资本错配的内在机理,构建数字普惠金融缓解城乡资本错配的理论分析框架,这是本书进行问题阐释、实证检验、对策研究的基本指导思路。

第二,在深入剖析数字普惠金融与城乡资本错配现状及问题的基础上,通过多维度的计量检验,考察数字普惠金融影响城乡资本错配的直接效应,以及数字普惠金融通过缓解城乡资本错配对城乡融合发展产生的间接效应,这不仅是对理论研究内容的检验与深化,也是进行对策研究的主要依据。

第三,围绕理论分析和实证结论,系统阐述数字普惠金融缓解城乡资本错配的总体构想,科学合理地设计数字普惠金融缓解城乡资本错配的宏观路径和微观路径,并提出数字普惠金融缓解城乡资本错配的协同政策,这是推动研究成果由科学研究向实践指导转化的重要步骤。

二 研究意义

本书基于前述背景,系统深入地考察数字普惠金融与城乡资本错配的关系问题,对于丰富金融发展与资本配置关系的理论体系、完善各级政府关于城乡融合发展和乡村振兴的政策设计思路均具有重要的学术价值与现实意义。

(一)学术价值

(1)有利于拓展和完善金融发展与资本配置理论体系。本书从金融学与区域经济学交叉视角出发,构建较为完整的数字普惠金融影响城乡资本错配的理论分析框架,并从理论上对数字普惠金融缓解城乡资本错配的路径进行系统性设计,有助于该领域研究成果的丰富和拓展。(2) 有利于补充和丰富数字普惠金融的经济效应评估相关实证研究。本书实证检验数字普惠金融对城乡资本错配的基准影响、多维异质性影响以及空间溢出效应,并拓展讨论数字普惠金融通过缓解城乡资本错配对城乡融合发展的影响,对丰富该领域实证研究具有一定意义。

(二) 现实意义

(1) 为完善乡村振兴背景下城乡融合发展的金融服务提供有力支持。在全面实施乡村振兴战略的背景下,本书深入分析城乡融合发展过程中存在的资本错配问题,从深化金融供给侧结构性改革的角度出发,着力探索数字普惠金融缓解城乡资本错配的实现路径,这对于改善农村金融供给效能、促进城乡资本合理配置具有重要的实践指导意义。(2) 为决策部门从宏观层面制定总体政策框架提供有益借鉴。本书深入考察数字普惠金融影响城乡资本错配的内在机制,以及两者交互作用对城乡融合发展的影响,可为政府相关职能部门与金融机构制定针对性地缓解城乡资本错配的金融政策提供参考。

第三节 研究的思路与方法

一 研究思路

本书是问题导向型研究,将严格遵循"理论→实证→对策"的应用经济学研究的一般过程。研究的基本思路为:在回顾和借鉴数字经济与互联网金融相关理论、金融发展与普惠金融理论、要素报酬与资本配置理论、城乡二元经济结构理论的基础上,全面总结国内外有关金融发展与资本配置关系方面的文献成果,探究国外数字普惠金融发展的实践经验,明确地界定数字普惠金融、城乡资本错配等相关概念,剖析数字普惠金融缓解城乡资本错配的理论机理,构建数字普惠金融缓解城乡资本错配的理论模型;进而以此为基础,分析数字普惠金融与城乡资本错配的现状及问题,并实证考察数字普惠金融影响城乡资本错配的直接效应,以及数字普惠金融通过缓解城乡资本错配对城乡融合发展产生的间接效应;最后系统阐述数字普惠金融缓解城乡资本错配的总体构想,科学合理地设计数字普惠金融缓解城乡资本错配的宏观路径和微观路径，并提出数字普惠金融缓解城乡资本错配的协同政策。具体的研究技术路线可以概括为图1.1。

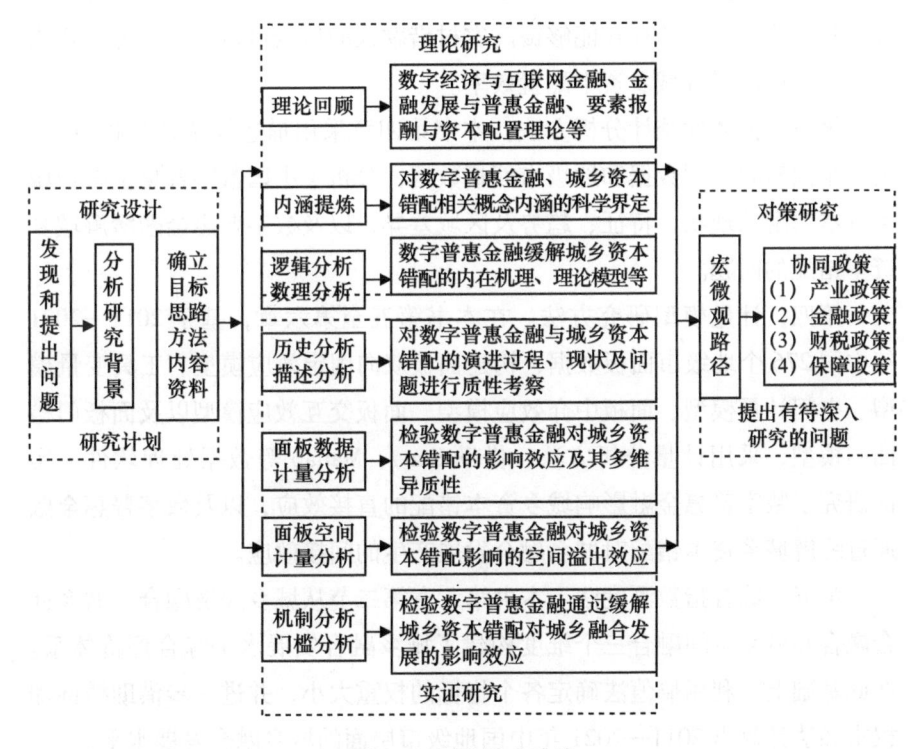

图1.1 研究技术路线

研究计划：
- 研究设计：发现和提出问题 → 分析研究背景 → 确立目标思路方法内容资料

理论研究：
- 理论回顾：数字经济与互联网金融、金融发展与普惠金融、要素报酬与资本配置理论等
- 内涵提炼：对数字普惠金融、城乡资本错配相关概念内涵的科学界定
- 逻辑分析 数理分析：数字普惠金融缓解城乡资本错配的内在机理、理论模型等

实证研究：
- 历史分析 描述分析：对数字普惠金融与城乡资本错配的演进过程、现状及问题进行质性考察
- 面板数据计量分析：检验数字普惠金融对城乡资本错配的影响效应及其多维异质性
- 面板空间计量分析：检验数字普惠金融对城乡资本错配影响的空间溢出效应
- 机制分析 门槛分析：检验数字普惠金融通过缓解城乡资本错配对城乡融合发展的影响效应

对策研究：
- 宏微观路径
- 协同政策：(1) 产业政策 (2) 金融政策 (3) 财税政策 (4) 保障政策
- 提出有待深入研究的问题

二 研究方法

本书在研究过程中坚持定性分析与定量分析相结合、规范分析与实证分析相结合，运用数理经济学的模型推演、计量经济学中的回归分析等研究方法，对数字普惠金融与城乡资本错配的关系进行系统的理论刻画与实证分析，具体的研究方法主要包括以下几种。

第一，文献研究方法。根据实际研究需要，对国内外相关文献资料进行了广泛搜集、筛选和整理，全面系统地梳理了相关的理论借鉴、归纳和评述了国内外相关问题的研究文献，总结了国外缓解城乡资本错配的普惠金融实践经验及其对中国的启示，力求掌握本书相关问题的基本理论和研究动态。

第二，数理模型推导法。本书第三章第三节在一系列假定条件下，利用数理模型推导法，构建了一个包括异质的农村借款人和异质的贷款人（具有不同信息结构的普惠金融机构和传统金融机构）的信贷市场模型，证明数字普惠金融的存在能够提高农村借款人的信贷可得性并降低信贷成本，从而可以提升城乡资本配置效率。

第三，描述性统计分析方法。本书第四章采用描述性统计分析方法，利用全国时间序列数据和地级市面板数据，分析了中国数字普惠金融与城乡资本错配的现状、特征、趋势及区域差异，以及数字普惠金融缓解城乡资本错配的问题。

第四，计量模型研究方法。在本书第五至第六章，基于2011—2021年中国276个地级市面板数据，构建面板双向固定效应模型、工具变量模型、空间计量模型、面板中介效应模型、面板交互效应模型以及面板门槛回归模型，采用计量分析方法，借助Stata、Matlab等数据处理软件，实证研究了数字普惠金融影响城乡资本错配的直接效应，以及数字普惠金融通过缓解城乡资本错配对城乡融合发展产生的间接效应。

第五，综合指数测度法。本书第六章第二节从城乡经济融合、城乡社会融合和城乡空间融合三个维度构建了城乡融合发展水平综合评价体系。在此基础上，利用熵值法确定各个指标的权重大小，并进一步借助线性加权求和法计算出2011—2021年中国地级市层面的城乡融合发展水平。

第六，定性与定量分析相结合法。本书中的定性分析主要体现在第四章对普惠金融发展与城乡资本错配演进过程和面临问题的阐述、第七至第十章对数字普惠金融缓解城乡资本错配的总体构想、宏微观路径以及协同政策的构建方面；定量分析主要体现在第四章对数字普惠金融与城乡资本错配现状的描述，第五至第六章对数字普惠金融与城乡资本错配关系的实证考察方面。

第四节　研究的内容与资料

一　研究内容

数字普惠金融对城乡资本错配的缓解作用研究作为基于理论、实证与对策相结合的研究，其内容结构上主要包括绪论、理论研究、实证研究和对策研究四个部分，具体内容如下。

绪论部分为第一章总论，主要阐释研究的问题与背景、研究的目标与意义、研究的思路与方法、研究的内容与资料、研究的特色及创新。

理论研究部分包括第二章和第三章。第二章归纳和总结数字普惠金融缓解城乡资本错配的理论基础、国内外文献资料和国外相关实践经验，主要借鉴数字经济与互联网金融相关理论、金融发展与普惠金融理论、要素报酬与资本配置理论、城乡二元经济结构理论，而且着重介绍美国、英国、印度、肯尼亚四个国家数字普惠金融发展的实践经验及启示。第三章构建数字普惠金融缓解城乡资本错配的理论框架，包括界定数字普惠金融、城乡资本错配等概念，并分析数字普惠金融缓解城乡资本错配的内在机理，构建数字普惠金融缓解城乡资本错配的理论模型。

实证研究部分包括第四至第六章。第四章介绍中国普惠金融发展与城乡资本配置的演进过程，描述数字普惠金融与城乡资本错配的现状，分析数字普惠金融缓解城乡资本错配的现实模式以及面临的主要问题。第五章利用面板双向固定效应模型、工具变量模型、空间计量模型实证研究数字普惠金融影响城乡资本错配的直接效应以及空间溢出效应。第六章利用面板中介效应模型、面板交互效应模型以及面板门槛回归模型，实证考察数字普惠金融通过缓解城乡资本错配对城乡融合发展产生的间接效应，以及数字普惠金融影响城乡融合发展的门槛效应。

对策研究部分主要为第七至第十章。第七章提出数字普惠金融缓解城乡资本错配的总体构想，第八章设计数字普惠金融缓解城乡资本错配的宏观路径，第九章设计数字普惠金融缓解城乡资本错配的微观路径，第十章构建数字普惠金融缓解城乡资本错配的协同政策框架。

二 研究资料

本书所借鉴的理论资料主要来源于国内外经典论著、权威学术期刊以及研究报告，并加以引注。国内外经典论著包括高帆著的《从割裂到融合：中国城乡经济关系演变的政治经济学》、焦瑾璞和王爱俭著的《普惠金融：基本原理与中国实践》、西奥多·舒尔茨著的《经济增长与农业》、藤田昌久等著的《空间经济学——城市、区域与国际贸易》等，权威性学术期刊包括《经济研究》、《金融研究》、*China Agricultural Economic Re-*

view、*Journal of Finance* 等，研究报告包括中国人民银行发布的《中国农村金融服务报告》《中国普惠金融指标分析报告》、中国普惠金融研究院发布的《中国普惠金融发展报告》、北京大学数字金融研究中心发布的《北京大学数字普惠金融指数报告》等。本书所采用的数据资料主要来源于《中国城市统计年鉴》、各省市《统计年鉴》和地级市《国民经济和社会发展统计公报》，以及国家统计局网站、EPS 数据平台（中国区域经济数据库、中国城市数据库）、Wind 数据库等权威数据网站。考虑到地级市统计数据的可获取性，本书将样本区间确定为 2011—2021 年，研究对象为中国 276 个地级市（见表 1.1）。

表 1.1　　　　　　　研究样本所包含的地级市名单

省份	地级市	省份	地级市
河北	石家庄、唐山、秦皇岛、邯郸、邢台、保定、张家口、承德、沧州、廊坊、衡水	河南	郑州、开封、洛阳、平顶山、安阳、鹤壁、新乡、焦作、濮阳、许昌、漯河、三门峡、南阳、商丘、信阳、周口、驻马店
山西	太原、大同、阳泉、长治、晋城、朔州、晋中、运城、忻州、临汾、吕梁	湖北	武汉、黄石、十堰、宜昌、襄阳、鄂州、荆门、孝感、荆州、黄冈、咸宁、随州
内蒙古	呼和浩特、包头、乌海、赤峰、通辽、鄂尔多斯、呼伦贝尔、巴彦淖尔、乌兰察布	湖南	长沙、株洲、湘潭、衡阳、邵阳、岳阳、常德、张家界、益阳、郴州、永州、怀化、娄底
辽宁	沈阳、大连、鞍山、抚顺、本溪、丹东、锦州、营口、阜新、辽阳、盘锦、铁岭、朝阳、葫芦岛	广东	广州、韶关、珠海、汕头、佛山、江门、湛江、茂名、肇庆、惠州、梅州、汕尾、河源、阳江、清远、东莞、中山、潮州、揭阳、云浮
吉林	长春、吉林、四平、辽源、通化、白山、松原、白城	广西	南宁、柳州、桂林、梧州、北海、防城港、钦州、贵港、玉林、百色、贺州、河池、来宾、崇左
黑龙江	哈尔滨、齐齐哈尔、鸡西、鹤岗、双鸭山、大庆、伊春、佳木斯、七台河、牡丹江、黑河、绥化	四川	成都、自贡、攀枝花、泸州、德阳、绵阳、广元、遂宁、内江、乐山、南充、眉山、宜宾、广安、达州、雅安、巴中、资阳

续表

省份	地级市	省份	地级市
江苏	南京、无锡、徐州、常州、苏州、南通、连云港、淮安、盐城、扬州、镇江、泰州、宿迁	贵州	贵阳、六盘水、遵义、安顺、毕节、铜仁
浙江	杭州、宁波、温州、嘉兴、湖州、绍兴、金华、衢州、舟山、台州、丽水	云南	昆明、曲靖、玉溪、保山、昭通、丽江、普洱、临沧
安徽	合肥、芜湖、蚌埠、淮南、马鞍山、淮北、铜陵、安庆、黄山、滁州、阜阳、宿州、六安、亳州、池州、宣城	陕西	西安、铜川、宝鸡、咸阳、渭南、延安、汉中、榆林、安康、商洛
福建	福州、厦门、莆田、三明、泉州、漳州、南平、龙岩、宁德	甘肃	兰州、嘉峪关、金昌、白银、天水、武威、张掖、平凉、酒泉、庆阳、定西、陇南
江西	南昌、景德镇、萍乡、九江、新余、鹰潭、赣州、吉安、宜春、抚州、上饶	宁夏	银川、石嘴山、吴忠、固原、中卫
山东	济南、青岛、淄博、枣庄、东营、烟台、潍坊、济宁、泰安、威海、日照、临沂、德州、聊城、滨州、菏泽		

注：表中不包括北京、上海、重庆和天津四个直辖市，以及城乡差异较小的深圳市，同时剔除了海南、青海、新疆、西藏等《中国城市统计年鉴》中地级市数据缺失较为严重的省份。

第五节 研究的特色及创新

一 研究特色

本书的特色主要体现在以下几个方面。

第一，在立意角度方面，本书立足城乡融合发展、乡村全面振兴、共同富裕等时代要求，并基于城乡资本要素自由流动与合理配置的历史使命和对完善农村金融支持的政策呼唤，从数字普惠金融视角探讨缓解城乡资本错配的机理、效应与路径，具有极强的时代意义和政策意义。

第二，在样本选择方面，区别于既有研究主要测度省级层面城乡资本错配程度的做法，本书下沉了城乡资本错配测度的空间尺度，使用更为微观、细化的地级市层级数据测度了城乡资本错配程度，可以为诠释城乡资本错配问题提供一个新的视角。

第三，在研究思路方面，本书一方面从横向角度对比了美国、英国、印度、肯尼亚四个国家数字普惠金融发展的实践经验，以及对于中国发展数字普惠金融以缓解城乡资本错配的启示；另一方面从纵向角度梳理了中国普惠金融发展与城乡资本配置的演进过程，深入剖析了数字普惠金融与城乡资本错配的现状及问题，可为对策研究奠定坚实基础。

第四，在对策研究方面，不同于既有研究碎片化地提出优化城乡资本配置的策略措施，本书结合中国数字普惠金融和农业农村发展实际，从宏观与微观相结合的角度提出了数字普惠金融缓解城乡资本错配的具体路径。

二 研究创新

基于上述研究特色，本书可能的创新之处主要体现在以下几个方面。

第一，本书结合中国城乡二元经济结构背景，在科学借鉴经典理论和系统总结国内外相关研究成果的基础上，运用逻辑分析、数理分析等方法，构建了数字普惠金融缓解城乡资本错配的理论框架，突破了传统城乡资本配置研究的理论局限，为实证研究与政策设计提供了科学的理论依据。

第二，本书运用制度分析、比较分析、统计分析以及计量分析等方法，系统考察了数字普惠金融与城乡资本错配的演进过程及现状，总结了数字普惠金融缓解城乡资本错配的现实模式以及面临的主要问题，实证检验了数字普惠金融缓解城乡资本错配的直接效应，以及数字普惠金融通过缓解城乡资本错配对城乡融合发展产生的间接效应，为对策研究与政府决策提供了坚实的经验证据。

第三，本书借鉴国际经验，紧密结合当前城乡融合发展和乡村全面振兴的现实需求，系统阐述了数字普惠金融缓解城乡资本错配的总体构想，科学设计了数字普惠金融缓解城乡资本错配的宏观路径和微观路径，并提出了数字普惠金融缓解城乡资本错配的协同政策，为推动研究成果由科学研究向实践指导转化提供了具体方向。

第二章

数字普惠金融缓解城乡资本错配的理论基础

本章将借鉴前人的理论研究成果和国外先进的实践经验，系统地研究数字普惠金融、城乡资本错配及二者间的相关关系与影响。本章将对涉及的数字经济与互联网金融相关理论、金融发展与普惠金融理论、要素报酬与资本配置理论、城乡二元经济结构理论进行提炼与整合，搜集、分类、整理和总结国内外相关研究成果，并进一步分析国外数字普惠金融发展的实践经验，以及对中国发展数字普惠金融以缓解城乡资本错配的经验启示。本章理论与实践借鉴将为后续进行理论创新、实证分析以及政策设计奠定重要基础。

第一节 经典理论借鉴

一 数字经济与互联网金融理论

（一）数字经济理论

"数字经济"这一概念最早由数字经济之父 D. Tapscott 在其专著《数字经济：网络智能时代的前景与风险》中提出，[1] 美国商务部随后公布了《新兴数字经济》等系列研究报告，均以信息产业、电子商务、网络经济等有关信息经济的发展为分析内容，数字经济也被视为一种电子商务以及使电子商务成为可能的信息技术产业。"数字经济"概念一经提出后就得

---

[1] D. Tapscott, *The Digital Economy: Promise and Peril in the Age of Networked Intelligence*, New York: McGraw-Hill, 1996.

到各界高度关注，并逐渐成为学界广泛研究的理论焦点，在不同场合中"数字经济"凭借其所具备的优势也被称为"信息经济"或"网络经济"。数字经济的产生伴随互联网和信息技术的广泛应用与发展，最初被视为知识经济的一部分，但随着其重要性的不断提升，数字经济已经成为一种新型的经济形态，也被称为第四次工业革命的主要特征。早期的数字经济定义大多是围绕电子商务展开，D. Tapscott 认为数字经济是由信息通信行业、企业电子商务和个人电子商务组成的，① T. L. Mesenbourg 认为数字经济包括电子商务基础设施、电子业务和电子商务。② 随后，对数字经济的认识逐渐突破了电子商务角度，如 H. D. Zimmermann 将数字经济定义为一种建立在数字化和通信基础设施之上的经济形式，③ F. Budiono 等认为数字经济应包括利用数字化进行商品和服务的生产销售的全过程。④ 目前，有关数字经济理论的研究主要集中在数字技术如何降低经济活动的成本方面，主要包括搜索成本、复制成本、运输成本、追踪成本以及验证成本。⑤

第一，数字经济能够降低搜索成本。一方面，数字技术使用户搜索信息更为方便，从而提升不易被搜索产品的销量，促进商品市场发展；另一方面，数字技术使得价格透明度提高，有利于消费者"货比三家"，带动同类商品价格下降。此外，较低的搜索成本大幅提升了大型电商平台用户达成交易的可能性。第二，数字经济有利于降低复制成本。数字商品有别于其他商品的地方主要在于，数字商品是非竞争性商品，能够同时被多人持续消费，且复制成本约为0，从而不仅遵循边际效用递增规律，还具有

---

① D. Tapscott, *The Digital Economy: Promise and Peril in the Age of Networked Intelligence*, New York: McGraw-Hill, 1996.

② T. L. Mesenbourg, "Measuring the Digital Economy", US Bureau of the Census, 2001.

③ H. D. Zimmermann, "Digital Transformation: The Emerging Digital Economy", Available at SSRN 2881849, 2016.

④ F. Budiono, S. K. Lau, W. Tibben, "Cloud Computing Adoption for E-commerce in Developing Countries: Contributing Factors and Its Implication for Indonesia", The 22nd Pacific Asia Conference on Information Systems, 2018.

⑤ S. Borenstein, G. Saloner, "Economics and Electronic Commerce", *Journal of Economic Perspectives*, Vol. 15, No. 1, 2001; A. Goldfarb, C. Tucker, "Digital Economics", *Journal of Economic Literature*, Vol. 57, No. 1, 2019.

边际成本递减特征。基于此，数字经济使相关企业不仅降低经营成本，还有利于发掘新的商业模式和营销手段，实现新的增长。第三，数字经济能够降低运输成本。F. Cairncross 认为，由于将信息传递到互联网的成本几近于0，这将会导致"距离之死"，使企业和消费者无论身处何地，都能够参与进全球数字产品的生产与消费过程。[1] 此外，数字经济大幅提升了技术与创新的地位，有利于带动技术创新发展以及降低创业门槛，促进创业创新。第四，数字经济能够降低追踪成本。数字技术使企业更加容易以较低的成本追踪消费者的历史行为，进而对消费者进行价格歧视。当企业占据垄断地位时，能够从中获取超额收益，但同时也会促使消费者更加注重数据隐私，而在竞争性市场中，信息则可能会进一步加剧竞争的激烈程度。第五，数字经济能够降低验证成本。数字技术不仅降低追踪成本、简化身份验证流程，还能够通过建立数字信誉系统促进信任，进一步降低验证成本。在数字技术广泛应用前，企业通常借助商品的优良品质建立品牌声誉。[2] 而在数字经济时代，数字信誉系统应运而生。其中最常见的一种机制是在线评级系统，通过将买卖双方过往交易记录及评价对双方评级，并公布给其他交易参与者，从而促进交易。

数字普惠金融的发展也受益于上述成本的降低。首先，较低的搜索成本便于长尾群体中的消费者获得数字金融产品和服务，提升数字普惠金融使用深度。其次，复制成本的降低有利于降低数字普惠金融产品和服务的经营成本，促进数字普惠金融经营模式创新。再次，运输成本的降低即"距离之死"，能够打破传统金融的地域限制，提升数字普惠金融覆盖广度，极大提升数字普惠金融的普惠性。然后，追踪成本的降低有利于数字普惠金融产品提供商追踪客户行为和购买需求，为客户提供个性化金融服务，促进数字普惠金融发展。最后，验证成本降低尤其是数字信誉系统的广泛应用，有利于完善个人征信，提升信息透明度，从而缓解金融排斥，促进数字普惠金融发展。

---

[1] F. Cairncross, *The Death of Distance: How the Communications Revolution Will Change Our Lives*, Boston: Harvard Business School Press, 1997.

[2] S. Tadelis, "What's in a Name? Reputation as a Tradeable Asset", *American Economic Review*, Vol. 89, No. 3, 1999.

（二）互联网金融理论

互联网金融概念产生于互联网技术与金融产业的融合。2001 年，纽约联邦储备银行针对性地讨论了这一新兴概念及其对金融业的影响，随后提出电子金融（E-finance）即互联网技术在金融业中的使用。除了电子金融，类似的表述还有网络金融、虚拟金融、在线金融以及数字金融等。随着中国互联网产业的高速发展，金融业与互联网技术进一步交融。谢平和邹传伟首次将互联网技术与金融业的融合所形成的新金融业态定义为"互联网金融"。[①] 吴晓求则从广义和狭义两个方面定义互联网金融，一方面利用西方学者对电子金融的定义来解释广义互联网金融，即所有通过互联网开展的金融业务都属于互联网金融；另一方面将传统金融的互联网化称为金融互联网，而非金融机构的新金融业态则属于狭义上的互联网金融。[②]

互联网金融的基础理论则包括以下三个方面。第一，梅特卡夫定律。梅特卡夫定律最早由计算机网络先驱 R. Metcalfe 提出，后被 G. Gilder 总结定名，是互联网三大定律之一。[③] 该定律认为一个网络的用户数目越多，那么整个网络和该网络内的每台计算机的价值也就越大，即网络的价值会随网络节点数与用户数量的平方数增加而增加。第二，长尾理论。"长尾"问题最早出现在 C. Anderson 的一篇文章中，[④] 随后他就长尾问题进行了系统性研究。[⑤] 他通过对比实体零售商沃尔玛与在线音乐零售商的经营模式发现，沃尔玛的销售收入符合"二八定律"，即 20% 的畅销产品产生 80% 的利润，而在线音乐零售商的销售产品 98% 为非畅销的利基产品。该理论认为，由于数字经济具有低成本优势且用户众多，网络经营商可以从与主流大市场相匹敌的异质化市场利基产品需求中获得超额收益。国内一些学者对互联网金融理论基础与实际应用的研究表示，长尾理论适

[①] 谢平、邹传伟：《互联网金融模式研究》，《金融研究》2012 年第 12 期。
[②] 吴晓求：《互联网金融：成长的逻辑》，《财贸经济》2015 年第 2 期。
[③] G. Gilder, "Metcalfe's Law and Legacy", Forbes ASAP, 1993.
[④] C. Anderson, "The Long Tail", *Wired Magazine*, Vol. 12, No. 10, 2004.
[⑤] C. Anderson, *The Long Tail: Why the Future of Business is Selling Less of More*, Hachette Books, 2006; C. Anderson, *The Long Tail: How Endless Choice is Creating Unlimited Demand*, Random House, 2007.

用于互联网金融。① 第三，网络效应理论。该理论认为网络外部性是需求方经济的源泉，具体表现在若某种产品具有网络外部性，其价值便会随着消费者数量的增加而增强。② 事实上，随着互联网用户数量的增加，互联网系统的规模也在增加，金融机构通过网络平台享受更低的经营成本以及吸引到更多的客户，从而获得更高的边际收益。

数字普惠金融是互联网金融的重要组成部分，互联网金融理论为数字普惠金融发展提供借鉴。首先，数字普惠金融业务也符合梅特卡夫定律，数字普惠金融业务的价值会随着客户数量的增加而增加，这为数字普惠金融发展提供了重要动力。其次，数字普惠金融面向的主要群体正是过去受到传统金融市场排斥的长尾群体，长尾理论促使金融机构为了追求更多超额收益而推动数字普惠金融发展。最后，网络效应理论促使金融机构为了扩大客户数量从而实现"赢者通吃"，积极开拓金融市场中的长尾群体，改善数字普惠金融产品和服务。

二 金融发展与普惠金融理论

（一）金融发展理论

金融发展思想最早见于西方早期对于货币职能的研究，自20世纪60年代起，在一系列对金融与经济发展关系的探讨中逐渐形成相对系统和成熟的金融发展理论。金融发展理论的主要学说包括金融结构理论、金融抑制理论、金融深化理论和金融约束理论。

关于金融发展的系统性理论，最早见于 J. Gurley 和 E. Shaw 的著作《金融理论中的货币》，书中首次从金融角度专门阐述了金融在经济发展中的作用，并提出一个比较完整的关于货币、债务以及经济增长的理论模型。③ H. T. Patrick 在研究中分别提出了金融发展促进经济增长的两种模

---

① 汪炜、郑扬扬：《互联网金融发展的经济学理论基础》，《经济问题探索》2015年第6期；霍兵、张延良：《互联网金融发展的驱动因素和策略——基于长尾理论视角》，《宏观经济研究》2015年第2期；王馨：《互联网金融助解"长尾"小微企业融资难问题研究》，《金融研究》2015年第9期。

② M. L. Katz, C. Shapiro, "Network Externalities, Competition, and Compatibility", *The American Economic Review*, Vol. 75, No. 3, 1985.

③ J. Gurley, E. Shaw, *Money in a Theory of Finance*, Washington, D. C.: The Brookings Institution, 1960.

式：需求带动和供给引导。① J. Hicks 从流动性以及分散风险等方面考察了金融对经济增长的作用，并指出英国工业革命是金融革命的结果。② 1969 年，R. W. Goldsmith 提出金融结构理论，他指出金融发展的实质是金融结构的变化，研究金融发展就是研究金融结构的变化过程和趋势。③ R. McKinnon④ 和 E. S. Shaw⑤ 通过对发展中国家经济发展的研究，分别提出了金融抑制论和金融深化论。他们认为金融抑制与金融深化是阻碍经济增长的重要原因，为此应该充分发挥市场的功能，推动金融自由化，避免政府干预。R. McKinnon 的金融抑制论强调解决金融体系的限制和扭曲，以促进经济发展和效率提升；⑥ 而 E. S. Shaw⑦ 的金融深化论则认为金融深化对于经济发展具有积极作用，但需要合适的制度环境和风险管理。随后数位学者对该理论进行了扩展，形成了金融发展理论的 M‑S 范式。⑧ 该理论推动了发展中国家的金融自由化改革，但最终收效甚微。

在对发展中国家金融自由化改革总结和反思的基础上，T. Hellmann 等进一步提出了金融约束论。⑨ 该理论认为，政府能够借助金融政策（包

---

① H. T. Patrick, "Financial Development and Economic Growth in Underdeveloped Countries", *Economic Development and Cultural Change*, Vol. 14, No. 2, 1966.

② J. Hicks, *A Theory of Economic History*, New York: Oxford University Press, 1969.

③ R. W. Goldsmith, *Financial Structure and Development*, New Haven: Yale University Press, 1969.

④ R. McKinnon, *Money and Capital in Economic Development*, Washington: The Brooking Institute, 1973.

⑤ E. S. Shaw, *Financial Deepening in Economic Development*, New York: Oxford University Press, 1973.

⑥ R. McKinnon, *Money and Capital in Economic Development*, Washington: The Brooking Institute, 1973.

⑦ E. S. Shaw, *Financial Deepening in Economic Development*, New York: Oxford University Press, 1973.

⑧ B. K. Kapur, "Alternative Stabilization Policies for Less-developed Economies", *Journal of Political Economy*, Vol. 84, No. 4, 1976; V. Galbis, "Financial Intermediation and Economic Growth in Less-developed Countries: A Theoretical Approach", *The Journal of Development Studies*, Vol. 13, No. 2, 1977; D. J. Mathieson, "Financial Reform and Stabilization Policy in A Developing Economy", *Journal of Development Economics*, Vol. 7, No. 3, 1980; M. J. Fry, "Saving, Investment, Growth and the Cost of Financial Repression", *World Development*, Vol. 8, No. 4, 1980.

⑨ T. Hellmann, K. Murdock, J. Stiglitz, "Financial Restraint: Towards a New Paradigm", in M. Aoki, H-K. Kim, M. Okuno-Fujiwara eds., *The Role of Government in East Asian Economic Development Comparative Institutional Analysis*, Oxford: Clarendon Press, 1997.

括对存贷款利率的控制、市场准入的限制以及对竞争的管制）在民间部门创造租金机会，从而缓解金融抑制，降低金融风险。同时，政府能够通过调控租金在金融机构、生产企业间的分配，调动各个部门的生产、投资和储蓄的积极性，在此基础上推动金融体系发展，促进金融深化。解决金融约束问题对于促进经济增长具有重要意义。通过改善金融体系和促进金融发展，可以减轻金融约束，提高资源配置效率，促进经济的长期可持续发展。20世纪80年代后，内生经济增长理论的发展丰富和完善了金融发展理论。J. Greenwood 和 B. Jovanovic 假定金融中介的数量和经济增长率都是内生的，金融中介能够促进经济增长，经济增长同样推动实施成本较高的金融结构。[①] V. R. Bencivenga 和 B. D. Smith 通过构建多资产内生增长模型研究发现，由于企业通过积累资本和流动性而非生产性资产以应对未来随机的流动性需求，金融中介能够提高企业储蓄中的资本占比进而促进经济增长。[②] 内生增长理论为金融中介的形成提供合理解释，也丰富和完善了金融发展理论。

金融发展理论可以为数字普惠金融的发展提供借鉴。首先，金融发展理论强调金融市场的深化和创新对经济发展的重要性。数字普惠金融利用数字技术和创新金融模式来扩大金融服务的普及范围，促进金融深化和扩张，能够为未被服务的群体提供金融可及性。其次，金融发展理论研究金融资源的有效利用。数字普惠金融通过数字技术和金融创新，改善了金融资源利用效率，从而可以推动经济增长。最后，金融发展理论强调有效的金融规制和监管对于金融体系的稳定与健康发展的必要性。数字普惠金融的发展同样需要制定适度的规则和监管措施，以确保数字金融服务的安全性、客户保护和风险防控。

（二）普惠金融理论

普惠金融是联合国2005年在推广"国际小额信贷年"时第一次正式提出的。普惠金融理念的提出是为了破解经济社会发展实践中存在的金融

[①] J. Greenwood, B. Jovanovic, "Financial Development, Growth, and the Distribution of Income", *Journal of Political Economy*, Vol. 98, No. 5, 1990.

[②] V. R. Bencivenga, B. D. Smith, "Financial Intermediation and Endogenous Growth", *The Review of Economic Studies*, Vol. 58, No. 2, 1991.

排斥问题，提高金融发展的包容性和益贫性。① 普惠金融具有公平性、可持续性和包容性三个方面的基本特征。一是公平性。传统金融体系中通常存在金融供给与金融需求的不匹配，存在较大程度的金融需求缺口，导致金融排斥、金融歧视以及金融抑制等现象时有发生，金融资源得不到高效运用，金融资源配置不均衡，社会中弱势群体或者弱势阶层的金融需求得不到满足。普惠金融的发展目标就是以公平合理的价格使广泛包容的社会群体获得所需的基础金融服务，进而改善社会中弱势群体的生活状况，使其充分享受金融发展的成果。二是可持续性。普惠金融在本质上仍然是以合理盈利为目的的商业性金融服务模式，普惠金融的发展必须以商业可持续性为前提，强调重视金融机构合理盈利性的财务可持续性，同时更加重视和突出弱势群体的金融需求，关注尾部客户群体，这也拓展和延伸了金融机构的业务范围，提升了盈利空间，推动了普惠金融的可持续发展。并且，普惠金融在发展的过程中逐渐突破了传统小额信贷扶贫方式，更加注重国家普惠金融体系的顶层设计，推动金融资源不断向均衡方向配置，从而满足各个群体的金融需求，实现整个金融体系的长远发展。三是包容性。一方面，普惠金融的服务对象具备包容性特征。普惠金融的服务对象是社会中的所有群体和阶层，更加注重的是在传统金融体系和制度下受到金融排斥和金融歧视的弱势群体、弱势阶层、弱势企业以及弱势地区，突出社会全体成员都能够享受金融权利的包容性。另一方面，普惠金融的供给主体也具有包容性，涵盖了正规金融机构和非正规金融机构。普惠金融的服务产品类型涵盖了支付类金融服务产品、保险类金融服务产品、储蓄类金融服务产品、信贷类金融服务产品以及投资咨询类金融服务产品等全功能、多层次的普惠金融服务产品。

普惠金融出现的原因是金融排斥抑制了受排斥群体获得金融服务的机会，并提高了交易成本，进而阻碍了经济稳定发展。金融排斥即经济活动中的部分弱势群体受制于各种主客观因素，无法正常获得金融服务。② 国

---

① 焦瑾璞等：《数字货币与普惠金融发展——理论框架、国际实践与监管体系》，《金融监管研究》2015 年第 7 期。
② 李建伟、于凤芹：《城乡统筹发展背景下的农村金融排斥问题研究——以烟台市为例》，《农村经济》2011 年第 10 期。

际上关于金融排斥也有多种界定。其中，欧盟委员会将其界定为"人们在正规金融市场上获取和使用符合自身需求的金融服务和产品时遇到困难的过程"。目前，金融排斥主要围绕低收入群体是否能够获得有效的金融服务进行定义，主要指部分群体没有途径进入金融体系或没有能力获取金融服务，从而被排斥在外。根据金融排斥的表现可将金融排斥分为以下六种。一是地理排斥。出于"盈利性"考量，金融机构在权衡利弊之后，关闭了偏僻地区的分支机构，从地理位置上将部分居民排斥在正规金融服务之外。二是评估排斥。由于农产品的生产周期较长，且产量和质量易受自然环境变化的影响，从而导致以农业生产为主的农村居民具有收入脆弱性。同时，农村地区金融基础设施不健全引致的信用评定问题，直接增加了农村贷款项目的风险管控难度，间接提高了金融机构的信息搜集成本和风险防控成本。因此，金融机构通常在农村设置比城市更为严格的风险评估程序，从而将部分未满足条件的群体排斥在金融体系之外。三是条件排斥。金融机构在发放贷款时往往要求借款人提供相关的资信证明，但大部分农村地区的征信体系不健全，农民无法提供相关的信用证明，且无其他可抵押的财产，从而导致农村居民因不满足借款条件而被排斥在服务范围之外。四是价格排斥。金融机构通常针对不同的金融消费群体设置不同的价格，从而使得那些支付不起既定服务价格的公众游离在金融产品或服务之外。五是营销排斥。以利润为导向的金融服务机构为了盈利，通常将偏远地区排斥在多样化金融供给的范围之外，从而导致单一的金融产品无法满足该地区居民多样化的金融需求。因此，供需不匹配的居民将被排斥在外。六是自我排斥。部分居民因缺乏金融知识而对金融机构产生不信任感，从而主动疏离金融体系。

普惠金融理论和数字普惠金融之间存在紧密的关系。一方面，普惠金融理论提供了关于普惠金融的指导原则，强调将金融服务延伸到所有需要的人群，特别是低收入人口和农村地区的人群。而数字普惠金融则是在这一理论框架下，利用数字技术和金融创新来实现普惠金融的目标。另一方面，数字普惠金融是普惠金融理论在数字时代的延伸，借助先进的数字技术和创新的金融模式，推动普惠金融发展。数字化的金融服务既能提高金融资源的利用效率，又能降低成本，提供更便利的金融服务，进一步体现数字普惠金融的普惠特征。因此，数字普惠金融可以被视为普惠金融理论在数字时代下的具体实践。

三 要素报酬与资本配置理论

(一) 要素报酬理论

早在资本主义刚刚兴起之时，要素报酬的理论研究便出现了萌芽，有关产出如何在生产要素所有者之间分配才能最有利于经济发展，是当时经济学家们所关注的重点。作为要素报酬理论的先驱，W. Petty 早在 17 世纪便在《税赋论》一书中提出了劳动价值论的基本命题，试图从生产领域寻找要素报酬分配的根源机制所在。[①] 古典经济学奠基者 A. Smith 继承了劳动价值论的主要观点，1776 年，他在《国富论》中以资产阶级的三类阶级结构为出发点，进一步分析了三个阶级的三种收入，论述了剩余价值的各种具体形态，对劳动价值论进一步扩充。[②] 1817 年，D. Ricardo 的《政治经济学及赋税原理》诞生，他在分析工资、利润和地租时，始终坚持以劳动价值论为基础，他认为无论利润还是地租都来源于工人的劳动，在此基础上，工资量的变动影响着利润量和地租量的变动。[③] 马克思的要素报酬理论明显地突出了劳动的作用，他批判继承了古典经济学劳动价值论的基本观点，又表明了劳动和物的共性与区别，从分析商品开始，提出了劳动二重性、社会必要劳动时间、价值、使用价值、劳动力、可变资本、不变资本、剩余价值等一系列基本范畴。

随着 19 世纪 70 年代经济学界边际革命的兴起，要素报酬理论的发展呈现出了前所未有的变革。新古典经济学家完全抛弃了劳动价值论，运用边际分析和供求分析方法进行要素报酬分析，其中主要包括边际生产力理论和均衡价格理论。边际生产力理论认为，劳动、资本等各种生产要素的报酬取决于各要素的边际产品或边际生产率。边际物质产品是指，在其他条件不变时，每增加一单位要素投入所增加的产量。边际生产力理论还指出，生产要素参与报酬分配是以该要素的边际物质产品为基础的。由于边

[①] W. Petty, *A Treatise of Taxes and Contributions*, London: Brooke, 1662.

[②] A. Smith, *An Inquiry into the Nature and Causes of the Wealth of Nations: Volume One*, New York: G. P. Putnam's Sons, 1877.

[③] D. Ricardo, "From the Principles of Political Economy and Taxation", Readings in the Economics of the Division of Labor: The Classical Tradition, 2005.

际收益递减规律，生产要素的边际物质产品是递减的，厂商根据利润最大化原则，对生产要素产生的需求由该生产要素的边际物质产品决定。同时，生产要素的报酬需要等于它的边际产量，不仅生产要素参与报酬分配是以边际生产力为基础，而且各种生产要素所获得的收入在国民收入中的份额也是由其边际生产力决定的。均衡价格理论以市场供求关系来决定要素的价格，是要素分配的理论基础。均衡价格理论认为，国民收入在各部门之间进行分配，是按照各自的要素需求比例进行的，即不是按总需求，而是按照边际需求来分配的。也就是说，生产要素边际生产力所决定的边际收益产品，决定了厂商对生产要素的需求，而由不同生产要素的供给和需求所形成的生产要素的均衡价格，也就是生产要素所有者所获得的要素报酬。

随着资本主义经济"滞胀"现象的发展，M. L. Weitzman 的共享经济理论应运而生，要素报酬理论的研究重点又以新的视角回归到对生产剩余的关注。[1] 如何对生产剩余在劳动和资本之间进行合理的分配，促进经济健康发展，缩小要素分配之间差距，成为经济学家们关注的焦点。进入21世纪，法国经济学家 T. Piketty 的《21 世纪资本论》运用前所未有的大数据分析对 300 年以来资本主义世界资本和劳动的收入分配问题作出了令人耳目一新的判断和研究。[2] 此外，随着互联网、大数据、云计算、人工智能、区块链等技术加速创新，数字技术、数字经济成为世界科技革命和产业变革的先机，数据的规模爆发式增长，不仅在数字经济发展中的地位和作用凸显，而且对传统生产方式变革具有重大影响，成为驱动经济社会发展的关键生产要素，要素报酬理论的研究再度受到学界广泛关注。

要素报酬理论能够为研究城乡资本错配提供理论借鉴。一方面，要素报酬理论有助于解释城乡资本错配的成因。要素的报酬取决于其稀缺性和边际产出。当城市地区资本相对充裕，而边际产出较低，农村地区资本边际收益较高，但资本供给相对不足时就形成了城乡资本错配。另一方面，要素报酬理论还强调了市场机制在资源配置中的作用。当出现城乡资本错

---

[1] M. L. Weitzman, "The Share Economy: Conquering Stagflation", *ILR Review*, Vol. 39, No. 2, 1986.

[2] T. Piketty, *Capital in the Twenty-first Century*, Harvard University Press, 2014.

配时，市场机制可以通过资本的流动来实现资本要素的重新配置，以提高整体经济效益。例如，通过投资和发展农村地区的基础设施和产业，可以促使资本从城市地区流向农村地区，降低城乡资本错配带来的不利影响。

(二) 资本配置理论

资本配置主要是指资本要素在不同的产业和部门之间进行流动。资本流动主要包括实物资本流动、人力资本流动以及货币资金流动。国际资本流动理论认为，各国的实际利率不相等的原因主要是生产结构与自然禀赋的差异。实际利率高的国家具有长期比较优势，相反，实际利率低的国家则具有短期优势。国际分工与国际资本流动有利于实现各国的福利最大化，促使资本国际流动的原因是资本追求比较利益和利差，这最终会导致利率平均化。在现代流量理论中，资本流动理论被引入开放经济的宏观经济发展模型中，J. E. Meade 等认为利差会导致巨量国际资本流动。[①] 新古典经济资本在地区间的流动达到均衡状态时，各地区资本边际效率近乎一致。然而，由于资本流动还受到地区市场环境、风险分散程度、生产技术水平等因素的影响，使得多数地区间资本流动存在障碍，区域间资本边际效率均等理论在现实中很难实现。与此同时，部分政府通过税收优惠等政策措施对落后地区进行产业扶持，对资本形成导向作用，促进资本向落后地区流动，促进整体经济水平的提高。

资本配置效率的概念是由 J. Schumpeter 提出，指的是将资本按照效益在不同区域、行业或企业之间配置的效率。[②] 高效的资本配置意味着高效的资本流动。资本配置效率的高低反映了资本这一稀缺生产要素在不同部门之间进行分配和运行的效率。在社会资本总量保持稳定的情况下，资本配置效率的提高意味着资本在追求高收益的驱动下，能够按照边际生产原则将有限的资本配置到那些能够带来高收益且具有良好发展前景的产业和部门。资本有效配置的经济含义是资本逐渐向投资收益率高的部门和行业

[①] J. E. Meade, *The Theory of International Economic Policy: Trade and Welfare*, New York: Oxford University Press, 1951; R. A. Mundell, "The Monetary Dynamics of International Adjustment under Fixed and Flexible Exchange Rates", *The Quarterly Journal of Economics*, Vol. 74, No. 2, 1960; J. M. Fleming, "Domestic Financial Policies under Fixed and under Floating Exchange Rates", Staff Papers-International Monetary Fund, 1962.

[②] J. Schumpeter, *The Theory of Economic Development*, Boston: Harvard University Press, 1912.

靠拢与供给，达到资本配置帕累托最优的状态。最初，经济的增长依靠的是资本和劳动的不断投入，随着经济的快速发展，资本要素逐渐占据更大比重，资本边际报酬随着资本投入的不断增加而递减，资本错配问题逐渐暴露出来转变为生产率较低、产能过剩的行业占用过多资本，而生产率较高的新兴产业资本配置不足。

已有的资本配置理论主要聚焦讨论资本在不同区域、行业或企业之间的配置，而城乡之间的资本配置恰恰是最具特点的区域间资本配置。资本配置理论为研究城乡资本错配提供了如下启示。首先，资本配置理论认为资本的自由流动对于实现最优配置至关重要。缓解城乡资本错配的重要途径就是消除城乡资本自由流动的阻碍因素。其次，资本配置理论认为，市场机制是实现最优资本配置的关键。市场通过价格信号和利润动机，引导资本流向需求更大且有较高回报的地区或行业。城乡资本错配体现出市场机制的失灵。最后，资本配置理论指出，政策干预对资本配置的效果具有重要影响。缓解城乡资本错配需要政府采取政策补贴、改善基础设施、调整税收等手段。

四 城乡二元经济结构理论

二元经济结构理论最早出现在 W. A. Lewis 的《劳动力无限供给条件下的经济发展》一文中，W. A. Lewis 将国民经济划分为传统农业部门和现代工业部门。现代工业部门的资本投入多、劳动边际收益较高，传统农业部门由于资本投入较少，土地规模有限且人口增长速度较快，劳动边际收益较低，转出劳动力能够提升人均产出，因此劳动者在最低工资水平上存在劳动力的无限供给。若聚集于城市的现代工业部门工资水平长期高于农村的传统农业部门，那么农村部门的剩余劳动供给将会转移至城市。W. A. Lewis 认为，应该加快城市经济发展，释放农村部门剩余劳动力直到城乡部门边际生产率持平，届时农村部门劳动力的工资将相应地提高。然而，W. A. Lewis 忽视了技术进步的作用以及传统农业部门重要性。在他看来，农业的作用在于为工业的发展提供无限丰富的劳动力。[1]

---

[1] W. A. Lewis, "Economic Development with Unlimited Supplies of Labour", The Manchester School, Vol. 22, No. 2, 1954.

相比于 W. A. Lewis，J. C. H. Fei 和 G. Ranis 更加重视农业的作用。[①]他们指出农业劳动力转移的前提是农业部门生产率提高带来生产者剩余，如果农业部门没有实现生产者剩余，大规模的农村劳动力转移将不会出现。此外，他们强调了农业技术进步的作用，认为农业技术进步带来的劳动生产率提高是农村部门劳动力转移的关键因素。最后，他们指出，要改变二元经济结构，必须关注人口增长，要求劳动力转移速度快于人口增长速度。由此，J. C. H. Fei 和 G. Ranis 提出了现代经济部门发展的三个阶段。[②] 第一阶段由于劳动边际产出为零，农业剩余劳动力进入工业只增加社会总产出。第二阶段劳动力转移数量增加使得劳动边际生产率大于零，农业劳动力的减少和非农劳动力的增加，使粮食供给不足，出现粮食短缺，粮价和工资都上升，工业化进程受阻。这时，应借助技术手段对传统农业改造升级，使农业实现专业化分工和规模生产，提高边际生产率，从而克服粮食短缺，维持现代化进程。

D. W. Jorgenson 否认了剩余劳动力假设，而是假定农业没有资本积累，且随着时间的推移技术进步会提升工农业产出，由此农业技术进步提高了农业剩余，而农业剩余是工业技术进步的前提。[③] D. W. Jorgenson 认为正的农业剩余促进了工业部门资本积累，从而避免经济发展陷入低水平均衡陷阱。此时农业部门会产生剩余劳动力并向工业部门转移。因此，农业剩余劳动力转移的速度取决于农业剩余和工业技术进步，工业部门技术进步越快，经济增长就越迅速，剩余劳动力转移的速度就越快，最终会实现城乡二元经济向一元的转化。

Harris-Todaro 模型是二元经济结构理论中又一重要的理论模型。[④] 与

[①] J. C. H. Fei, G. Ranis, "Development of the Labor Surplus Economy: Theory and Policy", *The Economic Journal*, Vol. 77, No. 306, 1967.

[②] J. C. H. Fei, G. Ranis, "Development of the Labor Surplus Economy: Theory and Policy", *The Economic Journal*, Vol. 77, No. 306, 1967.

[③] D. W. Jorgenson, "The Development of A Dual Economy", *The Economic Journal*, Vol. 71, No. 282, 1961.

[④] M. P. Todaro, "A Model of Labor Migration and Urban Unemployment in Less Developed Countries", *The American Economic Review*, Vol. 59, No. 1, 1969; J. Harris, M. Todaro, "Migration, Unemployment and Development: A Two-sector Analysis", *American Economics Review*, Vol. 60, No. 1, 1970.

W. A. Lewis 的观点相反,该模型将劳动力转移的原因归结为城市工业部门的失业,在二元经济结构中,工业部门的工资具有刚性因而存在失业,此时劳动力会比较城市部门的期望工资(实际工资和转移成本之差)和农村的平均收入,如果前者超过后者,劳动力转移就会发生。随着转移人数的增多,工业部门的失业人数上升,期望工资就会下降;当工业部门的期望工资与农村部门的平均收入相等时,劳动力向工业部门的转移便会停止。Harris-Todaro 模型表明,当城市期望工资收入超过农村的平均收入时,农村劳动力将持续向城市转移,当农村劳动力转移数量多到迫使城市失业规模增大、工资收入下降,城市期望工资小于农村平均收入时,会诱使劳动力从城市向农村的转移。

进入 21 世纪,二元经济结构理论再次得到丰富和发展。E. Somanathan 通过将劳动力供给、工资增长和经济增长联系起来,尝试解决发展中国家出现的二元经济转换与收入分配问题。[①] 他认为在一个国家工业化的早期阶段,从传统经济部门转移至现代部门抽取的剩余劳动力只需要稳定不变或是缓慢增长的工资。随着工业化进程的推进,这种剩余劳动力逐渐消失,导致工资随着产出的增长而上涨,但在劳动力未全部转移以前,这种工资上涨会导致无效率和扭曲的分配体制,阻碍劳动力的进一步转移。P. Belan 等研究了二元经济结构中的不完全竞争和资本积累问题,发现在只存在资本家和工人的二元经济结构中,资本家的不完全竞争行为导致了地租,地租则通过提高工人生活成本降低了现代部门的就业率。[②] 此外,L. V. Vera 研究了二元经济结构模型中所存在的混合产出结构问题,他假设同时存在内部财政约束与外部约束,工业和农业部门分别为有限需求和有限供给,通过考虑产出、需求、收入分配、市场出清状态以及外部金融和财政的平衡,推导出了短期均衡。[③]

城乡二元经济结构理论对于研究城乡资本错配提供了重要启示。其

[①] E. Somanathan, "Can Growth Ease Class Conflict?", *Economics & Politics*, Vol. 14, No. 1, 2002.

[②] P. Belan, P. Michel, B. Wigniolle, "Does Imperfect Competition Foster Capital Accumulation in A Developing Economy?", *Research in Economics*, Vol. 59, No. 2, 2005.

[③] L. V. Vera, "Macroeconomic Adjustment under an External and Fiscal Constraint: A Fix-price/Flex-price Approach", *Metroeconomica*, Vol. 56, No. 1, 2005.

一，城乡二元经济结构理论对城乡的概念进行了定义，"城"指的是现代工业部门聚集的城市地区，"乡"指的是传统农业部门聚集的农村地区，这为城乡资本错配中的"城乡"界定提供理论依据。其二，城乡二元经济结构理论一定程度上揭示了城乡资本错配的成因。城乡二元经济结构理论认为城市聚集的现代工业部门具备先进的生产技术以及优质劳动力，从而拥有较高的边际生产率，而农村传统农业部门则缺乏资本投入，技术水平低下，边际生产率较低，这在一定程度上解释了城市资本供给过剩以及农村资本供给严重不足产生的原因。

第二节 国内外文献综述

一 关于数字普惠金融的研究

（一）国外研究现状

国外研究中直接聚焦"数字普惠金融"这一概念的较少，相关文献更多地将研究对象定义为"数字金融"。此外，由于数字普惠金融是在传统普惠金融的基础上发展而来的，所以本书也借鉴了与"普惠金融"相关的国外文献，以使研究的文献基础更为完整。

其一是数字金融方面，从发展状况来看，数字金融极大地影响了普惠金融的发展。S. Gopalan 和 R. S. Rajan 研究发现在银行业集中度较低的国家中，金融科技的增长和产出稳定之间存在负向相关关系，而数字金融助力于传统普惠金融的发展已然使得产出波动持续增大。[①] F. Y. Mpofu 和 D. Mhlanga 以非洲地区为研究对象，也发现数字金融服务的扩张极大地推动了普惠金融的发展，催生了数字普惠金融。[②] 通过使用数字服务，大多数以前被排除在外的人口群体能够以负担得起、可靠和方便的方式进行金融交易，从而极大地受益于数字金融服务。而 C. I. Ravnbøl 指出，欧洲边缘化社区的居民数字金融可及性低，其数字金融的普惠性还有待提升，并

[①] S. Gopalan, R. S. Rajan, "Does Digital Financial Inclusion Moderate or Exacerbate Output Volatility?", *Applied Economics Letters*, Vol. 29, No. 19, 2022.

[②] F. Y. Mpofu, D. Mhlanga, "Digital Financial Inclusion, Digital Financial Services Tax and Financial Inclusion in the Fourth Industrial Revolution Era in Africa", *Economies*, Vol. 10, No. 8, 2022.

认为如果没有一种全面的方法来确保边缘化社区在数字金融方面的"事实上的准入",那么数字金融的发展可能会将他们进一步推向全球经济的边缘。①从影响因素来看,推动数字金融发展的因素是多元的。D. Mhlanga 关注人工智能,发现它可以通过聊天机器人、欺诈检测和网络安全等方式获得客户支持,从而在与风险检测、测量和管理有关的领域对数字金融的包容性产生强大影响。② N. Jain 和 T. V. Raman 研究发现,由安全风险、财务风险和绩效风险构成的感知风险与由实时交易、经济效益和便利性构成的感知收益都会影响数字金融的采用,而且感知收益比感知风险对数字金融采用的影响更大。③ P. K. Ozili 梳理有关研究发现,从国际范围来看,提高金融服务供给效率的需要、利用现有数字技术实现发展目标的需要、通过数字手段发展普惠金融的需要,以及高效支付和支付结算的必要性等,是推动数字金融发展的主要因素。④从政策建议来看,推动数字金融发展的同时需要防范有关风险。A. A. Syed 等研究发现,数字金融的增长有助于降低样本国家影子经济的增长,但增大了金融的不稳定性。⑤因此,学者们建议在鼓励银行服务数字化的同时加强有关监管,以防范风险发生。B. Gapp 等认为需要加强基础设施建设,重新分配资金,使其包括数字融资和投资服务,并加强监管协调,平衡监管与消费者保护。⑥此外,有关人才的培养工作也不容忽视。U. S. Thathsarani 和 W. Jianguo 认为,发展数字金融一方面可以从供给侧视角出发,提供廉价、安全、低风险的服务;另一方面可以从需求侧视角出发,扩大金融知识

---

① C. I. Ravnbøl, "Accessing Cash (Lessness): Cash Dependency, Debt, and Digital Finance in a Marginalized Roma Neighborhood", *Economic Anthropology*, Vol. 10, No. 1, 2023.

② D. Mhlanga, "Industry 4.0 in Finance: The Impact of Artificial Intelligence (AI) on Digital Financial Inclusion", *International Journal of Financial Studies*, Vol. 8, No. 3, 2020.

③ N. Jain, T. V. Raman, "A Partial Least Squares Approach to Digital Finance Adoption", *Journal of Financial Services Marketing*, Vol. 27, No. 1, 2022.

④ P. K. Ozili, "Digital Finance Research and Developments around the World: A Literature Review", *International Journal of Business Forecasting and Marketing Intelligence*, Vol. 8, No. 1, 2023.

⑤ A. A. Syed et al., "Assessing the Role of Digital Finance on Shadow Economy and Financial Instability: An Empirical Analysis of Selected South Asian Countries", *Mathematics*, Vol. 9, No. 23, 2021.

⑥ B. Gapp et al., "Digital Finance in Africa: Accelerating Foundations for Inclusive and Sustainable Local Innovation", *Environmental Sciences Proceedings*, Vol. 15, No. 1, 2022.

的普及范围。① 通过数字金融服务,能够促进消费者的心理健康,加强业务关系,从而实现市场份额扩大、品牌形象提升和盈利能力增强的共同目标。②

其二是普惠金融方面,从发展状况来看,国外普惠金融的发展虽然取得了一定的进步,但仍然面临一些困境。K. Jagani 和 S. Patra 指出,印度普惠金融的发展面临无组织的劳动力、金融文盲、对结构性金融机构的信任赤字,以及技术恐惧和贫困的考验。③ S. Hathroubi 研究发现,沙特阿拉伯普惠金融由 21 世纪初的较低水平发展到过去十年的较高水平,并指出普惠金融的发展在长期内能够促进经济增长和推动人类发展。④ M. Hasan 等以孟加拉国农村为研究对象,发现当地普惠金融的发展受到居民金融服务要素知识水平的限制,而且由于职业和收入水平的不同,普惠金融对不同居民生活的改善效果也存在差距。⑤ A. N. Omeje 等研究普惠金融在尼日利亚农业部门的渗透情况,发现除了一些合作社外,大多贷款机构无法满足小农信贷需要,即普惠金融在农业部门的渗透率较低。⑥ I. Elouardighi 和 K. Oubejja 则发现,非洲国家普惠金融的发展状况具有性别方面的异质性,准确地说,妇女仍然时常面临如金融服务成本高和缺乏资金等困境。⑦ 从影

---

① U. S. Thathsarani, W. Jianguo, "Do Digital Finance and the Technology Acceptance Model Strengthen Financial Inclusion and SME Performance?", *Information*, Vol. 13, No. 8, 2022.

② E. A. Elliot, C. Cavazos, B. Ngugi, "Digital Financial Services and Strategic Financial Management: Financial Services Firms and Microenterprises in African Markets", *Sustainability*, Vol. 14, No. 24, 2022.

③ K. Jagani, S. Patra, "Digital Participation through Mobile Internet Banking and Its Impact on Financial Inclusion: A Study of Jan Dhan Yojana", *International Journal of Public Administration in the Digital Age*, Vol. 4, No. 4, 2017.

④ S. Hathroubi, "Inclusive Finance, Growth and Socio-Economic Development in Saudi Arabia: A Threshold Cointegration Approach", *Journal of Economic Development*, Vol. 44, No. 2, 2019.

⑤ M. Hasan, T. Le, A. Hoque, "How Does Financial Literacy Impact on Inclusive Finance?", *Financial Innovation*, Vol. 7, No. 1, 2021.

⑥ A. N. Omeje et al., "Examining the Penetration of Financial Inclusion in the Agricultural Sector: Evidence from Small-Scale Farmers in Enugu State, Nigeria", *Agricultural Finance Review*, Vol. 82, No. 1, 2022.

⑦ I. Elouardighi, K. Oubejja, "Can Digital Financial Inclusion Promote Women's Labor Force Participation? Microlevel Evidence from Africa", *International Journal of Financial Studies*, Vol. 11, No. 3, 2023.

响因素来看，推动或制约普惠金融发展的因素包括人口和市场等多个方面。人口方面，F. Allen 等研究非洲相对于其他发展中国家的金融发展差距，发现人口密度显著影响非洲普惠金融的发展。[1] 而 A. Zins 和 L. Weill 同样研究非洲普惠金融的决定因素，发现由于受教育程度和收入的影响，更富裕、受教育程度更高、年龄更大的男性比较支持普惠金融的发展。[2] 市场方面，R. Rasheed 和 S. H. Siddiqui 认为，中小企业的接受和使用程度对普惠金融市场的发展产生重要影响，并通过研究发现样本中经理人对融资和理财的认知程度较低，这不利于巴基斯坦普惠金融的发展。[3] 其他方面，İ. Bozkurt 等研究发现，社会、银行和政治因素在普惠金融的发展过程中发挥着重要作用，而且由于空间依赖关系，样本国家之间存在普惠金融趋同。[4] C. Y. Park 和 J. R. Mercado 的研究表明，无论从亚洲还是从世界范围来看，人均收入和法治状况都能显著影响普惠金融的发展。[5] 从政策建议来看，既要推动普惠金融进一步发展，也要注意保护隐私和防范风险。H. Gupta 认为，仅仅拥有一个银行账户并不是真正意义上的普惠，必须对人们进行关于不同金融产品的教育，以增加他们对银行金融服务的使用。[6] V. M. Kumbhar 发现，样本地区银行的普惠金融项目更关注开设储蓄账户，而这与客户的期望存在差距，并指出普惠金融计划应更多地以信贷安排为导向，以满足客户的需求。[7] S. J. Ho 和 S. K. Mallick 发现，小额信

---

[1] F. Allen et al., "The African Financial Development and Financial Inclusion Gaps", *Journal of African Economies*, Vol. 23, No. 5, 2014.

[2] A. Zins, L. Weill, "The Determinants of Financial Inclusion in Africa", *Review of Development Finance*, Vol. 6, No. 1, 2016.

[3] R. Rasheed, S. H. Siddiqui, "Attitude for Inclusive Finance: Influence of Owner-Managers' and Firms' Characteristics on SMEs Financial Decision Making", *Journal of Economic and Administrative Sciences*, Vol. 35, No. 3, 2019.

[4] İ. Bozkurt, R. Karakuş, M. Yildiz, "Spatial Determinants of Financial Inclusion over Time", *Journal of International Development*, Vol. 30, No. 8, 2018.

[5] C. Y. Park, J. R. Mercado, "Financial Inclusion, Poverty, and Income Inequality", *The Singapore Economic Review*, Vol. 63, No. 1, 2018.

[6] H. Gupta, "An Analysis of Government Initiatives towards Inclusive Financial System", *International Journal of Advanced Research in Management and Social Sciences*, Vol. 4, No. 5, 2015.

[7] V. M. Kumbhar, "Financial Inclusion Policy: A Case Study of Hilly Area", *International Journal of Research in Economics and Social Sciences*, Vol. 5, No. 9, 2015.

贷机构与银行的联动可以增加借款人的融资概率，能够提高小额融资在实现普惠金融发展方面的有效性。[1] 关于防范风险，A. R. Atellu 和 P. W. M. O. Sule 指出，政府部门可以通过放宽银行限制，鼓励商业银行之间的竞争，并建立确保金融部门稳定的框架来实现普惠金融转型，同时需要加强对金融机构的监管，以防范风险。[2] O. Akanfe 等指出，在推进普惠金融的过程中，要足够重视增强对金融隐私的保护，否则将阻碍服务不足的社区改善和有效利用金融服务。[3]

（二）国内研究现状

国内关于数字普惠金融的研究较为丰富，可以划分为以下几个方面。第一，部分学者分析了数字普惠金融的特点与发展状况。一是数字普惠金融的特点。一方面，数字普惠金融相比于其他金融形式具有更多优势。张勋等指出，数字普惠金融伴随互联网革命而来，能够缓解原来被传统金融排除在外的群体的借贷约束，同时也有助于促进他们的投资和经营活动。[4] 何宗樾等指出，数字普惠金融不但有利于发挥金融的基础功能，让更多的人以合理成本获取更加公平的金融服务，而且更有助于分散或规避金融风险，提高资产配置效率。[5] 而唐松等认为，相对于互联网金融，数字普惠金融更具广度和深度，能够在数字支付、网络借贷和其他业态中极大地降低金融市场的搜寻成本和风险识别成本。[6] 另一方面，数字普惠金融在助力传统普惠金融发展方面具有潜力。数字普惠金融不仅能够缓解信

---

[1] S. J. Ho, S. K. Mallick, "Does Institutional Linkage of Bank-MFI Foster Inclusive Financial Development Even in the Presence of MFI Frauds?", *Scottish Journal of Political Economy*, Vol. 64, No. 3, 2017.

[2] A. R. Atellu, P. W. M. O. Sule, "Financial Stability in Kenya. Does Inclusive Finance Matter?", *Journal of Economics and Sustainable Development*, Vol. 10, No. 6, 2019.

[3] O. Akanfe, R. Valecha, H. R. Rao, "Design of an Inclusive Financial Privacy Index (INF-PIE): A Financial Privacy and Digital Financial Inclusion Perspective", *ACM Transactions on Management Information Systems (TMIS)*, Vol. 12, No. 1, 2020.

[4] 张勋等：《数字经济、普惠金融与包容性增长》，《经济研究》2019 年第 8 期。

[5] 何宗樾、张勋、万广华：《数字金融、数字鸿沟与多维贫困》，《统计研究》2020 年第 10 期。

[6] 唐松、伍旭川、祝佳：《数字金融与企业技术创新——结构特征、机制识别与金融监管下的效应差异》，《管理世界》2020 年第 5 期。

息不对称产生的高成本问题,而且突破了时间与地域的限制,[①] 凭借数字技术优势拓宽金融服务的广度、深度和范围,从而能够推动普惠金融的发展。[②] 总之,数字技术的加持是数字普惠金融的重要特点,其低成本、广覆盖和可持续等优势有利于拓展数字普惠金融的影响范围,从而覆盖经济落后地区,有利于实现真正普惠金融。二是数字普惠金融的发展状况。目前,中国数字普惠金融的发展整体上势头正盛,但各地的发展状况存在差异。从地区来看,王耕南等研究发现,中国珠三角地区数字普惠金融总指数以及覆盖广度、使用深度和数字化程度三个指标均呈现增长趋势,同时呈现以广州、深圳为核心向周边地区递减的分异格局,而且表现出空间自相关的特征。[③] 李婵娟等则发现,长江经济带整体和上、中、下游地区的数字普惠金融水平都呈现逐年上升趋势,不过区域之间具有明显的差异,而且区域间差异是总体差异的主要来源,但也表现出显著的正向空间集聚特点。[④] 武翠芳等则以黄河流域为研究对象,发现该地区的数字普惠金融发展迅速,总指数近年来显著提升。[⑤] 其中,样本期间上游地区数字普惠金融指数增幅最大,中游地区数字普惠金融起步较晚,指数增长最慢,但发展潜力较大。从全国来看,王小华和贺文瑾指出,数字普惠金融的发展差异主要来源于区域间差异,不过总体上讲数字普惠金融水平基本表现为由陡降到缓降再到缓升,而且空间外溢效应明显内嵌于数字普惠金融的发展过程当中。[⑥] 姚茗珂等则发现,数字普惠金融的区域间差异在不断缩小,不过趋势放缓,其主要原因可能是数字金融使用深度的收敛速度

[①] 赵晓鸽、钟世虎、郭晓欣:《数字普惠金融发展、金融错配缓解与企业创新》,《科研管理》2021年第4期。

[②] 向洁、胡青江、闫海龙:《数字普惠金融发展的区域差异及动态演进》,《技术经济与管理研究》2021年第2期。

[③] 王耕南、张国俊、周春山:《珠三角数字普惠金融的时空演化特征及影响因子》,《地域研究与开发》2022年第5期。

[④] 李婵娟、吕优、钟雨欣:《长江经济带数字普惠金融发展的区域差异、动态演进与收敛性考察》,《统计与决策》2022年第20期。

[⑤] 武翠芳、赵慧、陈少炜:《黄河流域数字普惠金融与碳减排能力耦合协调分析》,《人民黄河》2023年第11期。

[⑥] 王小华、贺文瑾:《数字普惠金融发展的时空特征及其动力机制研究》,《农业经济问题》2024年第1期。

呈现减缓趋势。① 因而缩小数字普惠金融使用深度的区域差异能够有效缩小数字普惠金融的区域差异。

第二，数字普惠金融对乡村振兴和共同富裕事业具有深远影响。一是乡村振兴方面。从数字普惠金融的作用效果来看，周颖和王姣指出，乡村振兴目标要求高，数字普惠金融的发展需要兼顾商业可持续与社会效益，而且面临主体之间分工协作方面的挑战。② 佟玲等则认为，乡村各主体的数字金融意识偏低，移动互联网和数字技术条件较差，而且征信和信用评级体系未能充分建立，加之相关金融配套政策还有待完善，这些都是数字普惠金融助力乡村振兴的现实困境。③ 不过徐伟祁等发现，数字普惠金融能够通过提升农村创业活力从而显著促进乡村产业振兴，而且高数字技术水平和低城镇化率乡村的产业振兴将受到更为显著的影响。④ 从如何更好发挥数字普惠金融的作用来看，赵春江和曲鸿源认为，需要建立农村区域间数字普惠金融合作机制、发挥数字普惠金融政策叠加效应、着力强化数字普惠金融基础设施建设以提高居民数字普惠金融认知度、重视农村区域金融一体化平台建设以加快欠发达地区发展速度。⑤ 鄢宇昊等研究发现，以教育为主的农村人力资本的提升，能够增加农户对普惠金融产品的使用程度，提高数字普惠金融的边际产出效率，从而能够提高数字普惠金融对乡村振兴的促进作用。⑥ 二是共同富裕方面。从数字普惠金融的作用效果来看，尹应凯和陈乃青发现，促进家庭消费升级和提高经济活力是数字普惠金融推动居民物质与精神这两个层面共同富裕的重要渠道，但是两位学

---

① 姚茗珂、赵健、杨艳萍：《乡村振兴视角下数字普惠金融支持"三农"发展的绩效研究》，《金融理论与实践》2023 年第 8 期。

② 周颖、王姣：《数字普惠金融服务乡村振兴的挑战与功能深化》，《农业经济》2022 年第 11 期。

③ 佟玲、田华、李媛媛：《数字普惠金融赋能乡村振兴内在机理、现实困境及路径选择》，《农业经济》2022 年第 10 期。

④ 徐伟祁、李大胜、魏滨辉：《数字普惠金融对乡村产业振兴的影响效应与机制检验》，《统计与决策》2023 年第 16 期。

⑤ 赵春江、曲鸿源：《数字普惠金融促进乡村振兴的路径优化研究》，《理论探讨》2023 年第 4 期。

⑥ 鄢宇昊、李巍、胡锡琴等：《数字普惠金融对乡村振兴的影响效应与经验证据》，《统计与决策》2023 年第 15 期。

者也指出数字鸿沟的存在会削弱这一影响。[1] 石玉堂和王晓丹则发现,数字普惠金融能够通过促进产业结构的高级化与合理化升级,从而促进共同富裕,而且西部与东北地区受到的影响更为明显。[2] 何慧等指出,数字普惠金融通过降低融资成本和拓宽融资渠道来服务实体经济,通过提高低收入者收入、增加就业岗位以及降低贫困和脆弱性概率来缩小收入差距,通过改善金融排斥和金融抑制提升金融效率,最终助力共同富裕的实现。[3] 从如何更好发挥数字普惠金融的作用来看,杨慧和李波发现,数字普惠金融能够通过促进乡村产业振兴从而推动共同富裕,因此各地可以依托数字经济浪潮,运用互联网、物联网打造农产品全产业链,形成有地方特色的主导产业。[4] 刘培森从中国工业企业工资差距角度衡量共同富裕,并提出要增强金融服务的普惠性与便捷性,加快银行业数字化转型,破除制约中小企业、民营企业发展的障碍,完善提高劳动报酬的长效机制。[5]

第三,数字普惠金融助力"三农"领域和中小企业的发展。一是"三农"领域。从农业方面来看,张启文和田静研究发现,数字普惠金融能够通过促进技术进步来提升农业全要素生产率,但西部地区的数字普惠金融不利于农业全要素生产率的提升,而且从空间上看,邻近地区数字普惠金融对本地农业全要素生产率具有负向影响。[6] 高国生等发现,数字普惠金融可以通过促进农地流转来抑制农业碳排放强度,从而助力农业绿色发展。[7] 不过对于数字普惠金融发展水平较低的西部地区,这一作用尚不

---

[1] 尹应凯、陈乃青:《数字普惠金融、数字鸿沟与共同富裕——基于新结构经济学的视角》,《上海大学学报》(社会科学版) 2022 年第 6 期。

[2] 石玉堂、王晓丹:《数字普惠金融能否推进共同富裕?——基于地级市面板数据的经验研究》,《企业经济》2023 年第 8 期。

[3] 何慧、郑霖豪、王天:《数字普惠金融赋能共同富裕:理论逻辑与实践路径》,《价格理论与实践》2023 年第 5 期。

[4] 杨慧、李波:《数字普惠金融促进共同富裕的效应与机制——基于地级市面板数据的实证分析》,《北方民族大学学报》2023 年第 6 期。

[5] 刘培森:《数字普惠金融促进共同富裕研究——来自中国工业企业工资差距的证据》,《经济体制改革》2023 年第 6 期。

[6] 张启文、田静:《数字普惠金融能否提升农业全要素生产率?——基于异质性与空间溢出效应视角》,《农业经济与管理》2023 年第 1 期。

[7] 高国生、王奇珍、支海兵:《数字普惠金融对农业碳排放强度的影响效应分析》,《经济问题》2024 年第 1 期。

显著。从农村方面来看，储佩佩和张娆通过实证分析发现，数字普惠金融可以通过提升农村创业活跃度与农业科技创新水平间接推动农村产业融合发展，而且东部地区受到的影响更显著。[①] 胡宁宁的研究表明，数字普惠金融能够通过支付方式、收入增加等渠道影响农村家庭消费。[②] 特别地，数字普惠金融的这一作用存在农村家庭孩童数量方面的异质性。从农民方面来看，范丽琴和刘国勇发现，数字普惠金融发展对农民收入具有显著的积极影响，不同地区、不同时期的作用效果存在差异，而且数字普惠金融的增收效应具有空间收敛特征。[③] 郭劲光和张景媛指出，数字普惠金融的发展能够降低农村低收入群体参与金融市场的门槛，刺激农村居民对于金融服务的需求，是农民增加收入的重要渠道。[④] 二是中小企业的发展。从企业的技术创新来看，胡骞文等发现，数字普惠金融能够通过缓解融资约束和降低融资成本，有效促进中小企业的创新投入，而且对于企业家精神特征越明显的企业，这一支持作用就越强。[⑤] 王刚和陈迪的研究表明，数字普惠金融对中小企业技术创新的支持效应因所在行业、地区和所有权属性的不同而存在差异，而金融监管和政府补贴可以正向调节这一支持作用。[⑥] 从企业的投资行为来看，谢获宝等发现，数字普惠金融可以降低债务融资成本和减少短贷长投的行为，从而加快企业资本结构调整速度。[⑦] 王澎涵等也发现，数字普惠金融水平的提升能够有效提高中小企业投资效率，其中提升效果最显著的是所属区域城镇化率较低的非国有企业。[⑧] 从

[①] 储佩佩、张娆：《数字普惠金融对农村产业融合的影响——基于农村双创促进机制视角》，《财会月刊》2023年第23期。

[②] 胡宁宁：《数字普惠金融与农村家庭消费：机制探析与微观证据》，《河南社会科学》2023年第6期。

[③] 范丽琴、刘国勇：《数字普惠金融发展对农民收入影响的时空分异与收敛性分析》，《中国农机化学报》2023年第4期。

[④] 郭劲光、张景媛：《数字普惠金融对农民可持续性增收的影响效应——兼论相对贫困治理对策》，《学术交流》2023年第5期。

[⑤] 胡骞文、李湛、张广财：《数字普惠金融对中小企业创新投入的影响——基于企业家精神的调节效应》，《工业技术经济》2022年第10期。

[⑥] 王刚、陈迪：《数字普惠金融与中小企业技术创新》，《统计与决策》2023年第19期。

[⑦] 谢获宝、敬卓尔、惠丽丽：《数字普惠金融与中小企业资本结构优化》，《南方金融》2022年第8期。

[⑧] 王澎涵、杨有振、范瑞：《数字普惠金融对中小企业投资效率的影响》，《河北经贸大学学报》2022年第6期。

企业的数字化发展来看，祁好英实证研究发现，数字普惠金融对中小制造企业的数字化转型水平存在正向促进作用，并且生产技术数字化转型受到的影响程度高于销售技术。① 数字普惠金融赋能中小企业的数字化转型，从而间接促进中小企业高质量发展。②

第四，数字普惠金融是缩小城乡居民收入和消费差距的重要途径。一是城乡居民收入方面。从数字普惠金融的作用效果来看，杨彩林等的研究表明，数字普惠金融能够通过提高农户信贷供给水平从而缩小本地和周边省份的城乡收入差距，即数字普惠金融对城乡收入差距的影响具有显著的空间溢出效应。③ 李麦收和李凯旋发现，数字普惠金融能够通过促进农村居民创业和小微企业创业缩小城乡收入差距，而且东部地区数字普惠金融对城乡收入差距的抑制作用要大于中西部地区。④ 李牧辰和封思贤指出，数字普惠金融能够通过促进就业和增加非农就业来收敛城乡收入差距，但是收敛效果存在明显的门槛效应。⑤ 伍卓和周付友研究发现，数字普惠金融的发展能够有效抑制城乡收入差距的扩大，而产业结构升级和人力资本水平是其中的两大重要机制。⑥ 从如何更好发挥数字普惠金融的作用来看，郑展鹏等发现，在人力资本跨越门槛值前后，数字普惠金融对城乡收入差距的影响具有"先扩大、后缩小"的转折性特征，因此需要注重人力资本的调节作用，激发数字普惠金融的长尾优势，充分释放数字普惠金融的增收效果。⑦ 赵德起和王世哲指出，要充分发挥数字普惠金融对城乡

---

① 祁好英：《数字普惠金融、管理者意识与企业数字化转型——基于长三角中小制造企业的调查数据》，《财会通讯》2023年第8期。

② 刘靖宇、余莉娜、杨轩宇：《数字普惠金融、数字化转型与中小企业高质量发展》，《统计与决策》2023年第18期。

③ 杨彩林、李雯雅、曹秋菊：《数字普惠金融、农户信贷供给与城乡收入差距》，《统计与决策》2022年第12期。

④ 李麦收、李凯旋：《数字普惠金融、小微企业创业与城乡收入差距——党的二十大共同富裕目标任务路径探索》，《征信》2023年第1期。

⑤ 李牧辰、封思贤：《数字普惠金融、数字门槛与城乡收入差距》，《管理评论》2023年第6期。

⑥ 伍卓、周付友：《共同富裕背景下数字普惠金融对城乡收入差距的影响效应》，《江汉论坛》2023年第5期。

⑦ 郑展鹏、刘笑言、曹玉平：《数字普惠金融与城乡收入差距：马太效应抑或长尾效应？》，《经济体制改革》2023年第6期。

收入差距的收敛效应，首要任务在于弥补农村与城镇之间在数字基础设施、金融教育方面的差距。① 二是城乡居民消费方面。从数字普惠金融的作用效果来看，肖云和米双红发现，数字普惠金融发展显著缩小了城乡居民消费差距，而且在数字普惠金融发展水平较高的区域，城乡居民消费差距的缩小效果更显著。② 张彤进和蔡宽宁认为，数字普惠金融能够通过提升农村居民支付速度、扩大其信贷规模和降低农民预防性储蓄三种路径从而缩小城乡居民消费差距。③ 不过，他们发现数字普惠金融对城乡居民消费差距的影响在地区和消费类型上均存在异质性。张远等也发现，数字普惠金融的发展显著缩小了城乡家庭消费差距，但是这一缩小效应仅在东部地区显著，而在中西部地区则不显著。④ 从如何更好发挥数字普惠金融的作用来看，李宗翰和郑江淮认为需要实施城乡差异化的数字普惠金融发展政策，例如农村目前更多地需要普及数字普惠金融相关知识，而对于城镇来说，数字普惠金融对消费的促进作用正被房价的抑制作用所抵消。⑤ 程欣炜和李婵娟也强调增强农村居民的数字金融意识和素养，同时依托数字技术弱化城乡间和农村内部公共资源分配不均等是增大数字普惠金融对城乡消费差距缩小作用的有效方式。⑥ 王奕霏等指出，在强化数字普惠金融服务水平、挖掘农村消费大市场潜力的同时，要以规范数字普惠金融监管和创新数字技术为依托，加强风险管理。⑦

第五，数字普惠金融具有绿色属性和环境正外部性，有助于降低碳排

---

① 赵德起、王世哲：《数字普惠金融对城乡收入差距的影响研究——基于中国省域空间计量模型的实证分析》，《经济问题探索》2023年第5期。
② 肖云、米双红：《城乡一体化视角下数字普惠金融发展与城乡居民消费差距的动态关系检验——兼论收入差距的中介效应》，《商业经济研究》2021年第18期。
③ 张彤进、蔡宽宁：《数字普惠金融缩小城乡居民消费差距了吗？——基于中国省级面板数据的经验检验》，《经济问题》2021年第9期。
④ 张远、胡文馨、李俊峰：《数字普惠金融对城乡居民消费差距的影响研究》，《宏观经济研究》2022年第4期。
⑤ 李宗翰、郑江淮：《数字普惠金融对城乡居民消费差距的影响》，《现代经济探讨》2023年第6期。
⑥ 程欣炜、李婵娟：《数字普惠金融对城乡消费差距的收敛作用研究》，《现代经济探讨》2023年第6期。
⑦ 王奕霏、杨卫东、王海南：《数字普惠金融缩小城乡消费差距的理论逻辑和优化路径》，《农村经济》2023年第8期。

放强度、促进绿色技术创新和提升绿色全要素生产率。首先在降低碳排放强度方面，丁凡琳认为，数字普惠金融可以推动人口结构调整，提升居民低碳消费偏好，进而降低碳排放强度。① 孙灵燕和张全飞研究发现，数字普惠金融主要通过企业规模扩张和企业能源效率改变两种作用的叠加进而影响企业碳排放强度，但这一影响呈现先正向后负向的特征，而且会因为企业融资约束程度、所有制、行业特征的不同而存在差异。② 另外分城乡来看，苏培添和王磊指出，数字普惠金融通过影响农业技术创新水平和农业创业活跃度进而对农业碳排放强度产生显著负向影响，而且通过提高城镇化水平及市场化水平能够强化数字普惠金融的减碳效应。③ 李寿喜和张珈豪发现，数字普惠金融主要通过促进区域技术创新来降低城市碳排放强度，并且资源型城市碳排放强度受到的抑制作用大于非资源型城市。④ 其次在促进绿色技术创新方面，张杰飞等发现，数字普惠金融虽然能够促进当地绿色技术创新，但会抑制周边城市绿色创新效率的提升，这是因为数字普惠金融发展水平较高的城市会吸纳周边地区的创新资源，形成一定程度的虹吸效应。⑤ 梁玲玲等研究发现，数字普惠金融对企业绿色技术创新具有显著的正向影响，其中融资约束和研发投入起到重要的中介作用，而ESG 评级起到调节作用。⑥ 此外，数字普惠金融对绿色技术创新的促进作用在不同地理区域、环境治理水平、CEO 金融背景下存在差异。兰梓睿和张书华的研究也表明，数字普惠金融发展能够显著促进企业绿色创新，而且在中西部地区、非国有企业以及市场化程度较低的地区，这一作用效

---

① 丁凡琳：《中国数字普惠金融对碳强度的影响》，《武汉大学学报》（哲学社会科学版）2022 年第 6 期。

② 孙灵燕、张全飞：《数字普惠金融对企业碳排放强度的影响研究》，《江西社会科学》2023 年第 11 期。

③ 苏培添、王磊：《数字普惠金融对中国农业碳排放强度影响的空间效应与机制》，《资源科学》2023 年第 3 期。

④ 李寿喜、张珈豪：《数字普惠金融、技术创新与城市碳排放强度》，《华东师范大学学报》（哲学社会科学版）2023 年第 2 期。

⑤ 张杰飞、尚建华、乔彬：《数字普惠金融对绿色创新效率的影响研究——来自中国 280 个地级市的经验证据》，《经济问题》2022 年第 11 期。

⑥ 梁玲玲、李烨、陈松：《数字普惠金融促进企业绿色技术创新的效应与机制检验》，《统计与决策》2023 年第 11 期。

果更加显著。① 他们指出,数字普惠金融有助于缓解企业融资约束压力、提高技术外溢水平和缓解资源错配程度,从而能够推动企业绿色创新能力提升。最后在提升绿色全要素生产率方面,范欣和尹秋舒研究发现,数字普惠金融发展显著地提高了绿色全要素生产率,而技术创新和地区创业是其中主要的传导途径。② 朱杰堂等的研究表明,数字普惠金融的发展可以缓解资本错配和劳动错配,通过间接作用促进了绿色全要素生产率的提升,而且这一作用在东部地区和重点城市更为明显,同时政府管理能力和城市创新环境在其中能够起到强化作用。③ 另外分产业来看,张翱祥和邓荣荣发现,数字普惠金融能够通过提升技术效率和促进技术进步对农业绿色全要素生产率产生正向影响,其中数字金融覆盖广度和数字化程度的提升作用更强。④ 岳鹄等发现,数字普惠金融发展与工业绿色全要素生产率之间存在显著的正相关关系,其中资源配置效率提高和资源配置结构优化是重要的传导机制,而且传统金融欠发达地区、强金融监管地区和东部地区的工业绿色全要素生产率受到的影响更为显著。⑤

二 关于资本错配的研究

(一) 国外研究现状

资本错配是指资本的配置结构和配置效率不相匹配的状况,即过多的资本配置到生产率低的领域而生产率高的领域却面临资本投入不足的困境,从而造成了效率损失。国外关于资本错配的文献包括以下两个方面。一是影响资本配置的因素研究。首先,从企业层面来看,既包括外部因素也包括内部因素。关于企业外部的因素,J. M. David 和 V. Venkateswaran

---

① 兰梓睿、张书华:《数字普惠金融对企业绿色创新的影响及其机制检验》,《统计与决策》2023 年第 10 期。
② 范欣、尹秋舒:《数字金融提升了绿色全要素生产率吗?》,《山西大学学报》(哲学社会科学版) 2021 年第 4 期。
③ 朱杰堂、焦冉晴、谢伟丽:《数字普惠金融如何影响绿色全要素生产率——理论分析与经验证据》,《金融监管研究》2022 年第 3 期。
④ 张翱祥、邓荣荣:《数字普惠金融对农业绿色全要素生产率的影响及空间溢出效应》,《武汉金融》2022 年第 1 期。
⑤ 岳鹄、谭月彤、周子灼等:《数字普惠金融、资源配置与工业绿色全要素生产率》,《武汉金融》2023 年第 3 期。

研究发现，调整成本对资本配置状况的影响在美国大公司中表现是十分显著的，而影响中国企业资本配置的主要因素则更多地与生产率相关。[1] 而 A. Weinberger 等发现受到出口退税政策影响的企业，其资本配置效率会得到提高。[2] S. Nauhaus 等则发现，外部专家对产品技术领域的集体评估对于企业资本配置决策来说具有信息价值，而这种价值取决于可用信息的确定性和数量。[3] 关于企业内部的因素，M. J. Alam 研究欧洲公司，并用资本回报的分散度来衡量资本错配，发现这些公司的净资产比其他所有被研究过的公司层面因素的总和都更能解释资本错配。[4] J. R. Busenbark 等认为，企业内部资本应该按比例分配，但研究发现管理者们往往不这么做，这可能是因为对于业绩的过度关心使公司经理偏离了这种资本分配方法。[5] 其次，从行业层面来看，G. Matvos 和 A. Seru 指出，在金融市场遭到冲击而变得混乱的时候，外部资本成本大幅提高，因而企业更倾向于在不同行业之间重新分配资本资源，以降低外部资本市场带来的压力。[6] C. Azariadis 和 L. Kaas 研究发现，内生债务限制阻碍了来自生产率较低行业的剩余资本以担保抵押贷款的形式借给生产率较高行业的过程，减缓了资本的再配置，从而不利于各行业的股票收益率实现均衡。[7] M. Imai 研究日本的行业投资状况，发现政府贷款占比与行业资本配置质量具有显著的负向关系，而且这一效应在衰退行业比增长行业表现更明显，这说明日本

---

[1] J. M. David, V. Venkateswaran, "The Sources of Capital Misallocation", *American Economic Review*, Vol. 109, No. 7, 2019.

[2] A. Weinberger, Q. Xuefeng, M. Yaşar, "Export Tax Rebates and Resource Misallocation: Evidence from a Large Developing Country", *Canadian Journal of Economics*, Vol. 54, No. 4, 2021.

[3] S. Nauhaus, J. Luger, S. Raisch, "Strategic Decision Making in the Digital Age: Expert Sentiment and Corporate Capital Allocation", *Journal of Management Studies*, Vol. 58, No. 7, 2021.

[4] M. J. Alam, "Capital Misallocation: Cyclicality and Sources", *Journal of Economic Dynamics and Control*, Vol. 112, No. 3, 2020.

[5] J. R. Busenbark et al., "Corporate-Level Influences on Internal Capital Allocation: The Role of Financial Analyst Performance Projections", *Strategic Management Journal*, Vol. 43, No. 1, 2022.

[6] G. Matvos, A. Seru, "Resource Allocation Within Firms and Financial Market Dislocation: Evidence from Diversified Conglomerates", *The Review of Financial Studies*, Vol. 27, No. 4, 2014.

[7] C. Azariadis, L. Kaas, "Capital Misallocation and Aggregate Factor Productivity", *Macroeconomic Dynamics*, Vol. 20, No. 2, 2016.

政府干预金融机构对衰退行业的投资行为扭曲了资本配置。① 最后，从国家层面来看，既包括国家自身因素也包括国家之间贸易往来因素。关于国家自身的因素，F. Caselli 和 J. Feyrer 发现，贫困国家的资本平均边际产出要高得多，然而其实物资本投资的金融回报率并不高多少，所以资本边际产出的异质性并不主要是金融市场摩擦造成的。② 相反，罪魁祸首是发展中国家的投资成本相对较高。J. M. David 等研究发展中国家和发达国家的资本错配来源，发现资本调整成本和不确定性只能解释错配的一小部分，而且平均而言，每个国家内部至少有50%的配置不当是由与企业规模和生产率相关的因素造成的。③ P. Le 研究越南的资本配置状况，发现政策扭曲是造成资本错配的主要因素，并且对国有企业给予优惠待遇的政策扭曲已然导致制造业总生产率下降了38%。④ 关于国家之间贸易往来的因素，K. Mann 发现，国际资本流动对高度发达国家的资本配置会产生不利影响，但在低度发展国家则没有多少积极影响的证据。⑤ 不过总体而言，金融一体化能够缩小各国之间资本配置的差距。R. Fossati 等发现，导致国际贸易扭曲的因素同时也是造成资本错配的关键因素。⑥ 其中，海关和时间成本是不容忽视的因素。

二是资本错配的影响和缓解措施研究。其一，从资本错配的影响来看，经济发展和社会活动等均与资本配置状况息息相关。在生产率方面，C. T. Hsieh 和 P. J. Klenow 认为，以资本为核心的资源错配会降低全要素生产率，并通过对比发现当中国与印度的资本和劳动力均以美国为参照重

---

① M. Imai, "Government Financial Institutions and Capital Allocation Efficiency in Japan", *Journal of Banking & Finance*, Vol. 118, 2020.

② F. Caselli, J. Feyrer, "The Marginal Product of Capital", *The Quarterly Journal of Economics*, Vol. 122, No. 2, 2007.

③ J. M. David et al., "Capital Allocation in Developing Countries", *The World Bank Economic Review*, Vol. 35, No. 4, 2021.

④ P. Le, "Capital Misallocation and State Ownership Policy in Vietnam", *Economic Record*, Vol. 98, 2022.

⑤ K. Mann, "Does Foreign Capital Go Where the Returns Are? Financial Integration and Capital Allocation Efficiency", *International Journal of Finance & Economics*, Vol. 26, No. 3, 2021.

⑥ R. Fossati, H. Rachinger, M. Stivali, "Extent and Potential Determinants of Resource Misallocation: A Cross-Sectional Study for Developing Countries", *The World Economy*, Vol. 44, No. 5, 2021.

新分配时，其制造业的全要素生产率都能够实现 50% 左右的增长。[1] S. Aoki 则利用一个简单模型衡量资本错配对总生产率的影响，发现资本错配可以在一定程度上解释美国和日本的生产率差异。[2] G. Gopinath 等研究发现，南欧国家在实际利率下降的同时出现生产率增长低迷状况，其重要原因是资本错配导致生产率的损失显著增加。[3] 此外，资本的配置状况也会影响金融发展和人民生活。在金融发展方面，N. Bau 和 A. Matray 研究发现，资本的自由流动对银行部门较不发达地区的收入水平和实物资本的影响是最大的，并认为银行部门效率低下反过来也会导致资本分配不当。[4] 在人民生活方面，D. Restuccia 和 R. Rogerson 指出，不同国家生活水平差异巨大的原因可能是低收入国家在将其资本配置到最有效的用途方面没有那么有效。[5] 其二，从资本错配的缓解措施来看，政府部门的作用占据重要地位。在企业资本错配方面，N. Bloom 认为，需要区分不确定性冲击的第一时刻和第二时刻对企业资本配置的不同影响，从而制定相应政策。[6] B. Kaymak 和 I. Schott Aumpon 发现，用增值税取代企业所得税，有利于缓解资本错配，进而降低资本错配所隐含的相关总产出损失。[7] 在行业资本错配方面，S. Dheera-Aumpon 发现，属于农业组织的农民往往比那些没有农业组织的农民更有生产力，因而建议让这些组织的成员成为政府政策中优先分配资本资源的目标，从而促进有效的资本资源分配。[8] R. Das 和 S. Nath 认为，如果能够转移投资重点，将资本从"过剩"行业重

---

[1] C. T. Hsieh, P. J. Klenow, "Misallocation and Manufacturing TFP in China and India", *The Quarterly Journal of Economics*, Vol. 124, No. 4, 2009.

[2] S. Aoki, "A Simple Accounting Framework for the Effect of Resource Misallocation on Aggregate Productivity", *Journal of the Japanese and International Economies*, Vol. 26, No. 4, 2012.

[3] G. Gopinath et al., "Capital Allocation and Productivity in South Europe", *The Quarterly Journal of Economics*, Vol. 132, No. 4, 2017.

[4] N. Bau, A. Matray, "Misallocation and Capital Market Integration: Evidence from India", *Econometrica*, Vol. 91, No. 1, 2023.

[5] D. Restuccia, R. Rogerson, "The Causes and Costs of Misallocation", *Journal of Economic Perspectives*, Vol. 31, No. 3, 2017.

[6] N. Bloom, "The Impact of Uncertainty Shocks", *Econometrica*, Vol. 77, No. 3, 2009.

[7] B. Kaymak, I. Schott, "Loss-Offset Provisions in the Corporate Tax Code and Misallocation of Capital", *Journal of Monetary Economics*, Vol. 105, 2019.

[8] S. Dheera-Aumpon, "Resource Misallocation and Rice Productivity in Thailand", *Montenegrin Journal of Economics*, Vol. 14, No. 2, 2018.

新分配到"不足"行业，则有利于纠正资本扭曲，提高总产出，并提出政府需要在放宽资本流动的同时对资本过剩行业采取更为谨慎的态度。[1] 另外，关于监管的作用，M. Kogler 研究发现，具有资本要求或存款利率上限的宏观审慎监管纠正了资本错配，从而能够增加银行减少风险转移的机会。[2] 不过，这种监管虽然有利于资本从家庭到银行所有者的再分配，却并不是帕累托改进。

（二）国内研究现状

从国内研究来看，依据资本所处地区、行业及产业的不同，资本错配可以分为地区错配、城乡错配和行业错配等几种类型。一是地区资本错配。首先，从发展状况来看，整体上中国的资本错配程度以 2006 年为拐点先下降后上升，呈现"U"形趋势。[3] 而分区域来看，仲深和杜磊发现，中国东部省份资本错配程度较轻而中西部的较重，而且资本错配具有显著的空间相关性。[4] 秦佳虹等也发现，中部地区资本资源存在配置不足的问题，相较而言东部地区更为明显的是劳动力资源配置不足。[5] 张古则指出，中国各地区均存在供求匹配层面鲜明的资本配置缺口，而且空间效应会强化资本流入过剩地区和流出不足地区。[6] 其次，从影响因素来看，关于影响整体资源配置的因素，廖常文和张治栋指出，经济持续稳定增长与产业结构升级能缓解资源错配，但这一效应在东部和中部城市中表现更为明显。[7] 而白东北等则发现，开发区设立会加剧地方政府竞争、延缓低

---

[1] R. Das, S. Nath, "Capital Misallocation and Its Implications for India's Potential GDP: An Evidence from India KLEMS", *Indian Economic Review*, Vol. 54, 2019.

[2] M. Kogler, "Risk Shifting and the Allocation of Capital: A Rationale for Macroprudential Regulation", *Journal of Banking & Finance*, Vol. 118, 2020.

[3] 杨志才、柏培文：《要素错配 U 型趋势的决定因素——来自中国省际面板数据的证据》，《中国经济问题》2019 年第 5 期。

[4] 仲深、杜磊：《市场化程度、政府干预与地区资本错配》，《哈尔滨商业大学学报》（社会科学版）2019 年第 2 期。

[5] 秦佳虹、李光勤、崔书会：《中国资源错配的时空演变及其影响因素分析》，《统计与决策》2021 年第 10 期。

[6] 张古：《"双侧"改革背景下中国资本空间错配研究》，《统计与决策》2022 年第 21 期。

[7] 廖常文、张治栋：《稳定经济增长、产业结构升级与资源错配》，《经济问题探索》2020 年第 11 期。

效率企业退出市场,并扭曲投资结构,这就极大地影响了城市资源错配程度。[1] 关于直接影响资本错配的因素,韩长根和张力指出,互联网能够改善省际资本错配,但是需要在普及率达到门槛值时,改善效果才显著。[2] 赵娜等发现,财政纵向失衡会扭曲城市间的资本配置,而且东部城市受到的影响更明显。[3] 最后,从缓解措施来看,关于改善整体资源错配的措施,王良虎和王钊指出,在经济全球化不断加速的背景下,要深度参与国际分工,在世界范围内优化资源配置,同时建立以市场在资源配置中起决定作用的市场体系,减少生产要素流动障碍以增加其流动性。[4] 张治栋和赵必武提出,推进互联网产业集群建设与产业协同集聚发展,同时进行适度的政府干预以增强互联网产业集聚对要素流动数量与质量的调节作用。[5] 关于改善资本错配的措施,孙光林等认为,深化资本市场改革对于降低资本错配程度,提高金融效率和产能利用率是必不可少的。[6] 一方面要充分发挥市场经济的价格发现功能,构建规范、透明、开放的资本市场;另一方面要建立广覆盖、多层次和差异性的金融市场体制。黄立赫和石映昕研究财政分权,发现其能够抑制地区资本错配,并提出要优化地方政府财政支出结构,提高资本配置效率,从而提升区域创新效率。[7]

二是城乡资本错配。首先,从发展状况来看,贾晋和高远卓指出,中国城乡资本配置差异在时间上呈现由增大到减小再到增大的变动状况,其中城镇优先发展战略下引导的各地普遍实施城市偏向政策能够在一定程度

---

[1] 白东北、张营营、唐青青:《开发区设立与地区资源错配:理论机制与经验辨识》,《财经研究》2020年第7期。

[2] 韩长根、张力:《互联网是否改善了中国的资源错配——基于动态空间杜宾模型与门槛模型的检验》,《经济问题探索》2019年第12期。

[3] 赵娜、李光勤、李香菊:《财政纵向失衡对资本错配的影响研究:基于我国266个地级市的面板数据》,《湖南大学学报》(社会科学版)2021年第5期。

[4] 王良虎、王钊:《中国自由贸易试验区设立能否降低资源错配?》,《西南大学学报》(社会科学版)2021年第5期。

[5] 张治栋、赵必武:《互联网产业集聚能否缓解地区资源错配——基于长三角41个城市的经验分析》,《科技进步与对策》2021年第13期。

[6] 孙光林、艾永芳、李淼:《资本错配与中国经济增长质量——基于金融效率与产能利用率中介效应实证研究》,《管理学刊》2021年第5期。

[7] 黄立赫、石映昕:《财政分权、资本错配与区域创新效率》,《经济经纬》2022年第5期。

上解释这一现象。① 郭王玥蕊和张伯超从农业与非农业部门角度出发，也指出中国城乡资本错配程度呈现不断上升趋势。② 而关于整体资源配置方面，张世贵认为，中国资源配置的城乡差异程度大致经历了由较低到较高的过程，目前土地、资本、劳动力等资源的普及率、利用率和收益率等均存在较大的城乡差别。③ 以20世纪90年代为节点，农村资源由低效率的农业部门流向高效率的城市二、三产业，在带动国民经济快速增长的同时，也伴随城乡差别不断扩大的现象。④ 其次，从影响因素来看，关于影响整体资源配置的因素，苏红键和魏后凯指出，大规模人口迁移、现行户籍制度与资源配置方式共同造成了城乡资源错配现象，⑤ 而李晓燕和张克俊则认为，中国城乡要素错配是市场失灵和政府失灵双重作用的结果。⑥ 关于直接影响资本配置的因素，王向阳等发现，城乡资本边际回报率的差距是导致农村资本长期向城市流动的主要原因，同时城乡教育差异的缩小加大了农村资本要素流出，而城乡信息通信服务水平差异缩小则有助于减少农村资本要素流出。⑦ 而谢心获研究发现，数字经济可以带动农业新零钱经济，即个人通过网络平台以小额资金投资农业农村生产项目获取回报，这有利于促进城乡资本流动。⑧ 最后，从缓解措施来看，相关研究在深化城乡要素市场化配置改革这一观点上达成一致。完世伟和汤凯建议加大对要素返乡的支持力度。⑨ 其中，要素下乡的主要障碍在于乡村对资本

---

① 贾晋、高远卓：《改革开放40年城乡资本配置效率的演进》，《华南农业大学学报》（社会科学版）2019年第1期。

② 郭王玥蕊、张伯超：《二元经济要素错配的收入分配效应研究》，《现代经济探讨》2022年第6期。

③ 张世贵：《城乡要素市场化配置的协同机理与改革路径》，《中州学刊》2020年第11期。

④ 许经勇：《新时代城乡要素双向流动与城乡融合发展的深层思考》，《黄河科技学院学报》2022年第9期。

⑤ 苏红键、魏后凯：《中国城镇化进程中资源错配问题研究》，《社会科学战线》2019年第10期。

⑥ 李晓燕、张克俊：《城乡要素交换中市场与政府协同机制研究》，《社会科学战线》2019年第10期。

⑦ 王向阳、申学锋、康玺：《构建城乡要素双向流动机制的实证分析与创新路径——基于以资本要素为核心的视角》，《财政科学》2022年第3期。

⑧ 谢心获：《数字赋能城乡要素流动的思路与对策》，《经济与社会发展》2023年第1期。

⑨ 完世伟、汤凯：《城乡要素自由流动促进新发展格局形成的路径研究》，《区域经济评论》2021年第2期。

和人才缺乏吸引力,因此需要重视要素下乡的全方位一体化协同发展机制构建。① 周振则指出,中国的城乡要素配置改革可以从推动更多要素参与市场交易、破除要素自由流动的阻碍、赋能与强化产权强度、推动区域要素禀赋均衡四个方面出发。② 此外,周慧和王敏丽认为,要加强政府对城乡要素双向自由流动的引导作用,以破除相关制度障碍。③

三是行业资本错配。首先,从发展状况来看,关于行业资源错配,张屹山和胡茜发现,研究期间工业的资本错配变动幅度最大,而农业和其他服务业的劳动错配变动幅度最大。④ 王文和牛泽东则发现,制造业的资源错配程度相对高于采矿业、电力热力燃气及水的生产和供应业。⑤ 关于行业资本错配,李勇等指出,中国信贷市场存在行业资本错配,垄断行业可以获得廉价的信贷资源,赚取超额利润。⑥ 李苏苏等研究发现,中国行业集中度越高、国有企业比重越大的行业存在不同程度的资本过剩问题。⑦ 其次,从影响因素来看,关于影响行业资源配置的因素,刘亮等指出,对外直接投资使行业内资本要素的配置得到了改善,但是劳动力要素配置状况反而出现不当。⑧ 周华东等研究发现,房价上涨显著加剧制造业资源错配,而相对工资水平在其中发挥部分中介作用。⑨ 关于影响行业资本配置

---

① 时润哲、穆兴增:《县域高质量发展背景下城乡要素流动研究——以城乡资本、人才等要素均衡流动为例》,《经济与社会发展》2022年第6期。

② 周振:《新时代我国城乡要素配置改革:实践成效、理论逻辑和未来展望》,《经济纵横》2023年第1期。

③ 周慧、王敏丽:《中国城乡要素错配水平测度及空间分异特征分析》,《安徽农业大学学报》(社会科学版)2023年第3期。

④ 张屹山、胡茜:《要素质量、资源错配与全要素生产率分解》,《经济评论》2019年第1期。

⑤ 王文、牛泽东:《资源错配对中国工业全要素生产率的多维影响研究》,《数量经济技术经济研究》2019年第3期。

⑥ 李勇、焦晶、马芬芬:《行业垄断、资本错配与过度教育》,《经济学动态》2021年第6期。

⑦ 李苏苏、段军山、叶祥松:《中国工业行业间的资源错配与效率损失研究》,《南方经济》2022年第5期。

⑧ 刘亮等:《"走出去"战略改善了中国的资源配置吗?——基于对外直接投资的行业层面考察》,《新金融》2022年第4期。

⑨ 周华东、李鑫、高玲玲:《房价上涨与制造业资源错配》,《华东经济管理》2022年第3期。

的因素，王小腾和徐璋勇发现，具有优惠政策引导的外资进入显著加剧了制造业企业间的资本错配程度，主要原因在于提高了高效率企业的生产率，而降低了低效率企业的生产率。[1] 侯明利研究发现，农业资本的特殊属性、资本与农业经营模式的匹配度、投资主体行为、市场发育状况等都是现阶段农业资本配置低效率的重要影响因素。[2] 最后，从缓解措施来看，关于改善行业资本错配的方式，任韬等指出，对于资本投入过度的行业，政府应该壮士断腕，坚决为其"瘦身"，促进其健康发展，而对于资本投入不足的行业，政府应出台相应优惠政策，鼓励相关企业的发展，同时引导相关企业转型升级，淘汰中低端产业。[3] 孟凡琳和王文平发现，"一带一路"倡议能够抑制制造业整体和低能耗低污染行业资本错配。[4] 黄少安和孙璋建议在加快推进自由贸易试验区建设进程的同时，优化区内市场化程度和营商条件，在可复制的经验上结合因地制宜的制度创新，促进资本要素的自由流动。[5] 关于改善行业资源错配的方式，魏巍和夏连虎指出，当前既要发挥政府举债投资的引导作用，也要严格控制地方债务规模，深化金融系统改革，积极发挥市场竞争机制在生产性资源配置方面的作用，缓解信贷错配造成工业资本配置低效率。[6] 韦朕韬和张腾则认为，信息的畅通有利于行业资源的优化配置，并建议加强建设国内统一的信息平台和完善信息发布机制，发挥市场对资源配置的决定性作用。[7] 赵玉林等指出，必须持续推动要素市场化改革，消除要素流动障碍，促进资源在

---

[1] 王小腾、徐璋勇：《外资进入与资本错配——来自外资准入政策放松的证据》，《现代经济探讨》2020年第3期。

[2] 侯明利：《农业资本深化与要素配置效率的关系研究》，《经济纵横》2020年第2期。

[3] 任韬、孙潇筱、褚晓琳：《重点行业资本配置扭曲对中国全要素生产率的影响》，《经济与管理研究》2020年第1期。

[4] 孟凡琳、王文平：《"一带一路"倡议对中国制造业资源错配的影响》，《管理学刊》2022年第1期。

[5] 黄少安、孙璋：《自由贸易试验区建设是否优化了服务业资源配置？》，《社会科学战线》2023年第3期。

[6] 魏巍、夏连虎：《地方政府债务对工业资本配置效率的非线性影响效应——基于动态面板平滑转换回归PSTR模型的检验》，《商业研究》2020年第1期。

[7] 韦朕韬、张腾：《高铁开通、资源错配与我国工业产能过剩》，《经济经纬》2021年第5期。

区域间合理配置。①

三 关于金融发展与资本配置关系的研究

(一) 国外研究现状

在国外学者的研究中,有关金融发展与资本配置关系的分析对本书具有重要借鉴意义。第一,金融发展能够极大地影响资本配置。首先,提高金融发展水平有利于优化资本配置。J. Wurgler 研究发现,在样本国家中,金融部门发达的国家会更多地增加对其增长行业的投资,更多地减少对其衰退行业的投资。② 不过,A. Abiad 等认为,是金融自由化而不是金融深化促进了信贷获取的平等性,减少了投资项目预期回报的波动,从而有利于提高投资的准确性和稳定性,提高资本的配置效率。③ J. Pang 和 H. Wu 则发现,在那些更依赖外部融资的行业中,金融发展水平的提高有利于引导资本由衰退领域向成长领域流动,从而有助于优化资本配置。④ 而 D. Marconi 和 C. Upper 研究发现,如果金融发展水平较低,资本积累的加快就会导致配置效率的恶化,但随着金融发展水平的提高,这种效应会逆转,而且高研发支出或高资本投资的部门从金融发展中受益最大。⑤ 其次,金融市场与资本配置之间存在紧密联系。从信贷市场来看,G. Vachadze 指出,信贷市场的不完善会阻碍资本要素从生产率较低的企业流向生产率较高的企业,而这种资本错配的程度也会受到人均收入的影响。⑥ 从股票市场来看,A. Durnev 等认为,股票市场价格传达了有关公司投资边际价值变化的信息,而此类信息有助于引导资本迅速流向具有

---

① 赵玉林、刘超、潘毛毛:《R&D 资源错配与绿色创新效率损失——基于中国高技术产业的实证分析》,《科技进步与对策》2022 年第 4 期。

② J. Wurgler, "Financial Markets and the Allocation of Capital", *Journal of Financial Economics*, Vol. 58, No. 1 - 2, 2000.

③ A. Abiad, N. Oomes, K. Ueda, "The Quality Effect: Does Financial Liberalization Improve the Allocation of Capital?", *Journal of Development Economics*, Vol. 87, No. 2, 2008.

④ J. Pang, H. Wu, "Financial Markets, Financial Dependence, and the Allocation of Capital", *Journal of Banking & Finance*, Vol. 33, No. 5, 2009.

⑤ D. Marconi, C. Upper, "Capital Misallocation and Financial Development: A Sector-Level Analysis", *Bank of Italy Temi Di Discussione Working Paper*, No. 1143, 2017.

⑥ G. Vachadze, "Misallocation of Resources, Total factor Productivity, and the Cleansing Hypothesis", *Macroeconomic Dynamics*, Vol. 26, No. 4, 2022.

最高回报的领域。[1] E. Goldman 则发现，公司自身股票的价格信息对其内部管理者选择分配内部资本资源的方式存在较大的影响。[2] 从金融市场摩擦来看，S. Gilchrist 等指出，金融摩擦会扭曲资源在生产单位之间的配置，从而在其他条件相同的情况下，融资选择受到金融摩擦影响的企业面临高于能够随时进入资本市场的企业的融资成本。[3] V. Midrigan 和 D. Y. Xu 的研究也表明，金融摩擦导致现有生产者的资本回报存在差异，从而导致因配置不当而造成的生产率损失。[4] N. Hirakata 和 T. Sunakawa 通过构建模型研究发现，在存在金融摩擦的情况下，劳动力投入的下降会降低实际利率，从而增加过度借贷需求，此时收紧抵押品约束将导致资本错配和部门全要素生产率下降。[5] 通过对信贷市场以及以股票市场为核心的资本市场与资本配置之间关系的分析可以看出，金融市场的发展与资本配置息息相关。

第二，金融手段是改善资本错配的重要方式。首先，从企业自身金融条件来看，B. Moll 指出，企业家可以通过积累内部资金来克服融资约束，因此自我融资具有消除资本错配的潜力，而且随着时间的推移，不仅企业家的资产会发生变化，他的生产力也会发生变化。[6] M. Sturm 和 S. Nüesch 研究发现，强大的股东权利对于确保多部门公司内部有效的资本配置至关重要，特别是在市场竞争较低的情况下，而且这不会受到外部融资需求的显著影响，因此自我融资是可靠的。[7] 其次，从外部金融环境来看，

---

[1] A. Durnev et al., "Capital Markets and Capital Allocation: Implications for Economies in Transition", *Economics of Transition*, Vol. 12, No. 4, 2004.

[2] E. Goldman, "The Impact of Stock Market Information Production on Internal Resource Allocation", *Journal of Financial Economics*, Vol. 71, No. 1, 2004.

[3] S. Gilchrist, J. W. Sim, E. Zakrajšek, "Misallocation and Financial Market Frictions: Some Direct Evidence from the Dispersion in Borrowing Costs", *Review of Economic Dynamics*, Vol. 16, No. 1, 2013.

[4] V. Midrigan, D. Y. Xu, "Finance and Misallocation: Evidence from Plant-Level Data", *American Economic Review*, Vol. 104, No. 2, 2014.

[5] N. Hirakata, T. Sunakawa, "Financial Frictions, Capital Misallocation and Structural Change", *Journal of Macroeconomics*, Vol. 61, 2019.

[6] B. Moll, "Productivity Losses from Financial Frictions: Can Self-Financing undo Capital Misallocation?", *American Economic Review*, Vol. 104, No. 10, 2014.

[7] M. Sturm, S. Nüesch, "Strong Shareholder Rights, Internal Capital Allocation Efficiency, and the Moderating Role of Market Competition and External Financing Needs", *Review of Managerial Science*, Vol. 13, 2019.

Z. Chinzara 等的研究表明，金融全球化能够增强资本的有效再配置，而且这一作用在部门间比在部门内表现更强。① 他们指出为了充分发挥金融全球化带来的优化资本配置和提高效率收益的作用，必须依靠金融机构体系的完善。L. L. Chuah 等提出要增加资本市场的竞争性，包括降低市场壁垒和减少非基于绩效的激励措施等以改善资本错配状况。② 最后，从以银行为核心的金融机构来看，M. Jaud 等强调，银行在国际资本配置的作用，并提出要促进银行体系的完善和发展，从而有利于提高对市场竞争的约束作用，推动进出口更多地依靠比较优势，最终改善资本错配。③ M. Shinjiro 发现，企业通过银行融资进行的资本配置效率更高。④ 这是因为银行有足够的信息和动力来监督资本配置，而以市场为基础的融资可能导致企业对能够产生非流动性资产的机会投资不足，从而造成资本配置扭曲。此外，信贷条件的改善也是缓解资本错配不容忽视的环节。T. N. Bach 研究发现，商业信贷和补贴信贷本身具有减少资本扭曲的效果，但是需要将信贷的发放重点由国有企业转为私营企业，否则可能会削弱对资本扭曲的减少效果。⑤ M. Morazzoni 和 A. Sy 强调了资本在性别方面的错配状况，指出女性企业家的贷款申请更有可能遭到拒绝，这减少了女性企业获得融资的机会，而信贷获取方面的差距能够解释企业间资本配置的大部分性别差异，因此完善信贷配给是缓解资本错配的重要方面。⑥

（二）国内研究现状

国内学者对金融发展与资本配置关系的研究大致可以分为以下几个方面。一是传统金融发展与资本配置的关系研究。首先，从提高资本配置效

---

① Z. Chinzara, R. Lahiri, E. T. Chen, "Financial Liberalization and Sectoral Reallocation of Capital in South Africa", *Empirical Economics*, Vol. 52, 2017.

② L. L. Chuah, N. Loayza, H. Nguyen, "Resource Misallocation and Productivity Gaps in Malaysia", *World Bank Policy Research Working Paper*, No. 8368, 2018.

③ M. Jaud, M. Kukenova, M. Strieborny, "Finance, Comparative Advantage, and Resource Allocation", *Review of Finance*, Vol. 22, No. 3, 2018.

④ M. Shinjiro, "Financial Contract and Capital Allocation: A Comparison Between Market-Based Finance and Bank Finance", *The Hosei Journal of Business*, Vol. 55, No. 2, 2018.

⑤ T. N. Bach, "State Owned Enterprises and Capital Misallocation in Vietnam", *Journal of the Asia Pacific Economy*, Vol. 24, No. 3, 2019.

⑥ M. Morazzoni, A. Sy, "Female Entrepreneurship, Financial Frictions and Capital Misallocation in the US", *Journal of Monetary Economics*, Vol. 129, 2022.

率来看，戴伟和张雪芳发现，金融市场化显著优化了中国实体经济资本的配置，而且经济越发达的地区，金融市场化程度越高，其对资本配置的优化作用越显著。[①] 张庆君和李萌研究发现，金融发展水平有利于调节信贷错配与企业资本配置效率间的关系，一定程度上改善了国有企业投资过度，而民营企业投资不足的困境。[②] 赵玉龙的研究表明，以银行信贷扩张为主的金融发展可以通过提高资本配置效率影响城市发展质量，但由于东部地区较中、西、东北部地区拥有更好的技术转化优势，市场化程度更高，因而这一影响效果更强。[③] 而韩元亮和石贝贝分析金融深化与企业资本配置效率的关系，发现金融深化能显著促进非国有企业投资效率的改善，特别是投资不足时，这一作用效果更好。[④] 杨继梅和孙继巧则发现，金融发展和资本配置效率的交互作用能够显著提高实体经济增长，而且金融发展在通过提高资本配置效率促进经济高质量发展的过程中也具有重要的调节作用。[⑤] 其次，从改善资本错配状况来看，李欣泽等研究发现，金融发展能够改善工业行业间资本错配状况，而且相较于轻工业部门，金融发展对垄断程度较高、资本密集型较强的重工业部门资本错配的改善作用更为显著。[⑥] 陈国进等发现，虽然扩大金融发展的规模短期内会给资本配置带来不利影响，主要原因是固定资本投资过度会使得资本存量积累速率提高，但加快金融市场化进程有助于缓解外部融资依赖度高和投资密集度高行业的资本错配。[⑦] 常建新指出，省际资本错配的改善在金融发展对经

[①] 戴伟、张雪芳：《金融发展、金融市场化与实体经济资本配置效率》，《审计与经济研究》2017年第1期。

[②] 张庆君、李萌：《金融发展、信贷错配与企业资本配置效率》，《金融经济学研究》2018年第4期。

[③] 赵玉龙：《金融发展、资本配置效率与经济高质量发展——基于我国城市数据的实证研究》，《金融理论与实践》2019年第9期。

[④] 韩元亮、石贝贝：《金融深化、企业所有权性质与资本配置效率——基于沪深上市公司面板数据的实证研究》，《河北经贸大学学报》2020年第2期。

[⑤] 杨继梅、孙继巧：《金融发展、资本配置效率与实体经济——基于不同维度金融发展视角》，《投资研究》2021年第2期。

[⑥] 李欣泽等：《金融发展优化了部门间资源错配程度吗？——来自1986—2015年中国工业部门的研究证据》，《经济问题》2017年第11期。

[⑦] 陈国进等：《金融发展与资本错配：来自中国省级层面与行业层面的经验分析》，《当代财经》2019年第6期。

济高质量发展的影响中起到中介作用,而中介效应占总效应的比重具有地区差异,由高到低依次为西部、中部、东北和东部地区。① 刘璐等研究发现,金融发展水平提升有助于资本流向全要素生产率增速较快的经济体。② 最后,从相关的政策建议来看,陈祖华和高燕指出,既要重视商业银行在有效引导社会资金流向发展前景较好的行业和产业中起到关键作用,也要优化金融市场的基础制度建设,加强对市场行为的监管,严厉惩罚市场操作、非法集资、内幕交易等行为。③ 任力军和倪云松则认为,中国应该更加注重发展以股票市场为代表的直接融资市场,通过直接融资市场的内在机制优化投资结构,从而有利于提高资本配置效率。④ 高慧清等指出,中国必须坚持推进金融开放,从而促进信贷资源的有效流动,同时要持续优化金融市场的竞争环境,建立规范的企业进入和退出机制。⑤

二是数字普惠金融与资本配置的关系研究。首先,从提高资本配置效率来看,封思贤和徐卓发现,数字普惠金融总体上能提高中国的资本配置效率,而且金融中介发展水平较高地区的这一影响明显更强。⑥ 不过,金融中介发展水平的差距会扩大数字金融对资本配置效率影响效应的差距。关成华和张伟则认为,数字普惠金融对行业收益均衡具有促进作用。⑦ 这也体现出其提升行业资本配置效率的可能性,而且这一作用在传媒、汽车、通信、电子、计算机、房地产、家用电器等行业均具有较好的效果。而张宗新和张帅指出,数字普惠金融的发展可以显著减少金融市场摩擦,

---

① 常建新:《金融发展、资本错配与经济高质量发展》,《金融发展研究》2021年第7期。
② 刘璐、王晋斌、武皖:《金融发展、资本价格扭曲和"资本配置之谜"》,《云南财经大学学报》2023年第3期。
③ 陈祖华、高燕:《江苏省金融市场发展对资本配置效率影响的实证研究》,《华东经济管理》2018年第3期。
④ 任力军、倪云松:《投资结构、金融市场与资本配置效率——来自省级工业行业数据的实证分析》,《云南财经大学学报》2019年第9期。
⑤ 高慧清、李贤慧、李响:《金融开放、金融摩擦与资本配置效率》,《新金融》2022年第8期。
⑥ 封思贤、徐卓:《数字金融、金融中介与资本配置效率》,《改革》2021年第3期。
⑦ 关成华、张伟:《数字金融对行业资源配置效率的实证研究——基于一级行业周收益率数据》,《技术经济》2022年第7期。

推动技术进步和产业结构升级，最终提高资本配置效率。① 李彦等研究发现，数字普惠金融能够显著提高中国城市的资本要素配置效率，其中创新能力和市场化程度是主要的传导路径。② 其次，从改善资本错配状况来看，胡善成等发现，数字普惠金融与城市间资本错配存在显著的倒"U"形关系，也就是说只有数字普惠金融发展到一定程度才能降低城市间资本错配程度。③ 罗鹏等发现，数字普惠金融的发展能够增强银行业竞争，这将在一定程度上降低城乡资本配置扭曲，而且非农业资本配置效率受到的正向影响更大。④ 李香菊等也发现，数字金融发展水平的提升能够抑制资本要素错配，其中要素市场分割能够产生正向的调节作用，而且市场化程度较低的地区和远离港口的内陆地区更容易受到要素市场分割的影响。⑤ 最后，从如何更好发挥数字普惠金融的作用来看，田杰等指出，各地政府部门应继续推进要素市场化改革，减少不合理的政府干预，以减少地区内和地区间要素流动的障碍，尤其是对产能过剩较为严重地区以及资本资源配置过度地区，更要积极探索如何借助发展数字普惠金融改善资本资源配置。⑥ 童燕和靳来群认为，为了加快纠正研发要素错配问题，在继续强化数字普惠金融发展深度的同时，也要进一步发挥数字金融广度和数字化程度的作用。⑦ 沈洋等建议，一方面要完善数字普惠金融基础设施，强化金融供给精准性；另一方面也要注意风险防控，严格把控数字普惠金融市场准入和优化数字普惠金融监管体系框架。⑧ 冯华指出，在推进农村等短板

---

① 张宗新、张帅：《数字金融提升我国资本要素配置效率研究》，《社会科学》2022年第11期。

② 李彦、付文宇、王鹏：《数字金融对城市要素配置效率的影响研究》，《经济体制改革》2023年第1期。

③ 胡善成、张彦彦、张云矿：《数字普惠金融、资本错配与地区间收入差距》，《财经科学》2022年第5期。

④ 罗鹏、王婧、陈义国：《数字普惠金融缓解城乡资本配置扭曲的效果研究》，《企业经济》2022年第10期。

⑤ 李香菊、刘硕、边琳丽：《数字金融、市场分割与资本要素错配》，《统计与决策》2023年第17期。

⑥ 田杰、谭秋云、靳景玉：《数字金融能否改善资源错配？》，《财经论丛》2021年第4期。

⑦ 童燕、靳来群：《数字金融对要素配置效率的影响研究——基于生产与研发双重过程的比较分析》，《金融与经济》2022年第6期。

⑧ 沈洋、郭孝阳、张秀武：《数字普惠金融、要素错配与工业智能制造》，《工业技术经济》2022年第7期。

地区数字普惠金融建设的同时要推进全国统一要素市场建设和完善按生产要素分配的体制机制。①

三是金融市场化改革和创新发展与资本配置的关系研究。其一，从金融市场化改革来看，关于地区资本配置，习明明和彭镇华研究发现，金融市场化改革或结构优化升级会促进地区经济增长，其中资本配置效率的提升是主要传导途径，但只有当经济发展达到一定水平之后，这一作用才有显著效果。② 韩瑞栋和薄凡研究区域金融市场化改革，发现其对因行政级别、政商关系、金融发展滞后以及区域政策环境差异等因素造成的城市资本配置扭曲程度具有缓解作用，但不同类型改革试点产生的政策效果存在差异。③ 关于企业资本配置，黄孝武和宗树旺发现，金融市场化水平低下将加剧省际企业资本错配程度，而这种影响在国有企业和小规模企业中表现得更为明显，所以推动金融市场化改革很有必要。④ 王齐琴指出，以金融市场化与基准值之差来定义金融错配，则其对制造业企业的资本配置效率能够产生显著抑制作用，而且盈利能力较低企业受到的影响更大。⑤ 而且企业杠杆率水平越高，金融错配对资本配置效率的抑制作用越显著。其二，从金融创新发展来看，关于金融科技创新，宋敏等发现，金融科技创新可以降低金融机构与企业之间的信息不对称程度，进而提高信贷资源的配置效率，而这一促进作用在小型民营企业、缺乏竞争的行业以及市场化进程缓慢的地区表现得更加明显。⑥ 刘继兵等发现，在资本配置过度的城市，金融科技创新的确能够缓解资本错配，但在资本配置不足城市，金融

---

① 冯华：《数字普惠金融、要素结构错配与共同富裕》，《技术经济与管理研究》2023年第5期。

② 习明明、彭镇华：《金融结构、资本配置效率与经济增长的中介效应》，《证券市场导报》2019年第9期。

③ 韩瑞栋、薄凡：《区域金融改革能否缓解资本配置扭曲？》，《国际金融研究》2020年第10期。

④ 黄孝武、宗树旺：《金融市场化水平、资本错配与僵尸企业形成》，《海南大学学报》（人文社会科学版）2024年第1期。

⑤ 王齐琴：《企业杠杆率水平、金融错配与企业资本配置效率》，《财会通讯》2022年第18期。

⑥ 宋敏、周鹏、司海涛：《金融科技与企业全要素生产率——"赋能"和信贷配给的视角》，《中国工业经济》2021年第4期。

科技创新则会加深资本错配程度。①而且金融科技创新在发展初期能够改善资本错配程度，但当金融科技创新发展到一定阶段后会加深资本错配。关于互联网金融创新，张庆君和刘靖研究发现，互联网金融创新对银行资本配置效率存在负面影响，并据此指出商业银行特别是五大商业银行需要重视互联网金融创新的这一冲击，适时适度地引进和应用互联网金融技术。②顾海峰和杨月的研究表明，互联网金融创新通过调整存贷净利差来影响银行资本配置效率，而且相对于国有控股与股份制银行，互联网金融创新对城商行资本配置效率的影响力度更大。③

四　国内外文献的研究述评

通过梳理和分析国内外学者对传统金融、普惠金融、数字普惠金融以及它们与资本配置关系的研究成果，可以做出如下总结。第一，国外学者直接针对"数字普惠金融"这一概念做的研究不多，相关的文献将研究对象定义为"数字金融"，而有关内容集中在数字金融助力传统普惠金融的发展，催生了数字普惠金融。从中不难看出，国外数字金融的发展主要由数字技术的进步和市场的需求推动，而关键的制约因素为数字金融潜在的风险，因而在大力发展数字金融的同时需要强化监管的作用，重视防范相关风险。此外，由于受到人口和市场等诸多因素的影响，国外金融发展的普惠性仍然不足，普惠金融有待进一步发展。第二，数字普惠金融在中国的发展势头良好，推行以来总体上保持上升趋势。许多学者总结出数字普惠金融的重要优势在于数字技术，并借此起到了降低信息搜集成本、缓解融资约束、分散金融风险的作用，从而能够拓宽普惠金融的覆盖面，优化金融资源的配置。另外，数字普惠金融对中国经济社会发展的方方面面都产生了重要的积极影响，例如助力乡村振兴、共同富裕、"三农"领域以及中小企业发展等，同时还具有鲜明的环境友好特性，但其在时间和空

---

① 刘继兵、张驰、田韦仑：《金融科技、资源错配与城市绿色创新》，《金融与经济》2022年第6期。

② 张庆君、刘靖：《互联网金融提升了商业银行资本配置效率吗？——基于中国上市银行的经验证据》，《金融论坛》2017年第7期。

③ 顾海峰、杨月：《互联网金融、存贷净利差与银行资本配置效率——数量型与价格型货币政策的调节作用》，《金融论坛》2022年第7期。

间上的不平衡也阻碍着自身发展，因此还需完善相关机制体制建设，制定和实施针对性政策方案，逐步破除数字普惠金融的发展障碍。第三，在资本配置方面，国外研究表明影响资本配置的因素是多元而复杂的，从企业层面、行业层面和国家层面来说不尽相同。而从资本错配的影响来看，国外研究在资本错配能够对生产率产生显著的不利影响这一观点上基本达成一致。从国内来看，目前中国存在地区错配、城乡错配和行业错配等几种类型的资本错配，而且深刻影响着经济社会发展。造成资本错配的因素是多元而复杂的，而改善甚至消除资本错配是必要和意义重大的。总结来说，降低资本错配带来的损失可以从资本市场改革、强化政府作用、推动要素下乡和市场化、依托数字技术和金融手段等角度出发，畅通资本自由流动渠道，促进资本由低效率部门流向高效率部门。第四，金融业的发展进步有利于充分发挥市场对资源配置的决定性作用，因此传统金融、数字普惠金融、金融市场化改革和创新发展都对中国城乡资本错配具有显著影响。依据中国发展实际，数字普惠金融将是改善城乡资本错配的重要渠道。

不难看出，虽然国内外学者都对资本错配及其相关问题进行了研究，但其中仍然存在有待完善的地方。从如何利用金融手段缓解资本错配的角度来说，已有文献的重点大多集中于地区和行业资本错配问题，而对于城乡之间资本配置的不平衡关注较少。本书探讨的城乡资本错配是指目前中国资本边际收益率相对较低的城市地区出现资本过剩，而资本边际收益率相对较高的农村地区却面临严重的资本供给不足困难。资本的合理配置对于经济发展具有重要意义，而城乡资本错配既不利于农业农村经济增长，也不利于城乡融合发展，更不利于实现共同富裕。因此，探索中国城乡资本错配问题的解决思路，促进城乡融合与一体化发展，具有重要的实践意义。资本自由流动时必然是从回报率低的领域流向回报率高的领域，然而现实中存在众多阻碍资本自由流动的因素，并且中国政策体制、经济水平以及金融市场等常常呈现出阶段性特征，而这种特殊性也在一定程度上造成了中国资本配置方式与国外表现不同，资本错配程度和类型也不尽相同。立足中国国情，学者们从不同角度都提出了缓解资本错配的思路，而推动金融市场化、减少金融摩擦、依托数字技术发展普惠金融等均是从金融角度出发改善资本错配的重要方式。本书聚焦探讨数字普惠金融能否助力缓解城乡资本错配,其重要原因在于"普惠"的理念与扩大农村地区的资本供给,满足农村发展的资金需求的目标具有相当程度的一致性,而且从国内外相关文献的梳理结果来看,直接针对数字普惠金融与资本配置关系的研究不多,聚焦数字普惠金融与城乡资本配置的更是少数。近年来数字普惠金融发展迅速,已经逐渐成为普惠金融的主要模式,因此本书认为理论上中国可以通过引导数字普惠金融的发展,着力破除其发展障碍,助力城乡资本错配的改善。相对于已有文献,本书可能的边际贡献在于:第一,从数字普惠金融角度探讨如何缓解中国城乡资本错配,理论分析并实证检验数字普惠金融对城乡资本配置的影响,有助于丰富数字普惠金融的资本配置引导作用研究;第二,借鉴经典理论和国外实践经验,并立足中国数字普惠金融和城乡资本错配的实际状况对二者的关系进行剖析和验证,研究结果对于缓解中国城乡资本错配具有一定的实践意义;第三,进一步讨论数字普惠金融缓解城乡资本错配的宏观、微观路径和协同政策等方面内容,有助于寻找增强数字普惠金融对城乡资本错配改善作用的可能路径。

第三节　国外实践经验

数字普惠金融在中国的发展时间尚短,仍需在实践中不断摸索和完善。同时,国外无论是美国、英国等发达国家,还是印度、肯尼亚等发展中国家,均在发展数字普惠金融方面开展了丰富的实践。尽管并非所有实践都取得了全面的成功,但这些经验仍然能够从不同的角度为中国发展数字普惠金融以缓解城乡资本错配提供现实参考。

一　发达国家数字普惠金融发展的实践经验

（一）美国数字普惠金融发展的实践经验

美国的传统金融体制较为完善,不仅为美国经济发展做出了不可忽视的贡献,同时也为其数字普惠金融发展奠定了坚实的基础。美国政府高度重视数字普惠金融的发展,对数字普惠金融所能够带来的经济效益认识深刻,所以数字普惠金融在美国发展迅速。早在2005年美国就已经出现众筹和网络P2P等融资模式,并借用机器学习和大数据技术来评估小微企业和个人的借贷风险，提供合理的利率，之后区块链技术也被应用于金融领域，促进了数字普惠金融的发展。发展至今，美国的数字普惠金融在金融科技的支持和推动下，已经可以完成传统普惠金融的全部金融服务，并利用自身优势开发出大数据理财、智能投顾等多种金融新业务，现已形成移动支付、数字银行、数据隐私和安全监管等系统化数字普惠金融链，数字普惠金融的发展环境良好、发展前景较好。在移动支付方面，随着智能手机的普及，Paypal、Apple Pay 等电子支付平台开始发展壮大，但受制于美国的银行卡支付更受大众青睐，所以美国移动支付的市场规模并不大，发展速度甚至低于一些发展中国家。在数字银行方面，美国众多金融机构随着互联网的普及，纷纷将自己的金融业务搬上互联网平台，人们可以在手机上进行存款贷款等金融业务，方便快捷。在数据隐私和安全监管方面，随着大数据技术的广泛应用，很多个人隐私数据被获取并利用，严重危害了网络安全生态，美国政府通过制定相关的法律法规来保护大众的个人信息和财务安全。

美国数字普惠金融的迅速发展，填补了传统金融服务空白，满足了小微企业和个人的资金需求，促进了美国经济的发展。总的来看，美国数字普惠金融发展具有以下特色。第一，技术创新和应用广泛。美国拥有较高的自主研发创新水平，并且能够将新技术应用到数字普惠金融领域。例如大数据分析、人工智能、区块链和云计算等，这些技术的应用提高了金融服务水平和用户体验。第二，移动支付发展空间广阔。美国的移动支付技术较为发达，能够支撑支付技术在移动设备上的应用，但移动支付在美国的使用率还不是很高，原因在于美国的银行卡支付体系较为成熟并被大众所熟悉，再加上移动支付属于新兴技术，美国民众对它的支付环境是否安全存疑。但这些都不能阻碍移动支付的发展，在获得美国民众认可之后，移动支付将会因其支付的便捷性迅速发展。第三，征信体系相对完善。美国的大数据技术发展较为成熟，为美国征信体系的建立提供了条件，现已存在亿百利、艾克菲、全联三大征信机构，征信体系的完善为数字普惠金融的金融业务提供了安全保障，有利于数字普惠金融的发展。第四，数字银行账户普及率逐年增加。随着互联网的发展，许多金融机构将自己的金融业务搬上了互联网平台，并利用大数据、云计算等新兴技术为客户提供更便捷的服务。高效的数字金融服务吸引来了大量的数字银行用户，助推了数字银行的发展。第五，创业环境优渥。美国创业环境十分优渥，促进了众多创新型金融科技公司的发展。这些公司通过技术创新，推出了各种数字金融产品和服务，推动了数字普惠金融的进一步发展。

(二) 英国数字普惠金融发展的实践经验

英国拥有世界一流的数字基础设施，人工智能、大数据技术等新兴技术较为成熟，数字普惠金融发展迅速，始终处于世界前列。在移动支付方面，英国是全球领先市场之一，并且 Mobile Payments Worldpay 的数据显示，英国的移动支付交易额还处于不断增长中，目前已经超过了 900 亿英镑，越来越多的消费者习惯使用移动支付应用程序如 Apple Pay 和 Google Pay 等进行支付。英国在私人数字货币发展时期把握住了发展机遇，并不断创新发展数字货币监管机制，经过多年发展，英国已经成为全球重要的加密货币交易市场。但是英国在主权数字货币发展上踌躇不前，错过了利用数字货币来提升英镑国际地位的发展机遇，主权数字货币发展如今受到制约。英国的数字银行发展良好，许多数字银行如 Monzo、Starling Bank 和 Revolut 等为用户提供了在线金融服务和移动银行账户，让消费者可以方便地进行转账、支付和管理资金。英国的借贷平台如 Zopa 和 Funding Circle 等活跃在金融市场中，为个人和小微企业提供在线借贷服务，这些平台通过数字化技术简化了借贷流程，有利于金融包容性进步和经济社会协调发展。英国政府和金融监管机构高度重视数字普惠金融发展，采取了一系列利好数字普惠金融的政策措施。其中，政府通过设立金融科技创新基金来为金融创新提供资金支持，金融监管机构也通过制定相应的政策和法规来确保数字普惠金融服务的安全性和合规性。

数字普惠金融的发展为英国小微企业、农民等弱势群体提供了新的融资途径，填补了金融市场服务空白，有利于经济协调发展。总的来看，英国数字普惠金融发展具有以下特色。第一，在 P2P 发展方面，英国的 P2P 平台从其他金融机构和个人投资者处获得资金，然后利用大数据技术，通过新型信用评分模型对用户进行风险评估，通过评估的贷款申请者可以获得无抵押贷款。第二，在金融监管方面，金融行为监管局是英国专门设立的金融监管机构，对市场上的金融行为进行监管，允许金融企业将自己的新型金融产品放在市场中测试，获得真实的市场反应，同时监管局会及时监督，保护消费者权益。第三，在金融科技方面，大数据、云计算、区块链、人工智能等金融科技日益成熟，并且在数字普惠金融领域的应用越来越广泛，这大大提高了数字普惠金融的服务广度、深度和效率。第四，在金融生态方面，英国建立了充满活力的金融科技生态系统，鼓励和支持创新型金融科技公司发展。政府设立了创业孵化器和加速器，提供资金支持和发展指导，以促进数字普惠金融的创新发展。第五，在金融开放方面，英国积极推动银行数据的开放和共享，为第三方提供访问银行数据的权限，从而为金融创新和数字普惠金融发展提供数据支持。第六，在金融合作方面，英国金融机构、科技公司和政府在数字普惠金融领域是紧密的合作关系，金融机构与科技公司合作开发创新金融产品和服务，政府提供有利于数字普惠金融发展的政策和资源，各方积极努力，有效解决数字普惠金融发展难题，推动数字普惠金融健康发展。

二　发展中国家数字普惠金融发展的实践经验

（一）印度数字普惠金融发展的实践经验

印度较早便开始了数字普惠金融探索之路，印度政府一直致力于金融服务下沉到社会下层，让大众能够享受到更多的金融服务，数字普惠金融的发展为其提供了可能性。在印度政府的主导之下，印度的数字经济发展迅速，数字技术日益成熟，数字普惠金融建设取得良好成效。2017—2022年，印度的数字支付额以每年50%左右的速度攀升，这个增长率位居全球前列。在印度独有的实时移动系统"统一支付接口"（UPI）中，数字支付量的扩张速度约为每年160%，2022年6月的数字支付交易数量比去年同期增加了一倍以上，达到58.6亿笔，接入数字支付的银行数量增长了44%，达到330家。以手机为代表的数字终端和互联网在印度的逐渐普及，使数字普惠金融在印度的覆盖范围越来越广，在偏远地区的农村居民也可以获得数字普惠金融服务。印度政府深刻意识到公民金融教育的重要性，出台了许多政策措施来发展国内的金融教育，国民的金融素养水平不断提升，再加上移动支付等新兴技术的应用，促使印度数字普惠金融服务水平持续提高。《2019年印度披露指数》显示，印度上市公司中的前100家自愿性信息披露平均得分为7.3分（该指数满分为10分），相较于周边东盟国家得分较高，这充分表明印度的金融信息公开力度大幅提升，能够更好地保护大众的合法利益。印度数字普惠金融的发展为众多小微企业提供了资金支持，改善了营商环境，促进了它们的发展，而小微企业的发展反过来也助推了数字普惠金融的发展，最终实现了"双赢"。

印度在数字普惠金融领域不断探索，充分考虑自身国情，利用自身优势，最终形成"JAM"三位一体的数字普惠金融体系，并且创建了国家生物身份识别系统，鼓励用数字支付来进行交易，将数字普惠金融放在国家战略层面来考虑。总的来看，印度数字普惠金融发展具有以下特色。第一，高度重视数字普惠金融发展。印度政府将数字普惠金融放在国家战略层面，制定了《普惠金融发展国家战略（2019—2024）》，旨在降低印度民众获得金融服务的门槛和成本，加强相关机构和组织的合作。第二，创建了国家生物识别身份系统。印度的身份证制度并不完善，多数的印度人没有身份证，没有证件的底层人民无法享受传统金融所带来的基础服务。于是，国家数字身份识别系统——Aadhaar系统应运而生，通过收集注册者的生物识别数据，能够形成身份证明信息。截至2019年12月，系统采集数据接近印度人口总数的95%，大约12.5亿印度公民在该系统上上传了生物识别数据，为印度数字普惠金融的快速发展奠定了基础。第三，印度建立了"JAM"三位一体的数字普惠金融体系。"J"是Jan Dhan Yojana账户，该账户成本较低，能够为大多数的印度公民接受。"A"是Aadhaar卡，是根据系统采集到的生物识别数据而生成的身份证明。"M"代表印度Mobile Phone（移动电话）所使用的移动网络系统。移动支付在印度的普及，推动了数字普惠金融的迅速发展。第四，在印度数字普惠金融的发展过程中，政府起到了主导作用。数字普惠金融被认为是一种强制性的政策安排，是长期的国家承诺和央行政策重点。正是由于政府的干预指导，才使印度数字普惠金融的发展既快速又稳定。

（二）肯尼亚数字普惠金融发展的实践经验

肯尼亚是一个非洲国家，经济水平和金融基础设施较为落后，城市化进展缓慢，处于基础设施匮乏的农村人口较多，因此农村金融市场规模庞大。伴随数字普惠金融在肯尼亚的快速发展，移动支付出现在肯尼亚民众的视野之中，因为其便利性被越来越多的肯尼亚农民所接受。移动支付的普及带动了数字普惠金融的发展，为数字普惠金融在农村地区的发展提供了基础条件，肯尼亚运营商Safaricom在2007年推出手机银行业务M-PESA，刚开始只能够提供比较基础的金融服务，之后经过长时间发展，功能逐渐扩大，最终发展为拥有较为全面金融业务的综合性金融服务平台，推动了数字普惠金融在肯尼亚的发展。在经济发展落后、金融基础设施不完善的肯尼亚，M-PESA 的存在使很多肯尼亚贫困民众能够享受到高效快捷的金融服务，同时还激励了一批创新型金融科技公司，丰富了数字普惠金融市场上的金融产品，提高了数字普惠金融在肯尼亚的覆盖广度，改善了民生，减少了贫困，促进了肯尼亚整体经济发展。数字普惠金融带来的经济效益让肯尼亚政府高度重视数字普惠金融的发展，政府制定了相关政策，鼓励和支持数字普惠金融相关产业在肯尼亚的发展，同时不断完善监管制度，对于存在风险的金融行为及时制止，维护数字普惠金融市场稳定，打造数字普惠金融发展沃土。

肯尼亚在自身经济发展水平低、金融基础设施落后的情况下，交出了一份令世界惊讶的数字普惠金融发展答卷，所以肯尼亚的数字普惠金融发展之路必有可以借鉴的地方。总的来看，肯尼亚数字普惠金融发展具有以下特色。第一，肯尼亚拥有广阔的金融市场。肯尼亚因为经济落后，传统金融机构的发展并不成熟，传统金融服务供给严重不足，很多肯尼亚民众无法享受到金融服务，在 M-PESA 出现之前，肯尼亚民众的银行账户开通率极低，约 40% 的居民从未接受过金融服务，在偏远的小城市和农村地区的金融服务近乎空白，因此移动支付具有广阔的发展空间，一经面世便取得良好反响。第二，肯尼亚对移动支付的监管较为宽松。肯尼亚对于移动支付的监管相对于传统金融更为宽松，使 M-PESA 能够突破银行业的诸多限制而快速发展。第三，肯尼亚较高的手机普及率有利于移动支付的发展。移动设备的普及是移动支付发展的基本条件，肯尼亚的经济虽然落后，但是手机的普及程度较高，所以肯尼亚居民可以通过手机使用移动支付功能和享受数字普惠金融服务。第四，肯尼亚的移动支付办理方便快捷，并且使用起来简单高效。M-PESA 的代理网点覆盖肯尼亚全国，肯尼亚民众可以在国内的任一网点处办理账户注册，注册成功就可以在手机上办理支付、转账、存取款等金融业务，这在传统金融业务供给不足的肯尼亚地区无疑是久旱逢甘霖，极大地满足了肯尼亚民众的金融业务需求。

三 国外实践经验总结与启示

美国、英国、印度和肯尼亚虽有发达国家和发展中国家之分，但他们的数字普惠金融发展具有相同之处。国外数字普惠金融发展大都是以移动支付为驱动，以互联网为平台基础，以大数据、人工智能等新兴技术为辅助手段，以金融创新为发展内核，以国家的政策支持为动力，以数字普惠金融的普惠性为目的，不断拓宽自身服务覆盖广度，坚持提升自身服务水平，提高社会金融包容性，促进经济发展。通过对国外数字普惠金融实践经验的总结，得出对中国发展数字普惠金融以缓解城乡资本错配的启示如下。

首先，完善中国数字普惠金融基础设施建设。目前中国移动网络的覆盖范围虽然较为广泛，但在中部和西部地区，仍然存在没有移动网络的地方。因此，需要努力提升4G、5G网络在中西部地区的覆盖范围，夯实数字普惠金融发展基础，让偏僻地区的人民也能够享受数字普惠金融产品和服务。同时，国内数字普惠金融产品大都只支持智能手机，老年机等非智能手机品种无法获得完整的数字普惠金融服务，为此可以采取利用短信来进行业务交流的措施，或者扩大智能机在老年群体中的普及率，使老年人也能够享受数字普惠金融服务。此外，征信制度是否健全是数字普惠金融能否健康发展的关键，需要进一步完善中国的征信制度，保障数字普惠金融业务正常进行。

其次，健全数字普惠金融监管体系。目前，中国需要制定相关法律法规，规范各监管部门的权责范围，消除重复监管和监管不足的问题。非法集资、诈骗等违法犯罪行为的存在严重影响了民众对于数字普惠金融的信任，阻碍了数字普惠金融的发展，为此应该制定相应的惩罚措施，打击违法犯罪行为，维护数字金融市场。同时破除不同主体之间的"信息壁垒"，在保障信息安全的前提下，制定信息采集和发布标准，完善信息披露制度，实现政府、银行和企业之间的信息融合与共享。对于试点项目可以采用"监管沙箱"模式进行灵活监管，在试点过程中，需要及时终止存在问题的试点，并将可能产生的风险降至最低水平。通过以上措施，可以提升监管的有效性和针对性，促进数字普惠金融的健康发展。

再次，重视培养金融科技人才。数字普惠金融的快速发展离不开大数据、人工智能、区块链等金融科技的应用，而金融科技发展的关键在于人才。应该重视金融科技人才的培养，鼓励高校开设金融科技相关专业，聘请高水平教师进行教学，健全高校培养制度，确保培养出合格的金融科技人才。政府可以给予金融科技院校资金支持，关注金融科技人才就业市场，保证金融科技人才能够在合适的岗位做出成效。有关企业应该提高金融科技人才的待遇，激发社会对于金融科技专业学习的热情。相关机构组织应该积极引进国外金融科技人才，将国外先进的金融科技引进国内，提升中国金融科技水平。高校与企业之间应该开展合作交流，理论与实践相结合，避免闭门造车，有利于科研成果及时转化为生产力。

最后，鼓励数字普惠金融创新。政府可以在监管制度方面进行创新，制定灵活、包容的监管制度，鼓励金融科技企业进行创新项目试点和实验。通过建立监管沙箱机制，允许创新项目在一定范围内进行试点，同时及时评估和调整监管政策。政府可以设立专项基金，为数字普惠金融创新提供资金支持，鼓励金融科技企业和创新团队开展相关创新工作。政府、金融机构和科技企业可以建立合作伙伴关系，共同推动数字普惠金融创新，通过建立开放合作的创新生态系统，促进资源共享、共同创新和协同发展。政府有关部门可以为金融科技企业和创新者提供培训与咨询，提升他们的创新技术和业务能力。加强知识产权保护，鼓励金融科技企业进行创新研发，政府可以建立健全知识产权保护体系，为金融科技创新提供相应的法律保护。国内有关机构应该与国外金融科技监管机构和相关国际组织加强合作与交流，借鉴国外经验和学习最新技术，推动数字普惠金融创新全球合作。

第四节 本章小结

本章首先系统地回顾了数字经济与互联网金融理论、金融发展与普惠金融理论、要素报酬与资本配置理论以及城乡二元经济结构理论，并分析了这些理论对本书的启示；在此基础上，从数字普惠金融、资本错配、金融发展与资本配置关系等多个方面对国内外相关研究文献进行了全面归纳、总结和评述。最后，本章节还系统地总结了美国、英国等发达国家和印度、肯尼亚等发展中国家数字普惠金融发展的实践经验及其对中国发展数字普惠金融以缓解城乡资本错配的实践启示。借鉴前人研究的理论成果和实践经验将对系统深入研究数字普惠金融对城乡资本错配的影响有着重要参考价值，也将为本书的理论框架奠定坚实的理论与实践基础。

第 三 章

数字普惠金融缓解城乡资本错配的理论框架

要全面系统分析数字普惠金融与城乡资本错配之间的关系，必须先构建数字普惠金融缓解城乡资本错配的理论分析框架，不仅需要弄清数字普惠金融、城乡资本错配等相关概念的内涵，还需要厘清数字普惠金融缓解城乡资本错配的内在机理。因此，在本章将在对数字普惠金融、城乡资本错配等概念进行界定的基础上，阐述数字普惠金融缓解城乡资本错配的内在机理，构建数字普惠金融缓解城乡资本错配的理论模型。

第一节 数字普惠金融与城乡资本错配的概念界定

一 数字普惠金融的概念内涵

数字普惠金融本质上是指借助数字金融手段提供普惠金融服务，是普惠金融在数字领域的延伸。因此，在界定数字普惠金融概念之前，应当首先明确普惠金融的概念。普惠金融始于20世纪70年代，主要采用以小额贷款为主的"微型金融"模式。[①] 20世纪90年代后，信息技术蓬勃发展，经济发展步入新的阶段，普惠金融的发展实践开始朝着多个维度全方面迈进。随着数字技术与传统金融的融合，普惠金融逐渐被拓展至为弱势

[①] 胡滨、程雪军：《金融科技、数字普惠金融与国家金融竞争力》，《武汉大学学报》（哲学社会科学版）2020年第3期。

第三章　数字普惠金融缓解城乡资本错配的理论框架

群体提供金融服务的广度和深度，微型金融开始向普惠金融体系转变。[①] 2005 年，国际劳工组织正式提出"普惠金融体系"概念，即以可负担的成本，有效、全方位地为所有社会成员提供金融服务。[②] 中国的普惠金融发展与依托数字技术蓬勃发展的数字金融具有紧密的联系，新型数字金融模式以互联网科技企业为核心平台，通过数字金融产品创新，降低了金融服务产品的成本，扩大了金融服务的覆盖范围，增强了金融服务的可得性，逐渐成为普惠金融的重要原动力和增长点，数字普惠金融概念也逐渐受到广泛认可。本书对数字普惠金融的概念界定借鉴了当前比较有代表性的定义，即 2016 年 G20 普惠金融全球合作伙伴（GPFI）报告中提出的：数字普惠金融（Digital Inclusive Finance），泛指一切通过使用数字金融服务以促进普惠金融的行动，它包括运用数字技术为无法获得金融服务或缺乏金融服务的群体提供一系列正规金融服务。相较于传统普惠金融，数字普惠金融具备较低的用户门槛和使用成本、较广的覆盖范围和服务产品，具有明显的可复制、可获得、可负担和全面等优势特点。[③] 具体而言，数字普惠金融的特征主要包括以下几点。

第一，数字普惠金融服务范围广泛。由于传统金融的排斥性，弱势团体及偏远群体无法获得满足需求的金融服务，并且存在部分人群缺乏金融意识，对金融服务不了解或担心受骗等问题，进一步扩大了这类群体与金融服务的距离。而数字技术则大大降低了金融服务的使用门槛，广泛向群众提供获取金融服务信息的渠道，缩小了服务方与需求方的距离，能够在推动服务公开透明的基础上，更好地规范数字金融。数字普惠金融服务范围的广泛主要体现在两个方面。一是服务类型与服务场景的广泛。数字普惠金融推动金融服务推陈出新，不断融合实体经济，全方位多层次地嵌入人们生活，将人们日常生活需要转移至线上，如移动支付、网上借贷、投资等。二是服务对象，也就是需求群体变得更加广泛，数字普惠金融扩大

[①] 贝多广、张锐：《包容性增长背景下的普惠金融发展战略》，《经济理论与经济管理》2017 年第 2 期。

[②] 郭田勇、丁潇：《普惠金融的国际比较研究——基于银行服务的视角》，《国际金融研究》2015 年第 2 期。

[③] 尹应凯、侯蕤：《数字普惠金融的发展逻辑、国际经验与中国贡献》，《学术探索》2017 年第 3 期。

了使用群体的范围。只要有金融需求，人们可以随时随地获得数字金融服务，比如贫困人口、偏远农村家庭。同时数字普惠金融借助互联网推广金融知识，提高金融服务的触达率，使得数字普惠金融真正走进人民生活。

第二，数字普惠金融服务成本低。低服务成本主要体现在以下四个方面。一是数字技术能够降低金融服务机构的运营成本。凭借互联网软件的应用，简化业务办理程序，提高服务效率，可以减轻金融服务前、中、后多端的人力负担；以数字技术为支撑，提供广告精准投放服务，可以降低宣传成本。二是数字普惠金融减少了对实体服务场景的依赖，可有效降低金融机构实体网点的服务成本，能够减少实体网点的建设成本和服务人员的人工成本，从而可以有效避免偏远地区网点建设难、成本高的问题。三是数字普惠金融使用成本低。数字普惠金融拓宽融资渠道，开发针对小微企业和农业的金融服务，可提供低利息贷款，有效缓解部分企业和个人的资金约束，降低弱势群体使用金融产品的成本。四是国家针对数字普惠金融提出的减税降息政策，降低了金融机构的运营成本，鼓励它们加强数字金融服务的推广，也帮助更广泛的群体以低廉的价格获得金融支持。

第三，数字普惠金融具有可持续发展的特性。数字普惠金融要求服务供给方提供有保障且使用者负担得起的金融产品，能够帮助资本完成良性循环，实现资源的有效配置，帮助数字普惠金融实现可持续发展。数字普惠金融的可持续发展具体可从三个方面展开。一是数字普惠金融凭借大数据实现金融服务的信息透明化，促进金融服务供给方与需求方的相互了解，有效避免逆向选择问题的出现，降低双方的金融风险，既帮助使用者获得合适的金融服务，又保障了供给方的资金回笼。二是数字普惠金融的相关机构是具备资质和规模完备的金融机构，通过数字监管能有效保证数字普惠金融在运营上的可持续性，提高管理程序的迭代速率。三是数字普惠金融依靠互联网加强全民的金融素养，促进人们对金融服务的了解，从需求方推进数字普惠金融的完善，同时形成成熟的管理机制，构成普惠金融持续发展的强大活力。因此，数字普惠金融能够满足可持续发展的要求。

二　城乡资本错配的概念内涵

资本错配也叫资本误置、资本配置扭曲，是相对于资本有效配置而言的，有效配置表现为以最小可能的投入实现给定的产出或者给定投入实现最大可能的产出。要素错配理论认为由于市场机制存在失灵,当厂商追求短期利润最大化时,往往造成生产要素使用价格上涨,要素边际报酬降低,出现要素价格扭曲。① 在扭曲的要素市场中,资本等生产要素的配置并未达到最优水平,从而导致要素误置和错配。② 作为世界上最大的发展中国家,一方面,中国资本市场在经济结构转型中发展较为滞后,地区间、行业间以及企业间存在资本错配问题;③ 另一方面,由于中国经济结构具有明显的二元特征,城乡经济社会的非均衡化发展及中国固有的城乡分割体制(如户籍制度等),致使城乡之间资本要素流动障碍重重,城乡间的资本错配问题更加突出。综合上述资本错配的概念介绍,本书认为,城乡资本错配是指资本在城市与农村之间配置的不均衡现象,即资本边际收益率相对较低的城市地区存在明显的资本供给过剩,而资本边际收益率相对较高的农村地区却面临严重的资本供给不足,从而导致城市和农村的资本边际收益未能实现帕累托最优的现象。具体而言,在经济发展初期,由于城市地区拥有先进的技术以及充沛的劳动力,资本要素的边际收益要高于农村地区,从而大量的金融资本聚集到城市地区,造成农村地区金融资本稀缺。④ 随着城市地区资本要素的聚集,资本稀缺性下降,资本的边际收益会遵循边际收益递减规律呈现出下降趋势。相对地,由于种种因素(如城乡二元经济结构)的制约,尽管农村地区资本边际收益依然位于上升阶段,却面临严重的资本供给不足状况。

城乡资本错配的形成原因较为复杂。一是金融体系的结构性缺陷。中国金融体系在城乡之间存在明显的结构差异,城市金融体系相对完善,而农村金融体系则较为薄弱,这导致农村地区难以获得足够的金融服务支持,资本无法有效地流入农村。二是政府政策的导向。政府在推动经济发展的过程中,往往更注重城市的发展,从而在政策上倾向于将更多的资本

---

① C. T. Hsieh, P. J. Klenow, "Misallocation and Manufacturing TFP in China and India", *The Quarterly Journal of Economics*, Vol. 124, No. 4, 2009.

② 黄立赫、石映昕:《财政分权、资本错配与区域创新效率》,《经济经纬》2022 年第 5 期。

③ 胡善成、张彦彦、张云矿:《数字普惠金融、资本错配与地区间收入差距》,《财经科学》2022 年第 5 期。

④ 李刚:《城乡正规金融资本错配与城乡一体化》,《当代经济管理》2014 年第 12 期。

投入城市地区，这种政策导向导致了城乡之间资本配置的不平衡。三是农村金融机构信贷资金供给错配。由于在城乡经济发展中，城市地区的产业结构和经济效益一般优于农村地区，农村地区金融机构的信贷流动往往表现出明显的"脱农"倾向，即从农村地区吸收的存款流向城市地区和非农产业。四是农村自身的经济发展条件限制。农村地区由于产业结构单一、基础设施落后、人力资本不足等因素，难以吸引和留住资本。城乡资本错配的形成受到城乡经济发展的影响，反过来也会对城乡经济发展产生重要影响。首先，城乡资本错配阻碍了农村经济发展。农村地区由于缺乏足够的资本支持，难以实现农业产业化和现代化，这就降低了农村经济的发展速度和效益。其次，城乡资本错配加剧了城乡经济差距，使得城市地区的经济实力不断增强，而农村地区的经济则相对滞后，不利于实现城乡融合发展。再次，城乡资本错配降低了资本使用效率。由于资本配置不合理，导致部分领域过度投资和部分领域投资不足的现象并存，降低了整个社会的资本使用效率，影响了经济的增长质量和可持续发展。最后，城乡资本错配带来的农村资本缺乏和投资不足阻碍了农村内需的释放，也不利于中国双循环新发展格局的构建。

第二节 数字普惠金融缓解城乡资本错配的内在机理

农村金融是金融体系的重要组成部分，农村金融发展滞后也是导致城乡资本错配的直接原因，而数字普惠金融可以通过促进农村金融发展进而缓解城乡资本错配。具体而言，这种促进效应主要体现在提升农村金融服务可获取性、降低农村金融服务成本、促进农村金融市场竞争以及增强农村金融风险控制能力等方面。

一 提升农村金融服务可获取性

金融体系所具有的排斥现象，即阻碍弱势群体获得金融服务的现象由来已久。作为一种稀缺资源，金融资源的分布体现出明显的不均衡性，宏观表现是金融资源与经济发展状况呈高度正相关，经济越发达越能吸引金融资源，金融资源越强大越能促进经济发展。这种双向促进效应对于经济发达地区的作用是不言而喻的，但这也造成一个显而易见的问题：在经济欠发达地区，尤其是广大的农村地区，金融服务供给呈现出覆盖范围窄、融资成本高和资金利用率低等特点。尽管农村金融改革对此起到了一定改善作用，但问题依然未能从根本上解决，①农村金融服务可获取性依旧较差。数字普惠金融发展为传统金融服务带来了深刻变革，也对提升农村金融服务的可获取性作出了重要贡献。

首先，数字普惠金融有助于扩大农村金融覆盖范围，提高农村金融服务的渗透性。传统金融的线下发展模式通过增加线下物理网点数量来扩大金融服务覆盖范围，这种模式推广成本高且受地理限制较为严重。与城市地区相比，广大农村地区分散、偏远且交通和基础设施薄弱，在这些不利条件下，金融机构想要扩大农村地区的金融服务覆盖范围无疑会付出更高成本，且后续可能出现由于客户不足和业务量低而导致收益难以覆盖成本的情况，因此金融机构欠缺主动扩大农村地区金融覆盖范围的意愿。通过数字化线上模式提供金融服务的数字普惠金融有助于改善这一现状，为扩大农村金融覆盖范围提供有效手段。一方面，线上化的服务模式摆脱了对物理网点的依赖，互联网"泛在性"特征使得数字普惠金融具有零边际成本的特点，②用户只需通过网页或软件便可享受到在线金融服务，因此理论上数字普惠金融覆盖的唯一前提和投入成本就是互联网覆盖，而广大农村地区互联网基础设施建设已较为完善，因而数字普惠金融可以以低成本的方式扩大农村地区金融覆盖范围。另一方面，通过对数据的获取、管理以及应用，数字普惠金融实现了对农村居民分散化和隔离化的生产生活数据的有效聚合和利用，打破了数据的割裂状态并减弱了数据孤岛效应，降低了供需匹配成本，③从而多维度提升金融机构为农村地区提供金融服务的意愿，有利于扩大农村金融覆盖范围、提高农村金融服务渗透性。

其次，数字普惠金融有助于降低农村金融用户准入门槛，提高了农村金融服务的便利性。农村金融服务发展缓慢的一个重要原因是其服务门槛

---

① 傅秋子、黄益平：《数字金融对农村金融需求的异质性影响——来自中国家庭金融调查与北京大学数字普惠金融指数的证据》，《金融研究》2018年第11期。

② 刘锦怡、刘纯阳：《数字普惠金融的农村减贫效应：效果与机制》，《财经论丛》2020年第1期。

③ 孙鸽平：《数字技术赋能农村金融的逻辑成因及路径探析》，《农业经济》2023年第12期。

较高，导致许多农村居民即便有机会获取金融服务也往往因为门槛原因而无法享受。农村金融门槛居高不下的重要原因在于农村居民信用数据和抵押物的普遍缺乏，使得金融机构为其提供金融服务要承担较高的风险，因此金融机构往往选择提高门槛，经过各项考察和筛选来剔除高风险业务，借此降低其承担的风险，减少受损失的概率。数字普惠金融有助于降低农村金融门槛。一方面，数字普惠金融拓宽了金融机构获取信息的渠道，如通过手机软件和电商平台等渠道获取非传统用户信息以及通过互联网共享数据信息，实现了农村"软信息"的硬化，提高了信息质量并降低了信息不对称，推动农村"关系型"信贷向"数据化"信贷转变。另一方面，利用基于机器学习和大数据技术的信用评估模型对收集到的用户数据进行量化分析，金融机构可以实现对违约等潜在风险的跟踪和预测，[①] 从而更好控制风险、减轻损失。因此，通过扩大信息来源、改善信息质量并提高金融机构风险控制水平，数字普惠金融可以降低金融机构筛选强度，达到降低农村金融服务准入门槛的效果，从而帮助更多被排除在外的农村客户获取金融服务，使得农民更容易获取金融服务。

最后，数字普惠金融还可以通过促进农村金融产品和金融服务创新来满足多元化金融需求，通过增强农村金融服务需求的满足性来提高金融服务可获取性。改善金融产品和服务多元化水平是提高农村金融服务可获取性的一个重要渠道。在创新金融产品方面，数字普惠金融促进了金融数字化和网络化发展，推动金融机构改革创新，拓宽服务渠道、增加收入，从而推动金融机构加速开发新产品，增加金融产品种类；与此同时，金融数字化使得金融产品创新难度大幅下降，大数据和区块链等数字技术为农村金融机构创新提供了后端技术支持，[②] 使得金融机构能够精准识别市场定位与用户需求，从而推出更多具有针对性和普适性的金融产品。[③] 在创新金融服务方面，数字普惠金融一方面促使农村金融服务创新化和融合化，催生如互联网金融、供应链金融等服务新模式。这些新型服务模式融合了

[①] L. Gambacorta et al., "How do Machine Learning and Non-traditional Data Affect Credit Scoring? New Evidence from a Chinese Fintech Firm", *BIS Working Paper*, No. 834, 2019.

[②] 星焱：《农村数字普惠金融的"红利"与"鸿沟"》，《经济学家》2021年第2期。

[③] 叶陈毅、杨蕾、管晓：《金融科技视域下农村商业银行发展创新路径研究》，《当代经济管理》2023年第8期。

网络银行、手机银行、电商平台等多种载体，多元化载体使得农村金融服务更为便捷。另一方面，数字普惠金融促使农村金融服务实现线上化，诸如"旺农贷平台"等一系列新型综合农村金融服务平台应运而生。这种农村线上综合金融平台改变了以往单一的线下金融服务渠道，使得用户可以享受"线上+线下"双重综合金融服务体系，大幅提高了农村金融服务效率，从而更为精准地对接农村金融服务需求和提高农村金融服务可得性。

二 降低农村金融服务成本

农村地区金融资源长期缺乏的一个重要原因就是金融服务成本居高不下。和城市相比，为农村地区提供金融服务所承担的风险和服务成本更高，这使得金融机构为农村地区提供金融服务的意愿不高，从而降低了农村地区金融资源供给水平。农村金融服务的成本主要由前期投入的营业网点和配套设备及人员等金融基础设施建设成本和后期提供金融服务的运营成本组成。一般而言，前期金融基础设施投入成本较高且花费周期较长，这些成本会在后续的运营当中被逐渐收回。然而农村地区分布范围广大、分散性较高、地理隔离较为严重，加之农村地区金融需求一般小于城市地区，这便造成了农村地区前期金融基础设施建设耗费的成本更高并且由于后续运营规模小而导致成本回收周期长的问题，从而阻碍了农村金融市场的发展。此外，为农村地区提供金融服务也要面临更高的运营成本。一方面，农村经营主体业务规模小、收入水平低且稳定性差，并且缺乏合格的担保抵押资产。另一方面，农村征信体系建设落后，农村经营主体信息数据线条式管理，[1] 质量较低、信息披露规范性较差且绝大部分信息均以软性信息的形式存在，数据隔离现象普遍，这导致农村金融市场信息不对称现象严重，金融机构面临巨大的逆向选择和道德风险，不得不选择支付高昂的运营成本用来获取相关信息和进行后续贷款的监督与管理。[2]

---

[1] 温涛、何茜：《全面推进乡村振兴与深化农村金融改革创新：逻辑转换、难点突破与路径选择》，《中国农村经济》2023年第1期。

[2] 周月书、王雨露、彭媛媛：《农业产业链组织、信贷交易成本与规模农户信贷可得性》，《中国农村经济》2019年第4期。

数字普惠金融发展有助于降低农村金融服务的成本。首先，在农村金融基础设施建设方面，数字普惠金融的线上化运营和服务模式使得金融服务突破了时间和空间的限制，大幅提高了金融服务覆盖范围，从而降低了以往金融机构对线下物理网点的依赖程度。在数字普惠金融模式下，金融机构不再单纯通过增加线下营业网点来扩大金融服务范围，而是可以通过增加互联网和数字基础设施建设投入便可部分达到扩大金融覆盖的效果，从而减少对实体营业网点建设的投入，降低金融服务的前期投入成本。其次，在通过网络提供金融服务的模式下，数字普惠金融推动金融服务融入生活场景，① 使得金融服务渗透到农村居民生产和生活的各方各面，大幅提高了农村居民接触金融服务的频率，从而降低了农村金融机构的获客成本。最后，数字技术的应用还有助于降低人力成本。许多金融业务线上化运营后可以依靠程序自动执行，使得需要人工干预的情况减少，从而不仅降低人工参与出错的概率，还能减少金融机构人力资源的投入，降低金融服务成本。

除此之外，数字普惠金融在降低农村金融服务运营成本方面也能起到重要作用。其一，数字普惠金融缓解了农村金融信息不对称，提高了金融机构风险管理水平，从而有助于降低农村金融服务风险成本。以往农村信用信息和可靠抵押资产缺乏，融资大多是基于人际关系担保的"关系型"模式，在数字化和互联网时代，用户行为和信用信息被高度数字化，以数据的形式存储在个人终端和互联网上，区块链等数字技术推动实现了信息的公开和共享。② 数字普惠金融经过收集和利用这些数据，将其转化并应用于为可被识别和分析的用户数据画像，以此作为衡量个人信用状况和个性化特征的信息，通过人工智能分析和大数据匹配等方式为其提供精准化和个性化金融服务，从而减轻传统金融服务模式中的信息不对称问题，加强金融机构风险控制能力并降低金融服务风险。其二，线上化的数字普惠金融服务模式在提高金融服务效率的同时减少了传统线下金融服务模式的资源消耗，比如为达成金融交易而产生的交通资源消耗和纸张等办公用品

---

① 李牧辰、封思贤、谢星：《数字普惠金融对城乡收入差距的异质性影响研究》，《南京农业大学学报》（社会科学版）2020 年第 3 期。

② 张庙见：《区块链技术助力农村金融服务升级》，《农业经济》2023 年第 5 期。

的消耗等，从而也有利于降低农村金融机构运营成本。

三 促进农村金融市场竞争

以往由于受到地理和成本等诸多因素的影响，许多金融机构只针对城市等发达地区提供金融服务，致使出现了城市金融竞争激烈而农村金融竞争不足的情况。由于缺乏有效竞争，长久以来农村金融服务主要由农村商业银行提供，农村商业银行致力于深耕农村市场、积累田野经验和群众基础、搭建农村社会关系网络，成为农村金融市场的主力军。① 与此同时，农村金融市场上非银行类金融机构的发展显著滞后，呈现出银行类金融机构"一家独大"的局面，② 农村金融市场竞争水平明显不足。不过，随着经济水平的不断提升，广大农村地区对金融服务的需求越来越大，同时国家越来越重视"三农"发展，各类金融机构逐渐关注农村金融市场，使得农村金融的供给水平随之逐渐提高。然而，当前农村金融市场竞争不完全、不充分问题依旧突出。推动农村金融市场充分竞争对于增加农村金融供给、缓解农村融资约束、助力"三农"发展具有重要意义，数字普惠金融发展对改善这种竞争不足的局面起到了一定助力作用。

首先，随着数字普惠金融业务的开展，各大商业银行服务范围迅速延伸到了农村地区，来争夺农村地区这块尚未开发完全的"宝地"。数字普惠金融推动商业银行服务深入农村的原因主要体现在以下两个方面。一方面，数字普惠金融促进了传统金融机构数字化改革和金融产品创新，越来越多的金融机构为获取竞争优势积极开展数字化金融业务，探索更为智能的生态金融服务新模式，③ 这使得以往处于边缘地位的小型金融机构的竞争能力得到提高，显著改变了传统金融竞争格局，加剧了城市等发达地区金融竞争程度，而这种竞争一定程度上促使金融机构将业务转向农村地

---

① 安丛梅：《农村数字普惠金融的模式研究：理论机制与实践总结》，《西南金融》2023年第10期。

② 张林、温涛：《农村金融高质量服务乡村振兴的现实问题与破解路径》，《现代经济探讨》2021年第5期。

③ T. Dapp, L. Slomka, "Fintech Reloaded: Traditional Banks as Digital Ecosystems", Publication of the German Original, 2015.

区。另一方面，通过互联网开展的数字普惠金融服务突破了空间和时间限制，为金融机构向广大农村地区提供金融服务破除了最大阻碍，使得金融机构可以更加方便地参与到农村地区金融市场的竞争当中。基于这两方面的因素，数字普惠金融有助于提高农村金融市场的竞争程度。

其次，数字普惠金融的发展不仅促进了传统金融同业机构之间的竞争，还催生出一批新型金融科技企业参与竞争，它们凭借着自身独特优势，深度参与到农村地区金融服务当中，有效提高了农村金融市场的竞争程度。相较于传统金融机构，金融科技企业具有以下竞争优势。一是数字技术优势。作为大多以科技企业出身的金融科技企业来说，其自身过硬的科技实力是其涉足金融领域的重要基础。与传统金融机构相比，金融科技企业的数字技术实力更强，而数字技术正是数字普惠金融业务不可或缺的组成部分。凭借数字技术优势，金融科技企业不仅可以提供更加多元的数字金融产品，还具有更高的风险控制能力。二是用户优势。金融科技企业通过软件产品和网络平台提供服务，这种互联网终端超越了时间和空间限制，使用户得以随时随地享受服务，尤其在深入广大的农村地区等下沉市场过程中具有更为显著的优势，这也使得金融科技企业具有大量农村地区用户。同时，与传统金融机构相比，金融科技企业服务的互联网用户群体具有较高的黏性和活跃度，这使得金融科技企业的用户群体较为稳定。三是数据优势。金融科技企业拥有海量在线用户，用户在软件和网络平台使用服务的过程中会产生大量数据，这些数据经过后台汇总到公司数据库，从而形成无形的数据壁垒。通过对数据的分析，企业可以更为精准地掌握用户情况，不仅便于为用户提供更为精准和个性化的金融产品，更有效减少了金融服务过程中的风险。

最后，数字普惠金融有助于改善农村金融市场供需不均衡、竞争不充分的现象，从而提高农村金融市场竞争程度。长久以来，农村金融发展面临金融产品和金融服务模式单一、金融服务体系参与力量不足的问题，[①]由于缺乏有效的竞争和创新激励机制，农村金融产品服务同质化严重，难

---

① 王捷、赵凌宇：《农业规模经营下农村金融难题及支持体系》，《农业经济》2023年第10期。

以满足农村多元化的金融需求。① 另外，农村金融市场存在供需不平衡现象，突出表现为金融机构涉农贷款增速放缓和结构失衡，② 而且对于如新型农业经营主体等农业产业发展新需求的金融支持不足，金融供给与产业需求不匹配，③ 甚至出现农贷市场"精英俘获"现象，导致农贷市场分化加剧、配置扭曲。④ 数字普惠金融的快速发展为这些问题提供了解决思路。一方面，借助互联网和数字技术的发展，数字普惠金融推动了金融产品服务模式的创新，开发出一系列针对不同农业经营主体和经营模式的金融产品与服务，使得农村金融产品种类更多、针对性更强，在缓解农村金融产品和服务模式单一化与同质化问题的同时改善了农村金融市场竞争不充分现象。另一方面，数字普惠金融通过创新提供诸如供应链金融、科技金融等新型金融服务，有利于满足不同类别农业经营主体的多元金融需求，从而减轻农村金融需求难以满足的现象。此外，数字普惠金融通过构建多层次、广覆盖、可持续的农村金融服务网络有效降低了农村金融市场信息不对称程度，提高了农村金融资源配置效率，减轻了农村金融市场供需不均衡问题。

四 增强农村金融风险控制能力

除了金融服务成本较高，农村地区金融资源长期缺乏的另一个重要原因是金融风险较高。与城市金融需求主体相比，农村金融需求主体一方面信用数据质量差且缺失严重，另一方面收入更低且收入稳定性较差，这导致农村金融需求主体信用水平和偿还能力差、违约风险高。因此，金融机构向农村地区提供金融服务要面临更高的风险水平，从而降低向其提供服务的意愿。为改善农村地区金融资源长期缺乏的情况，提高金融机构为农

---

① 张林、温涛：《农村金融高质量服务乡村振兴的现实问题与破解路径》，《现代经济探讨》2021年第5期。

② 王小华、杨玉琪、程露：《新发展阶段农村金融服务乡村振兴战略：问题与解决方案》，《西南大学学报》（社会科学版）2021年第6期。

③ 温涛、何茜：《全面推进乡村振兴与深化农村金融改革创新：逻辑转换、难点突破与路径选择》，《中国农村经济》2023年第1期；方芳：《乡村振兴背景下农村金融发展对策研究》，《农业经济》2022年第10期。

④ 温涛、朱炯、王小华：《中国农贷的"精英俘获"机制：贫困县与非贫困县的分层比较》，《经济研究》2016年第2期。

村提供金融服务的意愿以增加农村金融供给,需要增强农村金融风险控制能力、降低农村整体风险水平,为此,应当充分发挥数字普惠金融在降低风险方面的作用。

第一,数字普惠金融有助于提高金融机构对风险的识别和控制能力。其一,数字普惠金融发展有助于提高农民信用数据质量从而改善农村地区信用状况。互联网深度渗透到农村的各个领域和农民的日常生活中,促使农民信用数据"硬化",为金融机构控制风险打下信息基础。根据贷款决策所依赖信息的不同种类,贷款可分为财务报表型、资产保证型、信用评分型和关系型。[①] 以往由于农民财务数据、抵押资产和信用信息的普遍缺乏,金融机构提供贷款被迫选择依赖于社会关系等"软信息"的关系型借贷模式。[②] 这些信息以隐性状态存在,难以量化和分析,从而使得金融机构面临较高的贷款风险。如今,依托深度渗透的互联网,数字普惠金融将以往难以获取和量化的"软信息"通过各种渠道转变为多种形式的显性信息,如通过互联网捕获的农民的生产和生活信息、利用数字硬件技术捕获的农作物生长信息等,通过收集这些信息并借助数字技术进行分析处理便可实现农民信息的"硬化",从而帮助金融机构逐步摆脱关系型贷款,走向数据化和标准化,降低贷款风险水平。其二,利用大数据分析和人工智能算法,金融机构建立信贷风控模型,强化风险监测和控制能力。利用大数据风控模型,金融机构对借款进行跟踪监测以及对借款人进行数据采集,从而达到对贷款进行连续动态风险评估的目的。大数据模型较传统风控模型具有风险预测更加准确和风险控制更加稳健的优势,利用数据模型建立全面而准确的用户画像并对其进行行为预测和人工智能分析,可以及早发现潜在风险并及时作出反应。除此之外,金融机构信贷风控系统与个人征信系统对接,借款人一旦出现违约问题便会形成个人信用污点,此信用污点会以数据的形式存在,在如今高度发达的网络时代这不仅会给个人生活带来诸多影响,更会对人际关系产生负面影响,从而对借款人产

---

① A. N. Berger, G. F. Udell, "Small Business Credit Availability and Relationship Lending: The Importance of Bank Organizational Structure", *The Economic Journal*, Vol. 112, No. 477, 2002.

② 罗兴、吴本健、马九杰:《农村互联网信贷:"互联网+"的技术逻辑还是"社会网+"的社会逻辑?》,《中国农村经济》2018年第8期。

生威慑作用,降低道德风险。①

第二,数字普惠金融通过多种方式提高农村居民收入水平、促进农村居民收入多元化,有效降低农村整体金融风险水平。其一,数字化技术促进农业科技创新,提升农业生产过程的机械化、智能化和规模化水平,推动农业数字化转型升级,助力农业增产增收,增加农村居民经营性收入,降低信贷违约风险。数字普惠金融从拓展金融服务范围、降低服务成本、校正金融错配问题等方面缓解农业科技公司等农业创新部门的融资约束,降低其融资成本,为农业科技创新提供了资金保证,从而促进农业科技产品创新,②从源头端扩大了农业科技产品的供给。此外,互联网发展为提高农业科技产品的曝光程度和农民的接触程度,为产品落地并扩大使用范围提供了帮助,同时数字普惠金融也凭借低成本、低门槛等优势缓解了农村居民融资难融资贵的问题,为农村居民购买和使用农业科技产品提供了资金支持,从而使得农村居民更愿意尝试和接纳这些新型农业技术。多种新型农业技术的推广应用不仅可以推动农业增产增收,还提高了农业对自然灾害等风险的抵抗能力,帮助农村居民锁住风险并提高农业收入。其二,互联网和数字技术的发展为农村居民带来了多元化收入渠道,③优化了农村居民收入结构,使得农村居民逐步摆脱对单一农业生产收入的依赖,提高了农村居民抵御风险的能力。比如农村居民可以通过拍摄短视频的方式让更多人认识农村、关注农村,不仅实现了增加流量扩大知名度从而助力农产品销售的目的,更能带动农村旅游等服务业的兴起,促进农村产业融合发展;农村电商和短视频直播平台的兴起为农产品打开了线上销路,有利于扩大农产品销售规模,从而增加农业收入并扩大种养殖规模,推动农村多元种养殖业发展;数字技术赋能传统养殖业有助于推动科学化养殖和精细化管理,从而提高养殖效率、扩大养殖规模、增加养殖收入。

---

① 黄益平、邱晗:《大科技信贷:一个新的信用风险管理框架》,《管理世界》2021年第2期。
② 焦青霞、刘岳泽:《数字普惠金融、农业科技创新与农村产业融合发展》,《统计与决策》2022年第18期。
③ 孙俊娜、胡文涛、汪三贵:《数字技术赋能农民增收:作用机理、理论阐释与推进方略》,《改革》2023年第6期。

第三节　数字普惠金融缓解城乡资本错配的理论模型

本节将利用数理模型推导法，构建一个包括异质的农村借款人和异质的贷款人（具有不同信息结构的普惠金融机构和传统金融机构）的信贷市场模型，以分析数字普惠金融是如何提高农村借款人的信贷可得性和降低其信贷成本，从而改进城乡资本配置效率，并缓解城乡资本错配的。

一　理论模型的基本设定

与传统金融体系不同，普惠金融体系旨在为有金融服务需求的社会各阶层和群体提供适当、有效的金融服务。目前，城市资本过剩，农村资本匮乏，城乡资本存在明显的错配现象，因此，包括小农户、新型农业经营主体、农村个体工商户和小微企业主等在内的农村经济主体是普惠金融重点服务对象。本节根据焦瑾璞和王爱俭的思路，[①] 将金融部门划分为传统金融部门与普惠金融部门，再进一步借鉴李柳颖的做法，[②] 使普惠金融部门引进数字技术（即发展数字普惠金融），以此分析数字普惠金融对金融机构与农村经济主体产生的影响。数字普惠金融的业务形态多样，与数字支付、数字保险、数字理财等业务相比，数字信贷对于满足农村经济主体的资本要素需求意义更大。因此，为了简化模型，本节主要考虑数字信贷服务。

由信贷配给理论可知，传统金融机构受信息不对称影响，其选择信贷配给是理性行为。近年来，伴随数字普惠金融的快速发展，金融机构得以运用数字技术来搜寻、评价以及后续动态监控用户的征信信息，这不仅极大地减轻了传统金融模式下的信息不对称问题，也减少了信息搜寻成本。同时，数字普惠金融以其技术优势，使有金融需求的用户无须亲自前往网点，便可获取金融服务与金融资讯，极大提升了他们在获取金融服务方面的效率，并降低了其搜寻成本与谈判成本。数字普惠金融的快速发展，使

[①] 焦瑾璞、王爱俭：《普惠金融：基本原理与中国实践》，中国金融出版社，2015年。

[②] 李柳颖：《我国数字普惠金融对包容性增长的影响研究》，博士学位论文，天津财经大学，2019年。

金融服务农村经济主体有技术优势、人员优势以及地理优势,能够引导资本要素流向农村地区,满足农村经济主体生产经营的资本要素需求,有助于缓解城乡资本错配。因此,本节借鉴林毅夫和孙希芳的研究思路,[①] 通过引入信息成本来系统讨论传统金融与数字普惠金融的信贷行为及其竞争关系。

其一,假设在一个信贷市场内,存在诸多潜在的农村借款人,这些借款人可分为以下两类:一是拥有充分的抵押品与担保品的大客户(如农业上市公司、农业产业化龙头企业等);二是抵押品和担保品不足的小客户(如小农户、农村个体工商户和小微企业主等)。再假设每个潜在的农村借款人都拥有 A 单位投资的项目(假设 A = 1),金融机构根据风险特征将这些项目分为两类:ϑ_H(高风险)、ϑ_L(低风险),其对应的收益为 R_i, $i = H, L$, $R_i \in [0, \mu]$,是一个随机变量,分布函数为 $F_i(R)$,当 $R > 0$ 时,$F_i(R) > 0$, $i = H, L$。项目 R_H 比 R_L 风险更大,即 $E(R_H) = E(R_L)$,$\int_0^z [F_H(R) - F_L(R)] dR \geq 0$,对 $\forall_z > 0$。由此,可将潜在农村借款人细分为以下四类:a 类有充分的抵押或担保,且项目低风险;b 类有充分的抵押或担保,且项目高风险;c 类没有任何抵押或担保,且项目低风险;d 类没有任何抵押或担保,且项目高风险。四类农村借款人的比例分别为 θ_a、θ_b、θ_c、θ_d,$\theta_a + \theta_b + \theta_c + \theta_d = 1$。假设所有潜在农村借款人的风险偏好均为中性,因此后文只考虑其期望利润。

其二,假设在这个信贷市场内,潜在的金融机构有两类。一类是传统金融机构,其完全不了解潜在农村借款人的类型,只知道四类农村借款人的分布,只能通过设计包括利率、抵押或担保(下文简称"担保")两个要素的合约条款作为筛选客户的机制。另一类是普惠金融机构,其可通过信息技术、社会网络以及地缘优势等了解农村借款人的状况,但需要付出一定的信息收集成本,故该类机构可提供仅包含利率一个要素的合约条款(无须任何担保)作为筛选客户的机制。进一步假设,传统金融机构和普惠金融机构的风险偏好均为中性,且合约执行均能够得到保障。因此,本书在模型中只须考虑不同金融机构对最优合约以及贷款对象的选择问题。

[①] 林毅夫、孙希芳:《信息、非正规金融与中小企业融资》,《经济研究》2005 年第 7 期。

此外，林毅夫和孙希芳认为，非正规金融机构无须付出任何成本便能够获取信息，[①] 显然这并不符合实际情况。现实中，信息搜集成本是传统金融机构与普惠金融机构在费用方面的最大区别，而信息搜集成本不断降低的过程也正对应普惠金融机构逐渐利用数字化方式获得客户信息的过程。因此，本书引入了信息搜集成本，以讨论传统金融机构与普惠金融机构并存时的信贷市场均衡状态。

二　理论模型的求解均衡

（一）只存在传统金融机构的信贷市场均衡

在只有传统金融机构的信贷市场里，传统金融机构与农村借款人在做决策时均想实现自身利润的最大化。传统金融机构首先向上述四类农村借款人提供不同利率的贷款合同 (r_i, e_i)，其中 $i = a$、b、c、d，r 为合同利率，e 为担保品价值，农村借款人可以进行自主选择。假设农村借款人的资金需求为 M，自有资金为 N，N < M，此时农村借款人需向传统金融机构借入的资金数额为 D，D = M - N。农村借款人 i 提供担保品 e_i 的成本为 $q_i e_i$，其中 $q \geq 0$，$0 \leq q_a \leq q_b \leq +\infty$，$q_c = q_d = +\infty$。那么，传统金融机构与农村借款人的期望利润分别为式（3.1）和式（3.2）。

$$p_i(r,e) = \mathrm{E}\{\min[(1+r_i)D, R_i + e] - (1+r_0)D\} \quad (3.1)$$

$$\pi_i(r,e) = \mathrm{E}\{\max[R_i - (1+r_i)D - q_i e_i, -(1+q_i)e_i]\} \quad (3.2)$$

式（3.1）中，$(1+r_0)D$ 表示传统金融机构提供贷款的资金成本。根据 H. Bester 的研究，[②] 一般有 $(1+r_i)D > e$，根据高风险项目和低风险项目的收益分布特征，有 $p_a(r, e) \geq p_b(r, e)$；如果 $q_a = q_b$，则 $\pi_a(r, e) \leq \pi_b(r, e)$，这表明传统金融机构与农村借款人在利润获取上是存在矛盾的。

假设传统金融机构均能够自由进出信贷市场，则在均衡条件下金融机构的期望利润为 0。设 $p_H(r, 0) = p_b(r, 0) = p_d(r, 0)$ 为传统金融机构以无抵押的方式向高风险农村借款人提供贷款的利润函数，$\dot{r}_H$ 是 $p_H(r,$

[①] 林毅夫、孙希芳：《信息、非正规金融与中小企业融资》，《经济研究》2005 年第 7 期。

[②] H. Bester, "Screening vs. Rationing in Credit Markets with Imperfect Information", *The American Economic Review*, Vol. 75, No. 4, 1985.

第三章 数字普惠金融缓解城乡资本错配的理论框架 / 87

0) 的解；设 $p_L(r, 0) = p_a(r, 0) = p_c(r, 0)$ 为传统金融机构以无抵押的方式向低风险农村借款人提供贷款的利润函数，$\dot{r}_L$ 是 $p_L(r, 0)$ 的解。

命题1：当信贷市场中高风险农村借款人占比较低且 $q_a = 0$，使得 $[1/(\theta_b + \theta_c + \theta_d)][(\theta_b + \theta_d)p_H(r, 0) + \theta_c p_L(r, 0)] = 0$ 的解 $(\dot{r}, 0)$ 满足 $\pi_c(\dot{r}, 0) > 0$ 时，若 $p_a(r, e) = 0$ 存在解 (r_a, e_a) 使得 $\pi_b(r_a, e_a) \leq \pi_b(\dot{r}, 0)$。此时信贷市场存在一个部分分离均衡，传统金融机构将会提供两类合同 $(\dot{r}, 0)$ 和 (r_a, e_a)。a 类借款人选择 (r_a, e_a)，b、c、d 类借款人均选择 $(\dot{r}, 0)$。

命题1的证明是很直接的。对于农村借款人而言，因为 a 类农村借款人不需要支付额外的成本就能获得借款，因此是均衡的；b 类农村借款人的期望利润 $\pi_b(r_a, e_a) \leq \pi_b(\dot{r}, 0)$，其不可能选择合同 (r_a, e_a)；c、d 两类农村借款人由于没有担保品，且 $(\dot{r}, 0)$ 可以获得正的利润，因此只能选择 $(\dot{r}, 0)$。对于传统金融机构而言，如果想吸引更多的农村借款人，只能通过降低利率或者减少担保品，这会造成他们的损失，所以他们也会维持此时的状态。因此，此时的信贷市场达到了均衡。

同时，从命题1中可以看出，$\dot{r}_L < \dot{r} < \dot{r}_H$，与被完全识别出风险类别相比，在信息不对称情况下，b、d 两类农村借款人可以获得较低利率的贷款，而 c 类农村借款人必须接受更高的利率才能够获得贷款。尤其是当 $\pi_c(\dot{r}, 0) < 0$ 时，低风险的 c 类农村借款人将会被排斥出信贷市场，而此时 b、d 两类农村借款人只能以 $\dot{r}_H$ 的利率获得贷款。

命题2：当信贷市场中高风险农村借款人占比较低且 $q_a > 0$ 时，则仍然存在将 a 类农村借款人分离出来的部分分离均衡，此时的均衡特征同命题1相比，只有一个地方存在差异，即 (r_a, e_a) 满足 $E\{p_a(r_a, e_a)\} = (1 + r_0)D$ 与 $E\{\pi_b(r_a, e_a)\} = E\{\pi_b(\dot{r}, 0)\}$ 两个条件。与命题1的证明一致，所有传统金融机构与农村借款人均不会偏离此均衡。

命题3：当高风险农村借款人所占比例较高，则 $E[p(\dot{r}, 0)] = [1/(\theta_b + \theta_c + \theta_d)]\{(\theta_b + \theta_d)E[p_{b+d}(\dot{r}, 0)] + \theta_c E[p_c(\dot{r}, 0)]\} = (1 + r_0)D$ 的解将高于 $\dot{r}_L$ 过多，造成 c 类借款人不会获得正的收益，即 $E[\pi_c(\dot{r}, 0)] < 0$，因此，命题1和命题2的部分分离均衡不存在，而会出现一类"歧视"均衡：传统金融机构只向 a、b、d 三类农村借款人提供贷款，而

不向 c 类农村借款人提供贷款。其中，向 a 类农村借款人提供的合同 (r_a, e_a) 及满足的条件，与命题 1 和命题 2 状况保持一致，而向 b、d 两类农村借款人提供合同 $(\dot{r}_H, 0) = (r_d, 0)$，且当 $q_a = 0$ 时，$E[\pi_b(r_a, e_a)] \leq E[\pi_b(\dot{r}_H, 0)]$；当 $q_a > 0$ 时，$E[\pi_b(r_a, e_a)] = E[\pi_b(\dot{r}_H, 0)]$。同命题 1 的证明一致，所有传统金融机构和农村借款人均不会偏离此"歧视"均衡。

以上模型描述并证明了只存在传统金融机构的信贷市场的均衡状态，由于传统金融机构缺乏农村借款人的信息，并且 c、d 两类农村借款人缺少担保品，因此上述均衡的资金配置效率并非最优。其原因在于，无论 q_a 的取值如何，高风险的农村借款人总能得到贷款，而低风险、无担保的 c 类农村借款人，要付出高利率 $\dot{r}\dot{r} > \dot{r}_L = r_c$ 才能得到贷款，并且当高风险农村借款人所占比例较高（命题 3）时，c 类借款人甚至不能获得贷款，即产生"逆向选择效应"，高风险农村借款人将低风险无担保的农村借款人挤出传统信贷市场。b 类农村借款人所占比例越高、提供担保成本越高，低风险农村借款人的利润损失越大，资金配置效率损失越严重。事实上，满足最优的资金配置合同应该是：$(r_a, e_a) = (r_c, e_c) = (\dot{r}_L, 0)$，$(r_b, e_b) = (r_d, e_d) = (\dot{r}_H, 0)$。

（二）同时存在传统金融机构和普惠金融机构的信贷市场均衡

普惠金融机构与传统金融机构在信贷市场中主要有两点区别：一是普惠金融机构更加面向无担保群体；二是信息成本的变化。基于上述两点，进一步考虑同时存在传统金融机构和普惠金融机构的信贷市场均衡状态。首先，假设普惠金融机构能够自由进出信贷市场，且付出一定成本 C 后才能获得潜在农村借款人的信息，依靠这些信息可以成功区分高风险与低风险农村借款人，其提供的信贷合同仅包括利率因素（r^I），不包括担保因素。自由进出信贷市场决定了均衡条件下普惠金融机构的期望利润为 0，从而信息收集成本（C_X）将体现在利率上，换言之，为低风险农村借款人提供的合同（r_L^I）满足 $r_L^I > \dot{r}_L$，为高风险农村借款人提供的合同（r_H^I），满足 $r_H^I > \dot{r}_H$。

普惠金融机构向第 i 类农村借款人提供贷款。普惠金融机构的期望利润为 $p_i^I(r) = E\{\min[(1 + r_i^I)D, R_i] - (1 + r_0)D - C\}$，$i = H, L$。同上类

似：$E[p_L(r)] > E[p_H(r)]$，而 $E[\pi_H^I(r)] > E[\pi_H^I(r)]$。在此时的信贷市场中，普惠金融机构会与传统金融机构形成竞争关系，农村借款人拥有更多的选择，信贷市场均衡状态也会发生变化。接下来，基于普惠金融机构通过付出成本获得信息进而缓解信息不对称引起的逆向选择效应的角度，考察 C_X 的大小对信贷市场均衡以及资金配置效率的影响。此时信贷市场的均衡是金融机构为农村借款人提供的一系列信贷合约：$[(r_a^*, e_a^*), (r_b^*, e_b^*), (r_c^*, e_c^*)(r_d^*, e_d^*), (r_L^I), (r_H^I)]$。其中 (r_i^*, e_i^*)，$i = a、b、c、d$ 是传统金融机构向各类农村借款人提供的信贷合同，(r_L^I) 与 (r_H^I) 分别是普惠金融机构向低风险与高风险农村借款人提供的信贷合同，$e_c^* = 0$，$e_d^* = 0$。设 $\dot{r}_H^I$ 是 $p_H^I(r) = 0$ 的解，$\dot{r}_L^I$ 是 $p_L^I(r) = 0$ 的解。

命题4：当信贷市场中高风险农村借款人占比较低且 $q_a = 0$，使得 $[1/(\theta_b + \theta_c + \theta_d)][(\theta_b + \theta_d)p_H(r, 0) + \theta_c p_L(r, 0)] = 0$ 的解 $(\dot{r}, 0)$ 满足 $\pi_c(\dot{r}, 0) > 0$ 时，若 $p_a(r, e) = 0$ 存在解 (r_a, e_a) 使得 $\pi_b(r_a, e_a) \leqslant \pi_b(\dot{r}, 0)$。当 C 很大使得 $p_L(r) = 0$ 的解 $\dot{r}_L^I > \dot{r}$ 时，存在一个如下部分分离均衡：传统金融机构提供两个合同 $(\dot{r}, 0)$ 和 (r_a, e_a)，普惠金融机构不进入信贷市场。a 类农村借款人选择 (r_a, e_a)，b、c、d 三类农村借款人均选择 $(\dot{r}, 0)$。当 C 较小使得 $p_L(r) = 0$ 的解 $\dot{r}_L^I < \dot{r}$ 时，存在一个如下部分分离均衡：传统金融机构提供两个合同 $(\dot{r}_H, 0)$ 和 (r_a, e_a)，普惠金融机构提供一个合同 $(\dot{r}_L^I)$。a 类农村借款人选择 (r_a, e_a)，b、d 两类农村借款人选择 $(\dot{r}_H, 0)$，c 类农村借款人选择合同 $(\dot{r}_L^I)$。

命题4 的证明如下：对于农村借款人而言，a 类农村借款人不会选择信贷合同 (r_L^I)，因为 $r_L^I > \dot{r}_L > r_a$；只有传统金融机构为 b、d 两类农村借款人提供信贷合同，因此 b、d 两类农村借款人没有其他选择；c 类农村借款人由于没有担保品，并且 $r_d^* = \dot{r}_H > r_L^I$，因此不会选择其余合同。对于传统金融机构和普惠金融机构而言，由于普惠金融机构付出成本 C_X 便能区分 c、d 两类农村借款人，因此其提供的信贷合同 (r_L^I) 会吸引所有 c 类农村借款人。而传统金融机构由于信息不对称，不能区分 c、d 两类农村借款人，只能提供一个 $(\dot{r}, 0)$ 的信贷合同，该合同仅会吸引 d 类农村借款人。此时，传统金融机构会将信贷合同调整为 $(r_b^*, e_b^*) = (r_d^*, e_d^*) = (\dot{r}_H, 0)$，从而不为 c 类农村借款人提供信贷合同。综上，传统金融机构不会以更低利率提供其他信贷合同给 d 类农村借款人。普惠金融机构不会为 d 类农村借款人提供信贷合同,因为 $r_H^I > r_H$,如果降低 r_H^I,普惠金融机构将亏损;如果保持 r_H^I,则 d 类农村借款人不会选择此合同。

命题 5:当信贷市场中高风险农村借款人占比较高且 $q_a = 0$,使得 $[1/(\theta_b + \theta_c + \theta_d)][(\theta_b + \theta_d)p_H(r, 0) + \theta_c p_L(r, 0)] = 0$ 的解 $(\dot{r}, 0)$ 满足 $\pi_c(\dot{r}, 0) < 0$ 时,若 $p_a(r, e) = 0$ 存在解 (r_a, e_a) 使得 $\pi_b(r_a, e_a) \leq \pi_b(\dot{r}, 0)$。当 C 很大使得 $p_L(r) = 0$ 的解 $\dot{r}_L^I$ 使得 $\pi_c(\dot{r}_L^I, 0) < 0$ 时,存在一个如下部分分离均衡:传统金融机构提供两个合同 $(\dot{r}_H, 0)$ 和 (r_a, e_a),普惠金融机构不进入信贷市场。a 类农村借款人选择 (r_a, e_a),b、d 两类农村借款人均选择 $(\dot{r}_H, 0)$。当 C 较小使得 $p_L(r) = 0$ 的解 $\dot{r}_L^I$ 使得 $\pi_c(\dot{r}_L^I, 0) > 0$ 时,存在一个如下部分分离均衡:传统金融机构提供两个合同 $(\dot{r}_H, 0)$ 和 (r_a, e_a),普惠金融机构提供一个合同 $(\dot{r}_L^I)$。a 类农村借款人选择 (r_a, e_a),b、d 两类农村借款人选择 $(\dot{r}_H, 0)$,c 类农村借款人选择合同 $(\dot{r}_L^I)$。证明同上。

命题 6:若存在 $q_b \geq q_a > 0$,此时若 $E[\pi_a(r_a^*, e_a^*)] > E[\pi_a(r_L^I)]$,信贷市场均衡为:传统金融机构提供信贷合同 (r_a^*, e_a^*)、(r_b^*, e_b^*) 和 (r_d^*, e_d^*),为 a 类、b 类和 d 类三类农村借款人提供贷款,其中 $(r_b^*, e_b^*) = (r_d^*, e_d^*) = (\dot{r}_H, 0)$,b 类农村借款人选择信贷合同 (r_b^*, e_b^*) 与 (r_d^*, e_d^*) 没有差异;普惠金融机构提供信贷合同 (r_L^I),$E[p_L^I(r)] = 0$,为 c 类农村借款人提供贷款。若 $E[\pi_a(r_a^*, e_a^*)] < E[\pi_a(r_L^I)]$,则信贷市场均衡为:传统金融机构提供信贷合同 (r_b^*, e_b^*) 和 (r_d^*, e_d^*) 分别为 b 类和 d 类两类农村借款人提供贷款,其中 $(r_b^*, e_b^*) = (r_d^*, e_d^*) = (\dot{r}_H, 0)$,b 类农村借款人选择信贷合同 (r_b^*, e_b^*) 与 (r_d^*, e_d^*) 没有差异;普惠金融机构提供信贷合同 (r_L^I),a、c 两类农村借款人均会选择普惠金融机构的贷款合同。若 $E[\pi_a(r_a^*, e_a^*)] = E[\pi_a(r_L^I)]$,则信贷市场均衡为:传统金融机构提供信贷合同 (r_a^*, e_a^*)、(r_b^*, e_b^*) 和 (r_d^*, e_d^*),分别为 a 类、b 类和 d 类三类农村借款人提供贷款,其中,$(r_b^*, e_b^*) = (r_d^*, e_d^*) = (\dot{r}_H, 0)$,b 类人选择信贷合同 (r_b^*, e_b^*) 与 (r_d^*, e_d^*) 没有差异;普惠金融机构提供信贷合同 (r_L^I),为 c 类农村借款人提供贷款,

a 类农村借款人选择 (r_a^*, e_a^*) 与 (r_L^I) 没有差异。证明同上。

(三) 普惠金融机构引入数字技术后的均衡

以上模型描述并证明了同时存在传统金融机构与普惠金融机构的信贷市场均衡状态，此时 a 类、b 类、c 类和 d 类四类农村借款人均可以得到贷款，资金配置效率明显改善。因为无论 q_a 与 q_b 的取值如何，高风险和低风险的农村借款人总能得到贷款。但是，c 类农村借款人付出的利率 (r_L^I) 总是大于 $\dot{r}_L$，并且当 $q_a > 0$，a 类农村借款人的期望利润为 $E[\pi_L^I(r)] = E[\pi_L(r_a^*, e_a^*)] < E(\dot{r}_L, 0)$。因此，低风险的农村借款人总是要付出相对更高的利率才能获得贷款。当普惠金融机构引入数字技术后，由于获取信息的成本下降，且边际成本也将下降，即 $\lim_{C_X \to 0} r_L^I = \dot{r}_L$，那么，信贷市场会更接近于一种竞争均衡，此时 c 类农村借款人的贷款利率下降，期望利润将会上升。

命题 7：若 $q_a = q_b = 0$ 且普惠金融机构引入数字技术，则信贷市场均衡为：传统金融机构提供信贷合同 (r_a^*, e_a^*)、(r_b^*, e_b^*) 和 (r_d^*, e_d^*)，分别为 a 类、b 类和 d 类三类农村借款人提供贷款，其中，$(r_b^*, e_b^*) = (r_d^*, e_d^*) = (\dot{r}_H, 0)$，b 类农村借款人选择信贷合同 (r_b^*, e_b^*) 与 (r_d^*, e_d^*) 没有差异；普惠金融机构提供信贷合同 (r_L^I)，且 $\lim_{C_X \to 0} \pi_a(r_a^*, e_a^*) = \pi_a(r_L^I)$，$\lim_{C_X \to 0} \pi_c(r_L^I) = \pi_c(\dot{r}_L, 0)$。此时，a 类农村借款人向传统金融机构借款与向普惠金融机构借款差异随着信息收集成本的缩小而越来越小。

命题 8：若存在 $q_b > q_a = 0$ 且普惠金融机构引入数字技术，此时的信贷市场均衡为：传统金融机构提供信贷合同 (r_a^*, e_a^*)、(r_b^*, e_b^*) 和 (r_d^*, e_d^*)，分别为 a 类、b 类和 d 类三类农村借款人提供贷款，其中，$(r_b^*, e_b^*) = (r_d^*, e_d^*) = (\dot{r}_H, 0)$，b 类农村借款人选择信贷合同 (r_b^*, e_b^*) 与 (r_d^*, e_d^*) 没有差异；普惠金融机构提供信贷合同 (r_L^I)，$E[p_L^I(r)] = 0$，为 c 类农村借款人提供贷款。此时，a 类农村借款人向传统金融机构借款与向普惠金融机构借款同样更接近无差异。加之 $\lim_{C_X \to 0} \pi_c(r_H^I) = \pi_c(\dot{r}_H, 0)$，因此普惠金融机构也有机会提供信贷合同使得 $E[\pi_d(r_H^I, 0)] = E[\pi_d(r_d^*, e_d^*)]$，从而与传统金融机构形成竞争。

命题 9：若存在 $q_b \geq q_a > 0$，此时与命题 6 不同之处是，若 $\lim_{C_X \to 0} r_L^I = \dot{r}_L$，

可能会出现 $\mathrm{E}[\pi_a(r_a^*, e_a^*)] < \mathrm{E}[\pi_a(r_L^I)]$，则此时信贷市场均衡为：传统金融机构提供信贷合同 (r_b^*, e_b^*) 和 (r_d^*, e_d^*) 分别为 b 类和 d 类两类农村借款人提供贷款，其中，$(r_b^*, e_b^*) = (r_d^*, e_d^*) = (\dot{r}_H, 0)$，b 类农村借款人选择信贷合同 (r_b^*, e_b^*) 与 (r_d^*, e_d^*) 没有差异；普惠金融机构提供信贷合同 (r_L^I)，为 a、c 两类农村借款人提供贷款，即普惠金融机构将会吸引所有低风险的农村借款人，且 $\lim\limits_{C_X \to 0} \pi_c(r_L^I) = \pi_c(\dot{r}_L, 0)$。加之 $\lim\limits_{C_X \to 0} \pi_c(r_H^I) = \pi_c(\dot{r}_H, 0)$，因此普惠金融机构也有机会提供信贷合同使得 $\mathrm{E}[\pi_d(r_H^I, 0)] = \mathrm{E}[\pi_d(r_d^*, e_d^*)]$，从而与传统金融机构形成竞争。

上述分析结果显示，普惠金融机构在信贷市场的自由进出，可以提高资金配置效率，解决当高风险农村借款人所占比重较高（命题3）时，低风险、无担保的农村借款人将被排除在信贷市场之外的"歧视均衡"问题，并且还能够降低低风险农村借款人的贷款利率。进一步地，当普惠金融机构引入数字技术后，由于交易成本的降低，低风险农村借款人的贷款利率会进一步降低，并且普惠金融机构与传统金融机构将更能形成竞争的局势，从而实现信贷市场资金配置的最优化。

综上所述，当普惠金融机构引入数字技术，即发展数字普惠金融之后，更广泛的低风险、无担保农村借款人（如小农户、农村个体工商户和小微企业主等）能够以更低的成本获得信贷资金，有效降低农村借款人面临的融资约束，增强农村发展的资本集聚，进而有助于缓解城乡资本错配。

第四节　数字普惠金融与城乡资本错配的评估方法

一　数字普惠金融评估的基本方法

（一）数字普惠金融的评价指数体系

本书沿用目前国内学界的普遍做法，[①] 以北京大学数字普惠金融指数来衡量数字普惠金融水平，该指数不仅考虑了数字金融服务的覆盖广度与

[①] 宋晓玲：《数字普惠金融缩小城乡收入差距的实证检验》，《财经科学》2017 年第 6 期；易行健、周利：《数字普惠金融发展是否显著影响了居民消费——来自中国家庭的微观证据》，《金融研究》2018 年第 11 期；郭峰等：《测度中国数字普惠金融发展：指数编制与空间特征》，《经济学》（季刊）2020 年第 4 期。

使用深度，体现了数字金融服务的多层次性与多元化，同时也兼顾了横向与纵向两个维度的可比性，能够准确客观地反映中国数字普惠金融发展的现状、趋势以及地区差异化程度，已经得到国内学界的广泛认可。该套指数依托蚂蚁集团数字金融平台的海量微观数据，构建了包含3个维度以及33个具体指标的评价指标体系，如表3.1所示。其中，覆盖广度侧重体现数字金融账户所覆盖的范围状况；使用深度重点刻画数字金融服务（包括支付、信贷、保险、投资、信用以及货币基金等）的业务水平和使用频率；数字化程度主要反映用户获得数字金融服务的可获取性和便利性。

（二）数字普惠金融的指数评价方法

在构建数字普惠金融的评价指标体系基础上，进一步采用如下方法计算数字普惠金融水平的综合指数。

首先，为了确保综合指数的平稳性，减少极端数据的负面干扰，利用对数型功效函数法，以2011年为基期，对指标体系中不同性质与统计单位的指标进行无量纲化处理。

$$d = \frac{\log x - \log x^l}{\log x^h - \log x^l} \times 100 \tag{3.3}$$

式（3.3）中，x^h表示2011年各地级市指标数据实际值的95%分位数（正向指标）或者5%分位数（逆向指标），x^l表示2011年各地级市指标数据实际值的5%分位数（正向指标）或者95%分位数（逆向指标）。

其次，以客观赋权法与主观赋权法相结合的方式对不同指标的权重进行赋值，即各个具体指标对二级维度的权重采用变异系数法计算获得，各个二级维度指标对一级维度的权重利用层次分析法计算获得，进而计算得到各个指标的整体权重。

表3.1　　　　　　数字普惠金融的评价指标体系

一级维度	二级维度	具体指标
覆盖广度	账户覆盖率	每万人拥有支付宝账号数量
		支付宝绑卡用户比例
		平均每个支付宝账号绑定银行卡数

续表

一级维度	二级维度		具体指标
使用深度	支付业务		人均支付笔数
			人均支付金额
			高频度（年活跃50次及以上）活跃用户数占年活跃1次及以上比例
	货币基金业务		人均购买余额宝笔数
			人均购买余额宝金额
			每万人支付宝用户购买余额宝的人数
	信贷业务	个人消费贷	每万人支付宝成年用户中有互联网消费贷的用户数
			人均贷款笔数
			人均贷款金额
		小微经营者	每万人支付宝成年用户中有互联网小微经营贷的用户数
			小微经营者户均贷款笔数
			小微经营者平均贷款金额
	保险业务		每万人支付宝用户中被保险用户数
			人均保险笔数
			人均保险金额
	投资业务		每万人支付宝用户中参与互联网投资理财人数
			人均投资笔数
			人均投资金额
	信用业务		自然人信用人均调用次数
			每万人支付宝用户中使用基于信用的服务用户数（包括金融、住宿、出行、社交等）
数字化程度	移动化		移动支付笔数占比
			移动支付金额占比
	实惠化		小微经营者平均贷款利率
			个人平均贷款利率
	信用化		花呗支付笔数占比
			花呗支付金额占比
			芝麻信用免押笔数占比（较全部需要押金情形）
			芝麻信用免押金额占比（较全部需要押金情形）
	便利化		用户二维码支付的笔数占比
			用户二维码支付的金额占比

注：资料来自文献（郭峰等，2020）。

最后，借助加权算术平均合成模型，分别计算出各层分组指数，再由各层分组指数加权汇总计算获得数字普惠金融水平综合指数。

$$d = \sum_{i=1}^{n} w_i d_i \tag{3.4}$$

式（3.4）中，d 表示数字普惠金融的综合指数，n 表示评价指标的个数，w_i 和 d_i 分别表示单个指标的权重与评价得分。

二 城乡资本错配评估的基本方法

（一）城乡资本错配的评估模型

在要素报酬理论看来，由于资本边际报酬递减规律的作用，在人均资本较低的地区，资本往往具有较高的边际回报率，因此会有大量的资本从其他地区流向这些地区，以追求更高的利润。当各地区的资本边际回报率相等时，资本流动的过程就会停止，此时资本配置达到均衡状态。可以推断，在城乡资本可以自由流动的情况下，由于农村人均资本相对较少，其资本边际收益率一般会高于城市，所以资本会从城市流向农村，最终将使城乡之间的资本边际收益率趋于相同。因此，城乡资本边际生产率差异大小能够直接反映城乡资本错配程度，差异越大，意味着城乡资本错配越严重。

本书参考借鉴周月书等的经验做法，[①] 基于新古典经济增长理论，构建柯布—道格拉斯生产函数，分别对城市资本边际生产率与农村资本边际生产率进行测算，其一般形式为：

$$Y = L^{\alpha} \cdot A K^{\beta} \tag{3.5}$$

式（3.5）中，Y 表示经济产出；L 为劳动力投入，α 代表劳动力的产出弹性；A 表示全要素生产率；K 为资本投入，β 代表资本的产出弹性。通过对式（3.5）的两端同时除以 L，能够消除劳动力变量，同时假定在生产函数为"不变报酬型"的情形（$\alpha + \beta = 1$）下，可进一步将生产函数简化为：

[①] 周月书、王悦雯：《二元经济结构转换与城乡资本配置效率关系实证分析》，《中国农村经济》2015 年第 3 期；贾晋、高远卓：《改革开放 40 年城乡资本配置效率的演进》，《华南农业大学学报》（社会科学版）2019 年第 1 期。

$$Y/L = (L^{1-\beta} \cdot AK^{\beta})/L = A(K/L)^{\beta} \tag{3.6}$$

即：

$$y = Ak^{\beta} \tag{3.7}$$

式（3.7）中，y 为城市（农村）劳均产出；k 为城市（农村）劳均资本。对式（3.7）两端同时取对数可得：

$$\ln y = \ln A + \beta \ln k \tag{3.8}$$

通过对式（3.8）进行计量回归得到城市（农村）资本的产出弹性 β。进一步地，可以计算出城市（农村）资本的边际生产率：

$$d = \partial y / \partial k = \beta y / k \tag{3.9}$$

进一步地，本书采用农村和城市资本边际生产率之比来表示城乡资本边际生产率差异，以反映城乡资本错配状况。两者之间的比值越大，说明城乡资本配置效率越低，即城乡资本错配程度越严重，反之亦然。

此外，为了确保数字普惠金融与城乡资本错配之间关系的稳健性，本书在第五章进一步借鉴柏培文等的研究思路，[①] 构建二元经济要素错配模型对城乡资本错配程度进行了重新测度。

（二）城乡资本错配评估的变量选取

参考曹玉书等的做法，[②] 假设经济结构中存在农业与非农产业两个部门，农村以农业为主导产业，城市以非农产业为主导产业，因而农业与非农产业的要素配置差异可以在很大程度上表征城乡要素配置差异。为此，本书以农业的资本投入、劳动力投入和生产总值代表农村的资本投入、劳动力投入与生产总值，以非农产业的资本投入、劳动力投入和生产总值代表城市的资本投入、劳动力投入与生产总值[③]。

其中，资本投入以当期资本存量表示，并借助永续盘存法核算获得：

[①] 柏培文、杨志才：《中国二元经济的要素错配与收入分配格局》，《经济学》（季刊）2019 年第 2 期；郭王玥蕊、张伯超：《二元经济要素错配的收入分配效应研究》，《现代经济探讨》2022 年第 6 期。

[②] 曹玉书、楼东玮：《资源错配、结构变迁与中国经济转型》，《中国工业经济》2012 年第 10 期；王颂吉、白永秀：《城乡要素错配与中国二元经济结构转化滞后：理论与实证研究》，《中国工业经济》2013 年第 7 期；刘明辉、卢飞：《城乡要素错配与城乡融合发展——基于中国省级面板数据的实证研究》，《农业技术经济》2019 年第 2 期。

[③] 采用这种做法的另外一个原因在于，目前地级市层面少有单独统计或公开城市与农村两个区域的数据，导致难以直接获取相关城乡数据。

$$K_{it} = (1-\delta)K_{it-1} + I_{it}/P_{it} \qquad (3.10)$$

式（3.10）中，K_{it} 表示产业 i 在第 t 年的资本存量；δ 表示折旧率，参考张军果和秦松寿的经验，[①] 设定为 9.6%；I_{it} 表示产业 i 在第 t 年的固定资产投资额；产业 i 的基期（2011 年）资本存量用基期固定资产投资额除以折旧率 δ 与产业 i 增加值的平均增长率 g_i 之和，即：

$$K_{i0} = I_{i0}/(\delta + g_i) \qquad (3.11)$$

P_{it} 表示产业 i 在第 t 年投资的平减指数，农业的投资缩减指数（P_{1t}）采用农业生产资料价格指数，非农产业的投资缩减指数（P_{2t}）则借鉴宗振利和廖直东的做法，[②] 利用下式推导获得：

$$\frac{I}{P} = \frac{I_1}{P_1} + \frac{I_2}{P_2} \Rightarrow P_2 = I_2 / \left(\frac{I}{P} - \frac{I_1}{P_1} \right) \qquad (3.12)$$

式（3.12）中，I 表示全部产业的固定资产投资额；P 表示固定资产投资价格指数。

劳动力投入分别以农业和非农产业的就业人口来衡量。经济产出分别以农业和非农产业的生产总值来衡量，并且以 2011 年为基期采用 GDP 指数进行了价格平减处理。上述原始数据主要来源于《中国统计年鉴》《中国城市统计年鉴》及各地级市《统计年鉴》《国民经济和社会发展统计公报》。

第五节　本章小结

本章在明确数字普惠金融缓解城乡资本错配的相关概念及内涵的基础上，首先从提升农村金融服务可得性、降低农村金融服务成本、促进农村金融市场竞争以及增强农村金融风险控制能力等方面，论述了数字普惠金融缓解城乡资本错配的内在机理；其次，利用数理模型推导法，构建了一个包括异质的农村借款人和异质的贷款人（具有不同信息结构的普惠金

[①] 张军果、秦松寿：《我国二元经济结构的固化与转化》，《中央财经大学学报》2005 年第 4 期。

[②] 宗振利、廖直东：《中国省际三次产业资本存量再估算：1978—2011》，《贵州财经大学学报》2014 年第 3 期。

融机构和传统金融机构)的信贷市场模型,证明数字普惠金融的存在能够提高农村借款人的信贷可得性并降低信贷成本,从而可以改进城乡资本配置效率;最后,本章构建了数字普惠金融缓解城乡资本错配的测度指标体系,将在实证考察中运用。

第四章

数字普惠金融与城乡资本错配的现状及问题

研究数字普惠金融与城乡资本错配之间的关系，不仅需要从理论角度对数字普惠金融影响城乡资本错配的内在机理进行详细阐述，而且需要明确数字普惠金融与城乡资本错配的演进过程、发展现状、现实模式及其主要面临的问题。为此，本章首先基于中国普惠金融发展的历史演进视角，系统分析普惠金融的不同发展阶段对优化城乡资本配置产生了何种作用；其次分析数字普惠金融与城乡资本错配的现状，以及数字普惠金融缓解城乡资本错配的现实模式；最后指出数字普惠金融缓解城乡资本错配面临的问题，以期为后续研究提供较为充分的现实依据。

第一节 普惠金融发展与城乡资本配置的演进过程

普惠金融发展与城乡资本配置演进息息相关，优化城乡资本配置离不开普惠金融的支持，普惠金融的不同发展阶段对优化城乡资本配置均产生了不同程度的促进作用。普惠金融发展大致可分为三个主要阶段，分别是小额信贷和微型金融发展阶段、普惠金融体系形成和发展阶段以及数字普惠金融的创新发展阶段。这三个发展阶段一脉相承又彼此紧密联系：小额信贷和微型金融是普惠金融体系形成的基本前提和重要组成部分，普惠金融体系是小额信贷和微型金融的有机融合和扩大化发展，数字普惠金融则是普惠金融的创新化发展。小额信贷和微型金融是增加农村资本供给、优化城乡资本配置的重要方式，为其提供了制度安排；普惠金融体系的初步形成有助于普惠金融平稳持续运行，为优化城乡资本配置提供了重要保障；数字普惠金融的创新性发展促进了金融产品和服务的多元创新发展，并提高了金融机构的风险控制能力，为优化城乡资本配置提供了有效手段。

一 小额信贷和微型金融发展为优化城乡资本配置提供了制度安排

导致城乡资本配置不平衡的重要原因是资本流动的不均衡，即从农村流向城市的资本数量远多于从城市流向农村的数量，造成了农村资本向城市净流出的现象。造成资本难以向农村等欠发达地区流动的原因是多样的，其中一个重要因素在于制度安排，[①] 典型如城乡二元经济结构便是由此产生。发展中国家在由农业经济转向工业经济的过程中难免会出现城乡二元经济结构转换阶段，其本质是发展中国家在工业化进程中出现的城市偏向问题，即为了加快工业化进程，政府将政策和投资等向城市偏袒的现象。[②] 作为全球最大的发展中国家，中国也经历了这一阶段：中华人民共和国成立以来，中国为了尽快摆脱落后的农业国面貌，实行了以统一调配资源为手段优先发展重工业的模式，促进工业化和城市化发展，由此产生了社会资源快速向城市聚集，城乡发展明显割裂的二元经济结构特征，并呈现出显著的波动性、曲折性和结构刚性等特点。[③] 在城乡二元经济结构中，农村包括资本在内的各类要素大量向城市聚集，城乡资本配置均衡性被破坏，农村发展受到制约，发展受阻又进一步加剧了农村要素的流出，出现农村资本外流与城乡差距扩大相互促进的恶性循环现象，[④] 不利于经

[①] L. Alfaro, S. Kalemli-Ozcan, V. Volosovych, "Why doesn't Capital Flow from Rich to Poor Countries? An Empirical Investigation", *The Review of Economics and Statistics*, Vol. 90, No. 2, 2008; S. Kalemli-Ozcan et al., "Why does Capital Flow to Rich States?", *The Review of Economics and Statistics*, Vol. 92, No. 4, 2010.

[②] 程开明：《从城市偏向到城乡统筹发展——城市偏向政策影响城乡差距的 Panel Data 证据》，《经济学家》2008 年第 3 期。

[③] 张军果、秦松寿：《我国二元经济结构的固化与转化》，《中央财经大学学报》2005 年第 4 期；李勋来、李国平：《我国二元经济结构刚性及其软化与消解》，《西安交通大学学报》（社会科学版）2006 年第 1 期。

[④] 周月书、王悦雯：《二元经济结构转换与城乡资本配置效率关系实证分析》，《中国农村经济》2015 年第 3 期。

济均衡发展和共同富裕。

在中国的城乡二元经济结构中，资本从农村流向城市主要存在三个渠道，分别是工农产品价格剪刀差、财政系统和金融系统，[①] 它们在抽离农村资金、加剧城乡资本配置不平衡方面扮演了重要角色。首先，在市场经济制度确立之前，工农产品价格剪刀差是农村资金外流的重要途径，即通过压低农产品价格同时提高工业产品价格以扩大工农产品价格差距的方式来获取农业剩余，借此来促进工业发展；其次，从财政角度看，农村财政投入不足与税收上缴增加也造成了农村资金的流出；最后，随着农村金融机构市场化深入改革，农村资金通过金融系统流出增加，主要表现为农村金融机构"只存不贷"，即金融机构大量吸纳农村资金，但吸纳的资金仅有一小部分流回了农村，大部分则流向了城市。近年来，随着工农产品剪刀差的失效以及国家实行了促进"三农"发展和乡村振兴的政策，不断加大农业农村财政资金投入的同时针对农业采取税收减免和费用补贴的措施，使农村资金通过工农产品剪刀差和财政系统渠道外流的情况显著改善，故金融系统成为抽离农村资金的主力军，也成为促进城乡资本合理配置应重点关注的对象。为何农村资金会通过金融渠道大量流出，究其原因，一方面农村信贷存在较高的风险和成本，同时信贷模式僵化、信贷技术单一且创新意识不足；[②] 另一方面农村金融市场体系建设相对薄弱且竞争不充分，导致农村金融供给严重不足，形成了农村地区信贷资源长期缺乏与城市信贷资源快速积累对比明显的非对称格局。

长久以来，城乡资本配置的严重不均衡状态扩大了城乡差距和贫富差距，阻碍了农业农村发展。为了改善这种扭曲的配置状况以达到促进农业农村发展、缩小贫富差距、减轻贫困发生率的目标，就要想方设法减少农村资本的流出或者增加农村资本供给，小额信贷和微型金融便是增加农村资本供给的重要手段。与此同时，农村地区范围广阔，资金需求主体呈现分散化、规模小、信用低等特点，这些特点使得传统金融服务难以触及这些地区，使得这些地区长期被排除在金融服务体系之外。为了改善这一情

---

① 周振、伍振军、孔祥智：《中国农村资金净流出的机理、规模与趋势：1978—2012 年》，《管理世界》2015 年第 1 期。

② 陈方：《论我国城乡金融资本的流动与融合》，《上海经济研究》2023 年第 1 期。

况，增加农村地区的金融服务，小额信贷和微型金融应运而生。小额信贷是旨在为弱势群体和低收入群体提供小规模金融服务的一种金融服务模式，其特点是额度小、无须抵押或担保、主要面向贫困群体，而微型金融则是小额信贷的接续与发展，是小额信贷业务多样化和持续化发展的必然结果。[①] 作为一种有效缓解贫困群体难以获取金融服务的困境、帮助其减轻贫困化解风险从而实现更好的生产生活发展的金融制度安排，小额信贷与微型金融发展对增加农村金融资本、促进城乡资本合理配置起到了重要作用。在小额信贷和微型金融发展之前，城乡资本配置被"重工业优先"和"城市优先"的制度安排所主导，导致农村资本处于严重供不应求的状态。小额信贷和微型金融的诞生与发展有效增加了农村资本供给，在制度上改变了城乡资本配置严重倾斜的状态，逐渐成为促进资本向农村流动、优化城乡资本配置的重要手段。

小额信贷由来已久，其历史最早可追溯到15世纪，在当时的意大利产生了官办典当行来开展信贷业务以应对高利贷。到了18世纪，爱尔兰出现了"贷款基金"，为贫困农户提供小额贷款，并在发展中逐渐成熟和专业化。19世纪，信贷合作社在欧洲产生并快速发展，有效替代了高利贷并弥补了私人银行的不足。[②] 现代小额信贷诞生于20世纪70年代，典型组织如孟加拉国乡村银行和印度自我就业妇女协会银行等，开始了对小额信贷扶贫的探索。随后，小额信贷持续发展，服务规模更加广泛，到了20世纪90年代，小额信贷的内涵更加丰富，在原有贷款业务的基础上增加了储蓄、保险和汇款结算等业务，[③] 提供的金融服务更为全面和多元，由此逐渐向微型金融过渡。相比于小额信贷，微型金融通过提供更为全面和多元的金融服务拓宽了农村资本流入渠道，满足了农村扩大化和多样化的融资需求。小额信贷在20世纪90年代引入中国，1993年成立的"扶贫经济合作社"开启了小额信贷的中国化发展。在经历了初期试点、项目扩展、制度化建设和商业化发展等阶段，小额信贷和微型金融在中国取

[①] 李明贤、叶慧敏：《普惠金融与小额信贷的比较研究》，《农业经济问题》2012年第9期。

[②] 焦瑾璞：《构建普惠金融体系的重要性》，《中国金融》2010年第10期。

[③] 杜晓山：《小额信贷的发展与普惠性金融体系框架》，《中国农村经济》2006年第8期。

得了较为丰硕的发展成果，在增强农村金融普惠性、增加农户收入、助力精准脱贫等方面作出了重要贡献。①

小额信贷和微型金融在增加农村资本流入、优化城乡资本配置方面具有显著优势。其一，小额信贷和微型金融具有减轻贫困和改善福利等作用，②贫困的减轻和福利的增加有利于农业和农村发展，从而增加农村地区资本需求，进而增加农村资本流入并减少农村资本流出，改善城乡资本错配。其二，小额信贷技术机制主要有小组贷款、动态激励、分期还款、利率商业化等，这些技术实践可以充分利用借款者社会网络，降低农村融资过程的信息不对称程度从而减少融资成本和融资风险，实现了为贫困农户提供信贷服务和自身可持续经营的双重目标，③提高了农村地区信贷供给，为扩大农村资本流入提供了技术和制度保障。

二 普惠金融体系的初步形成为优化城乡资本配置提供了重要保障

小额信贷和微型金融的发展虽为促进农村资本流入、改善城乡资本配置提供了可行之路，但因其自身机构规模小、数量少等原因使得人们往往将小额信贷与边缘化、小规模和非正规等特征联系起来，从而导致人们的使用意愿不高。与此同时，微型金融机构受限于自身特点难以规模化和持续化地提供金融服务，阻碍了小额信贷和微型金融业务的发展和壮大，不仅导致其难以惠及更加广泛的农村群体从而持续平稳地为农村地区输送资本，而且使社会发展追求的"人人享有平等的金融服务"这一理念难以实现。因此，为了实现真正惠及全体人民的金融服务理念，保障农村资本持续平稳供给，就需要从金融体系层面进行改革和创新，将小额信贷和微型金融与金融系统有机结合，将被金融排斥的弱势和贫困群体真正纳入金

---

① 张龙耀、于一、杨军：《微型金融的普惠效应实证研究——基于6省4220户农户调查数据》，《农业技术经济》2021年第2期；李绍平、秦明、董永庆：《数字普惠金融背景下的小额信贷与农户收入》，《经济学报》2021年第1期；张宜、刘芸：《扶贫小额信贷与乡村振兴战略衔接的维度与对策》，《财会通讯》2023年第4期。

② J. Copestake et al., "Monitoring the Diversity of the Poverty Outreach and Impact of Microfinance: A Comparison of Methods Using Data from Peru", *Development Policy Review*, Vol. 23, No. 6, 2005.

③ 张龙耀、于一、杨军：《微型金融的普惠效应实证研究——基于6省4220户农户调查数据》，《农业技术经济》2021年第2期。

融体系，从而建立一个具有高度包容性和普惠性的金融体系，即普惠金融体系。可以说，普惠金融体系与小额信贷和微型金融关系紧密，小额信贷和微型金融是普惠金融体系初步发展的基础形态，也是普惠金融体系实现包容性和普惠性功能的重要组成部分，而普惠金融体系则是小额信贷和微型金融的内涵深化和外延发展。

普惠金融这一概念最早由联合国在"2005 国际小额信贷年"会议上提出，明确了获得金融服务是每个公民应享有的权利，其宗旨是让更广阔的地区和更大的人群享受到成本更低、更为便利的金融服务。2006 年联合国"建设普惠金融体系"蓝皮书提出普惠金融体系应具有以下特点：（1）所有家庭和企业都能以合理的价格获得各类金融服务，包括以前被银行排斥在外的服务；（2）拥有健全、完整、合理且接受深入监督的金融机构；（3）具备财务和机构的可持续发展能力；（4）金融服务提供者多样化，能够提供多种类型的金融服务。联合国高度重视普惠金融并大力宣传，在世界各国的不断努力和实践下，普惠金融持续完善和发展，如今形成了比较成型的普惠金融系统理论框架。2013 年在党的十八届三中全会上，党中央明确提出要推动普惠金融发展，随后，大力发展普惠金融被写进 2015 年政府工作报告，标志着建设普惠金融体系成为国家重要发展任务。普惠金融在推动中国经济"脱虚向实"、支持实体经济发展和乡村振兴战略等方面具有重要实践意义，[1] 因此中国高度重视普惠金融的中国化发展。在经过不断深化实践，从提升普惠金融服务覆盖范围和可持续性、推动普惠金融产品和服务创新、降低普惠金融服务成本等方面作出不懈努力，中国初步形成了多层次、广覆盖的普惠金融服务体系，为普及基础金融服务、便利中小主体融资、支持乡村振兴等提供了有效保障。

创新性、广覆盖性和可持续性是普惠金融体系的内禀属性，也是普惠金融体系发展的必然要求，[2] 这三者的有机结合为促进农村资本流入、优化城乡资本配置提供了重要保障。第一，普惠金融体系的创新性保障了农

---

[1] 李爱喜：《普惠金融发展的演进历程、理论逻辑与中国实践》，《中州学刊》2023 年第 5 期。

[2] 周才云、李伟：《普惠金融助力精准扶贫的适应性、瓶颈制约与创新路径》，《理论探索》2017 年第 6 期。

村资本流入具有充足的动力。创新是发展的第一动力，普惠金融体系通过技术创新、理念创新和工具创新不仅拓宽和丰富了资本流入农村地区的渠道，保障了资本流动的持续性和扩大化；还充分激发了农村个体的资本需求，扩大了资金需求，从而为资本向农村流入提供了源源不断的内生动力。第二，普惠金融体系的广覆盖性保障了农村资本流入的公平性和均等性。普惠金融区别于传统金融最显著的特征在于广覆盖性，通过积极引导资本向农村聚集、为农村群体提供均等的融资机会，普惠金融体系以充分覆盖广大农村地区保障了农村具有公平和均等追求资本的权利。第三，普惠金融体系的可持续性保障了农村资本流入的可持续性。普惠金融体系以商业化和可持续原则，统筹兼顾金融机构盈利性和金融系统的普惠性要求，改变了过去粗放式的融资模式，着重提高融资质量，通过多种技术手段改善农村融资环境，保障了资本向农村流动的稳定性和可持续性。

三　数字普惠金融的创新发展为优化城乡资本配置提供了有效手段

数字普惠金融是普惠金融与大数据、人工智能、云计算等数字技术深度融合的产物，是普惠金融的数字化创新发展。科学技术深度参与金融运作从而产生的金融科技是数字普惠金融的前身，ATM 技术和金融业务流程电子化是早期金融科技的发展形态，2008 年国际金融危机后，金融监管的变革、先进数字技术的发展和非金融科技公司进入金融领域等推动金融科技进入了发展新阶段，[①] 开始了金融数字化和普惠化发展。数字普惠金融这一概念在 2016 年 G20 杭州峰会上被首次提出，《G20 数字普惠金融高级原则》的起草和制定为数字普惠金融发展提供了向导的作用。中国数字普惠金融发展大致经历了三个阶段：传统互联网金融模式阶段、互联网直接融资模式阶段和金融科技阶段。[②] 第一阶段的典型特征为传统金融业务的互联网化，即将过去部分线下金融服务转移到线上，在提升金融服务的便利性的同时降低了金融服务成本，扩大了金融服务覆盖范围。这

[①] 陈胤默、王喆、张明：《数字金融研究国际比较与展望》，《经济社会体制比较》2021 年第 1 期。

[②] 尹应凯、侯蕤：《数字普惠金融的发展逻辑、国际经验与中国贡献》，《学术探索》2017 年第 3 期。

一阶段的互联网金融服务并未改变传统金融服务的格局。第二阶段以 P2P 与众筹等互联网直接融资模式为主，即通过互联网平台将资金的供给者与需求者直接联系起来，由于互联网平台替代了传统的融资中介，因此这种融资方式大幅降低了信息不对称程度和融资成本，对以银行为代表的传统金融机构存贷融资模式产生了较大冲击。与此同时，监管的缺失和信用识别不足提高了这种新型融资模式的风险，致使出现多起"爆雷"案例。第三阶段是先进数字技术与普惠金融深度融合的阶段，即以数字技术为代表的金融科技深度参与到金融服务的全链条中并成为推动金融发展的重要力量，实现了金融服务全面电子化和智能化，是普惠金融的革新式发展。

数字普惠金融是普惠金融的数字化发展，也是数字技术和金融科技深度参与普惠金融服务的结果，这意味着数字普惠金融既有普惠金融的普惠性和包容性原则，又有数字化技术原则。其中，普惠性和包容性是数字普惠金融的根本原则和内在要求，数字技术是数字普惠金融的运作工具和实现手段。在多种数字技术和金融科技实践的加持下，普惠金融的创新性、可得性和可持续性得到充分发展，为促进农村资本流入、优化城乡资本配置提供了有效手段。

首先，数字普惠金融提高了普惠金融的创新性。金融创新是深化普惠金融服务、促进农村资本流入的重要手段，通过创新普惠金融工具和服务模式，数字技术有效提升了普惠金融的创新性，增强了资本向农村流动的动力。在金融工具方面，数字普惠金融创造出多种创新型金融产品，如利用大数据生成用户个性画像从而为其量身定制金融产品，极大丰富了金融产品种类和应用场景。在金融服务方面，数字普惠金融将传统普惠金融服务互联网化，提高了服务的效率和可得性，如金融机构通过搭建数据平台实现与政府等其他部门互联互通，从而为用户提供精准化和一站式服务，使得普惠金融服务更加便捷和精准，提升客户满意度，提高客户使用普惠金融的意愿，促进资本通过金融渠道回流农村。

其次，数字普惠金融提高了普惠金融的可得性。普惠金融的根本目的是让广大偏远地区的群众享受到低成本的普惠金融服务，实现这一目标的必然要求是提高金融服务的覆盖面和可得性。传统金融服务是典型的线下模式，即依靠增加线下网点的方式扩大金融服务覆盖面，这种服务模式的显著缺陷是受到地理限制较为严重，广大偏远地区尤为如此，因此金融机构为了提高金融覆盖率要付出极高的成本，导致其不愿扩大普惠金融业务或者提高普惠金融价格以覆盖高昂成本。与互联网充分融合的数字普惠金融突破了地理因素障碍，极大地降低了普惠金融服务对物理网点的依赖，以更低的成本提高了普惠金融服务的覆盖面和可得性。在数字普惠金融助力下，即使身处被传统金融服务排斥的偏远地区，也能依靠互联网便利地享受到低成本金融服务，深刻体现了普惠金融的题中应有之义，促进了农村资本流入，有助于优化城乡资本配置。

最后，数字普惠金融提升了普惠金融的可持续性。普惠金融服务的可持续性保障了农村资本流入的可持续性，普惠金融实现可持续发展的关键是可盈利性，综合盈利能力的高低是金融机构能否扩大普惠金融服务的重要标准。数字普惠金融可以通过降低金融服务成本、提高金融风险控制水平等方式提高普惠金融服务的盈利能力，从而提高普惠金融的可持续性。在成本方面，第一，数字普惠金融利用互联网和大数据等数字化工具实现了金融服务的无纸化和网络化，大幅降低了传统线下模式下普惠金融服务的人力成本和物料成本；第二，通过各种数字技术工具和手段，数字普惠金融帮助金融机构优化业务流程，降低运营成本；第三，大数据应用和分析技术缓解了信息不对称及由此带来的道德成本和违约成本。[1] 在风险控制方面，数字普惠金融通过网络渠道将各类信用数据和非信用数据加以收集，利用风控大数据模型和人工智能模型实现了对风险的有效管理，提高了金融机构风险预测和控制能力。

第二节　数字普惠金融与城乡资本错配的现状分析

一　数字普惠金融的现状分析

（一）数字普惠金融发展水平及时空特征

根据第三章第四节的设定，本书以北京大学数字普惠金融指数来衡量数字普惠金融发展水平。与此同时，为了全面系统地考察数字普惠金融发展水平的现状，本书从纵向与横向的双重维度出发，详细分析数字普惠金

---

[1] 李建军、姜世超：《银行金融科技与普惠金融的商业可持续性——财务增进效应的微观证据》，《经济学》（季刊）2021年第3期。

融总指数、覆盖广度指数、使用深度指数以及数字化程度指数演变的时空特征。

1. 数字普惠金融总指数

图4.1绘制了2011—2021年全国及东部、中部、西部地区①数字普惠金融总指数变化趋势。从全国平均水平来看，数字普惠金融总指数从2011年的50.85增长到2021年的285.41，年均增长率高达18.83%，表明样本期间中国数字普惠金融实现了飞速发展。从区域层面来看，样本期间数字普惠金融在不同区域的发展水平存在明显差异。其中，东部地区的数字普惠金融指数始终高于中部地区和西部地区，其原因主要在于，相比于中西部地区而言，东部地区无论是在地理区位条件、经济发展基础方面，还是在数字技术设施和传统金融发展方面，均具有较为显著的优势，进而为其数字普惠金融发展奠定了坚实基础。但值得注意的是，样本期间中部地区和西部地区数字普惠金融指数的增长率要高于东部地区。东部地

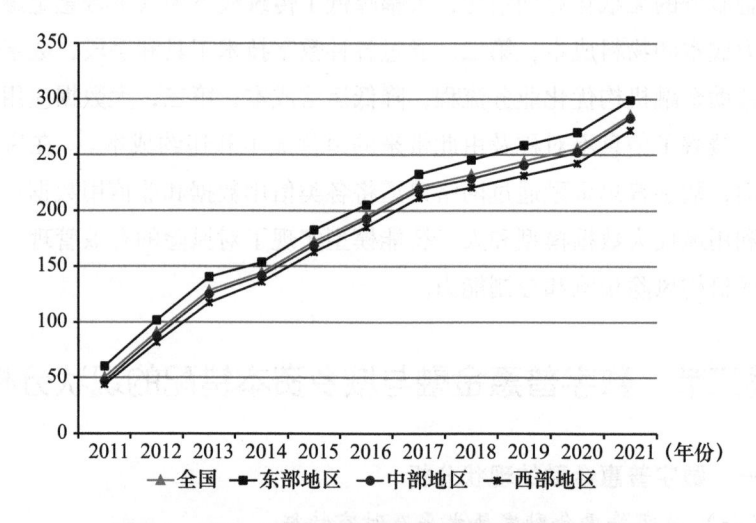

图4.1　2011—2021年数字普惠金融总指数变化趋势

资料来源：北京大学数字普惠金融指数。

---

① 东部地区包括河北、辽宁、江苏、浙江、福建、山东和广东，中部地区包括山西、内蒙古、吉林、黑龙江、安徽、江西、河南、湖北和湖南，西部地区包括广西、四川、贵州、云南、陕西和甘肃。鉴于研究数据的可得性和地级市样本的可比性，本书样本不包括北京、上海、重庆和天津四个直辖市，以及城乡差异较小的深圳市，同时剔除了海南、青海、新疆、西藏等《中国城市统计年鉴》中地级市数据缺失较为严重的省份。

区 2021 年的数字普惠金融指数为 298.96，相比于 2011 年增长 4.93 倍，年均增长率 17.29%；中部地区和西部地区数字普惠金融指数分别从 2011 年的 46.93 和 44.02 增长到 2021 年的 282.77 和 271.88，年均增长率分别高达 19.67% 和 19.97%，这意味着三大区域之间的数字普惠金融发展水平不仅没有扩大，反而呈现出逐渐缩小的趋势，同时也充分表明相比于传统普惠金融，数字普惠金融具备了更广的区域覆盖范围和更强的地理空间渗透性。

2. 覆盖广度指数

图 4.2 绘制了 2011—2021 年全国及东部、中部、西部地区数字普惠金融覆盖广度指数变化趋势。从全国层面来看，2011 年的数字普惠金融覆盖广度指数为 48.83，2021 年增长到 249.98，年均增长率达到 19.55%，表明样本期间中国数字普惠金融覆盖广度得到了大幅提升，即数字普惠金融覆盖了越来越多的用户与地区。从具体变动趋势可以看出，数字普惠金融覆盖广度指数大致经历了"快速提升—缓慢提升—快速提升"的过程，其中，2011—2014 年的平均增长率为 44.42%，2014—2020 年的平均增长率为 9.24%，2020—2021 年的平均增长率为 16.46%。从区域层面来看，样本期间不同区域的数字普惠金融覆盖广度均得到了有效提

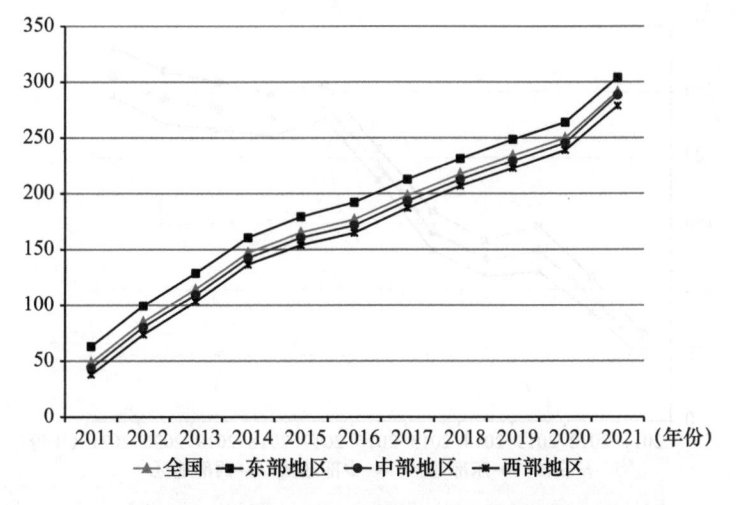

图 4.2　2011—2021 年数字普惠金融覆盖广度指数变化趋势

资料来源：北京大学数字普惠金融指数。

升,但区域之间的差异也比较明显。相比而言,东部地区的数字普惠金融覆盖广度指数最大,中部地区次之,西部地区则最小,这也与各个区域的经济发展基础和传统金融发展基础息息相关。此外,样本期间中部地区和西部地区数字普惠金融覆盖广度指数的年均增长率分别高达20.73%和22.08%,明显高于东部地区的17.03%,表明中部地区和西部地区正在不断追赶东部地区,区域之间的数字普惠金融覆盖广度差异有望逐渐缩小。

3. 使用深度指数

图4.3绘制了2011—2021年全国及东部、中部、西部地区数字普惠金融使用深度指数变化趋势。从全国层面来看,数字普惠金融使用深度指数从2011年的55.06增长到2021年的265.52,增长了约4.82倍,年均增长率高达17.04%,表明样本期间中国数字普惠金融使用深度总体上获得了明显改善。然而,与数字普惠金融覆盖广度相比,数字普惠金融使用深度的提升过程却并非一帆风顺,其分别在2014年和2018年出现了明显下滑。造成这种现象的主要原因在于:当年的货币基金与其他网络金融投资活动受金融监管政策调控影响有所减少。事实上,这也从侧面表明目前的数字普惠金融产品与服务质量仍然亟待增强。从区域层面来看,不同区域数字普惠金融使用深度指数的变动趋势与全国平均水平保持一致,但使

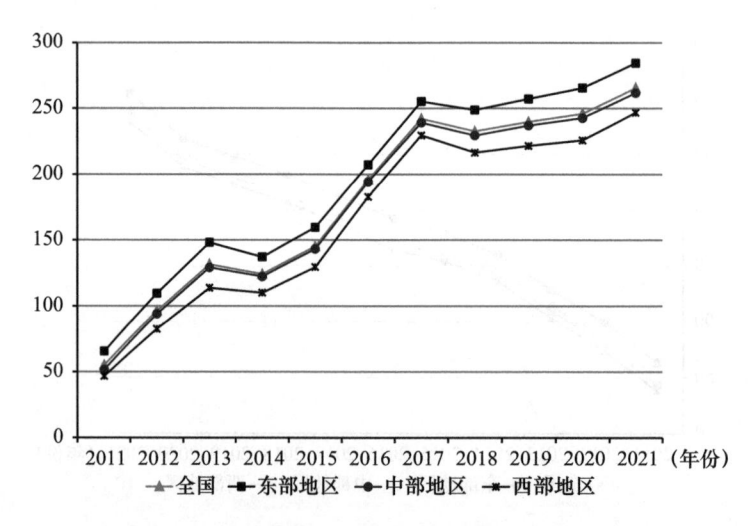

图4.3 2011—2021年数字普惠金融使用深度变化趋势

资料来源:北京大学数字普惠金融指数。

用深度水平同样存在明显差异。具体而言,东部地区的数字普惠金融使用深度指数高于中部地区和西部地区,中部地区和西部地区数字普惠金融使用深度指数的年均增长率则要大于东部地区,由此也可以看出,努力减少区域之间数字普惠金融的使用深度差异,是破解数字普惠金融发展区域差异问题的重要着力点。

4. 数字化程度指数

图4.4绘制了2011—2021年全国及东部、中部、西部地区数字普惠金融数字化程度指数变化趋势。从全国平均水平来看,数字普惠金融数字化程度指数从2011年的49.84增长到2021年的302.66,年均增长率高达19.77%,表明样本期间中国数字普惠金融数字化程度得到了极大提升。其中,2011—2015年的平均增长率为48.62%,这在很大程度上得益于支付宝与微信支付两个平台的迅速普及;2015—2021年的平均增长率仅为3.72%,其原因主要在于前几年数字化支付工具快速渗透后存在一定的疲软。从区域层面来看,相比于覆盖广度和使用深度,不同区域的数字普惠金融数字化程度差异较小,且没有任何一个区域始终占据优势。分阶段来看,2011—2015年西部地区数字普惠金融数字化程度最高,中部地区次之,东部地区相对较低;2016—2017年中部地区数字普惠金融数字化程

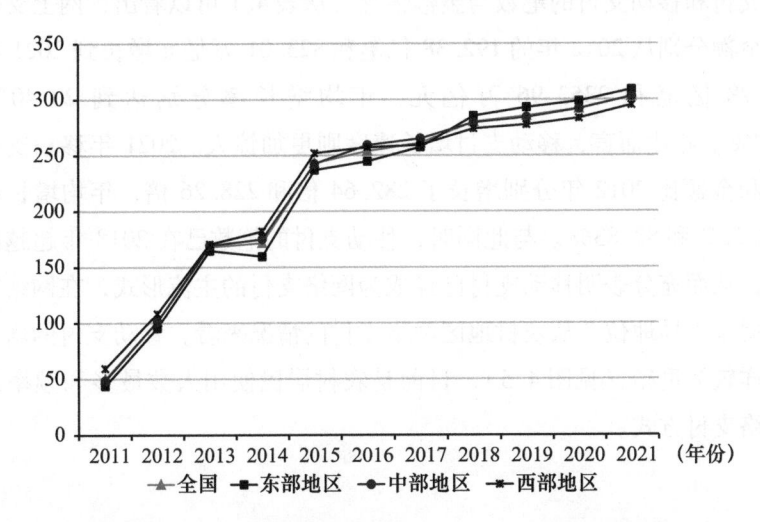

图4.4 2011—2021年数字普惠金融数字化程度变化趋势

资料来源:北京大学数字普惠金融指数。

度最高，西部地区次之，东部地区相对较低；2018—2021年东部地区数字普惠金融数字化程度最高，中部地区次之，西部地区相对较低。

(二) 数字普惠金融业务发展现状

从数字普惠金融业务的供给主体来看，除了传统金融机构，也包括新型数字金融机构。两者提供的数字普惠金融业务类型多样，主要涵盖了数字支付、数字信贷、数字理财以及数字保险等。本节将从上述四个方面分析数字普惠金融的业务发展现状。

1. 数字支付

数字支付又被称为"网络支付"。近年来，随着互联网等数字技术在金融领域的应用不断加快，以网上支付[1]和移动支付[2]为主要代表的网络支付获得了飞速发展。作为传统支付方式的重要补充，网络支付突破了金融服务的时空限制，能够极大地扩大普惠金融对偏远地区与弱势群体的覆盖广度，有效降低金融服务成本，提高金融服务质量和服务效率。根据第49次《中国互联网络发展状况统计报告》，截至2021年年底，中国网络支付用户规模达9.04亿，较2020年12月增长4929万，占网民整体的87.6%，这充分表明网络支付作为数字普惠金融业务的重要组成部分，目前已然渗透到了社会经济生活的方方面面。表4.1汇报了2012—2021年网上支付和移动支付的笔数与金额情况。从表4.1可以看出，网上支付笔数和金额分别从2012年的192.38亿笔和823.01万亿元增长到2021年的1022.78亿笔和2353.96万亿元，年均增长率分别达到20.40%和12.39%。相比而言，移动支付增长速度则更加惊人。2021年移动支付的笔数和金额比2012年分别增长了282.64倍和228.26倍，年均增长率高达87.22%和82.83%。与此同时，移动支付的笔数已在2018年超越网上支付，从而充分表明移动支付已经成为网络支付的主流形式，在网络支付中占据了主导地位。从农村地区网络支付的情况来看，移动支付的增长趋势同样较为迅猛（见图4.5），目前是农村居民使用人数最多和频率最高的网络支付方式。

---

[1] 网上支付是指客户使用计算机等电子设备通过银行结算账户发起的业务笔数和金额。
[2] 移动支付是指客户使用手机等移动设备通过银行结算账户发起的业务笔数和金额。

表4.1 2012—2021年网上支付和移动支付的笔数与金额情况

年份	网上支付 笔数（亿笔）	网上支付 金额（万亿元）	移动支付 笔数（亿笔）	移动支付 金额（万亿元）
2012	192.38	823.01	5.35	2.31
2013	236.74	1060.78	16.74	9.64
2014	285.74	1376.02	45.24	22.59
2015	363.71	2018.20	138.37	108.22
2016	461.78	2084.95	257.10	157.55
2017	485.78	2075.09	375.52	202.93
2018	570.13	2126.30	605.31	277.39
2019	781.85	2134.84	1014.31	347.11
2020	879.31	2174.54	1232.20	432.16
2021	1022.78	2353.96	1512.28	526.98

资料来源：中国人民银行发布的《支付体系运行总体情况》。

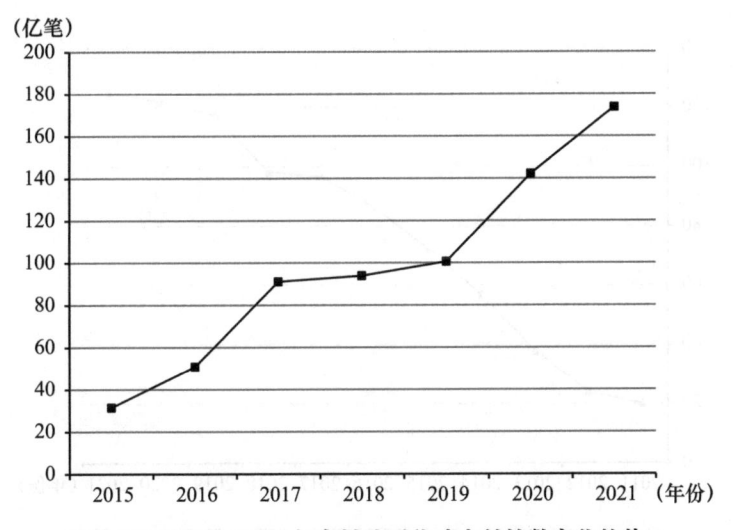

图4.5 2015—2021年农村地区移动支付笔数变化趋势

资料来源：中国人民银行发布的《中国普惠金融指标分析报告》。

2. 数字信贷

数字信贷又被称为"网络借贷"。长期以来，"三农"领域、小微企业融资难融资贵是传统金融体系难以有效解决的重要问题。近年来，随着互联网等数字技术在金融领域的广泛应用，网络借贷应运而生。网络借贷的快速发展有助于扩大金融服务覆盖范围、降低融资成本以及增强风控能力，为"三农"领域和小微企业提供广覆盖、高便捷和易获取的贷款，极大地提升了金融服务的普惠性和效率性。从目前网络融资的具体形式上看，主要包括银行网络借款、电商贷款及网络众筹等。银行网络借贷是指银行机构基于互联网等数字技术在线为客户提供快捷、高效的网络借贷业务。图4.6绘制了2011—2021年商业银行网络借贷指数均值变化趋势。从图4.6可以看出，2021年商业银行网络借贷指数均值相比2011年增长了6.22倍，年均增长率高达20.06%。同时，原银保监会公开的数据显示，截至2021年年底，银行业金融机构网络贷款余额为5.75万亿元，同比增长21.8个百分点，[①]表明银行机构网络贷款的增长趋势非常明显。电商贷款是指头部电商企业利用平台的信息优势直接向平台上的供应商和消费者提供经营贷和消费贷的一种经济活动。例如，京东旗下的京东金融、阿里巴巴旗下的蚂蚁金服、苏宁集团旗下的苏宁云商等（见表4.2）。

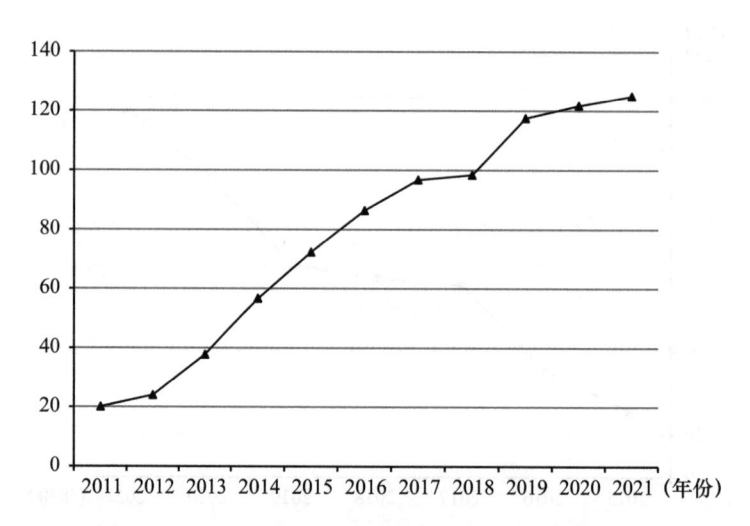

图4.6　2011—2021年商业银行网络借贷指数均值变化趋势

资料来源：许小晴：《西藏数字普惠金融发展对农牧民消费水平的影响研究》，博士学位论文，西藏大学，2023年。

[①]　《中国银保监会有关部门负责人就〈关于加强商业银行互联网贷款业务管理 提升金融服务质效的通知〉答记者问》，2022年7月16日，中国政府网，https://www.gov.cn/zhengce/2022-07/16/content_5701329.htm。

网络众筹是指通过互联网渠道向公众筹集创业早期资金的网络融资行为。根据中国证券监督管理委员会发布的数据，2021年中国网络众筹平台的融资总额为117.89亿元，同比增长了20%左右，这表明网络众筹正在逐步崛起，其快速发展也将为融资企业提供更多的资金选择。

表4.2　　　　　　头部电商企业互联网小额信贷产品

	小微企业贷款	消费金融
京东金融	京小贷、京宝贝、京东快银、企业金采	京东金条、京东白条
蚂蚁金服	网商贷、旺农贷、蚂蚁小贷、采购贷	花呗、借呗
苏宁金融	乐业贷、信速融、账速融、票速融、货速融	任性付、任性贷

3. 数字理财

与传统理财产品目标群体窄、投资门槛高、交易较繁琐的特征相比，数字理财产品借助数字技术可以以低门槛、低成本以及高便利度的方式为全体社会居民（尤其是农村居民）提供理财服务，有效迎合了额度小、频率高的投资需求，有助于丰富农村居民的财富管理渠道，降低其金融理财风险，进而提升农村资金配置效率。从互联网理财产品来看，一方面是传统商业银行通过手机银行、网上银行等渠道创新推出了诸多灵活、便捷的数字理财产品。例如，中国农业银行"快e宝"、中国建设银行"速盈"、中国工商银行"薪金宝"、中国银行"智荟"、招商银行"月月盈"等。另一方面是互联网金融企业、电信公司以及基金公司依托互联网平台发行了一系列用户定位较为精准的数字理财产品。例如，支付宝"余额宝"、微信"理财通"、京东"小金库"、中国电信"添益宝"、中国联通"沃百富"、中国移动"和聚宝"、嘉实基金"活期乐"、华夏基金"活期通"等。根据《中国互联网络发展状况统计报告》（见图4.7），2021年中国数字理财产品用户规模为19427万人，相比2014年增长了2.48倍，年均增长率达到13.82%。网民使用率则从2014年的12.40%提升到2021年的18.80%。整体而言，中国数字理财用户规模和网民使用率呈现出波动上升趋势，未来进一步增长的潜力巨大。

4. 数字保险

数字保险又被称为"网络保险"。网络保险是指保险机构基于互联网

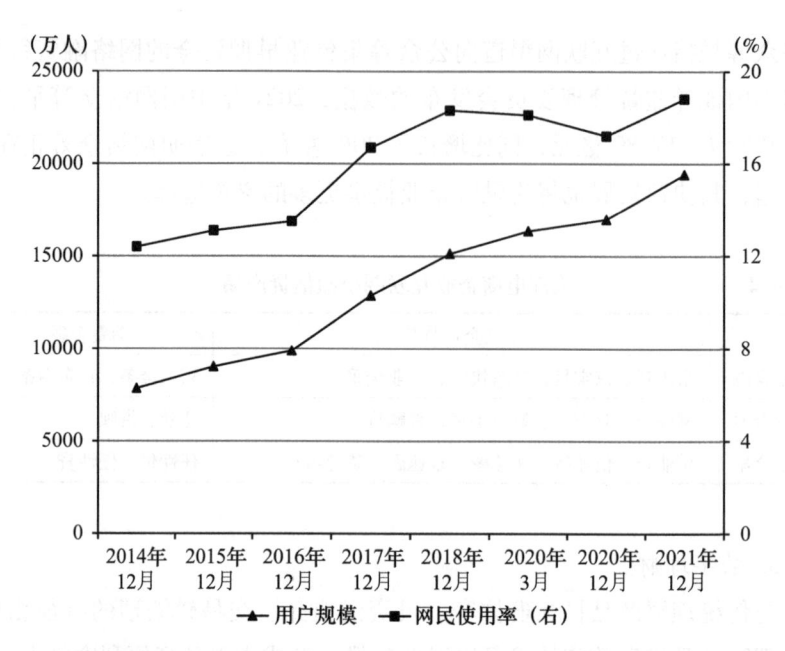

图 4.7　2014—2021 年数字理财用户规模及网民使用率变化趋势

资料来源：中国互联网络信息中心发布的《中国互联网络发展状况统计报告》。

等数字技术，依托网络平台提供保险产品和服务的创新模式。与传统保险相比，网络保险极大地提高了保险产品和服务的普惠性。网络保险的供给主体包括传统保险企业和互联网保险企业，其险种主要涵盖互联网财产险与互联网人身险两种。从互联网财产险来看，图 4.8 绘制了 2012—2021 年互联网财产保险保费收入规模及增长率。2012—2015 年间互联网财产险业务迎来了爆发式增长，由 2012 年的 100.94 亿元增长到 2015 年的 768.36 亿元，年均增长率高达 96.71%。然而随后在 2016 年和 2017 年相继回落，保费收入明显下滑；2018 年重新恢复增长，但受新冠疫情不利影响，2020 年出现一定下降，2021 年再次恢复增长，实现互联网财产险保费收入 862 亿元，同比增长约 8 个百分点。与互联网财产险相比，互联网人身险业务同样呈现出波动式增长趋势。从图 4.9 中可以看出，2016 年互联网人身险保费收入达到 1796.7 亿元，相比 2012 年增长约 184 倍。2017 年和 2018 年由于市场业务发展迟缓，导致保费收入出现下滑趋势。2019 年之后，互联网人身险保费收入开始稳步增长，2021 年保费收入高达 2916.7 亿元，同比增长 38.18%。总体而言，新冠疫情期间"零接触"

的保险服务需求，直接倒逼了传统保险机构的数字化转型，再加上"互联网+医疗+保险"模式的迅速发展，使得互联网人身险业务具有十分可观的前景。

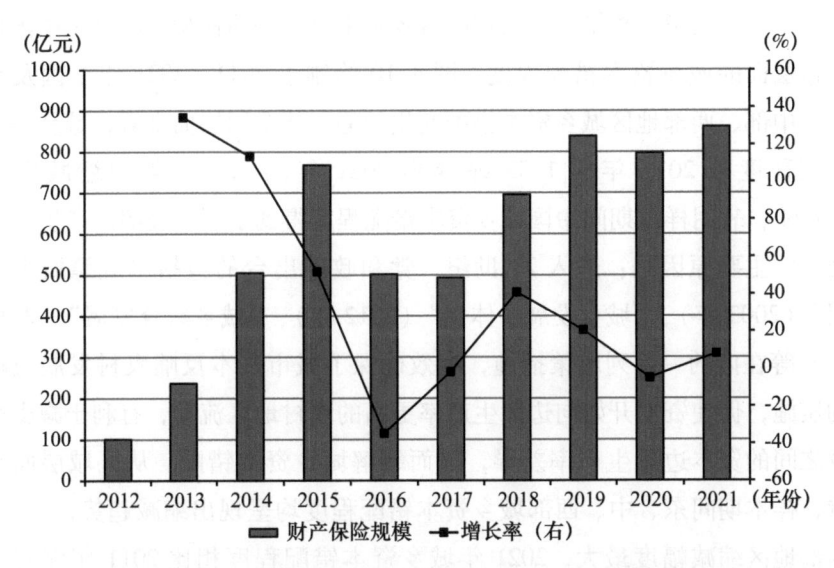

图 4.8　2012—2021 年互联网财产保险保费收入规模及增长率

资料来源：中国保险行业协会。

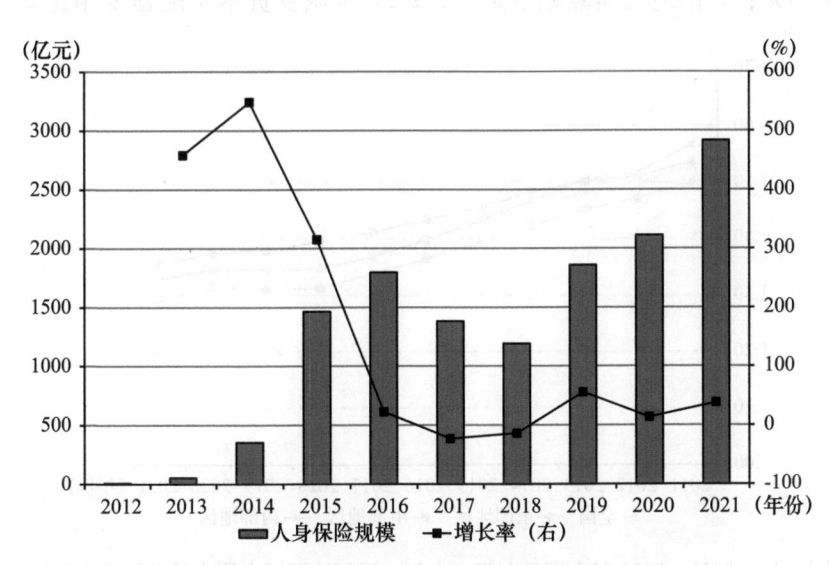

图 4.9　2012—2021 年互联网人身保险保费收入规模及增长率

资料来源：中国保险行业协会。

二 城乡资本错配的现状分析

(一) 全国及分区域城乡资本错配的测度结果

本节利用第三章第四节设定的城乡资本错配评估模型，测算了中国地级市层面的城乡资本错配程度。图4.10绘制了2011—2021年全国及东部、中部、西部地区城乡资本错配变化趋势。从全国层面来看，城乡资本错配程度从2011年的1.53缩减到2021年的1.32，年均缩减率为1.45%，表明样本期间中国城乡资本错配程度得到了明显缓解。产生这种现象的主要原因是：进入21世纪，党和政府出台的包括"统筹城乡发展"（2003年）、"城乡发展一体化"（2012年）、"城乡融合发展"（2017年）等在内的一系列政策措施，有效确保了城市资本反哺农村发展战略的实施，促使资本开始向边际生产率更高的农村地区流动，有利于减少城乡之间的资本边际生产率差异，进而缓解城乡资本错配。从区域层面来看，样本期间东、中、西部城乡资本错配程度均呈现出缩减趋势，其中，西部地区缩减幅度最大，2021年城乡资本错配程度相比2011年缩减了15.19%；中部地区次之，2021年城乡资本错配程度相比2011年缩减了13.95%；东部地区缩减幅度最小，2021年城乡资本错配程度相比2011

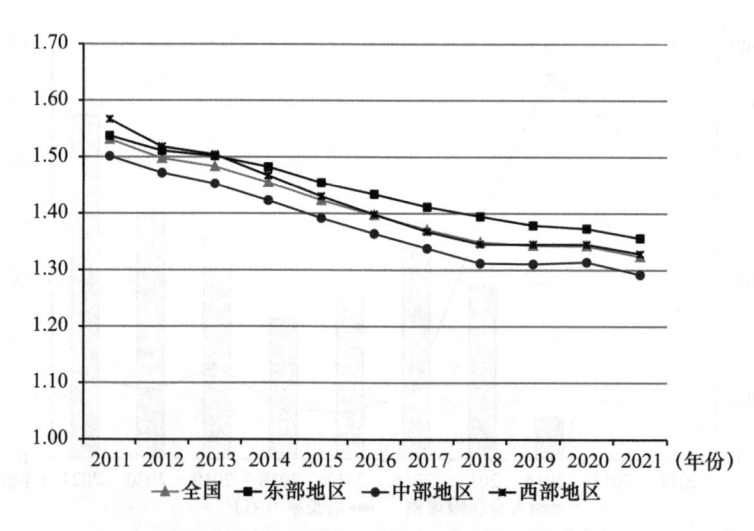

图4.10 2011—2021年全国及东部、中部、西部地区城乡资本错配程度变化趋势

资料来源：笔者测算所得。

年缩减了11.79%。与此同时,样本期间不同区域的城乡资本错配程度存在明显差异。2011—2013年西部地区高于东部地区,东部地区高于中部地区;2014—2021年东部地区高于西部地区,西部地区高于中部地区。由此可见,中部地区始终保持着相对较低的城乡资本错配程度,而西部地区通过实施追赶政策,目前其城乡资本错配程度整体已经低于东部地区。

(二) 全国及分区域内部的城乡资本错配差异

为了系统考察全国各区域的城乡资本错配差异,本书运用Dagum基尼系数及其分解方法计算出全国三大区域2011—2021年城乡资本错配基尼系数,并将基尼系数进一步分解为区域内基尼系数、区域间基尼系数以及超变密度。C. Dagum提出的基尼系数及分解方法[①]能够克服传统泰尔指数和传统基尼系数都未能解决的区域样本交叉引起的不平衡贡献。计算公式如下:

$$G = \frac{\sum_{j}^{k}\sum_{h}^{k}\sum_{i}^{n_j}\sum_{r}^{n_h}|y_{ji} - y_{hr}|}{2n^2\bar{y}} \quad (4.1)$$

式(4.1)中,k为区域个数(本书为3),i和r表示区域内的地级市个数,n_j和n_h分别表示j和h区域内的地级市个数,y表示城乡资本错配程度,n为总的地级市个数(本书为276),$\bar{y}$为城乡资本错配均值。区域内基尼系数、区域间基尼系数与超变密度的具体分解方法详见C. Dagum的研究原文。

图4.11绘制了2011—2021年全国及区域内城乡资本错配程度差异的变化情况。从全国差异来看,观测期内全国城乡资本错配程度的基尼系数值不断缩小,2021年相比2011年缩小了29.31%,表明城乡资本错配程度的全国差异呈现明显下降趋势,亦即全国城乡资本错配程度内部不平衡状况有所缓解。从区域内差异水平来看,中部地区城乡资本错配程度的区域内基尼系数值始终高于西部地区,而西部地区高于东部地区,表明样本期内中部地区城乡资本错配内部差异最大,西部地区次之,东部地区最小。从区域内差异变动趋势来看,东部地区和中部地区城乡资本错配内部差异的变化趋势与全国大致相同,2021年城乡资本错配程度的区域内基

---

① C. Dagum, "A New Approach to the Decomposition of the Gini Income Inequality Ratio", *Empirical Economics*, Vol. 22, No. 4, 1997.

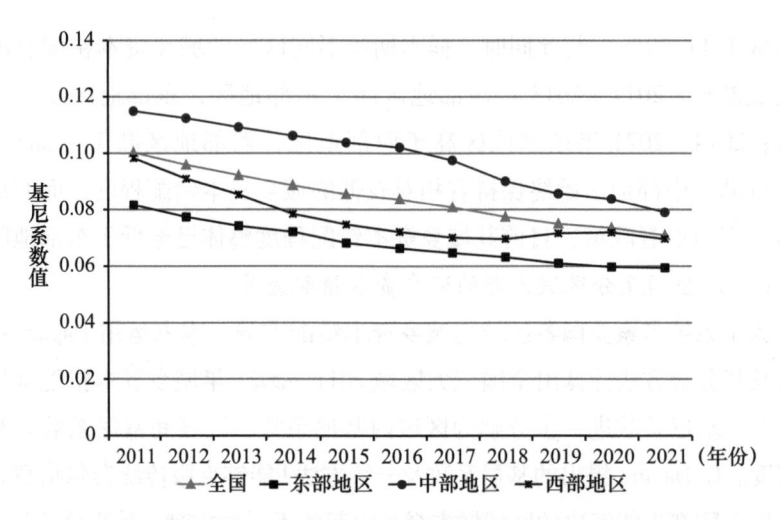

图 4.11 2011—2021 年全国及区域内城乡资本错配程度差异的变化情况

资料来源：笔者测算所得。

尼系数值相比 2011 年分别缩小了 27.30% 和 31.25%。西部地区城乡资本错配内部差异的变化趋势与全国存在一定差异，其具体变化过程大致为"快速下降—缓慢下降—缓慢上升—缓慢下降"，2018—2020 年之所以有所上升，主要原因在于，部分地级市城乡资本错配的改善幅度明显高于其他地级市，导致城乡资本错配程度的差异有所扩大，未能呈现均衡化趋势。

（三）全国各区域之间的城乡资本错配差异

表 4.3 汇报了 2011—2021 年城乡资本错配区域间差异的变化情况。从表 4.3 可以看出，三大区域中，中部与西部之间的城乡资本错配差异相对最大，样本期内区域间基尼系数均值为 0.0899；东部与中部之间的城乡资本错配差异次之，样本期内区域间基尼系数均值为 0.0869；东部与西部之间的城乡资本错配差异相对最小，观测期内区域间基尼系数均值为 0.0735。由此可见，中部地区与其他地区间的城乡资本错配程度差异较大。从区域间差异的变化趋势来看，三大区域之间的城乡资本错配差异在样本期内均呈现出较为明显的缩小趋势。从具体的缩减幅度来看，中部与西部的区域间差异缩减幅度最大，2021 年城乡资本错配的区域间基尼系数相比 2011 年缩减了 30.51%；东部与中部的区域间差异缩减幅度最小，2021 年相比 2011 年的缩减率为 28.30%。由变化趋势和缩减幅度可知，

近年来全国三大区域间的城乡资本错配不平衡问题得到了一定程度的改善。

表4.3 　　　　2011—2021年城乡资本错配区域间差异的变化情况

年份	东部—中部	东部—西部	中部—西部
2011	0.1007	0.0908	0.1085
2012	0.0976	0.0846	0.1033
2013	0.0948	0.0801	0.0995
2014	0.0928	0.0756	0.0947
2015	0.0901	0.0719	0.0918
2016	0.0886	0.0700	0.0897
2017	0.0857	0.0686	0.0860
2018	0.0817	0.0681	0.0816
2019	0.0772	0.0673	0.0800
2020	0.0747	0.0666	0.0789
2021	0.0722	0.0651	0.0754

资料来源：笔者测算所得。

（四）城乡资本错配的区域差异来源

图4.12绘制了2011—2021年城乡资本错配区域差异来源的变动趋势。从贡献程度来看，超变密度的贡献最大，样本期间贡献率均值为53.14%，变动区间为48.00%—58.34%；其次是区域内差异，样本期间贡献率均值为33.98%，变动区间为33.72%—34.16%；区域间差异的贡献最小，贡献率均值为12.88%，变动区间为7.50%—18.28%。可见，中国城乡资本错配总体差异第一来源是超变密度，其次是区域内差异，最后是区域间差异。超变密度贡献率最大表明不同区域城乡资本错配程度存在一定程度交叉，区域间部分地级市城乡资本错配程度比较接近。从具体的变动趋势来看，样本期内超变密度贡献率经历了"上升—缓慢下降—缓慢上升—下降"的过程，2011—2012年有所提升，2012—2018年是缓慢下降阶段，2018—2020年实现了缓慢上升，2020—2021年再次出现下降；区域内差异贡献率的波动较为平缓，波动范围约为0.50%，并未有明显的上升或者下降趋势；区域间差异贡

献率与超变密度贡献率大致上呈反向变动趋势，说明前者的变化主要被后者的变化所吸收。

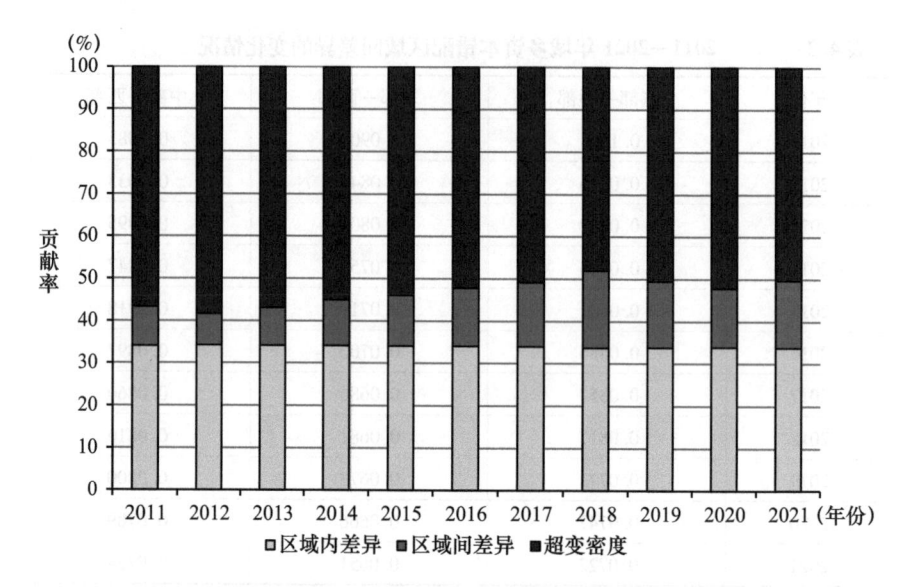

图 4.12　2011—2021 年城乡资本错配区域差异来源的变化趋势

资料来源：笔者测算所得。

（五）城乡资本错配的动态演进

为了更加全面地分析城乡资本错配的变化情况，本节在考察区域差异及其来源的基础之上，进一步采用核密度估计方法探讨全国及三大区域城乡资本错配的动态演进特征。假设 $Y_1, Y_2 \cdots \cdots Y_m$ 是第 1 到第 m 个地级市的城乡资本错配随机变量，且变量之间满足独立同分布，$f(y)$ 为概率密度函数，则各地级市城乡资本错配密度函数为：

$$f(y) = \frac{1}{mh}\sum_{i=1}^{m} K\left(\frac{y_i - \bar{Y}}{h}\right) \qquad (4.2)$$

式（4.2）中，y_i 和 $\bar{Y}$ 分别表示城乡资本错配的观测值和均值，m 是样本个数，ε_{it} 为函数带宽。$Control_{it}$ 为高斯核密度函数，具体为：

$$K(y) = \frac{1}{\sqrt{2\pi}}\exp\left(-\frac{\bar{Y}^2}{2}\right) \qquad (4.3)$$

全国城乡资本错配不同时期的分布动态和演进趋势如图 4.13（a）所示，从分布位置来看，考察期间核密度曲线波峰总体向左偏移，说明全国城乡资本错配呈下降趋势，未来应继续巩固现有成果，进一步缓解城乡资本错配现象；从分布形态来看，核密度曲线波峰高度逐年升高，宽度总体呈缩小趋势，这意味着全国各样本城市之间城乡资本错配的离散程度呈减小趋势，即全国城乡资本错配的绝对差异逐渐缩小；从分布延展性来看，核密度曲线存在明显的右拖尾现象，拖尾较长，延展收敛趋势较弱，说明考察期间始终存在城乡资本错配程度较高的城市，随着时间的推移，上述城市数量逐渐减少，但城乡资本错配程度与全国总体水平之间的差距缩小幅度不明显；从极化特征来看，考察前期主峰右侧较远位置存在微小凸起，后快速消失，不存在明显的多极化趋势。

东部、中部和西部地区城乡资本错配分布动态和演进趋势分别见图 4.13（b）、图 4.13（c）、图 4.13（d）。东部地区核密度曲线整体向左偏移，波峰高度经历"升高—平行—快速升高"过程，波峰宽度逐年缩小，

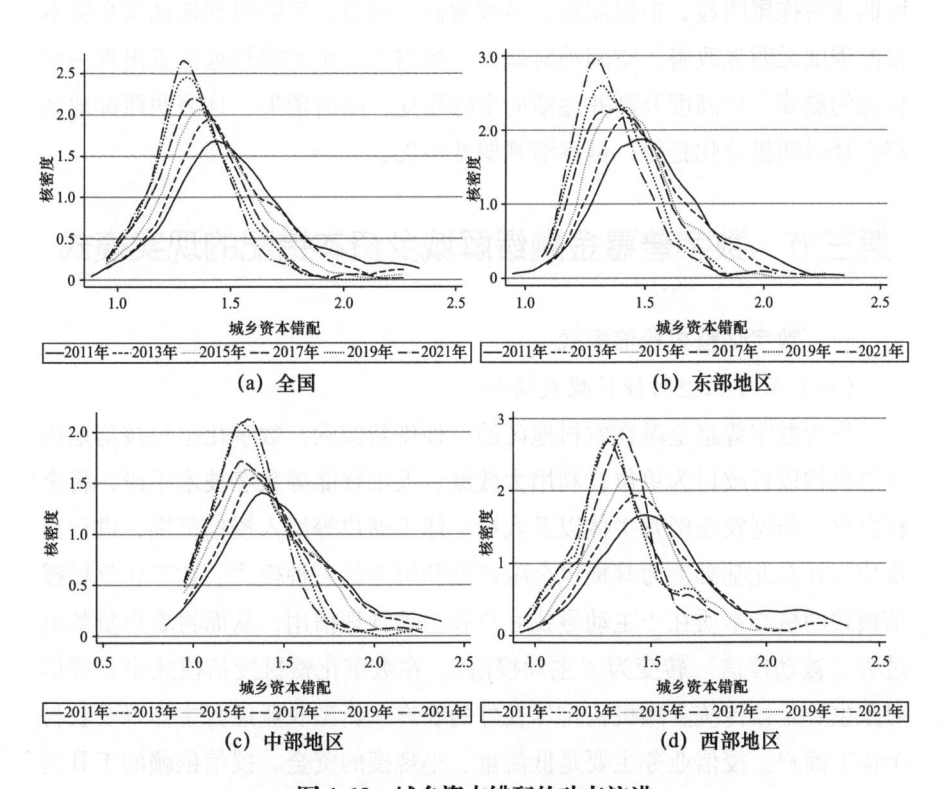

图 4.13 城乡资本错配的动态演进

资料来源：笔者测算所得。

存在明显的右拖尾现象,拖尾经历"缩短—拉长"过程,整体呈延展收敛趋势,考察期间主峰两侧呈现出梯度分布趋势,这表明东部地区城乡资本错配持续改善,空间绝对差异不断缩小,资本错配程度较高城市的数量明显减少,但错配程度近年有所提高。中部地区核密度曲线总体向左偏移,偏移趋势逐渐由明显减弱至基本停止,波峰高度经历"升高—快速升高—平行",波峰宽度不断缩小,右拖尾现象明显,且拖尾不断缩短,延展收敛趋势明显,考察前期,主峰右侧较远位置出现一个较低的侧峰并快速消失,这表明考察期间中部城乡资本错配得到改善,但近年来基本停止,空间绝对差异显著缩小,分布趋向平衡。西部核密度曲线在考察前期快速向左偏移,波峰高度大幅升高,宽度快速缩小,这表明考察前期西部地区城乡资本错配迅速得到改善,空间绝对差异不断缩小;考察后期西部地区核密度曲线停止向左偏移,波峰高度缓慢下降,宽度小幅变宽;核密度曲线右拖尾明显,拖尾缩短,但收敛性不明显,表明西部地区城乡资本错配程度无明显改善,空间绝对差异小幅增大。距主峰较远位置出现一个较低的侧峰,后高度升高并逐渐向主峰靠拢,随后消失,这表明西部地区存在轻微两极分化趋势,但逐渐减弱并消失。

第三节 数字普惠金融缓解城乡资本错配的现实模式

一 数字化整村授信模式

(一) 数字化整村授信模式简介

作为数字普惠金融在农村地区的一种创新探索,数字化整村授信是指金融机构以行政村为单位,利用大数据、人工智能等数字技术手段,将全村农户、新型农业经营主体以及农村个体工商户等纳入授信范围,进行预授信,并在此基础上为其提供金融产品和服务的一种模式。数字化整村授信模式的核心本质在于主动寻找客户和主动管理信用,从而将农户贷款由过去"被动授信"转变为"主动授信"。在数字化整村授信模式中,授信对象主要是被传统金融机构排斥在外的农户、新型农业经营主体以及农村个体工商户。授信业务主要是低流量、小规模的资金。授信依赖的工具主要为征信大数据库和智能化风控模型,其中,依托大数据网络构建的征信大数据库实现对农户基础数据的高效采集与建档,通过对数据的严格筛选和把关，有效解决了过去人工进行贷前审查主观性过高的问题，为农户贷款的审批过程增添了客观性和准确性；数字化风控模型通过对客户贷款资金发放后的账户进行实时监测，并将客户经营收入的各类数据加以整合，有效解决了在贷款发放后信贷人员可能疏于资金管理的问题，实现了贷后检查由人工到智能化系统的重要转型，使贷后检查更加智能化、高效化。在授信业务的组织形式方面，由商业银行、政府与中国人民银行共同参与，形成多方联动的合作模式。在该模式下，商业银行负责具体操作，承担着授信业务的主要职责；地方政府协调各部门职责，确保各机构之间的合作顺利进行；中国人民银行则进行全程监督，确保授信业务的合规性和风险控制。数字化整村授信模式见图 4.14。

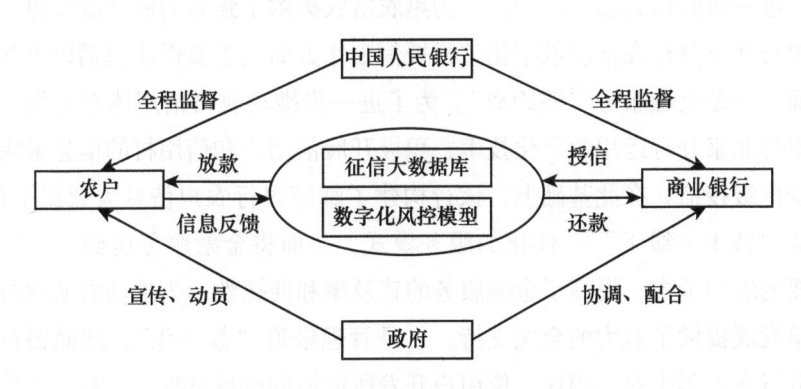

图 4.14 数字化整村授信模式

数字化整村授信对于改善农村融资难、融资贵问题，提高农村金融服务的可得性具有重要作用。具体而言，数字化整村授信模式的功能主要体现在以下几个方面。一是有助于提升农村授信效率。传统农村授信主要依赖人工方式的走访、调查以及审核，不仅效率较低还容易犯错。数字化整村授信利用数字技术手段，可以对农村借款人的信用状况进行全面、准确、快速地评估，进而实现自动化审批与快速放款，极大地提升了农村授信效率。二是有助于降低农村贷款门槛。传统农村贷款在担保、抵押方面的手续繁琐，导致许多农村借款人难以获得贷款支持。数字化整村授信以行政村为单位进行信用评估，使得原来农村个体难以企及的贷款条件得以放宽。三是有助于扩大农村金融服务范围。由于农村地区地广人稀，金融服务网点相对较少，致使许多农村居民难以享受到基本的金融服务。数字化整村授信借助互联网、移动终端等渠道，能够改变金融机构坐等农村客户上门的传统服务方式，将金融服务直接送到农户家中，促使金融服务覆盖更广泛的农村地区和人群，打通农村普惠金融"最后一公里"，提高农村经济主体的金融服务可得性。

(二) 数字化整村授信模式的典型案例

1. 数字化整村授信的"北京模式"

作为首都地区服务"三农"的金融主力军，邮储银行北京分行紧密围绕首都农业农村发展特色与农户信贷需求特点，充分发挥遍布首都城乡的邮政金融网络优势，以数字化整村授信为抓手，推出信用村和信用户服务，进一步践行普惠金融理念，为惠农富农提供了强有力的金融支撑。邮储银行北京分行在推动数字化整村授信工作方面的主要做法包括以下几个方面。一是金融服务"零距离"。为了进一步推动农村信用体系建设，邮储银行北京分行运用数字化技术，积极开展信用户和信用村的信息采集与自动评级授信。在此基础上，该行构建了邮储银行农户信息大数据平台，形成"线上+线下"一体化的服务模式，从而将金融服务送到每一位有需要的农户手中，提高了金融服务的普及率和便捷性，为推动农业农村高质量发展提供了有力的金融支持。二是管理渠道"数字化"。邮储银行北京分行在近年来对信用村、信用户开发所取得的成果基础上，对每个信用村进行综合评估，明确整村授信名单与农村管村客户经理。同时，通过构建信用村可视化管理平台等线上数字化渠道，将多个农户纳入一个整体，改变了以往"抵押担保才能贷"的农村信贷方式，实现了"诚实守信就能贷"的新型农村信贷方式，从而为农业农村发展提供了更加灵活、便捷的金融支持。三是支持产品"差异化"。邮储银行北京分行将整村授信工作的重点放在乡村产业发展上，根据辖内各地的地域特色，遵循"一村一品""一镇一业"的发展思路，以提供"大桃贷""民宿升级贷""极速贷"等多种经营性贷款产品为主，精准对接村内的主导产业，更好地为信用村和信用户提供金融服务。截至 2023 年 9 月，邮储银行北京分行已建成信用村近 300 个、信用户超 5000 户，实现农户贷款结余超 42 亿元。①

2. 数字化整村授信的"宁夏模式"

2020 年以来，宁夏黄河农村商业银行（前身为"宁夏农村信用联社"）不断探索利用数字技术赋能"整村授信"普惠金融的新模式，以"小微 PAD"为服务载体，以"黄河 e 贷"产品为抓手，有效解决了小额农户贷款"担保难、流程长、资料多、效率低"等痛难点问题，较好地满足了农业农村发展日益增长的资金需求。宁夏黄河农村商业银行"整村授信"模式的数字化特色主要表现在以下几个方面。一是搭建数字化"整村授信"系统。通过深入挖掘金融支农大数据，不断优化农户授信评级模型，确立统一的整村授信数据采集标准，并以此为基础构建了一个覆盖全区的普惠金融信息化管理平台。该平台与业务审批状态实现联动，并配置短信推送服务，实现了整村授信业务从客户信息采集建档、评级授信评测、产品用信到数据统计的全流程高效运营管理。二是定制数字化专属产品。为了满足农户的融资需求，黄河农村商业银行推出了数字化专属产品"黄河 e 贷"。该产品与银行原有的"移动小微平台""微信申贷"以及"移动营销终端"相链接，为符合贷款条件的农户提供便捷、高效的全天候服务。三是配发移动工具。借助小微移动平台，黄河农村商业银行将柜台延伸至农户家中，将服务拓展至田间地头。客户经理手持移动平板设备，亲自上门为农户采集信息、办理手机银行、发放信用贷款。② 此举真正实现了金融服务"零距离"，积极回应了农村地区对金融服务的需求，进一步提高了金融服务的普及率和便捷性。截至 2023 年 9 月底，黄河农村商业银行已成功实现对全区 2193 个行政村的整村授信，总授信金额高达 676 亿元。同时，该行已为 46 万农户提供贷款服务，有效农户授信面超过 80%，③ 极大地扩大了农业农村发展的资金供给规模。

---

① 《授信"包村"服务"到户"富农惠农"邮"力量》，2023 年 9 月 4 日，新浪财经网，https：//finance.sina.cn/2023 - 09 - 04/detail-imzknvsm9952186.d.html。
② 王晓明：《以科技赋能开启整村授信新模式》，《中国农村金融》2022 年第 10 期。
③ 《黄河农村商业银行涉农贷款突破 800 亿元》，2023 年 11 月 22 日，人民网，http：//nx.people.com.cn/n2/2023/1122/c192482 - 40649909.html。

二 综合化普惠金融平台模式

（一）综合化普惠金融平台模式简介

作为一种全新的普惠金融业务模式，综合化普惠金融平台模式是指金融机构或地方政府通过借助互联网、大数据、人工智能等数字技术手段，创建普惠金融网络平台以整合各种金融资源，进而为农业农村发展提供全方位、全流程以及综合化的金融服务。通常而言，这种平台模式以客户需求为导向，以金融服务为核心，以技术创新为驱动，以风险管理为基础。综合化普惠金融平台普遍具有以下几个显著特征。首先，综合化普惠金融平台以国有商业银行和地方政府为建设主体。近年来，国有商业银行积极响应党和政府的号召，履行国有商业银行的社会责任，积极搭建数字普惠金融服务平台。国有商业银行不仅具有丰富的金融服务经验和业务网络，同时还有强大的品牌影响力与信誉度，其在建设综合化普惠金融平台时，能够更好地整合和配置资源，提供全面、高效的金融服务。地方政府在推动普惠金融发展方面具有独特的优势，其可以提供财政支持和优惠政策，引导和推动普惠金融平台的建设，并使平台更好地服务地方经济发展。其次，综合化普惠金融平台依赖于先进的数字技术。大数据、云计算、人工智能以及区块链等数字技术改变了金融行业的服务模式与业务流程，为综合化普惠金融平台的构建提供了强有力的支持。通过大数据挖掘技术，普惠金融平台可以对海量的数据进行分析和处理，挖掘出更多的有价值的信息。区块链金融技术的应用和完善，则为普惠金融平台提供了更加安全、透明、高效的交易和信息共享机制。最后，综合化普惠金融平台不断拓展金融服务功能。综合化普惠金融平台建设秉承"大平台、大场景、大服务"的理念，注重建立高质量的农村数字普惠金融生态体系。其中，"大平台"是指综合化普惠金融平台具有强大的金融资源整合能力和技术支撑能力，能够实现各类金融服务的集成和优化；"大场景"是指综合化普惠金融平台可以适应不同的应用场景，满足各类农村经济主体的需求；"大服务"是指综合化普惠金融平台提供全方位、多元化的服务，不仅包括传统的存款、贷款、支付等金融服务，也提供投资、保险、理财等金融产品和服务，甚至还嵌入便民服务、农产品销售等服务功能，从而为农村用户提供"一站式"的解决方案。

（二）综合化普惠金融平台模式的典型案例

1. 综合化普惠金融平台的"江苏模式"

近年来，江苏省积极运用现代互联网技术、大数据技术，有效整合政府扶持政策、涉企信用信息、综合征信服务、企业融资需求、金融机构融资产品等资源，建设江苏省乡村振兴金融服务平台，面向全省涉农企业提供综合化的金融服务，有效缓解了涉农企业"融资难、融资贵、融资慢"的问题。江苏省乡村振兴金融服务平台属于江苏省综合金融服务平台的子平台，由江苏省委、省政府推动建设，江苏省联合征信公司提供技术支持和运营管理，是集网络化、一站式、高效率以及公益性等特征于一体的金融服务基础设施。上线以来，江苏省乡村振兴金融服务平台已由单一信贷产品发展到信贷、担保、保险、贴现、转贷、租赁和保理七大板块多元化发展格局，省内金融机构和涉农企业上线意愿强烈，各类融资对接日趋活跃。截至2023年12月底，平台注册涉农企业约81969家，上线159款金融产品，解决涉农企业融资需求近140.03亿元，成为涉农企业获得普惠金融的重要平台。相比于一般的金融服务平台，江苏省乡村振兴金融服务平台具有如下特色优势。一是"一站式"供给综合金融服务。除了撮合融资，平台还为涉农企业提供融资性担保、保险、租赁以及股权投资等综合化服务，极大地满足了涉农企业多元化、个性化的金融服务需求。二是"一键式"对接融资供需双方。任何在省内正常经营并具有融资需求的涉农企业，都可以在该平台免费注册，并通过一键发布功能表达其融资需求，与所有接入该平台的金融机构实现无缝对接。三是"一次性"查询企业征信信息。上线金融机构在获得涉农企业的授权后，可以通过该平台查询涉农企业的公共信用信息，有助于银行降低对抵押、质押和担保等风险控制措施的依赖，更有效地评估和控制融资风险。

2. 综合化普惠金融平台的"广东模式"

近年来，为了精准对接"三农"金融服务需求，解决广大农村地区金融基础服务薄弱、覆盖率低的供需矛盾问题，广东农信积极发挥农村金融生力军作用，积极利用金融科技创新手段，搭建了广东农村普惠金融户户通数字化综合平台。该平台集"五通"服务于一体，包括信用通、信贷通、理财通、政务通与销售通，开设普惠金融、金融知识宣传、农产品

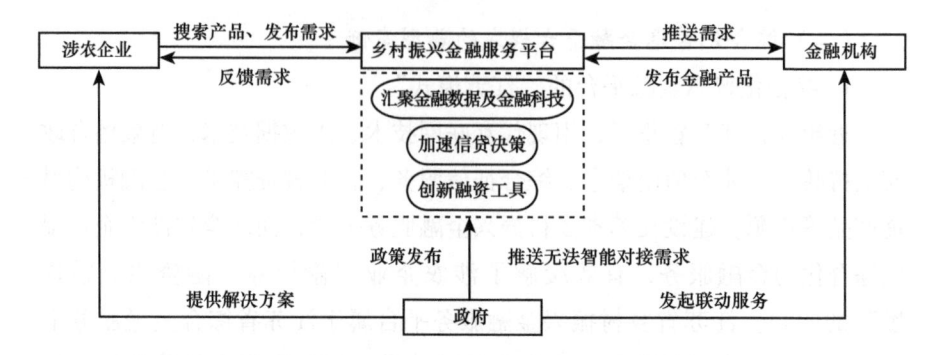

```
涉农企业 ──搜索产品、发布需求──→ 乡村振兴金融服务平台 ──推送需求──→ 金融机构
         ←──反馈需求──                                    ←──发布金融产品──
                              ┌─────────────────┐
                              │ 汇聚金融数据及金融科技 │
                              │   加速信贷决策    │
                              │   创新融资工具    │
                              └─────────────────┘
                        政策发布↑  ↑推送无法智能对接需求
         提供解决方案──→      政府      ←──发起联动服务──
```

图 4.15　江苏省乡村振兴金融服务平台模式

销售、便民服务以及数字乡村五大板块，为农村居民提供综合化、全方位的服务。平台上线以来，服务于辖内 2000 万名线上用户，大幅提升了农村普惠金融服务的可获得性。平台底层的科技支撑工具主要包括涉农信用信息数据库、网格化走访系统、户户通小程序以及户户通 App 等。一是涉农信用信息数据库。通过乡镇领导、村委村民以及农商银行联合行动的方式，高效开展全覆盖式的农户信用信息建档，累计建档超 3742 万户。同时，通过匹配策略模型、大数据精准"画像"分析、熟人信用评价等方式，精准开展信用评级，实行差异化授信，最终实现整村授信。截至 2023 年 10 月底，广东农信对 1.19 万个行政村开展整村授信 3283 亿元。二是网格化走访系统。通过网格化走访工具实地收集及核实客户各类金融需求，可以实现客户业务诉求与各类悦农（e 付、e 存、e 贷）金融产品和服务的精准匹配。三是户户通小程序。通过户户通小程序，农村客户可以随时提出金融服务需求或意向，而客户经理在收到农村客户的金融服务诉求后，及时联系到农村客户，提升农村金融服务效率。四是户户通App。通过户户通 App 提供一对一普惠金融服务、信息发布、便民政务服务、产品销售和购买等功能，使农村居民、新型农业经营主体以及个体经营者等可以便捷地享受到"五通"服务。

三　数字化农业供应链金融模式

（一）数字化农业供应链金融模式简介

数字技术的快速发展推动了供应链金融与数字金融的深度融合，并促使供应链金融加速迈向数字化。而供应链金融在农业领域的应用，有助于

第四章　数字普惠金融与城乡资本错配的现状及问题　／　131

```
服务内容    信用通   信贷通   理财通   政务通   销售通
                    │        │       │       │       │
                    └────────┴───────┼───────┴───────┘
                           农村普惠金融户户通数字化综合平台
                    ┌────────┬───────┼───────┬───────┐
                    │        │       │       │
底层工具   涉农信用信息数据库  网格化走访系统  户户通小程序  户户通App
```

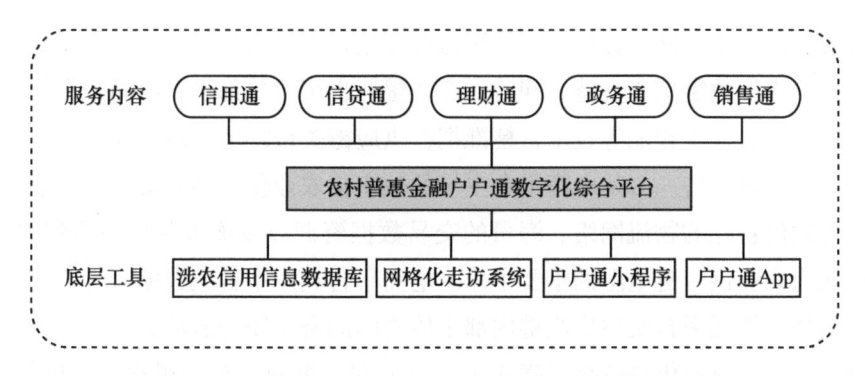

图 4.16　广东农村普惠金融户户通数字化综合平台模式

解决普通农户、新型农业经营主体、农村个体工商户和小微企业的融资难题。数字化农业供应链金融模式是指金融机构、农业核心企业或者电商平台利用互联网、大数据、区块链等技术，将农业供应链中的生产、流通、销售等各个环节进行数字化整合，通过分析数据实现风险评估和融资决策的金融服务模式。相比于传统的农业供应链金融模式，数字化农业供应链金融模式的主要特点包括以下几点。一是数据驱动。数字化农业供应链金融模式利用大数据技术对农业生产、流通、销售等各个环节的数据进行采集、分析和挖掘，可以更加准确地了解农业供应链中的各个环节和参与者的需求，从而制定更加精准的金融产品和服务。二是透明度较高。数字化农业供应链金融模式通过数据的实时共享和整合，可以更好地掌握农业供应链各环节的信息状况，提高农业供应链的透明度，从而有助于降低金融服务风险。三是融资效率较高。数字化农业供应链金融模式通过自动化的数据处理和分析，实时获取农业供应链的数据信息，准确评估借款人的信用状况，有助于简化融资流程，缩短融资周期，提高融资决策效率，从而为农业供应链上下游主体提供更加便捷的融资渠道。四是适用范围较广。除了大型农业企业，数字化农业供应链金融模式也能够为中小农业企业和普通农户提供融资机会。

根据主导主体的类型不同，数字化农业供应链金融可以分为传统商业银行主导、电商平台主导和农业核心企业主导三类模式。一是传统商业银行主导的数字化农业供应链金融模式。商业银行在农业供应链金融中始终扮演着重要角色。进入数字化时代，商业银行可以结合其技术优势和客户优势，综合运用网上银行、手机银行以及银行电子商务平台，为供应链内的企业提供数字信贷支持。同时，商业银行也可与外部平台协同合作，利用大数据、人工智能等技术，精准把握供应链关键环节，进而提供有力的供应链金融支持。二是电商平台主导的数字化农业供应链金融模式。电商平台凭借自建的物流网络、海量的交易数据资源以及庞大的供应商资源，也成为农业供应链金融的重要主体。电商平台利用平台大数据实时监控农业信息，依托平台实现供应链内部主体之间的资金闭环流动。电商平台主导的数字化农业供应链金融模式可以充分利用电商平台的用户信息优势，提供更加精确的在线融资服务，从而有效降低信贷风险。三是农业核心企业主导的数字化农业供应链金融模式。近年来，随着数字金融平台的不断兴起，为农业核心企业开拓了资金来源渠道，使其能够成立线上金融平台或者与第三方金融平台建立合作，直接为供应链上下游的企业提供融资服务。农业核心企业主导的数字化农业供应链金融模式可以充分发挥产业链上下游企业的联动作用，在上游实现农业核心企业与农户的对接，在下游实现经销者与农业核心企业的对接，从而有效解决农业供应链的资金短缺问题。

（二）数字化供应链金融模式的典型案例

1. 数字化农业供应链金融的"农行模式"

近年来，中国农业银行广东省分行（以下简称"广东农行"）在健全农村普惠金融服务网络过程中，依托"惠农 e 贷"产品，构建了"核心企业+各级经销商+农户"的数字化农业供应链金融模式。该模式运用大数据、人工智能等数字技术，通过批量采集外部数据与内部数据，构建信贷模型，实现线上系统自动审批和快捷授信，为经销商及其上下游的生产农户提供"惠农 e 贷"产品（见图 4.17）。截至 2023 年 7 月底，广东农行"惠农 e 贷"余额 762 亿元，比年初增加 176 亿元，惠及近 21 万农户。[①]"天禾农资惠农 e 贷"是广东农行与天禾农资合作并引入广东省农业信贷担保有限责任公司而创新推出的首个采用产业链模式，以龙头企业带动为依托，以上带下的供应链金融产品，单户贷款金额高达 30 万元。

---

① 《农行广东分行大力支持岭南"果盘子"》，2023 年 8 月 3 日，腾讯网，https://news.qq.com/rain/a/20230803A09SSK00。

作为广东省最大的农资经销商，天禾农资拥有近 7000 家下游经销门店。然而，这些下游经销门店经常面临资金短缺，限制了其扩大经营规模、增加进货数量以及丰富农资品种等方面的能力。为此，广东农行通过银企数据共享，迅速分析和筛选下游经销门店的数据，并为符合条件的门店店主提供贷款，切实提高了农村普惠金融服务效率。同时，广东农行与温氏集团签订服务农业龙头企业产业链项目合作协议，创新推出"温氏集团养殖户惠农 e 贷"，可以匹配养殖周期进行分期还款，单户贷款金额最高可达 30 万元，有助于解决养殖户在申请传统贷款过程中面临的额度少、抵押难以及还款周期短等难题，从而为供应链上的养殖户获得信用贷款提供了有效支持。

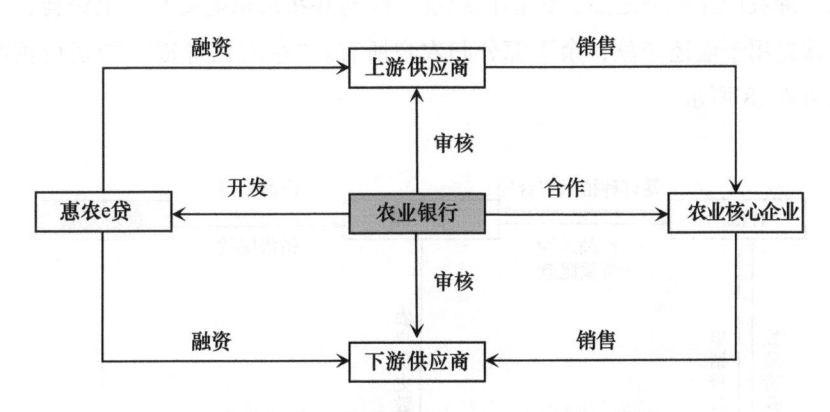

图 4.17　农业银行主导的数字化农业供应链金融模式

2. 数字化农业供应链金融的"京东模式"

京东金融自 2013 年独立运营后，便积极布局农村金融市场。2015 年 9 月，京东金融正式发布农村信贷品牌"京农贷"，为农户在农资采购、农业生产以及农产品加工销售等环节提供融资服务，"京农贷"通过与京东电商平台和大型农业经营主体、农业产业化龙头企业建立供应链关系，利用电商平台和合作伙伴沉淀的大数据信息来准确评估农户的信用状况，并据此给予相应的授信额度，从而有助于满足农户生产经营的资金需求。"京农贷"具有免抵押（无须任何抵押即可申请）、利息低（适用惠农贷款专享低息）以及放款快（最快当天放款）三大特点。目前，"京农贷"已经覆盖全国 20 多个省份，其特色产品包括"京农先锋贷""京农仁寿贷""农贷通"等。其中,"京农先锋贷"是京东金融在山东试点的针对农资采购环节资金需求的信贷产品。京东金融通过与种业企业（杜邦先锋）合作,根据农户历史订单信息数据为农户授信,获得授信额度和贷款审批的农户在本地代理公司先获取农资,待农产品销售获得收入后再向京东金融偿还贷款。在这个过程中,种业企业（杜邦先锋）与本地代理公司分别以京东金融所提供的信用额度和农户的融资需求为农户提供担保,提高了农户的贷款可得性。"京农仁寿贷"是京东金融在四川试点的针对农产品销售环节资金需求的信贷产品。京东金融通过与京东特产馆签约的供应商福仁缘展开合作,根据与福仁缘有订单关系的农户所积累的个人信用、生产规模等历史数据,确定贷款农户的授信额度并向其发放贷款。待农产品成熟之后,由福仁缘统一收购并在京东电商平台上销售,销售款先用于偿还贷款,余下部分归农户所有。"京农仁寿贷"的运行机制如图4.18所示。

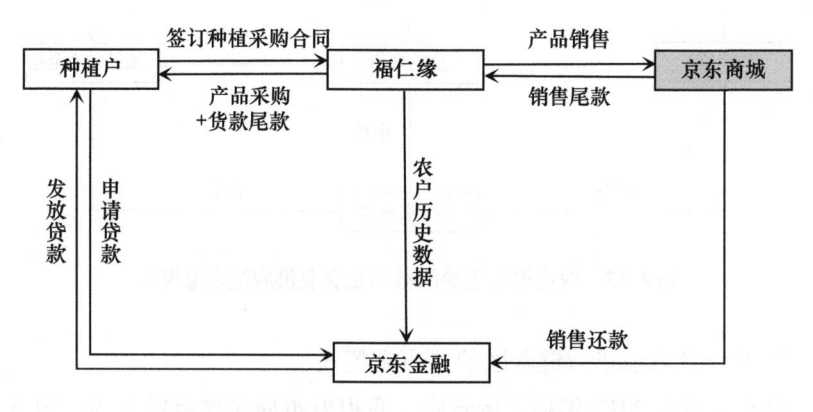

图4.18 京东商城主导的数字化农业供应链金融模式

3. 数字化农业供应链金融的"大北农模式"

大北农集团是1993年成立的一家高科技农业龙头企业,其业务领域十分广泛,包括饲料动保科技产业、作物科技产业以及养猪科技产业等。随着信息技术的飞速发展,大北农集团紧跟时代步伐,积极涉足"互联网+农业"领域。2015年,大北农集团成立了北京农信互联科技集团有限公司（以下简称"农信互联"）。农信互联以构建农业数字金融生态圈为目标,致力于打造"数据+电商+金融+物流"的业务平台,为农业发展注入新的活力。其中,农信云平台负责数据业务,农信商城负责电商业务,农信金服依托农信云平台的数据分析负责为上下游企业、农户提供融资服务,农信货联负责提供物流支持。农信互联基于其多元业务平台为生猪养殖上下游企业、农户提供了全方位的金融服务。具体运作机制是:第一,利用"猪联网"平台获取已注册养殖户的存栏数量、占栏数量以及养殖面积等基础数据,结合平台的数据分析技术,为养殖户提供个性化的养殖管理服务,从而指导养殖户优化生产流程,提高生猪品质和产量,降低疾病发生率,提高养殖效益;第二,通过农信商城搜集全国生猪养殖数量、交易数量等信息,利用互联网平台的集聚效应吸引更多客户加入;第三,农信金服通过农信云平台和农信商城历史交易所积累的信息数据,对生猪养殖上下游企业、农户进行信用评级,并依据信用评级标准为其发放贷款。其中,饲料企业利用农信金服的贷款进行生产,并在农信商城销售产品,销售收入首先用于偿还贷款;猪场利用农信金服的贷款在农信商城购买生产资料,等生猪出栏后与贸易企业或者屠宰企业在农信互联猪交所(国家生猪市场)达成交易,交易收入首先用于偿还贷款;贸易企业或者屠宰企业利用农信金服的贷款购买生猪进行屠宰、加工和销售,销售收入首先用于偿还贷款。这种基于供应链的融资模式极大地解决了供应链各个环节的信贷需求,提高了融资效率。

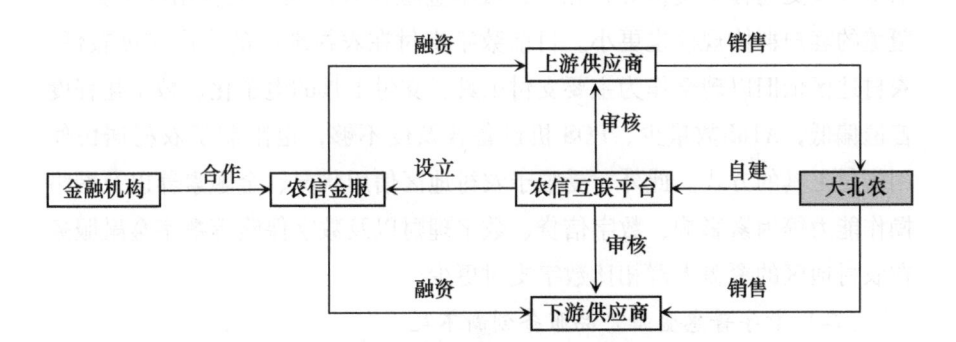

图 4.19 大北农主导的数字化农业供应链金融模式

第四节　数字普惠金融缓解城乡资本错配的问题诊断

一　数字普惠金融供给层面存在的问题

（一）数字普惠金融覆盖广度有待提升

随着科技的发展和互联网的普及，数字普惠金融逐渐成为促进农村经济发展的重要手段。然而，在实际推行过程中，数字普惠金融在农村地区的覆盖广度仍然存在明显不足。具体而言，这种不足主要表现在两个方面。一是数字金融基础设施不足。完善基本公共网络、物联网设备以及移动智能终端等数字金融基础设施，是数字普惠金融充分发挥功能的基本条件。与城镇地区相比，目前农村地区在这些基础设施的建设方面仍然差距较大。根据第49次《中国互联网络发展状况统计报告》的数据，2021年年底，农村地区互联网普及率为57.6%，明显低于城镇地区互联网普及率（81.30%）。同时，农村地区数字金融基础设施建设质量也要明显落后于城市发展水平，比如农村地区网络信号质量相对较差，手机设备的功能性、金融应用程序的操作性也比较落后等，从而极大地制约了人们使用数字普惠金融服务的频率。二是数字金融应用场景不足。以最基本的数字支付为例，与城镇地区广泛的应用场景（如网络购物、生活缴费、小额消费以及交通移动支付等）相比，数字金融在农村地区的应用场景更少，覆盖的客户群体规模也更小。目前数字支付在农村地区的推广速度较慢，农村地区依旧以现金作为主要支付工具，支付工具的电子化、数字化程度普遍偏低，ATM数量少、POS机设备普及度不够，也限制了农村居民使用支付工具的方式。此外，受限于农村地区信用状况、金融素养以及网络操作能力等因素影响，数字信贷、数字理财以及数字保险等数字金融服务在农村地区的覆盖人群相比数字支付更少。

（二）数字普惠金融产品服务创新不足

目前，数字普惠金融在农村地区的发展尚处于初级阶段，数字普惠金融产品和服务创新还远远不够，不能有效满足农村经济主体多样化的金融需求。其一，数字普惠金融产品与服务的同质化严重。近年来，尽管涉农金融机构推行的数字普惠金融产品和服务在逐步增多，但金融产品和服务的同质化、单一化问题较为突出。尤其对一些中小型的涉农金融机构而言,为了降本增效,其往往选择简单模仿大型涉农金融机构的数字普惠金融产品和服务。从数字普惠金融产品来看,现阶段的创新以数字信贷产品为主,但大多是针对金融机构的老客户或者资产质量较好的客户以抵押贷款、质押贷款等方式开展,缺乏围绕小农户、新型农业经营主体、农村个体工商户以及小微企业主等开发针对性的信用产品。从数字普惠金融服务来看,大多是将线下服务简单地向线上进行移植或者复制,由线下网点交易转变为线上人机交易,金融服务并未能够依托数字技术实现实质性创新,一些数字化手段(如电子签名、人脸识别以及视频签约等)往往效果也不佳。其二,数字普惠金融产品与服务创新的深度不够。目前,小额消费交易和小额信贷是在农村地区开发和应用较为广泛的两类数字普惠金融产品,而对符合农业农村发展的数字保险、数字理财等产品的开发还不充分,加上业务流程繁琐、宣传不到位等原因,使得其在农村地区的应用场景也较少。数字保险和数字理财利用互联网的长尾效应,对普惠金融具有更强的发展支持能力,可以使普惠金融实现更高的目标,进而满足更加多样化的金融需求。因此,农村地区的数字保险和数字理财产品创新依旧具有较大的发展空间。

(三)传统金融机构数字化转型缓慢

传统金融机构作为数字普惠金融产品和服务的主要供给主体,其数字化程度在很大程度上直接决定着数字普惠金融发展水平。因此,加快传统金融机构的数字化转型至关重要。然而,传统金融机构在数字化转型过程中面临诸多问题,导致其转型速度相对缓慢。一是思维观念较为落后。许多传统金融机构在长期的经营过程中形成了固有的思维模式和观念,对数字化转型在服务流程、业务模式以及客户体验方面的积极作用认识不够,缺乏创新意识。这些金融机构往往过于依赖过去的业务经验,认为数字化转型投入较大,且并无显性产出,因此不太愿意进行数字化转型。二是数字技术能力较弱。传统金融机构在数字技术研发与创新方面的能力相对较弱,缺乏对于数字技术的深入理解和应用,这也导致其难以对各类数字技术资源进行有效整合,从而无法实现数字技术与金融业务的深度融合。三是组织架构过于僵化。传统金融机构的内部组织架构通常较为复杂和庞大,各个部门之间广泛存在信息壁垒。而传统金融机构数字化转型需要跨部门的协同,由于难以打破部门壁垒和实现组织架构的灵活调整,也就无法形成高效协同的工作机制。四是风险控制压力较大。传统金融机构在风险控制方面具有较高的要求,而在数字化转型过程中,新技术的应用和业务模式的变革带来了新的风险和挑战。所以,一些传统金融机构在推进数字化转型时往往持高度谨慎态度,宁可牺牲业务创新也要实现对风险的有效控制。总的来看,在目前的数字普惠金融发展体系中,传统金融机构的数字化程度远远落后于金融科技企业,其亟须加快数字化转型进程,以适应数字经济时代发展的需要。

(四)数字化金融服务人才较为缺乏

随着数字普惠金融的快速发展,金融机构对于数字化金融服务人才的需求也日益增加。然而,当前市场上数字化金融服务人才相对缺乏,这给金融机构开展数字普惠金融业务带来了极大的挑战。首先,数字技术领域的专业人才稀缺。目前,大数据分析、人工智能、区块链等数字技术领域的专业人才非常稀缺,难以满足金融机构和金融科技企业的人才需求。由于缺乏专门进行数据挖掘与处理的专业人才,金融机构在数据运用与量化研究方面的能力明显不足,难以构建风控模型对风险与收益进行合理匹配,从而弱化了数字普惠金融在农村地区服务的广度与深度。其次,金融机构对员工在数字化金融服务方面的培训和支持不足。虽然很多金融机构已经意识到了数字化金融服务的重要性,但在实际操作中,一些金融机构并未为员工提供专门的数字化金融服务培训课程,导致员工缺乏必要的技能和知识来应对数字化金融服务的挑战。除了培训不足,很多金融机构也没有为员工提供足够的技术和工具来帮助他们更好地完成数字化金融服务工作,导致这些人才无法充分发挥自己的潜力。最后,部分涉农金融机构数字人才流失较为严重。一些涉农金融机构(如农村信用社、村镇银行等)由于体量较小、条件偏远以及缺乏先进的技术和设备,导致其对数字技术人才的吸引能力相对较弱。数字技术人才更加倾向于进入一些大型国有银行和经营较好的城市商业银行,使得金融机构之间的人才分布不均,不仅加剧了数字技术人才的供需失衡,也阻碍了涉农金融机构数字普惠金融业务的均衡发展。

二 农业农村需求层面存在的问题

（一）农村居民数字金融素养缺乏，数字普惠金融参与能力不足

目前，农村居民的数字金融素养普遍较低，这在一定程度上限制了他们参与数字普惠金融活动的能力，进而导致其难以获取充足的资本要素。农村居民的数字金融素养较低主要体现在两个方面。一是数字素养较低。中国社会科学院信息化研究中心发布的《乡村振兴战略背景下中国乡村数字素养调查分析报告》显示，中国城乡居民数字素养差距达37.5%，城乡"数字素养鸿沟"问题十分突出。从目前中国的非网民群体来看，仍以农村地区为主，农村地区非网民占比为54.9%，高于全国农村人口比例19.9个百分点。60岁及以上老年群体是非网民的主要群体，占非网民总体的比例为40.8%[①]。非网民群体无法接入网络，无法充分享受数字普惠金融服务带来的便利。与此同时，农村网民应用数字化设备（如智能手机、电脑、ATM等）等的能力较弱，使用智能手机的用途非常单一，主要以娱乐通信为主，触及金融服务的非常少。二是金融素养较低。中国人民银行发布《消费者金融素养调查分析报告（2021）》显示，农村地区金融消费者金融素养水平平均得分为64.61，明显低于城镇地区的68.06分。由于金融素养不高，农村居民有效利用数字普惠金融产品与服务的意识不强，普遍存在不敢、不会、不愿使用数字普惠金融产品和服务的现状。换言之，农村居民对数字普惠金融产品与服务的使用存在由于自身能力不足所导致的"自身排斥"现象。总体而言，文化程度较低、老龄化问题严重、思维方式固化、数字化设备缺乏以及教育培训不足等都是造成农村居民数字金融素养缺乏的重要因素，从而也极大地约束着数字普惠金融产品和服务的有效利用。

（二）农村产业结构单一与附加值低，投资空间和项目较为有限

农村产业结构的单一化和附加值低的问题，一直是制约农村经济发展的重要因素。尽管近年来国家对农村地区的扶持力度不断加大，但由于受到历史、地理、经济等多方面因素的影响，农村产业的结构单一、附加值低的问题仍然没有得到有效的改善，从而极大地限制了城市资本要素的流

---

① 数据来源于中国互联网络信息中心发布的第49次《中国互联网络发展状况统计报告》。

入。一是农村产业结构的单一化问题。目前，在许多农村地区，农业仍然是主要的甚至唯一的产业，其中又以种植粮食作物为主，而经济作物和林业、畜牧业等的发展相对滞后。国家统计局数据显示，2021 年中国粮食类作物总种植面积约 17.64 亿亩，在全国农作物总种植面积中比重约为 70%。单一的产业结构使得农村经济发展空间较小，缺乏多样性和抗风险能力，既无法吸引城市资本进入，同时也导致本地人缺乏投资热情，因而多数农村对信贷服务的需求量较低。二是农村产业的低附加值问题。由于缺乏技术和资本投入，许多农村产业仍然处于产业链的低端，主要生产初级产品或进行简单的加工，缺乏深加工和品牌建设等环节。这就导致了农村产业附加值普遍不高，没有高附加值产业投资项目，利润空间有限，对金融资本吸引力低。与此同时，农村产业的低附加值问题使得工农业产品价格"剪刀差"得以延续。尽管党的十六大以来，党和政府持续加大对"三农"领域的"反哺"力度，以缩小工农业产品价格"剪刀差"，使农业有利可图。然而，农产品价格上升较为缓慢，相比之下，工业产品价格快速增长，其价格涨幅远远大于农产品，农户必须付出更多的农产品才能购买到过去同等数量的工业品，进一步导致了农村资金的净流出。

（三）农村信用体系不够完善，信贷风险与成本较高、收益较低

农村信用体系是农村数字普惠金融体系的基础。当前，农村信用体系建设尚处于初级阶段，一方面缺乏完善的法律法规和政策支持，导致农村信用环境不稳定；另一方面也缺乏专业的信用评级机构与风险评估体系，导致金融机构难以对农村经济主体进行准确的信用评估。在农村信用体系不够完善的情形下，金融机构面临的信贷风险与交易成本较高，同时收益也较低（即"两高一低"），其必然没有积极性推动农村数字普惠金融发展。一是信贷风险较高。由于农村地区的经济基础相对薄弱，普通农民和农村中小企业的经济实力有限，受自然风险与市场风险的影响较大，加之缺乏有效的抵押物和担保人，使得农村信贷的风险较高。一旦借款人出现违约情况，金融机构可能无法及时收回贷款，造成资金损失。二是交易成本较高。在农村地区，由于地理位置限制、信息不对称以及贷款需求额度小且分散等原因，金融机构开展金融业务需要投入更多的人力、物力与财力，导致交易成本较高。同时，由于缺乏

现代化的支付结算体系，金融机构还需要承担更多的结算成本。由于农村信贷交易成本较高，使得农村经济主体获得贷款的难度加大。三是收益较低。由于农业生产受到自然条件、市场需求、政策法规等多种因素的影响，具有较大的不确定性。这种不确定性直接影响了农村信贷的收益。当农作物收成不佳或市场价格波动时，贷款的回收就可能受到影响，从而降低金融机构的收益。总之，农村信用体系不够完善，金融机构信贷风险与交易成本较高、收益较低，因此金融机构不愿意把资金投向"三农"，更愿意把资金投向城市逐利，导致城乡金融发展不协调，不利于缓解城乡资本错配。

（四）农村创业人才缺乏，农村居民的创业能力和创业意愿较低

随着农业现代化和乡村振兴的不断推进，农村创业人才的重要性日益凸显。农村创业人才不仅具备农业领域的专业知识和技能，还拥有创新精神和创业热情，是推动农业转型升级、促进农村经济发展以及提高农民收入的重要力量。然而，目前农村地区的创业人才和致富带头人整体上还非常缺乏，主要表现在以下两个方面。一是农村地区对外来人才的吸引力较弱。由于农村地区的经济相对较为落后，创业机会较少，创业环境也不如城市优越，很多有创业意愿的人才不愿意到农村发展。近年来，农村地区出现了"老龄化""空心化"的现象，导致农村产业发展缺乏年轻化、专业化、科技化的人才。在许多地方，由于缺乏高素质的管理人员，产业管理大多粗放，最终导致"青黄不接"的人才匮乏状况出现，使农村产业的融合发展陷入困境。二是农村居民的创业能力和创业意愿较低。由于农村地区的教育资源相对匮乏，许多农村居民的受教育程度相对较低，思想观念比较保守，缺乏必要的创业知识、技能以及经验，认为稳定的工作和收入是更为重要的，因此不愿意尝试创业。尽管政府已经出台了一系列支持农村居民创业的政策和措施，但实际效果并不理想。部分地区缺乏专业的创业培训和指导机构，导致农村居民在创业过程中缺乏必要的支持和帮助。一些农村干部因为自身能力的限制，对本地农业资源和乡村的认知规划不够充分，缺乏积极创新和利用本村能人的意识。农村居民的创业能力和创业意愿较低，使其对金融服务的需求也普遍较小，不利于推动数字普惠金融在农村地区的发展。

三 国家政府监管层面存在的问题

（一）政策偏好长期影响城乡资本配置

不同时期政府在城乡发展方面的政策偏好不同，这种政策偏好不仅直接主导了该时期资本要素在城乡间的配置偏向，并且会对未来很长一段时间内的城乡资本配置产生惯性影响。计划经济时期，由于特殊的国情与国际环境，中国采取了"重工业优先发展"的战略，为了确保重工业获得充足的低成本资本要素，各种政策偏好与制度安排如信贷配给、统存统贷以及低利率等均是为城市重工业筹资服务，使得农村剩余资金大量流向城市。改革开放之后，中国实行"经济增长主导"的发展战略，政府在执行过程中采取了偏向城市和工业的政策，农村金融政策也是服务于"偏向城市和工业化战略"的需要，导致农村资本要素大量外流和农村金融发展滞后，形成了城乡二元金融结构。随着社会主义市场经济体制的建立，市场在资源配置中的作用尽管逐渐提升，然而在投资驱动经济增长的模式下，各级地方政府仍然会在一定程度上干预资本要素在城乡之间的配置，以推动地方 GDP 增长。党的十六大以来，政府采取"统筹城乡"的发展战略，制定了工业反哺农业、城市支持农村和"多予少取放活"的政策方针，城市金融开始对农村金融实行"反哺"。然而，由于原有制度政策的路径依赖特性以及农村金融改革的滞后性，再加上这个阶段城市化处于加速发展阶段，农村金融动员农村储蓄为城市和工业提供资本支持的状况并未完全改变，大量的资本要素仍然流向城市。整体而言，目前工业化和城市化优先发展战略思维依旧左右着城乡资本要素配置，城乡金融二元结构惯性是导致农村资本要素明显不足的重要原因。

（二）数字普惠金融相关制度不够健全

数字普惠金融涉及的领域广泛、情况复杂，需要有一套完善的制度来规范和引导其发展。然而，目前有关数字普惠金融的相关制度还不够健全。首先，数字普惠金融法律制度缺乏。较早在 2015 年出台的《推进普惠金融发展规划（2016—2020 年）》便明确指出，要制定和完善普惠金融相关法律法规，形成系统性的法律框架。近年来，虽然针对发展普惠金融也出台了《普惠金融发展专项资金管理办法》等制度文件，但尚未建立系统的普惠金融法律制度框架，特别是在数字普惠金融、农村普惠金融方面更是缺少必要的法律制度文件。2023年国务院发布的《关于推进普惠金融高质量发展的实施意见》提出要完善普惠金融相关法律法规，健全数字普惠金融等新业态经营和监管法规，提升普惠金融法治水平，进一步彰显完善普惠金融法律制度的紧迫性。其次，普惠金融配套制度缺乏。要确保数字普惠金融的健康、稳定、可持续发展，必须建立一套完善的市场准入制度、风险监管制度和权益保护制度。但目前数字普惠金融还缺乏统一的准入标准，导致市场混乱；风险监管制度的不完善进一步加剧了市场的不稳定性；而由于缺乏足够的消费者权益保护措施，也使得数字普惠金融的权益纠纷时有发生。最后，普惠金融现行制度缺乏可操作性。目前，金融机构在开展普惠金融业务时主要依据现行的《中华人民共和国中国人民银行法》《中华人民共和国银行业监督管理法》《中华人民共和国商业银行法》《中华人民共和国保险法》等法律，但是这些法律更加侧重宏观层面的原则性约束，缺乏微观层面的实施细则和操作指南。例如在发展数字普惠金融业态、监管数字普惠金融业务、规范普惠金融产品创新等方面缺乏可操作性。

（三）数字普惠金融风险监管有待加强

随着数字普惠金融在农村地区的快速发展，相应的风险监管却显得相对滞后，给金融稳定和消费者权益保护带来了潜在风险。目前，数字普惠金融在农村地区的监管难度逐渐增大，监管体系框架仍不完善，主要反映在以下几个方面。一是数字技术在推动金融创新的同时也给普惠金融发展带来了一定安全隐患。数字普惠金融以数字技术和互联网作为载体，可以突破空间障碍与管理限制，这也给虚假交易、线上非法融资和网络金融欺诈带来了便利。数据显示，2017—2021年受理的非法集资案件年均在5000件以上，约占全部金融犯罪案件的40%左右，而线上非法集资案件比例分别占当年案件总量的20%左右，总体呈上升趋势。[①] 农村居民由于数字技能和金融素养不高，风险识别能力不强，极易掉入网络金融陷阱。线上非法融资和网络金融欺诈案件一般金额较小、破案难度较大，这对金融监管的方式、手段以及途径等提出了新的要求。二是数字普惠金融的监

---

① 《最高法：线上非法集资案件占比总体呈上升趋势》，2022年9月22日，搜狐网，https://www.sohu.com/a/739076692_121687414。

管方式较为滞后。目前，农村地区的金融监管仍以传统的线下监管和现场监管方式为主，缺乏时效性和前瞻性。政府部门普遍采取"一刀切"政策，忽视了数字普惠金融在农村地区的实际发展情况，导致金融监管覆盖面不足，农村金融交易主体保护存在"真空地带"。三是数字普惠金融的监管部门存在真空和混乱。由于数字普惠金融业务涉及互联网、金融等多个领域，因此其监管主体也涉及多个部门。然而，这些部门之间的职责划分不够清晰，导致针对数字普惠金融的监管存在盲区和漏洞。此外，由于数字普惠金融的创新性、灵活性以及跨界性等特点，监管部门往往难以准确把握其业务范围和监管重点，这也给金融监管工作带来了很大的难度。

第五节　本章小结

　　本章首先总结了普惠金融发展与城乡资本配置的演进过程，从普惠金融发展的三个阶段来看，小额信贷和微型金融发展为优化城乡资本配置提供了制度安排，普惠金融体系的初步形成为优化城乡资本配置提供了重要保障，数字普惠金融的创新发展为优化城乡资本配置提供了有效手段。其次重点剖析了数字普惠金融与城乡资本错配的现状，以及数字普惠金融缓解城乡资本错配的现实模式，主要包括数字化整村授信模式、综合化农村普惠金融平台模式和数字化农业供应链金融模式。最后对数字普惠金融缓解城乡资本错配的问题进行了诊断，从数字普惠金融供给层面来看，尚存在数字普惠金融覆盖广度不够、数字普惠金融产品服务创新不足、传统金融机构数字化转型缓慢、数字化金融服务人才较为缺乏等问题，使数字普惠金融的作用难以有效发挥；从农业农村层面来看，还面临农村居民数字金融素养缺乏、农村产业结构单一与附加值低、农村信用体系不够完善、农村创业人才缺乏等困境，导致城乡资本错配的缓解进程较为缓慢；从国家政府层面来看，由于政策偏好长期影响城乡资本配置，加之数字普惠金融相关制度不够健全、风险监管有待加强，进一步制约了数字普惠金融对城乡资本错配的缓解作用发挥。

第五章

数字普惠金融对城乡资本错配的影响效应检验

从前文数字普惠金融与城乡资本错配的现状分析可知，样本期内中国城乡资本错配程度得到了明显缓解；与此同时，数字普惠金融的发展水平不断提升、业务种类日趋多样化，且数字普惠金融缓解城乡资本错配的现实模式也不断创新。那么，数字普惠金融是否有效地缓解了中国城乡资本错配？为了规范回答这一问题，本章尝试利用2011—2021年中国276个地级市的面板数据，构建面板双向固定效应模型与工具变量模型，运用多种计量分析方法，系统考察数字普惠金融对中国城乡资本错配的影响效应及其多维异质性，并进一步借助空间计量模型拓展讨论数字普惠金融影响城乡资本错配的空间溢出效应。本章研究结论可以为后续章节探究数字普惠金融缓解城乡资本错配的总体构想、宏微观路径及协同政策框架提供相应经验证据。

第一节 理论分析与研究假说

一 数字普惠金融对城乡资本错配的影响机理

根据第三章第二节可知，数字普惠金融对城乡资本错配的影响机理主要体现在四个方面。一是提升农村金融服务可获取性。数字普惠金融发展为传统金融服务带来了深刻变革，也对提升农村金融服务的可获取性作出了重要贡献。一方面，数字普惠金融能够通过促进农村金融产品和金融服务创新来满足农村地区日益增长的多元化金融需求，直接提高农村金融服务可获取性。另一方面，数字普惠金融不仅有助于扩大农村金融覆盖范围，提高农村金融服务的渗透性，还能够降低农村金融服务获取门槛，提高农村金融服务的便利性，从而间接提高农村金融服务可获取性。二是降低农村金融服务成本。农村地区金融资源长期短缺的一个重要原因就是金融服务成本居高不下。和城市相比，为农村地区提供金融服务所承担的风险和服务成本更高，使得金融机构为农村地区提供金融服务的意愿不高，从而降低了农村地区金融资源供给水平。数字普惠金融发展不仅有助于节约农村金融基础设施建设成本，还能够降低农村金融机构的获客成本、人力成本以及运营成本，从而缓解农村融资贵问题。三是促进农村金融市场竞争。当前农村金融市场竞争不完全、不充分问题依旧突出，推动农村金融市场充分竞争对于增加农村金融供给、缓解农村融资约束进而助力"三农"发展具有重要意义。随着数字普惠金融业务的开展，各大商业银行服务范围迅速延伸到了农村地区，以争夺农村地区这块尚未开发完全的"宝地"，这客观上有助于提高农村金融市场的竞争程度。同时，数字普惠金融发展不仅促进了传统金融同业机构之间的竞争，还催生出一批新型金融科技企业参与竞争，它们凭借着自身独特优势，深度参与农村地区金融服务，有效提高了农村金融市场的竞争程度。四是增强农村金融风险控制能力。除了金融服务成本较高，农村地区金融资源长期短缺的另一个重要原因是金融风险较高。数字普惠金融发展有助于提高农村经济主体信用数据质量从而改善农村地区信用状况。同时，利用大数据分析和人工智能算法，金融机构能够建立信贷风控模型，强化风险监测和控制能力，从而达到降低风险的作用。综上所述，随着农村金融服务可获取性的有效提升、农村金融服务成本的持续降低、农村金融市场竞争的不断加剧以及农村金融风险控制能力的进一步增强，资本要素会加速从城市地区向农村地区流动，城乡资本错配也将由此得到有效缓解。基于上述分析，本书提出如下假说。

假说5.1：数字普惠金融有助于缓解城乡资本错配。

二 数字普惠金融影响城乡资本错配的异质性

首先，数字普惠金融涵盖覆盖广度、使用深度与数字化程度三大维度，各个维度的功能特点存在明显差异，其对缓解城乡资本错配的作用效果也必然会有所不同。一是覆盖广度。覆盖广度反映了数字普惠金融用户的横向覆盖范围，通过电子账户数、智能化网点数等触及农村用户，提高其金融服务可得性。随着农村数字基础设施的不断完善，城乡居民可以广泛且平等地使用数字信息技术，数字普惠金融的服务成本由此得到极大降低，覆盖面也得到极大拓展，这意味着更广泛的农村长尾群体能够获得金融服务，有利于满足农业农村发展的资金需求，进而缓解城乡资本错配。二是使用深度。使用深度反映了数字普惠金融的纵向渗透水平，具体包括数字支付、数字借贷、数字理财、数字保险等数字普惠金融业务的使用频率，比如，数字借贷可以缓解农村长尾群体普遍面临的信贷约束与流动性危机，数字理财能够提高农村长尾群体的理财收益。数字普惠金融业务的渗透度越高，农村长尾群体越有机会接触和享受到相应的产品与服务，有利于加速城乡资本要素的匹配效率与流转速率，缓解城乡资本错配。三是数字化程度。数字化程度反映了普惠金融的移动化、实惠化、信用化与便利化程度。数字化程度越高，农村长尾群体面临的金融服务门槛和融资成本越低，其便利化和信用化程度也越高，这有助于减少因金融市场信息不对称所导致的数字鸿沟、逆向选择以及道德风险等问题，提高农村地区的金融可得性，进而缓解城乡资本错配。由此，本书提出如下假说。

假说5.2：数字普惠金融对城乡资本错配的影响存在结构异质性。

其次，尽管中国数字普惠金融实现了跨越式发展，整体水平取得了明显提升，但仍然存在显著的区域差异，即总体呈现从东部到中西部逐步降低的趋势。由于数字普惠金融助力城乡资本错配缓解这一过程受地理区位、经济金融发展水平以及数字技术应用条件等差异化影响，可能导致不同区域数字普惠金融对缓解城乡资本错配的作用效果也会有所不同。对于东部地区而言，作为改革开放的先行区域，其经济和金融发展水平较高，金融市场运行机制健全，金融产品与服务覆盖范围广泛，发达的城市金融体系可以为农村地区进行资金反哺，带动农村金融发展。因此，尽管数字普惠金融发展有助于扩大农村金融覆盖水平和提升农村金融服务效率，但数字普惠金融对东部地区金融市场的影响相对较小，其主要功能侧重于为传统金融供给提供补充。相比之下，中西部地区农村金融整体发展水平较为落后，农村金融基础设施薄弱、金融体系较不健全以及金融可及性低等问题更为突出。近年来，中西部地区数字普惠金融实现了快速发展，凭借着低门槛和低成本的特点充分发挥普惠性优势，其更能解决当地农业农村发展所需资金的燃眉之急，进而对缓解城乡资本错配产生快速且更大的边际效用，特别是在打通中西部地区农村金融服务"最后一公里"上能够发挥出更强作用。综上所述，相比于东部地区，数字普惠金融可以更加显著地缓解中西部地区的城乡资本错配状况。由此，本书提出如下假说。

假说5.3：数字普惠金融对城乡资本错配的影响存在区域异质性。

最后，数字普惠金融本身并没有脱离金融的本质，其发展不仅与数字技术的创新应用密不可分，同时也与传统金融发展状况息息相关，因而数字普惠金融对城乡资本错配的缓解作用也会受到传统金融发展水平的影响。换言之，在传统金融发展水平不同的地区，数字普惠金融对城乡资本错配的影响也会存在一定差异。传统金融发展水平较高的地区，金融产品与金融服务的专业化程度更高，当地金融机构提供的金融产品和金融服务相对较为充足，当地农村经济发展所需的资金也能得到一定满足，数字普惠金融在该地区的主要作用是补充传统金融的供给不足，服务传统金融难以覆盖的农村长尾群体。在传统金融发展水平较低的地区，城乡资本配置扭曲更为严重并阻碍了当地农村经济的可持续健康发展，数字普惠金融作为传统金融的重要补充，可以显著提升农村金融服务可得性、降低农村金融服务成本、促进农村金融市场竞争以及增强农村金融风险控制能力，因而其在缓解城乡资本错配过程中所起到的作用往往比传统金融更大。值得注意的是，考虑到资本要素与生俱来的逐利性特征，数字普惠金融发展也可能存在"马太效应"，即在传统金融发展水平较高的地区，数字普惠金融发展也更好，从而导致数字普惠金融对城乡资本错配的缓解效果在不同地区存在不确定性。由此，本书提出如下假说。

假说5.4：数字普惠金融对城乡资本错配的影响存在传统金融发展水平异质性。

三　数字普惠金融影响城乡资本错配的空间溢出效应

前文理论分析表明，数字普惠金融有助于缓解城乡资本错配。然而，该结论忽略了邻近地区之间城乡资本要素配置的空间相关性，可能会错估数字普惠金融对缓解城乡资本错配的作用效果。事实上，在区域经济一体化发展背景下，资本要素的流动与配置存在"邻里效应"，导致邻近地区的资本配置在空间上呈现显著相关性。① 与此同时，相比于传统金融开设线下物理网点受制于地理区位因素而难以扩展到其他邻近地区，数字普惠金融依托数字化技术可以突破金融资源配置的空间限制，加速推动金融要素的空间扩散与空间集聚，实现金融资源的跨区域配置，进而促使邻近地区的数字普惠金融发展也呈现出明显的空间相关性特征。因此，在考察一个地区数字普惠金融对城乡资本错配的影响效应时，有必要纳入来自周边邻近地区可能存在的空间溢出效应。这里的空间溢出效应指的是一个地区的数字普惠金融发展不仅会对本地区城乡资本错配产生影响，还可以通过发挥空间溢出效应对周边邻近地区的城乡资本错配产生影响。具体而言，数字普惠金融影响城乡资本错配的空间溢出效应表现为正向空间溢出效应与负向空间溢出效应两个方面。

其一，数字普惠金融影响城乡资本错配的正向空间溢出效应意味着，一个地区数字普惠金融不仅有利于缓解当地城乡资本错配，还能够带动邻近地区城乡资本错配的协同缓解。借助大数据、云计算、区块链以及人工智能等技术，数字普惠金融可以使资金高效便捷地在不同地区之间自由流动，实现资本要素的跨地区配置。同时，在"普惠性"原则的加持下，数字普惠金融可以使金融服务辐射到金融发展水平较低、城乡资本错配严重的邻近地区，从而为邻近地区城乡资本优化配置提供充足的金融支持，充分挖掘其资本配置效率提升潜力。当一个地区数字普惠金融对缓解城乡资本错配产生良好成效后，其数字普惠金融发展模式将会通过空间溢出效应对邻近地区产生"示范引领效应"和"学习模仿效应"，数字普惠金融发展的空间扩散有利于带动邻近地区不断完善数字普惠金融产品和服务，从而更好地支持城乡资本配置效率提升。

其二，数字普惠金融影响城乡资本错配的负向空间溢出效应意味着，一个地区数字普惠金融有利于缓解当地城乡资本错配，但对邻近地区城乡资本错配缓解存在负向影响。金融资源作为一种稀缺资源，对于地方经济发展具有不可替代的作用，因此，长期以来各地区围绕金融资源展开了激

---

① 韩长根、张力：《互联网是否改善了中国的资源错配——基于动态空间杜宾模型与门槛模型的检验》，《经济问题探索》2019 年第 12 期；李慧泉、简兆权、林青宁：《数字经济发展能否改善中国资源错配》，《科技进步与对策》2023 年第 16 期。

烈的竞争行为。数字普惠金融发展可以加速金融资源的空间流动，使金融资源配置不再被地理因素所限制，进而可能加剧地区之间的金融资源竞争。伴随一个地区数字普惠金融的快速发展，其不仅对金融资源的需求数量会明显增加，同时对金融资源的吸收能力也会显著增强，由此将吸引邻近地区金融资源的持续流入。然而，过度竞争所带来的"负外部性"容易造成数字普惠金融在地理空间上高度集聚，由此产生的"虹吸效应"会抑制邻近地区数字普惠金融发展，并对其城乡资本错配缓解产生不利影响。

综上，本书提出如下假说。

假说5.5：数字普惠金融对城乡资本错配的影响存在正向空间溢出效应，即一个地区的数字普惠金融发展有助于缓解邻近地区的城乡资源错配。

假说5.6：数字普惠金融对城乡资本错配的影响存在负向空间溢出效应，即一个地区的数字普惠金融发展会加剧邻近地区的城乡资源错配。

第二节 模型、变量与数据说明

一 模型构建与研究方法

（一）计量模型

为了考察数字普惠金融对城乡资本错配的基准影响，即验证研究假说5.1，本章借鉴唐红梅等学者在研究数字普惠金融的经济效应时的研究思路，[①] 构建如下面板双向固定效应模型：

$$URC_{it} = \alpha_0 + \alpha_1 DGF_{it} + \gamma CTR_{it} + \varphi_i + \nu_t + \varepsilon_{it} \quad (5.1)$$

式（5.1）中，i 和 t 分别表示地级市与年份；URC 表示城乡资本错配；α_0 为常数项；DGF 表示数字普惠金融；CTR 表示其他影响城乡资本

[①] 唐红梅、赵军：《数字普惠金融、产业结构与包容性增长》，《当代经济科学》2022年第6期；谭燕芝、施伟琦：《数字普惠金融对共同富裕的影响及机制研究》，《经济经纬》2023年第2期；王曙光、刘彦君：《数字普惠金融是否有助于缩小城乡收入差距？》，《农村经济》2023年第2期。

错配的控制变量集合，包括经济发展（ECO）、财政支出（GOV）、传统金融发展（FIN）、对外开放（OPE）和产业结构升级（IDS）；φ_i 与 ν_t 分别表示城市固定效应与年份固定效应；ε_{it} 为随机误差项。

（二）估计方法

针对面板数据，理论上存在三种可供选择的面板估计模型，即混合效应模型（POLS）、固定效应模型（FE）和随机效应模型（RE）。为了确保面板双向固定效应模型构建的合理性，本章参考陈强的研究思路，[①] 借助 F 检验、LM 检验与 Hausman 检验对上述三种面板估计模型进行判定。首先，F 检验用于判定混合效应模型还是固定效应模型，若拒绝"混合回归模型更优"的原假设则选择固定效应模型，即允许每个个体拥有自己的截距项；其次，LM 检验用于判定混合效应模型还是随机效应模型，拒绝"混合回归模型更优"的原假设则选择随机效应模型；最后，Hausman 检验用于判定固定效应模型还是随机效应模型，若拒绝"随机效应模型更优"的原假设则选择固定效应模型。如果 F 检验和 LM 检验均不显著，则表明应该选择混合效应模型，如果二者中有一个显著则需要再进行 Hausman 检验。如果 Hausman 检验结果支持固定效应模型，需要进一步定义年份虚拟变量，检验所有年份虚拟变量的联合显著性。一旦通过联合显著性检验，表明应该在固定效应模型中加入时间效应，以控制时间差异的外部冲击。

二　变量定义与选取依据

（一）被解释变量

本章研究的被解释变量为城乡资本错配（URC），以城乡资本边际生产率差异（农村资本边际生产率与城市资本边际生产率之比）来反映。具体指标的选取依据和测度过程详见第三章第四节所述。

（二）核心解释变量

本章研究的核心解释变量为数字普惠金融（DGF），以北京大学数字普惠金融指数来衡量。具体指标的选取依据和测度过程详见第三章第四节所述。为了尽可能降低数据异方差对计量估计造成的不利影响，本章对数

[①] 陈强编著：《高级计量经济学及 Stata 应用（第二版）》，高等教育出版社 2014 年版。

字普惠金融指数进行了自然对数处理。

（三）控制变量

本章研究的控制变量包括：（1）经济发展（ECO），以地级市人均国内生产总值（元/人）的对数衡量。一个地区的经济发展水平在很大程度上决定了城乡居民的消费水平和生活方式，进而会对资本要素的使用方式和利用效率产生重要影响。(2)财政支出（GOV），以地级市政府财政支出与国内生产总值的比值表示。财政支出反映了政府对经济发展的宏观调控行为，适度的调控和干预可以弥补市场机制调节不足的问题，有利于缓解城乡资本错配；但过度的调控和干预也可能造成市场效率损失，从而加剧城乡资本错配。（3）传统金融发展（FIN），以地级市金融机构贷款余额与国内生产总值的比值反映。金融发展在优化资本配置方面具有重要功能，但传统金融发展仍然存在成本高、效率低、服务不均衡以及商业不可持续等痛点。（4）对外开放（OPE），以地级市人均吸收外商直接投资（元/人）的对数表征。对外开放所带来的外资进入能够扩充地区资本存量，有助于缓解地区资本不足的状况。然而，外资容易受到政府干预而向城市集聚，其在城乡之间的不均衡分布将会加剧城乡资本错配。（5）产业结构升级（IDS），以地级市的产业结构升级指数来反映①。产业结构升级可以推动城市第二、第三产业发生"转移效应"和农村第一产业实现"接二连三"，有助于优化农村产业生态和农业全产业链建设，② 提升农业农村发展的资本要素集聚能力，进而缓解城乡资本错配状况。

三　数据来源与描述性统计

考虑到地级市层面统计数据的可获取性以及研究对象的可比性，本章样本共涉及2011—2021年中国276个地级市③。相关指标原始数据主要来

---

① 产业结构升级指数以第一产业、第二产业和第三产业的排序作为权重系数，乘以三次产业占国内生产总值的比重获得，即产业结构升级指数＝第一产业占比×1＋第二产业占比×2＋第三产业占比×3。

② 姬志恒、张彦：《中国城乡协调发展的时空差异及影响因素》，《中国农业大学学报》2022年第7期。

③ 不包括北京、上海、重庆和天津四个直辖市，以及城乡差异较小的深圳市，同时剔除了海南、青海、新疆、西藏等《中国城市统计年鉴》中地级市数据缺失较为严重的省份。

源于历年的《中国城市统计年鉴》、各省市《统计年鉴》和各地级市《国民经济和社会发展统计公报》,以及国家统计局官网、EPS 数据平台(中国区域经济数据库、中国城市数据库)、Wind 数据库等权威数据网站。为了消除价格因素的影响,将 2011 年设定为基期,对涉及货币的变量数据进行了价格平减处理,以确保样本数据在不同年份间的可比性。表 5.1 列示了主要变量的描述性统计结果。从表 5.1 中可以发现,城乡资本错配评价指标取值范围为 [0.9506, 2.2685],说明不同地区城乡资本错配程度有较大差异。与此同时,数字普惠金融指标的标准差较大,表明不同地区数字普惠金融发展水平差异也较大,那么数字普惠金融是否为缓解城乡资本错配的重要因素,有待接下来进行严谨的实证检验。

表 5.1　　　　　　　　主要变量描述性统计结果

变量名称	符号	观测值	均值	标准差	最小值	最大值
城乡资本错配	URC	3036	1.4105	0.2300	0.9506	2.2685
数字普惠金融	DGF	3036	5.1043	0.5165	3.5559	5.7631
覆盖广度	COV	3036	5.0423	0.5586	3.1210	5.7884
使用深度	USE	3036	5.0836	0.5035	3.5316	5.7376
数字化程度	DIG	3036	5.2678	0.5746	3.1476	5.7742
经济发展	ECO	3036	10.7231	0.5607	8.7729	12.4564
财政支出	GOV	3036	0.2041	0.1044	0.0439	0.9155
传统金融发展	FIN	3036	1.0115	0.5883	0.1180	9.6221
对外开放	OPE	3036	5.7173	1.9602	0.0000	9.5647
产业结构升级	IDS	3036	2.2932	0.1341	1.8312	2.7136

第三节　实证检验与结果分析

一　基准回归分析

为了考察数字普惠金融对城乡资本错配的基准影响,本书首先进行了

F 检验、LM 检验、Hausman 检验与时间效应检验，检验结果发现①，应该构建面板双向固定效应模型进行回归分析。采用面板双向固定效应模型的回归结果详见表 5.2。表 5.2 中第（1）列是不考虑控制变量的回归结果，第（2）列至第（6）列是逐步加入控制变量的回归结果。其中，在没有加入任何控制变量时，数字普惠金融（DGF）对城乡资本错配的影响系数为 -0.1416，并且通过了 1% 的显著性水平检验，表明数字普惠金融对城乡资本错配具有显著的负向作用，即数字普惠金融有助于缓解城乡资本错配。逐步加入控制变量后，数字普惠金融对城乡资本错配的影响系数始终在 1% 的统计水平下显著为负，说明在考虑经济发展、财政支出、传统金融发展、对外开放以及产业结构升级等因素后，数字普惠金融对城乡资本错配依旧具有明显的缓解作用，本章的研究假说 5.1 得到证实。

表 5.2　　　　　　　　　　基准回归结果

变量	(1)	(2)	(3)	(4)	(5)	(6)
DGF	-0.1416***	-0.1191***	-0.1095***	-0.1090***	-0.1087***	-0.0976***
	(-6.21)	(-5.15)	(-4.69)	(-4.67)	(-4.67)	(-4.14)
ECO		-0.0497***	-0.0693***	-0.0720***	-0.0865***	-0.0858***
		(-4.98)	(-5.79)	(-5.91)	(-6.87)	(-6.82)
GOV			-0.1524***	-0.1463***	-0.1431***	-0.1507***
			(-2.95)	(-2.82)	(-2.77)	(-2.92)
FIN				-0.0064	-0.0067	-0.0058
				(-1.22)	(-1.28)	(-1.10)
OPE					0.0077***	0.0081***
					(4.30)	(4.50)
IDS						-0.1131***
						(-2.74)
常数项	2.0844***	2.5125***	2.7039***	2.7335***	2.8378***	3.0363***
	(23.34)	(20.32)	(19.39)	(19.31)	(19.82)	(18.94)
城市固定	YES	YES	YES	YES	YES	YES

---

① 限于篇幅，F 检验、LM 检验、Hausman 检验与时间效应检验结果未汇报。

续表

变量	(1)	(2)	(3)	(4)	(5)	(6)
年份固定	YES	YES	YES	YES	YES	YES
拟合优度	0.4656	0.4704	0.4721	0.4724	0.4759	0.4773
样本量	3036	3036	3036	3036	3036	3036

注：***、**、*分别表示通过1%、5%、10%的显著性水平检验；括号内为稳健标准误对应的统计T值或Z值。下表同。

从控制变量的回归结果来看，经济发展（ECO）对城乡资本错配的影响系数在第（2）列至第（6）列中始终显著为负，表明经济发展水平越高越有利于发挥市场的资本配置功能，进而对城乡资本错配产生积极的缓解作用。财政支出（GOV）对城乡资本错配的影响系数均在1%的统计水平下显著为负，说明政府财政支出有助于缓解城乡资本错配，即政府适度的调控和干预可以弥补市场机制在调节城乡资本错配方面存在的不足。传统金融发展（FIN）对城乡资本错配的影响系数在第（4）列至第（6）列中为负，但并未通过显著性检验，表明传统金融发展存在的市场摩擦和服务痛点，使得传统信贷供给远不能满足实际需求，农业农村发展难以获得充足的资本支持。对外开放（OPE）对城乡资本错配的影响系数为正，且通过了1%的显著性水平检验，表明对外开放所带来的外资进入在扩充地区资本存量的同时，其在城乡之间的不均衡分布也加剧了城乡资本错配。产业结构升级（IDS）对城乡资本错配的影响系数在1%的统计水平下显著为负，表明产业结构升级通过优化农村产业生态和农业全产业链建设，有利于提升农业农村发展的资本要素集聚能力，进而缓解城乡资本错配状况。

二　内生性问题处理

内生性问题会导致计量模型估计出现偏差，实证研究结论也将因此失去准确性和可靠性。本章基准回归可能存在的内生性问题及其对应的处理方法如下。

（一）遗漏变量问题

遗漏变量问题是引发内生性问题的重要原因之一。如果模型设定存在偏差，遗漏了较为重要的解释变量，而且被遗漏的解释变量与其他解释变量相关，那么就将产生内生性问题。为此，本书借鉴王宋涛等的研究思路，[①] 以解释变量滞后一期替代当期，作为当期的代理变量纳入计量模型，并利用面板双向固定效应对模型进行估计，估计结果详见表5.3第（1）列。从结果可以看出，数字普惠金融滞后一期（$L.DGF$）对城乡资本错配的影响系数为-0.1186，并且通过了1%的显著性水平检验，这与前文基准回归分析中数字普惠金融（DGF）的回归系数方向和显著性保持一致，表明数字普惠金融对城乡资本错配具有显著的负向影响，即数字普惠金融对城乡资本错配的缓解作用是稳健的。

（二）逆向因果关系

逆向因果关系也是引发内生性问题的重要原因。就本书而言，一方面，数字普惠金融的快速发展有助于提升城乡资本要素的流动速率和匹配效率，促进城乡资本要素的优化配置；另一方面，城乡资本要素的优化配置也可能对数字普惠金融发展产生反向作用，进而提升数字普惠金融的覆盖广度和使用深度。因此，数字普惠金融与城乡资本错配之间可能存在逆向因果关系，导致数字普惠金融的回归系数出现"伪相关问题"。为此，本书在参考黄群慧等的经验做法[②]基础上，选择构造1984年每万人邮局数量与1983年全国互联网用户数的交乘项，作为数字普惠金融的工具变量[③]。采用工具变量法的回归结果如表5.3第（2）列所示。从中可以看出，工具变量不存在识别不足与弱识别问题，且数字普惠金融（DGF）对城乡资本错配的影响系数显著为负，说明排除内生干扰之后，前文基准回归分析的结论依旧较为稳健。

[①] 王宋涛、朱腾腾、燕波：《制度环境、市场分割与劳动收入份额——理论分析与基于中国工业企业的实证研究》，《南开经济研究》2017年第3期；张宽、黄凌云：《政府创新偏好与区域创新能力：如愿以偿还是事与愿违》，《财政研究》2020年第4期；李晓龙、冉光和：《市场潜能、制度环境与数字金融发展》，《金融论坛》2022年第9期。

[②] 黄群慧、余泳泽、张松林：《互联网发展与制造业生产率提升：内在机制与中国经验》，《中国工业经济》2019年第8期；蒋晓敏、周战强、张博尧：《数字普惠金融与流动人口家庭相对贫困》，《中央财经大学学报》2022年第3期；郑威、陆远权：《数字金融、营商环境与高质量创业》，《现代经济探讨》2023年第5期。

[③] 一个地区的邮局对当地互联网发展影响深远，早年邮局数量较多的地区在当前也倾向于具有更高的数字普惠金融水平，因而满足相关性要求；与此同时，早年邮局数量是相对外生的，其与现阶段城乡资本错配的直接因果关系较弱，因而满足排他性要求。

(三) 变量测量误差

解释变量测量误差会导致内生性问题，与此相反，被解释变量测量误差并不会引起内生性问题。本书的核心解释变量数字普惠金融可能存在测量误差而导致内生性问题。为此，本书借鉴 A. Lewbel 等学者构造工具变量的思路，[①] 以数字普惠金融水平减去数字普惠金融水平均值之后的三次方作为数字普惠金融的工具变量[②]，即 $IV_{it} = [DGF_{it} - \mathrm{E}(DGF_{it})]^3$，$\mathrm{E}(DGF_{it})$ 为数字普惠金融水平均值。采用工具变量法的估计结果如表 5.3 第（3）列所示。结果显示，LM 统计量显著拒绝了工具变量"识别不足"的原假设，F 统计量显著拒绝了工具变量"弱识别"的原假设，表明本书构造的工具变量是有效的。与此同时，数字普惠金融（DGF）对城乡资本错配的影响系数仍然显著为负，再次表明前文的基准回归分析结论具有可靠性。

表 5.3　　内生性处理结果

变量	遗漏变量处理 (1)	双向因果关系处理 (2)	测量误差处理 (3)
L.DGF	-0.1186*** (-5.28)		
DGF		-0.1798*** (-3.12)	-0.5753*** (-2.61)
常数项	2.7087*** (16.81)	1.9926*** (8.93)	3.5125*** (4.15)
控制变量	YES	YES	YES
城市固定	YES	YES	YES

[①] A. Lewbel, "Constructing Instruments for Regressions with Measurement Error When no Additional Data are Available, with an Application to Patents and R&D", *Econometrica: Journal of the Econometric Society*, 1997；张杰、周晓艳、李勇：《要素市场扭曲抑制了中国企业 R&D?》，《经济研究》2011 年第 8 期；陈晓华、潘梦琴：《数字普惠金融与农村低收入群体增收效应——来自中国家庭追踪调查（CFPS）数据的经验证据》，《江汉学术》2022 年第 5 期。

[②] 该做法的最大优点是在不依靠外部工具变量的情况下，也能够构造一个有效的工具变量。具体推导过程和思路详见 A. Lewbel 的研究原文。

续表

变量	遗漏变量处理 (1)	双向因果关系处理 (2)	测量误差处理 (3)
年份固定	YES	YES	YES
Anderson canon. corr. LM 统计量		1534.8180 [0.00]	109.8970 [0.00]
Cragg-Donald Wald F 统计量		3088.6900 {16.38}	113.4620 {16.38}
拟合优度 R^2	0.4562	0.9783	0.7022
样本量	2760	3036	3036

注：[ ] 内为 p 值，{ } 内为 Stock-Yogo 检验临界值。

三 稳健性检验

（一）更换被解释变量

与前文采用城乡资本边际生产率差异（农村资本边际生产率与城市资本边际生产率之比）来反映城乡资本错配的做法不同，本节进一步参考柏培文等的研究思路，[1] 通过构建二元经济要素错配模型，测算获得农业部门与非农业部门之间由于资本要素错配所导致的全要素生产率损失程度，以此来间接反映城乡资本错配程度。具体的测算方法如下。

假设各个地级市的总产出（Y）是其农业部门和非农业部门产出（Y_i）的 CES 函数，表达式为：

$$Y = \left(\sum_{i=1}^{N} \theta_i Y_i^\sigma \right)^{1/\sigma} \tag{5.2}$$

式 (5.2) 中，$\sum_{i=1}^{N} \theta_i = 1$，部门 i 的产出在总产出中的权重系数为 θ_i。[2] 同时，假设农业部门与非农业部门的产出是资本要素和劳动要素的

---

[1] 柏培文、杨志才：《中国二元经济的要素错配与收入分配格局》，《经济学》（季刊）2019 年第 2 期；郭王玥蕊、张伯超：《二元经济要素错配的收入分配效应研究》，《现代经济探讨》2022 年第 6 期。

[2] 根据总体产出利润最大化的一阶条件可得：$\theta_i = \frac{1}{T} \sum_{t=1}^{T} \frac{P_i(t)[Y_i^{nor}(t)/P_i(t)]^{\sigma\sigma}}{\sum_{i}^{N}(t)/P_i(t)}$。

柯布—道格拉斯（Cobb-Douglas）函数，表达式为：$Y_i = A_i K_i^\alpha L_i^{1-\alpha}$①。各个地级市总生产要素为当地农业部门与非农业部门的生产要素之和，即 $K = \sum_{i=1}^{N} K_i, L = \sum_{i=1}^{N} L_i$，那么，各个地级市农业部门与非农业部门的要素投入比例则为：$k_i = K_i/K, l_i = L_i/L$。

根据上述设定，可以得到各个地级市的总体全要素生产率计算公式为：

$$TFP = \left(\sum_{i=1}^{N} \theta_i Y_i^\sigma\right)^{1/\sigma} / (K^\alpha L^{1-\alpha}) = \left[\sum_{i=1}^{N} \theta_i (A_i k_i^\alpha l_i^{1-\alpha})^\sigma\right]^{1/\sigma} \quad (5.3)$$

进一步地，假设部门 i 的资本要素价格和劳动要素价格分别为 $\tau_i^k r$、$\tau_i^l w$，其中，τ_i^k 为资本要素价格扭曲系数，τ_i^l 为劳动要素价格扭曲系数②。总产出的利润最大化问题为：

$$\max_{Y_i} \left\{ P \left(\sum_{i=1}^{N} \theta_i Y_i^\sigma\right)^{1/\sigma} - \sum_{i=1}^{N} P_i Y_i \right\} \quad (5.4)$$

农业部门和非农业部门产出的利润最大化问题为：

$$\max_{K_i, L_i} \left\{ P_i A_i K_i^\alpha L_i^{1-\alpha} - \tau_i^k r K_i - \tau_i^l w L_i \right\} \quad (5.5)$$

由式（5.3）至式（5.5）可知，各个地级市农业部门和非农业部门在扭曲状态下的资本要素投入比例 k_i 与劳动要素投入比例 l_i 分别为：

$$k_i = \frac{\theta_i^{\frac{1}{1-\sigma}} \bar{A}_i^{\frac{\sigma}{1-\sigma}} \tau_i^{k-1}}{\sum_{i=0}^{N} \theta_i^{\frac{1}{1-\sigma}} \bar{A}_i^{\frac{\sigma}{1-\sigma}} \tau_i^{k-1}} \quad (5.6)$$

$$l_i = \frac{\theta_i^{\frac{1}{1-\sigma}} \bar{A}_i^{\frac{\sigma}{1-\sigma}} \tau_i^{l-1}}{\sum_{i=0}^{N} \theta_i^{\frac{1}{1-\sigma}} \bar{A}_i^{\frac{\sigma}{1-\sigma}} \tau_i^{l-1}} \quad (5.7)$$

式（5.6）和式（5.7）中，$\bar{A}_i = A_i \tau_i^{k-\alpha} \tau_i^{l\,\alpha-1}$。通过将各个地级市农业

---

① 参考 L. Brandt 和 X. Zhu 的研究做法（L. Brandt, X. Zhu, "Accounting for China's Growth", University of Toronto Working Papers, No. 394, 2010），令 α 为 0.45；参考 L. Brandt 等的研究做法（L. Brandt, T. Tombe, X. Zhu, "Factor Market Distortions Across Time, Space and Sectors in China", Review of Economic Dynamics, Vol. 16, No. 1, 2013），令 σ 为 1/3。

② 根据各个地级市农业部门和非农业部门利润最大化的一阶条件可知：$\tau_i^k \propto \frac{Y_i^{nor}}{K_i}$，$\tau_i^l \propto \frac{Y_i^{nor}}{L_i}$。

部门和非农业部门的资本要素投入比例式（5.6）和劳动要素投入比例式（5.7）代入式（5.3）中，可以获得各个地级市在扭曲状态下的总体全要素生产率计算公式为：

$$TFP = \left(\sum_{i=1}^{N} \theta_i^{\frac{1}{1-\sigma}} \bar{A}_i^{\frac{\sigma}{1-\sigma}}\right)^{\frac{1-\sigma}{\sigma}} \times \left(\frac{\sum_{i=1}^{N} \theta_i^{\frac{1}{1-\sigma}} \bar{A}_i^{\frac{\sigma}{1-\sigma}} \tau_i^{k-1}}{\sum_{i=1}^{N} \theta_i^{\frac{1}{1-\sigma}} \bar{A}_i^{\frac{\sigma}{1-\sigma}}}\right)^{-\alpha} \times \left(\frac{\sum_{i=1}^{N} \theta_i^{\frac{1}{1-\sigma}} \bar{A}_i^{\frac{\sigma}{1-\sigma}} \tau_i^{l-1}}{\sum_{i=1}^{N} \theta_i^{\frac{1}{1-\sigma}} \bar{A}_i^{\frac{\sigma}{1-\sigma}}}\right)^{\alpha-1}$$

(5.8)

那么，在不存在要素错配的情形下（$\tau_i = 1$），各个地级市农业部门和非农业部门的有效资本要素投入比例 k_i^* 与有效劳动要素投入比例 l_i^* 分别为：

$$k_i^* = \frac{\theta_i^{\frac{1}{1-\sigma}} \bar{A}_i^{\frac{\sigma}{1-\sigma}}}{\sum_{i=1}^{N} \theta_i^{\frac{1}{1-\sigma}} \bar{A}_i^{\frac{\sigma}{1-\sigma}}} \qquad (5.9)$$

$$l_i^* = \frac{\theta_i^{\frac{1}{1-\sigma}} \bar{A}_i^{\frac{\sigma}{1-\sigma}}}{\sum_{i=0}^{N} \theta_i^{\frac{1}{1-\sigma}} \bar{A}_i^{\frac{\sigma}{1-\sigma}}} \qquad (5.10)$$

将式（5.9）和式（5.10）代入式（5.3）中，可以得到各个地级市在有效状态下的总体全要素生产率为：

$$TFP^* = \left(\sum_{i=1}^{N} \theta_i^{\frac{1}{1-\sigma}} A_i^{\frac{\sigma}{1-\sigma}}\right)^{\frac{1-\sigma}{\sigma}} \qquad (5.11)$$

二元部门差异导致的资本要素错配和劳动要素错配可以归结为全要素生产率损失。因此，可得农业部门与非农业部门之间资本要素错配和劳动要素错配所导致的全要素生产率损失程度为：

$$d = \frac{TFP^*}{TFP} - 1 \qquad (5.12)$$

进一步地，参考靳来群等的研究思路，① 令劳动价格扭曲系数 $\tau_i^l = 1$，即可获得各个地级市由农业部门与非农业部门之间资本要素错配所导致的总体全要素生产率损失程度，并以此来间接反映城乡资本错配程度。更换

---

① 靳来群、林金忠、丁诗诗：《行政垄断对所有制差异所致资源错配的影响》，《中国工业经济》2015 年第 4 期。

被解释变量的回归结果详见表5.4第（1）列，结果显示，数字普惠金融（*DGF*）对城乡资本错配的影响系数为负（-0.3152），并且通过了1%的显著性水平检验，表明数字普惠金融对城乡资本错配的缓解作用是稳健的。

（二）更换估计方法

前文基于Stata的xtreg命令对面板双向固定效应模型进行了估计，但对于"大N小T"型（即扁平型）面板数据而言，异方差与截面相关是不容忽视的问题。而Stata的xtscc命令计算的Driscoll-Kraay标准差能够较好地适应"大N小T"型面板数据中同时存在异方差、组间相关和序列相关的情形。① 为此，本书参考石文香等的研究做法，② 采用Stata的xtscc命令对面板双向固定效应模型进行估计，以尽可能弱化异方差和截面相关对模型估计的负面影响，结果详见表5.4第（2）列。从中可以看出，与基准回归估计相比，数字普惠金融（*DGF*）对城乡资本错配的影响系数在显著性和符号上基本保持一致，再次支持了基准回归估计的实证研究结论。

表5.4 稳健性检验结果

变量	更换被解释变量 (1)	更换估计方法 (2)	调整研究样本 (3)	考虑宏观系统性因素 (4)
DGF	-0.3152*** (-4.41)	-0.0976*** (-5.78)	-0.0805*** (-3.10)	-0.1669*** (-6.19)
常数项	4.5122*** (11.12)	2.9895*** (31.13)	2.9305*** (17.04)	3.1120*** (14.73)
控制变量	YES	YES	YES	YES
城市固定	YES	YES	YES	YES

---

① J. C. Driscoll, A. C. Kraay, "Consistent Covariance Matrix Estimation With Spatially Dependent Panel Data", *The Review of Economics and Statistics*, Vol. 80, No. 4, 1998.

② 石文香、陈盛伟：《农业保险促进了农民增收吗？——基于省级面板门槛模型的实证检验》，《经济体制改革》2019年第2期；李瑶、李磊、刘俊霞：《有为政府、有效市场与高质量发展——基于调节效应和门槛效应的经验研究》，《山西财经大学学报》2022年第2期；郑威、陆远权：《数字金融、营商环境与高质量创业》，《现代经济探讨》2023年第5期。

续表

变量	更换被解释变量 (1)	更换估计方法 (2)	调整研究样本 (3)	考虑宏观系统性因素 (4)
年份固定	YES	YES	YES	YES
省份固定	NO	NO	NO	YES
省份×年份固定	NO	NO	NO	YES
拟合优度 R^2	0.1382	0.8986	0.4821	0.9038
样本量	3036	3036	2739	3036

（三）调整研究样本

为了使基准回归分析的研究结论更加具有普遍性，本书参考汪亚楠等学者的研究做法，[1] 通过剔除省会、计划单列市和副省级城市等重点城市（包括石家庄、太原、呼和浩特、沈阳、大连、长春、哈尔滨、南京、杭州、宁波、合肥、福州、厦门、南昌、济南、青岛、郑州、武汉、长沙、广州、南宁、成都、贵阳、昆明、西安、兰州和银川等）的方式调整研究样本，并重新进行回归估计，结果详见表5.4第（3）列。从结果来看，数字普惠金融（DGF）对城乡资本错配的影响系数在1%的统计水平下显著为负，表明数字普惠金融对城乡资本错配具有十分稳健的缓解作用。

（四）考虑宏观系统性因素影响

上述检验结果证实数字普惠金融缓解了城乡资本错配，然而这一结论的稳健性还可能会受到一系列宏观系统因素的影响。为此，本书参考卢盛峰等学者的研究做法，[2] 引入省份固定效应以及省份固定与年份固定的交

---

[1] 汪亚楠、谭卓鸿、郑乐凯：《数字普惠金融对社会保障的影响研究》，《数量经济技术经济研究》2020年第7期；林子秋、张驰：《财政压力、预算公开与城市协调发展——基于2013—2019年我国265个城市的实证分析》，《经济问题探索》2022年第10期；刘洋、李敬、雷俐：《数字金融发展推动中国城市产业结构升级了吗？——来自地级及以上城市的经验证据》，《西南大学学报》（社会科学版）2022年第6期。

[2] 卢盛峰、陈思霞：《政府偏袒缓解了企业融资约束吗？——来自中国的准自然实验》，《管理世界》2017年第5期；李建军、李俊成：《"一带一路"倡议、企业信贷融资增进效应与异质性》，《世界经济》2020年第2期；孙志红、刘炳荣：《贷款利率市场化抑制了非金融企业影子银行化吗》，《现代经济探讨》2022年第9期。

互效应来捕捉系统性宏观因素变化影响，以排除省份层面的时变性宏观系统因素对研究结论的影响。其中，省份固定效应用于描绘不可观测性宏观系统因素的影响，省份固定与年份固定的交互效应用于反映动态趋势上随时间变化的宏观系统因素的影响。从表5.4第（4）列的结果可以看出，在控制联合固定效应之后，数字普惠金融（DGF）对城乡资本错配的影响系数在1%的水平下显著为负，这意味着即便在控制了宏观环境系统性因素变化之后，本书的基准回归分析结论依然成立。

四 异质性分析

（一）结构异质性

作为一个多维概念，数字普惠金融具体包括覆盖广度、使用深度与数字化程度三个维度，因而数字金融交易量的增长、数字金融服务使用的深化以及数字金融服务成本的降低均有助于推动数字普惠金融发展。因此，本书分别将覆盖广度、使用深度与数字化程度三个维度指数作为核心解释变量代入计量模型（5.1），进一步探究数字普惠金融对城乡资本错配影响的结构异质性，即数字普惠金融不同维度对城乡资本错配有何影响。表5.5列示了结构异质性检验结果，第（1）列为数字普惠金融覆盖广度对城乡资本错配影响的检验结果，其中数字普惠金融覆盖广度（COV）的回归系数显著为负，且通过了1%的显著性水平检验，表明扩大数字普惠金融覆盖广度有利于缓解城乡资本错配。第（2）列为数字普惠金融使用深度对城乡资本错配影响的检验结果，其中数字普惠金融使用深度（USE）的回归系数在1%的统计水平下显著为负，说明提升数字普惠金融使用深度可以对城乡资本错配起到缓解作用。第（3）列为数字普惠金融数字化程度对城乡资本错配影响的检验结果，其中数字普惠金融数字化程度（DIG）的回归系数显著为负，且通过了1%的显著性水平检验，表明提高数字普惠金融数字化程度也能够缓解城乡资本错配。

然而，数字普惠金融的三个维度对城乡资本错配的影响程度存在明显差异。相比而言，数字普惠金融使用深度的回归系数绝对值最大，数字普惠金融覆盖广度次之，数字普惠金融数字化程度最小，表明数字普惠金融使用深度对城乡资本错配的缓解作用要强于数字普惠金融覆盖广度和数字普惠金融数字化程度，数字普惠金融数字化程度对城乡资本错配的缓解作用最弱。数字普惠金融使用深度的增加说明数字普惠金融服务（如数字支付、数字借贷、数字理财、数字保险等）的使用频率提高，农村居民有更多机会接触和享受到数字普惠金融产品与服务，有利于加速城乡资本要素的匹配效率与流转速率，缓解城乡资本错配。数字普惠金融覆盖广度的拓展意味着更多的农村居民和涉农企业能够获得金融服务，有利于满足农业农村发展的资金需求，城乡资本错配也因此得到缓解。数字化程度提高反映数字普惠金融服务线上化水平提升，有助于摆脱金融服务对物理网点的依赖，提高农村地区的金融可得性，进而缓解城乡资本错配。然而目前中国农村信息化和数字化发展起步相对较晚，不利于普惠金融服务的数字化推广，同时也在一定程度上抑制了数字普惠金融数字化程度对缓解城乡资本错配的作用效果。

表5.5　　　　　　　　　　结构异质性检验结果

变量	覆盖广度 (1)	使用深度 (2)	数字化程度 (3)
COV	-0.0592*** (-4.38)		
USE		-0.1215*** (-2.93)	
DIG			-0.0245*** (-2.56)
常数项	2.8266*** (18.42)	3.3549*** (8.66)	2.9514*** (18.52)
控制变量	YES	YES	YES
城市固定	YES	YES	YES
年份固定	YES	YES	YES
拟合优度 R^2	0.4777	0.2092	0.4753
样本量	3036	3036	3036

（二）区域异质性

由于中国幅员辽阔，各个地区之间资源禀赋和经济发展水平差别较大，同时资本要素市场完善程度也存在明显差异，故数字普惠金融对城乡资本错配的作用效果也可能存在区域异质性。为此，本书根据惯例将样本地级市划分为东部地区、中部地区和西部地区,以考察不同区域数字普惠金融对城乡资本错配的差异化缓解效果。表5.6列示了区域异质性检验结果,第(1)列为数字普惠金融对东部地区城乡资本错配影响的检验结果,其中数字普惠金融(DGF)的回归系数显著为负,且通过了10%的显著性水平检验,表明数字普惠金融有利于缓解东部地区城乡资本错配。第(2)列为数字普惠金融对中部地区城乡资本错配影响的检验结果,其中数字普惠金融的回归系数在1%的统计水平下显著为负,说明数字普惠金融可以对中部地区城乡资本错配起到缓解作用。第(3)列为数字普惠金融对西部地区城乡资本错配影响的检验结果,其中数字普惠金融的回归系数显著为负,且通过了1%的显著性水平检验,表明数字普惠金融也有助于缓解西部地区城乡资本错配。

表5.6　　　　　　　　　区域异质性检验结果

变量	东部地区 (1)	中部地区 (2)	西部地区 (3)
DGF	-0.0202* (-1.88)	-0.0500*** (-5.23)	-0.0718*** (-5.93)
常数项	4.2841*** (21.78)	3.3144*** (21.64)	3.4386*** (17.79)
控制变量	YES	YES	YES
城市固定	YES	YES	YES
年份固定	YES	YES	YES
拟合优度 R^2	0.4714	0.4857	0.5368
样本量	1034	1199	803

值得注意的是,虽然数字普惠金融对三大区域城乡资本错配均起到了显著的缓解作用,但这种缓解作用的程度存在明显差异。相比而言,数字普惠金融(DGF)对西部地区城乡资本错配的影响系数绝对值最大,中部地区次之,东部地区最小,表明数字普惠金融对西部地区城乡资本错配的缓解作用要强于中部地区和东部地区,数字普惠金融对东部地区城乡资本错配的缓解作用较为有限。可能的原因在于,东部地区作为改革开放的

先行区域，其经济发展和金融发展水平较高，金融市场体制机制相对健全，金融产品与服务覆盖范围广泛，为当地资本要素合理配置提供了重要支持。因此，数字普惠金融对东部地区金融市场的影响较小，其主要功能侧重于为传统金融供给提供补充。相比于东部地区，西部地区金融资源比较匮乏，数字化发展基础也较为薄弱，数字普惠金融的快速发展能对城乡资本错配产生快速且明显的边际效应，因而数字普惠金融可以更加显著地缓解西部地区的城乡资本错配状况。

（三）传统金融发展水平异质性

数字普惠金融是对传统金融的重要补充，致力于触达传统金融无法覆盖的服务领域和服务对象。近年来，中国传统金融实现了快速发展，但传统金融在不同区域的发展速度和发展水平差异较大，由此可能导致数字普惠金融对城乡资本错配的缓解作用呈现出非均衡特征。为此，本书依据传统金融发展水平（金融机构贷款余额与国内生产总值的比值）的中位数，将样本地级市划分为传统金融发展水平较高地区和传统金融发展水平较低地区，以此检验数字普惠金融对城乡资本错配的缓解作用是否存在基于传统金融发展水平的异质性。表5.7列示了传统金融发展水平异质性检验结果，第（1）列为数字普惠金融对传统金融发展水平较高地区城乡资本错配影响的检验结果，其中数字普惠金融（DGF）的回归系数显著为负，且通过了5%的显著性水平检验，表明在传统金融发展水平较高的地区，数字普惠金融有利于缓解城乡资本错配。第（2）列为数字普惠金融对传统金融发展水平较低地区城乡资本错配影响的检验结果，其中数字普惠金融（DGF）的回归系数在1%的统计水平下显著为负，说明数字普惠金融对传统金融发展水平较低地区的城乡资本错配同样起到了缓解作用。

当然，在传统金融发展水平不同的地区，数字普惠金融对城乡资本错配的影响程度存在明显差异。与传统金融发展水平较高的地区相比，数字普惠金融（DGF）的回归系数绝对值在传统金融发展水平较低的地区更大，表明数字普惠金融对城乡资本错配的缓解作用在传统金融发展水平较低的地区更强。数字普惠金融对城乡资本错配的缓解作用之所以存在传统金融发展水平异质性，其原因主要在于：对于传统金融发展水平较高的地区而言，金融机构提供的金融产品和金融服务相对较为充足，当地农村经济发展所需的资金也能得到一定满足，数字普惠金融在该地区的主要作用是补充传统金融的不足,服务传统金融难以覆盖的农村长尾群体。与此相反,在传统金融发展水平较低的地区,资本短缺与配置扭曲严重阻碍了当地农村经济的可持续健康发展,数字普惠金融可以显著提升农村金融服务可得性、降低农村金融服务成本、促进农村金融市场竞争以及增强农村金融风险控制能力,因而其在缓解城乡资本错配过程中所起到的作用往往比传统金融更大。

表5.7　　　　　　　　传统金融发展水平异质性检验结果

变量	传统金融发展水平较高地区	传统金融发展水平较低地区
	(1)	(2)
DGF	-0.0677**	-0.1694***
	(-2.00)	(-4.82)
常数项	3.3330***	3.0364***
	(13.66)	(13.61)
控制变量	YES	YES
城市固定	YES	YES
年份固定	YES	YES
拟合优度 R^2	0.4486	0.5257
样本量	1518	1199

第四节　进一步讨论:空间溢出效应分析

一　空间计量模型构建与估计方法

(一)计量模型

1. 空间计量模型构建

为了考察数字普惠金融对本地区城乡资本错配的影响(本地效应),以及对邻近地区城乡资本错配的影响(空间溢出效应),本书参考相关文献关于空间溢出效应研究的普遍做法,[①] 借鉴 P. LeSage 和 K. Pace 的做法

[①] 白俊红等:《研发要素流动、空间知识溢出与经济增长》,《经济研究》2017年第7期;沈小波、陈语、林伯强:《技术进步和产业结构扭曲对中国能源强度的影响》,《经济研究》2021年第2期。

思路,① 构建了面板空间杜宾模型②：

$$Y = \alpha l_n + \rho WY + \beta X + \theta WX + \varepsilon \quad (5.13)$$

式（5.13）中，Y 为城乡资本错配；α 为常数项，l_n 表示 $N \times 1$ 阶单位矩阵，N 表示地级市个数；X 为数字普惠金融，同时在实证检验过程中，添加了经济发展、财政支出、传统金融发展、对外开放和产业结构升级等控制变量；ε 为随机误差项。W 表示空间权重矩阵，参考白俊红和刘怡的做法，③ 本书构建了地理邻接空间权重矩阵和地理距离空间权重矩阵：

$$W_{ij} = \begin{cases} 1, & \text{当地级市 } i \text{ 与地级市 } j \text{ 相邻} \\ 0, & \text{当地级市 } i \text{ 与地级市 } j \text{ 不相邻} \end{cases} \quad (5.14)$$

$$W_{ij} = \begin{cases} 1/d_{ij}^2, & \text{当 } i \neq j \\ 0, & \text{当 } i = j \end{cases} \quad (5.15)$$

式（5.15）中，d_{ij} 是通过国家基础地理信息中心提供的地级市 i 与地级市 j 的经纬度，计算得到两个地级市之间的欧氏距离来作为两两地级市之间的地理距离。

2. 空间溢出效应分解

需要指出的是，如果式（5.13）中 WY 的回归系数 ρ 不为 0，那么解释变量的空间溢出效应不能由 WX 的回归系数 θ 来衡量。因此，本书进一步借鉴 P. LeSage 和 K. Pace 的做法思路,④ 采用偏微分方法对空间杜宾模型的回归系数进行直接效应和间接效应分解，从而科学识别数字普惠金融的空间溢出效应。详细的分解步骤如下。

首先，将空间杜宾模型的一般形式改写为：

$$(I_n - \rho W) Y = \alpha l_n + \beta X + \theta WX + \varepsilon \quad (5.16)$$

---

① P. LeSage, K. Pace, *Introduction to Spatial Econometrics*, Abingdon: Taylor & Francis Group, 2009.

② 空间杜宾模型（SDM）相比于空间误差模型（SEM）、空间自回归模型（SAR）等具有多方面优势（P. LeSage, K. Pace, *Introduction to Spatial Econometrics*, Abingdon: Taylor & Francis Group, 2009），尤其可以更好揭示影响因素的直接效应、间接效应（溢出效应）和总效应（J. P. Elhorst, "Matlab Software for Spatial Panels", *International Regional Science Review*, Vol. 37, No. 3, 2014），因此更加符合本书的需要。

③ 白俊红、刘怡：《市场整合是否有利于区域创新的空间收敛》，《财贸经济》2020 年第 1 期。

④ P. LeSage, K. Pace, *Introduction to Spatial Econometrics*, Abingdon: Taylor & Francis Group, 2009.

其次,令 $V(W) = (I_n - \rho W)^{-1}$, $S_r(W) = V(W)(I_n\beta_r + W\theta_r)$,则式 (5.16) 可以改写为:

$$Y = \sum_{r=1}^{k} S_r(W) X_r + V(W) l_n \alpha + V(W)\varepsilon \quad (5.17)$$

其中,I_n 表示 n 阶单位矩阵;k 为解释变量个数;X_r 为第 r 个解释变量,$r = 1, 2, \cdots, k$。

进一步地,将式 (5.17) 改写为如下矩阵形式:

$$\begin{pmatrix} Y_1 \\ Y_2 \\ \vdots \\ Y_n \end{pmatrix} = \sum_{r=1}^{k} \begin{pmatrix} S_r(W)_{11} & S_r(W)_{12} & \cdots & S_r(W)_{1n} \\ S_r(W)_{21} & S_r(W)_{22} & \cdots & S_r(W)_{2n} \\ \vdots & \vdots & \ddots & \vdots \\ S_r(W)_{n1} & S_r(W)_{n2} & \cdots & S_r(W)_{nn} \end{pmatrix} \begin{pmatrix} X_{1m} \\ X_{2m} \\ \vdots \\ X_{nm} \end{pmatrix}$$
$$+ V(W) l_n \alpha + V(W)\varepsilon \quad (5.18)$$

最后,某个地级市 i ($i = 1, 2, \cdots, n$) 的 Y_i 可以表示为:

$$Y_i = \sum_{r=1}^{k} [S_r(W)_{i1} X_{1r} + S_r(W)_{i2} X_{2r} + \cdots + S_r(W)_{in} X_{nr}]$$
$$+ V(W) l_n \alpha + V(W)_i \varepsilon \quad (5.19)$$

根据式 (5.19),可以将 Y_i 对本地级市 i 的第 r 个解释变量 X_{ir} 求偏导:

$$\partial Y_i / \partial X_{ir} = S_r(W)_{ii} \quad (5.20)$$

式 (5.20) 反映了地级市 i 的第 r 个解释变量对本地区城乡资本错配的影响,即直接效应。

根据式 (5.19),将 Y_i 对其他地级市 j 的第 r 个解释变量 X_{jr} 求偏导可得:

$$\partial Y_i / \partial X_{jr} = S_r(W)_{ij} \quad (5.21)$$

式 (5.21) 反映了城市 j 的第 r 个解释变量对地级市 i 城乡资本错配的影响,即间接效应(空间溢出效应)。总效应等于直接效应与间接效应之和。

(二)估计方法

由于空间杜宾模型中纳入了变量的空间滞后项,利用传统的最小二乘法(OLS)会导致参数估计偏误。[1] 极大似然估计(MLE)能够对变量空

---

[1] P. LeSage, K. Pace, *Introduction to Spatial Econometrics*, Abingdon: Taylor & Francis Group, 2009.

间滞后项所引发的内生性问题进行有效控制,① 目前被广泛用于空间计量模型的估计。然而,如果空间计量模型包含固定效应,那么采用极大似然估计所得到的回归结果也可能是有偏的。② 因而,本书最终采用 L. F. Lee 和 J. Yu 提出的准极大似然估计(QMLE)方法③对前文构建的空间杜宾模型进行估计,准极大似然估计主要借助正交转换方法对空间杜宾模型中的个体固定效应与时间固定效应进行消除,能够获得无偏的估计结果。

二 空间计量模型估计与结果分析

(一) 全局空间自相关性检验

在借助空间杜宾模型实证检验数字普惠金融对城乡资本错配的影响之前,本书首先计算了中国 276 个地级市城乡资本错配的 Moran's I 指数,以识别城乡资本错配在地理空间上是否存在空间自相关性,结果如表 5.8 所示。Moran's I 指数能够反映地级市之间城乡资本错配的空间关联性,取值大于 0 表示存在正向的空间自相关性,取值小于 0 表示存在负向的空间自相关性,等于 0 表示不存在空间自相关,即城乡资本错配程度完全随机分布,而且 Moran's I 指数的绝对值越大表示空间自相关程度越大。从表 5.8 的结果来看,在分别嵌入地理邻接空间权重矩阵和地理距离空间权重矩阵的情形下,城乡资本错配的 Moran's I 指数在样本期间均为正数,且至少通过了 5% 的显著性水平检验,表明中国城乡资本错配在空间分布上并不是随机的,而是存在显著的空间依赖与空间集聚特征;与此同时,不同年份的 Moran's I 指数数值整体呈现出上升的趋势,表明研究期内中国地级市之间城乡资本错配的空间依赖性有所增强。综上所述,中国城乡资本错配的空间自相关性是不可忽视的重要问题,有必要采用空间计量模型进一步检验数字普惠金融对城乡资本错配的影响。

---

① J. P. Elhorst, "Matlab Software for Spatial Panels", *International Regional Science Review*, Vol. 37, No. 3, 2014.

② 邵帅、范美婷、杨莉莉:《经济结构调整、绿色技术进步与中国低碳转型发展——基于总体技术前沿和空间溢出效应视角的经验考察》,《管理世界》2022 年第 2 期。

③ L. F. Lee, J. Yu, "Estimation of Spatial Autoregressive Panel Data Models with Fixed Effects", *Journal of Econometrics*, Vol. 154, No. 2, 2010.

表 5.8　　2011—2021 年城乡资本错配程度的全域 Moran's I 指数

年份	地理邻接空间权重矩阵		地理距离空间权重矩阵	
	Moran's I 指数	Z 统计值	Moran's I 指数	Z 统计值
2011	0.0930***	2.9580	0.0440**	2.3290
2012	0.1970***	5.3130	0.0960***	4.1440
2013	0.2100***	5.4620	0.0950***	3.9810
2014	0.2420***	6.1700	0.1270***	5.1750
2015	0.2400***	6.1190	0.1270***	5.1690
2016	0.2810***	7.1020	0.1590***	6.3860
2017	0.2880***	7.2530	0.1760***	7.0670
2018	0.3000***	7.5360	0.1900***	7.5660
2019	0.2690***	6.7750	0.1730***	6.9150
2020	0.2670***	6.7040	0.1730***	6.9270
2021	0.2560***	6.4490	0.1620***	6.4690

（二）局域空间自相关性检验

为了更加清楚地揭示城乡资本错配的空间自相关性，图 5.1 和图 5.2 分别绘制了 2011 年和 2021 年城乡资本错配程度的局域 Moran 散点图。局域 Moran 散点图的第一象限表示高值与高值集聚，即城乡资本错配程度高的地级市被城乡资本错配程度同样高的地级市包围。同理，第二象限表示低值与高值集聚，即城乡资本错配程度低的地级市被城乡资本错配程度高的地级市包围；第三象限表示低值与低值集聚，即城乡资本错配程度低的地级市被城乡资本错配程度同样低的地级市包围；第四象限表示高值与低值集聚，即城乡资本错配程度高的地级市被城乡资本错配程度低的地级市包围。从图 5.1 和图 5.2 可以看到，大部分地级市位于第一象限和第三象限，说明城乡资本错配程度较高或较低的地级市在空间上相互集聚，而且 2021 年城乡资本错配程度"高值与高值集聚"和"低值与低值集聚"的现象比 2011 年更加明显。通过分析 2011 年和 2021 年城乡资本错配程度的局域 Moran 散点图，发现大多数地级市拒绝"无空间自相关"的原假设，这与全局 Moran's I 指数检验结果是一致的。上述分析同样表明在研究城乡资本错配时考虑空间自相关性是非常有必要的。

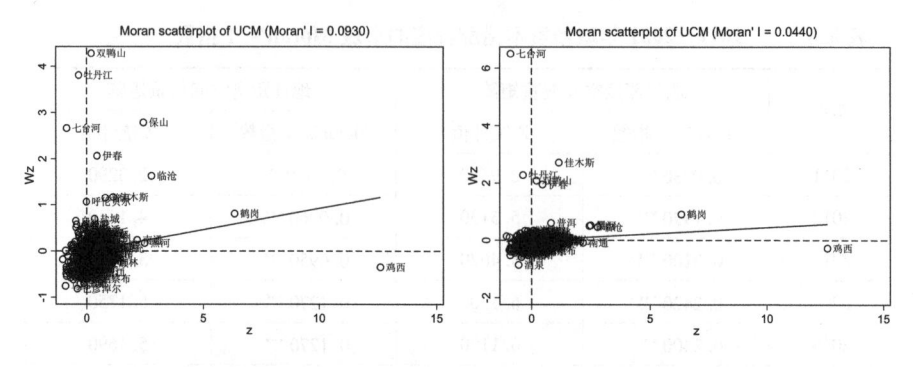

(a) 地理邻接空间权重矩阵　　　　(b) 地理距离空间权重矩阵

图 5.1　2011 年城乡资本错配程度的局域 Moran 散点分布

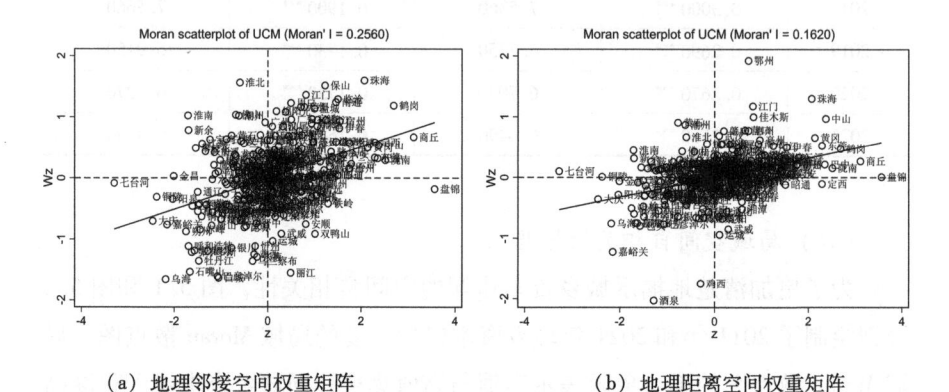

(a) 地理邻接空间权重矩阵　　　　(b) 地理距离空间权重矩阵

图 5.2　2021 年城乡资本错配程度的局域 Moran 散点分布

（三）空间计量回归分析

本书采用准极大似然估计（QMLE）方法的空间杜宾模型，回归结果如表 5.9 所示。其中，与第（1）列和第（3）列相比，第（2）列和第（4）列加入了控制变量。从结果来看，在分别嵌入地理邻接空间权重矩阵和地理距离空间权重矩阵的情形下，数字普惠金融（DGF）的回归系数均显著为负，并且通过了 1% 的显著性水平检验，表明数字普惠金融对城乡资本错配起到了明显的缓解作用，从而再次验证了本章的研究假说 5.1。空间杜宾模型的空间自回归系数 ρ 均在 1% 的统计水平下显著为正，表明引入空间效应是必要的，不同地级市之间城乡资本错配存在明显的空间相互作用，即一个地级市的城乡资本错配在一定程度上会受到与其地理相邻或距离相近地级市的城乡资本错配的影响，并且该影响是正向的。数字普惠金融的空间滞后收敛系数（$W \times DGF$）均显著为正，且都在1%的水平下显著，这一方面表明数字普惠金融对城乡资本错配的影响存在空间溢出效应；另一方面也意味着地理相邻或距离相近地级市的数字普惠金融对目标地级市的城乡资本错配不仅没有起到缓解效果，反而会加剧其城乡资本错配程度。控制变量的回归结果与基准回归分析基本保持一致。

表5.9　　　　　　　　　　空间计量回归结果

变量	地理邻接空间权重矩阵		地理距离空间权重矩阵	
	(1)	(2)	(3)	(4)
DGF	-0.1707***	-0.1206***	-0.1978***	-0.1458***
	(-6.94)	(-4.90)	(-7.41)	(-5.46)
ECO		-0.0935***		-0.0941***
		(-8.42)		(-8.28)
GOV		-0.1664***		-0.1650***
		(-3.45)		(-3.37)
FIN		-0.0102**		-0.0098**
		(-2.07)		(-1.97)
OPE		0.0081***		0.0090***
		(4.62)		(5.10)
IDS		-0.1902***		-0.2005***
		(-5.38)		(-5.60)
$W \times DGF$	0.0808***	0.0838***	0.1166***	0.1114***
	(3.25)	(3.43)	(4.25)	(4.12)
ρ	0.3012***	0.2167***	0.3802***	0.2308***
	(13.21)	(8.96)	(11.69)	(6.47)
Log-likelihood	3112.6102	3184.1921	3097.0750	3168.3496
城市固定	YES	YES	YES	YES
年份固定	YES	YES	YES	YES
拟合优度R^2	0.4232	0.4720	0.4237	0.4724
样本量	2760	2760	2760	2760

三 空间溢出效应分解与结果分析

为了验证数字普惠金融对城乡资本错配影响的空间溢出效应，本书借鉴 P. LeSage 和 K. Pace 的系数分解方法，[①] 将回归系数具体分解为直接效应（本地效应）、间接效应（空间溢出效应）与总效应三个部分，换言之，间接效应可以衡量数字普惠金融对地理相邻或距离相近地区城乡资本错配的作用。空间溢出效应分解结果如表 5.10 所示。从表 5.10 可以看出，在分别嵌入地理邻接空间权重矩阵和地理距离空间权重矩阵的情形下，数字普惠金融对城乡资本错配的直接效应均在 1% 的水平下显著为负，间接效应即空间溢出效应则在 1% 的水平下显著为正。该结果验证了本章的研究假说 5.6，表明数字普惠金融对于本地区和邻近地区城乡资本错配的影响存在明显差异，能够缓解本地区的城乡资本错配，却加剧了邻近地区的城乡资源错配程度。其原因可能在于：数字普惠金融依托数字技术，本身会存在"马太效应"与"数字鸿沟"问题。一个地区的数字普惠金融水平越高，该地区城乡资本要素的流通速度越高，资本配置的效率也越高，从而可能会大量吸引邻近地区的资本要素，挤占邻近地区的资本投入，最终造成邻近地区城乡资本错配程度的加剧。作为直接效应与间接效应之和的总效应，其回归系数在两种空间权重矩阵下均显著为负，且通过了 1% 的显著性水平检验，说明在考虑本地效应和空间溢出效应之后，数字普惠金融整体上仍然有利于缓解城乡资本错配。

从控制变量的系数分解来看，经济发展（ECO）的直接效应和间接效应在地理邻接空间权重矩阵和地理距离空间权重矩阵下均显著为负，说明邻近地区经济发展水平存在相关性，因此经济发展对城乡资本错配的缓解作用表现出空间相关性。财政支出（GOV）的直接效应系数和间接效应系数均为负，且都通过了 1% 的显著性水平检验，表明随着本地区财政支出水平的提高，不仅有助于本地区城乡资本错配的缓解，还会通过空间溢出效应促进邻近地区城乡资本错配缓解。传统金融发展（FIN）的直接效应和间接效应在两种空间权重矩阵下均显著为负，说明在考虑空间效应之

[①] P. LeSage, K. Pace, *Introduction to Spatial Econometrics*, Abingdon: Taylor & Francis Group, 2009.

后，传统金融发展不仅有利于缓解本地区城乡资本错配，还有利于促进邻近地区城乡资本错配的缓解。对外开放（OPE）的直接效应系数与间接效应系数均显著为正，表明一个地区在吸引外资进入扩充资本存量的过程中，既不利于本地区城乡资本错配的缓解，同时也对邻近地区城乡资本错配的缓解带来了不利影响。产业结构升级（IDS）的直接效应系数和间接效应系数均为负，且都通过了1%的显著性水平检验，表明随着本地区产业结构的不断升级，不仅有助于本地区城乡资本错配的缓解，还会通过空间溢出效应促进邻近地区城乡资本错配缓解。总的来看，经济发展、财政支出、传统金融发展、产业结构升级等因素在空间层面上的相互作用有利于缓解城乡资本错配。

表5.10 空间溢出效应分解结果

变量	地理邻接空间权重矩阵			地理距离空间权重矩阵		
	直接效应	间接效应	总效应	直接效应	间接效应	总效应
DGF	-0.1169*** (-4.80)	0.0696*** (2.95)	-0.0473*** (-6.29)	-0.1431*** (-5.31)	0.0984*** (3.67)	-0.0447*** (-5.72)
ECO	-0.0950*** (-8.77)	-0.0249*** (-5.93)	-0.1199*** (-8.84)	-0.0951*** (-8.62)	-0.0279*** (-4.67)	-0.1230*** (-8.72)
GOV	-0.1650*** (-3.53)	-0.0431*** (-3.27)	-0.2081*** (-3.55)	-0.1627*** (-3.45)	-0.0475*** (-2.99)	-0.2102*** (-3.50)
FIN	-0.0105** (-2.21)	-0.0028** (-2.04)	-0.0132** (-2.19)	-0.0100** (-2.10)	-0.0030* (-1.87)	-0.0130** (-2.08)
OPE	0.0082*** (4.80)	0.0022*** (4.18)	0.0104*** (4.84)	0.0091*** (5.29)	0.0027*** (3.72)	0.0117*** (5.26)
IDS	-0.1901*** (-5.34)	-0.0497*** (-4.44)	-0.2398*** (-5.37)	-0.1994*** (-5.56)	-0.0585*** (-3.84)	-0.2579*** (-5.55)

第五节 本章小结

本章在理论分析数字普惠金融缓解城乡资本错配的内在机理基础上，采用面板双向固定效应模型、工具变量模型以及空间计量模型，实证检验了数字普惠金融对城乡资本错配的影响效应。研究发现，数字普惠金融对城乡资本错配具有显著的负向作用，即数字普惠金融有助于缓解城乡资本错配；在进行内生性问题处理以及一系列稳健性检验后，数字普惠金融对城乡资本错配的缓解作用依旧成立；从结构异质性来看，数字普惠金融使用深度对城乡资本错配的缓解作用要强于数字普惠金融覆盖广度和数字普惠金融数字化程度，数字普惠金融数字化程度对城乡资本错配的缓解作用最弱；从区域异质性来看，数字普惠金融对西部地区城乡资本错配的缓解作用要强于中部地区和东部地区，数字普惠金融对东部地区城乡资本错配的缓解作用相对较为有限；从传统金融发展水平异质性来看，相比于传统金融发展水平较高的地区而言，数字普惠金融对城乡资本错配的缓解作用在传统金融发展水平较低的地区更强。进一步的空间溢出效应分解来看，数字普惠金融对于本地区和邻近地区城乡资本错配的影响方向存在明显差异，能够缓解本地区的城乡资本错配，却加剧了邻近地区的城乡资本错配程度。

第 六 章

数字普惠金融缓解城乡资本错配的经济效应考察

上一章的研究结果表明,数字普惠金融有助于缓解城乡资本错配。现阶段,促进城乡融合发展是解决城乡发展不平衡和农村发展不充分问题的重要举措,而优化城乡资本要素配置则是城乡融合发展的内在要求。那么,数字普惠金融能否通过缓解城乡资本错配,促进城乡融合发展呢?为了规范回答这一问题,本章基于城乡融合发展内涵构建综合评价指标体系,利用2011—2021年中国276个地级市的面板数据,通过熵值法测算城乡融合发展水平,并构建中介效应模型和交互效应模型,从城乡资本错配的视角检验数字普惠金融影响城乡融合发展的传导机制。此外,本章还将利用面板门槛回归模型,进一步讨论数字普惠金融、城乡资本错配与城乡融合发展之间可能存在的非线性门槛关系。本章研究结论不仅有助于深入理解数字普惠金融与城乡资本错配的关系,同时还能够有针对性地提出数字普惠金融服务措施,为缓解城乡资本错配以及推进城乡融合发展提供有益参考。

第一节 理论分析与研究假说

一 数字普惠金融与城乡融合发展

改革开放以来,中国城乡关系先后经历了从城乡对立与分割到城乡协调发展,再到城乡一体化与融合发展等阶段。城乡融合发展作为一个全方位、多层次以及宽领域的重要概念,不仅涵盖城乡经济融合发展与城乡社会融合发展，同时也涉及城乡空间融合发展。① 近年来，在国家一系列缓解城乡失衡的政策推动下，农村产业发展、公共服务建设以及治理水平等方面均得到了明显改善。② 尽管如此，农村发展水平整体仍滞后于城市，城乡发展不平衡、农村发展不充分仍是中国经济社会的主要现象和突出矛盾。因此，如何有效促进城乡融合发展是现阶段亟待解决的重要课题。作为实现资源要素优化配置的重要方式，数字普惠金融能够推动要素在城乡之间双向自由流动，促进城乡经济发展，改进城乡社会福利，优化城乡要素空间配置效率，促进城乡在经济、社会以及空间等方面的深度融合，从而极大地契合了新时期城乡融合发展的需要。

首先，数字普惠金融有利于促进城乡经济融合发展。一方面，数字普惠金融通过开展数字信贷、数字理财以及数字众筹等形式多样的服务业态，可以大量吸纳城乡居民流动资本，充分扩展城乡产业融资渠道，为具备较高"成长性"和"创新性"的城乡新兴产业提供充足、便捷以及可持续的普惠金融服务，进而加快城乡经济融合发展进程。另一方面，数字普惠金融依托数字化技术不断对普惠金融产品和服务进行迭代创新，能够有效降低城乡产业主体获取普惠金融服务的交易成本，③ 为城乡产业转型升级提供充足的资金保障，强化城乡产业协调发展能力，确保城乡产业稳健扩张，提升城乡经济融合发展水平。此外，数字普惠金融可以通过"信贷配置优化效应""收入结构优化效应"与"预防性储蓄降低效应"，显著缩小城乡收入差距和城乡消费差距，④ 从而有助于实现城乡经济融合发展。

其次，数字普惠金融有利于促进城乡社会融合发展。作为一种新型金

---

① 丁焕峰、张蕊、周锐波：《城市更新是否有利于城乡融合发展？——基于资源配置的视角》，《中国土地科学》2021年第9期。
② 程静、陈佳睿、杜震：《数字普惠金融促进城乡融合发展：内在机制与实证检验》，《金融理论与实践》2023年第6期。
③ 李娜：《数字普惠金融、要素配置与城乡融合发展》，《管理现代化》2023年第5期。
④ 宋科、刘家琳、李宙甲：《数字普惠金融能缩小县域城乡收入差距吗？——兼论数字普惠金融与传统金融的协同效应》，《中国软科学》2022年第6期；程欣炜、李婵娟：《数字普惠金融对城乡消费差距的收敛作用研究》，《现代经济探讨》2023年第6期。

融服务方式，数字普惠金融可以使城乡居民享有公平的基本公共服务，[①]缩小城乡社会福利差距，推动城乡社会融合发展。一方面，数字普惠金融通过民生金融和开发性金融等渠道，积极创新小额贷款、小额保险等产品和服务，可以实现普惠金融服务与基本公共服务的有效融合，为农村医疗卫生服务、基础设施建设以及教育技能培训等领域提供较为充足的资金支持，推动城乡公共服务均等化，进而促进城乡社会融合发展。另一方面，数字普惠金融的核心在于普惠性，特别是针对农村地区居民，可以为其提供更高标准、更高质量的公共服务，完善农村公共服务供给体系。此外，数字普惠金融依托数字化和智能化技术，也能够显著提升医疗卫生服务、教育技能培训等公共服务的质量与效率，[②]为城乡居民提供越发高效、便捷的公共服务，助力城乡公共服务均等化，进而推动城乡社会融合发展。

最后，数字普惠金融有利于促进城乡空间融合发展。借助信息网络和数字化技术，数字普惠金融服务具备不受时间与空间限制的天然优势，可以有效促进生产要素特别是金融资源在城乡之间的自由流动与优化配置，进而促进城乡空间融合发展。一方面，数字普惠金融有助于提升城市资金使用效率和金融发展水平，并通过城市金融发展的空间溢出效应对农村发展产生积极影响。普惠性是数字普惠金融的本质特征，数字普惠金融的普惠性作用发挥可以将城市完备的基础设施与公共服务延伸至乡村，[③]极大地节约农村发展成本。而更加完善的基础设施有利于弱化城乡之间合作交流的交通与制度障碍，拓展城乡融合发展空间。另一方面，数字普惠金融有助于缓解劳动力尤其是农村劳动力受到的金融约束，通过为大学生回乡创业兴业、农村劳动力返乡就业创业等提供资金扶持，促进劳动力在城乡之间的空间自由流动，实现城乡空间融合发展。

基于上述分析，本书提出如下假说。

假说 6.1：数字普惠金融有助于促进城乡融合发展。

[①] 张海燕：《数字普惠金融、公共服务供给与城乡协调发展》，《云南民族大学学报》（哲学社会科学版）2023 年第 2 期。

[②] 刘艳华、吴忆莲：《数字普惠金融发展与基本公共服务均等化：理论阐释与实证分析》，《区域金融研究》2023 年第 7 期。

[③] 刘荣增、袁向向、何春：《数字普惠金融与城乡融合发展的耦合协调及区域差异》，《区域经济评论》2023 年第 5 期。

二 数字普惠金融、城乡资本错配与城乡融合发展

资本要素既是产业扩张的重要产物，也是城乡融合发展的关键所在。城乡资本配置的合理与否直接决定着资本要素在城乡之间的流向，而资本要素流动能够直接改变某一地区与产业的资本存量状况，进而会对城乡产业迭代与城乡融合发展产生重要影响。若城乡资本错配程度较高，城乡资本要素的自由流动受到阻碍，大量资本要素将流入经济发展水平更高、产业结构更合理以及基础设施更完善的城市地区，农村地区则难以获得充足的资本支持。事实上，在城市地区发展的早期阶段，其资本回报率明显高于农村地区，资本要素基于"逐利性"特征由农村大量流入城市，以追求更高的资本回报率。城市地区的资本集聚，不断通过扩大再生产的方式追求规模效应，实现资本自我增殖，并形成了一个封闭的资本流动循环机制。该机制促进了城市经济的快速发展，但同时也导致了农村经济发展的明显滞后，从而极大地抑制了城乡融合发展进程。打破城乡之间互相封闭的资金流动循环机制，有助于填补农村资金不足的短板，为加快城乡融合发展提供资本支撑。理论上，随着资本要素的不断涌入及城市金融机构数量的持续增加，城市地区的规模经济效应必然会达到一个临界点，此后城市地区的资本回报率开始下滑，而农村地区则显示出更高的资本回报率。资本要素由于难以在城市地区实现自我增殖，便会开始逐步向农村地区流动。考虑到资本要素的流动成本较低，其在农村地区获得预期的资本回报率之后，将以自身回报率高低作为标准在城乡之间进行合理配置。此时，城乡之间资本边际回报率的明显差异促使资本要素流动从过去"由乡入城"的单一方向向"城乡双向自由流动"的对称方向转变，城乡之间原本互相封闭的资金流动循环机制被打破，大大提高城乡资本配置效率，强化对农村地区经济发展的资本支持力度，进而提升城乡融合发展水平。

综上，本书提出如下假说。

假说6.2：城乡资本错配对城乡融合发展存在抑制作用，降低城乡资本错配有助于促进城乡融合发展。

影响城乡资本错配的因素较多，数字普惠金融是其中一个关键因素。根据第三章第二节可知，数字普惠金融对城乡资本错配的影响机理主要体

现在以下方面。首先，数字普惠金融有利于提升农村金融服务可获取性。数字普惠金融有助于扩大农村金融覆盖范围，降低农村金融用户准入门槛，提高农村金融服务的渗透性和便利性。其次，数字普惠金融有利于降低农村金融服务成本。数字普惠金融发展不仅有助于节约农村金融基础设施建设成本，还能够降低农村金融机构的获客成本、人力成本以及运营成本，从而缓解农村融资贵问题。再次，数字普惠金融有利于促进农村金融市场竞争。数字普惠金融发展不仅促进了传统金融同业机构之间的竞争，还催生出一批新型金融科技企业参与竞争，它们凭借着自身独特优势，深度参与农村地区金融服务，有效提高了农村金融市场的竞争程度。最后，数字普惠金融有利于增强农村金融风险控制能力。数字普惠金融发展可以推动金融机构利用大数据分析和人工智能算法，建立信贷风控模型，强化风险监测和控制能力，从而达到降低风险的作用。随着农村金融服务可获取性的有效提升、农村金融服务成本的持续降低、农村金融市场竞争的不断加剧以及农村金融风险控制能力的进一步增强，资本要素会加速从城市地区向农村地区流动，城乡资本错配由此也将得到有效缓解。由此可见，数字普惠金融通过提升农村金融服务可获取性、降低农村金融服务成本、促进农村金融市场竞争以及增强农村金融风险控制能力，可以有效缓解城乡资本错配，进而有助于推动城乡融合发展。

综上，本书提出如下假说。

假说6.3：数字普惠金融可以通过缓解城乡资本错配进而促进城乡融合发展。

三 数字普惠金融影响城乡融合发展的门槛效应

其一，数字普惠金融对城乡融合发展的促进效果可能会受到数字普惠金融自身水平的影响。一方面，与传统金融发展较为相似，数字普惠金融发展同样存在适度匹配问题，当数字普惠金融匹配度超越某一具体阈值后，其对城乡融合发展的促进效应也存在边际递减现象。具体而言，相比于数字普惠金融水平较高的地区而言，数字普惠金融水平较低的地区由于金融发展水平较低、金融基础设施较薄弱等原因，导致其存在较大的金融发展空间，而数字普惠金融的快速发展可以为当地农业农村发展提供更为良好的金融服务环境，这在一定程度上使得数字普惠金融对城乡融合发展的促进作用更为显著。另一方面，作为一种金融创新，数字普惠金融的快速发展也会不断放大金融风险，使得数字普惠金融对城乡融合发展的促进作用受到一定抑制。数字普惠金融催生了一大批数字金融服务平台企业，但也带来了诸多平台监管与治理难题。近年来，数字金融服务平台企业不断涌现出新型垄断行为，不仅加大了监管部门的执法难度，同时也滋生了巨大的金融风险，不利于金融市场的健康发展。此外，当数字普惠金融发展到一定阶段，当地城乡资本要素相对充足，其可能通过"涓滴效应"与"扩散效应"促进邻近地区城乡融合发展，而对本地城乡融合发展的促进效应则呈现出边际递减趋势。

综上，本书提出如下假说。

假说6.4：数字普惠金融对城乡融合发展的影响存在数字普惠金融门槛效应，随着数字普惠金融水平的提升，其对城乡融合发展的边际效应呈递减趋势。

其二，数字普惠金融对城乡融合发展的促进效果可能会受到城乡资本错配程度的影响。前文理论分析表明，城乡资本错配是数字普惠金融影响城乡融合发展的重要机制，数字普惠金融可以通过缓解城乡资本错配进而促进城乡融合发展，事实上，这本身也意味着在城乡资本错配程度越高的地区，数字普惠金融对城乡融合发展的促进作用也更大。从具体的理论逻辑来看，在城乡资本错配程度越高的地区，城乡资本要素的自由流动受阻越严重，农村地区由于资本短缺导致城乡融合发展水平越低，而数字普惠金融则致力于填补城乡融合发展过程中的农村资金缺口。根据边际效应递减规律，数字普惠金融对城乡融合发展的促进效果会随着城乡融合发展水平的提升而呈现一定程度的递减趋势。因此，当数字普惠金融作用于城乡融合发展时，城乡融合发展水平越高，数字普惠金融的作用效果越有限；相反，城乡融合发展水平越低，其未来提升的空间可能更大，数字普惠金融的作用效果也越大。进一步结合城乡资本错配与城乡融合发展的逻辑关系，可以预期数字普惠金融对城乡融合发展的促进效果在城乡资本错配程度越高的地区越明显。

综上，本书提出如下假说。

假说6.5：数字普惠金融对城乡融合发展的影响存在城乡资本错配门槛效应，在城乡资本错配程度越高的地区，数字普惠金融对城乡融合发展的促进效果越明显。

第二节　模型、变量与数据说明

一　模型构建与估计方法

（一）基准计量模型

为了考察数字普惠金融对城乡融合发展的基准影响，即验证本章的研究假说6.1，本书借鉴唐红梅等学者在研究数字普惠金融的经济效应时的研究思路，① 构建如下面板双向固定效应模型：

$$IUD_{it} = \alpha_0 + \alpha_1 DGF_{it} + \alpha_2 CTR_{it} + \varphi_i + \nu_t + \varepsilon_{it} \quad (6.1)$$

式（6.1）中，i 和 t 分别表示地级市与年份；IUD 表示城乡融合发展；α_0 为常数项；DGF 表示数字普惠金融；CTR 表示其他影响城乡融合发展的控制变量集合，包括经济发展（ECO）、财政支出（GOV）、传统金融发展（FIN）、对外开放（OPE）和产业结构升级（IDS）；φ_i 与 ν_t 分别表示城市固定效应与年份固定效应；ε_{it} 为随机误差项。

（二）中介效应模型

为了揭示城乡资本错配在数字普惠金融影响城乡融合发展过程中的作用，本书拟构建中介效应模型来验证本章的研究假说6.2。考虑到传统的"三段式"中介效应检验存在明显的因果推断缺陷，② 本书借鉴牛志伟等的经验思路，③ 设定"四段式"④ 中介效应模型对数字普惠金融影响城乡融合发展的传导机制加以检验，并进一步利用 Sobel 检验和 Bootstrap 检验

---

① 唐红梅、赵军：《数字普惠金融、产业结构与包容性增长》，《当代经济科学》2022年第6期；谭燕芝、施伟琦：《数字普惠金融对共同富裕的影响及机制研究》，《经济经纬》2023年第2期；王曙光、刘彦君：《数字普惠金融是否有助于缩小城乡收入差距?》，《农村经济》2023年第2期。

② R. Pieters, "Meaningful Mediation Analysis: Plausible Causal Inference and Informative Communication", *Journal of Consumer Research*, Vol. 44, No. 3, 2017；江艇：《因果推断经验研究中的中介效应与调节效应》，《中国工业经济》2022年第5期。

③ 牛志伟、许晨曦、武瑛：《营商环境优化、人力资本效应与企业劳动生产率》，《管理世界》2023年第2期；曾国安、苏诗琴、彭爽：《企业杠杆行为与技术创新》，《中国工业经济》2023年第8期。

④ 在原有"三段式"中介效应模型基础上，加入中介变量单独对被解释变量的回归，以增强实证链条的完备性。

提高机制检验的完备性和可信度。具体的中介效应模型如下：

$$IUD_{it} = \beta_0 + \beta_1 DGF_{it} + \beta_2 CTR_{it} + \varphi_i + \nu_t + \varepsilon_{it} \quad (6.2)$$

$$URC_{it} = \chi_0 + \chi_1 DGF_{it} + \chi_2 CTR_{it} + \varphi_i + \nu_t + \varepsilon_{it} \quad (6.3)$$

$$IUD_{it} = \delta_0 + \delta_1 URC_{it} + \delta_2 CTR_{it} + \varphi_i + \nu_t + \varepsilon_{it} \quad (6.4)$$

$$IUD_{it} = \gamma_0 + \gamma_1 DGF_{it} + \gamma_2 URC_{it} + \delta_3 CTR_{it} + \varphi_i + \nu_t + \varepsilon_{it} \quad (6.5)$$

式（6.2）至式（6.5）中，URC 为城乡资本错配，即中介机制变量。其余变量定义同计量模型（6.1）保持一致。如果式（6.3）中数字普惠金融的回归系数 χ_1 显著为负，意味着数字普惠金融有利于缓解城乡资本错配；式（6.4）中城乡资本错配的回归系数 δ_1 显著为负，说明城乡资本错配对城乡融合发展造成了负面影响；式（6.5）中城乡资本错配的回归系数 γ_2 显著为负，数字普惠金融的回归系数 γ_1 显著为正且系数数值小于式（6.2）中 β_1，表明存在部分性质的中介效应。进一步地，如果上述结果通过了 Sobel 检验和 Bootstrap 检验，则可以验证数字普惠金融→城乡资本错配→城乡融合发展的传导机制。

（三）交互效应模型

为了尽可能地弥补中介效应模型可能存在的缺陷，本书进一步借鉴刘锦怡等学者的研究思路，[①] 通过构建交互效应模型来定量识别数字普惠金融是否通过缓解城乡资本错配进而影响城乡融合发展。具体而言，基于式（6.1）的模型设定，引入数字普惠金融与城乡资本错配的交互项（即乘积项）作为关键解释变量，进一步设定了如下交互效应模型：

$$IUD_{it} = \alpha_0 + \alpha_1 DGF_{it} + \alpha_2 URC_{it} + \alpha_3 DGF_{it} \times URC_{it} + \gamma CTR_{it} + \varphi_i + \nu_t + \varepsilon_{it} \quad (6.6)$$

式（6.6）中，$DGF_{it} \times URC_{it}$ 为数字普惠金融与城乡资本错配的交互项。如果数字普惠金融的回归系数显著为正，城乡资本错配的回归系数显著为负，且两者交互项的回归系数显著为正，说明一个地区数字普惠金融发展水平的提高，可以显著改善城乡资本错配对城乡融合发展的抑制效应。由此也可以从侧面证实数字普惠金融能够通过缓解城乡资本错配进而

[①] 刘锦怡、刘纯阳：《数字普惠金融的农村减贫效应：效果与机制》，《财经论丛》2020 年第 1 期；何地、林木西：《数字经济、营商环境与产业结构升级》，《经济体制改革》2021 年第 5 期；冉启英、李艳：《数字经济、市场分割与产业升级》，《统计与决策》2022 年第 22 期。

促进城乡融合发展。

（四）估计方法

本章同样参考陈强的研究思路，[①] 借助 F 检验、LM 检验与 $Hausman$ 检验对混合效应模型（POLS）、固定效应模型（FE）以及随机效应模型（RE）等三种面板估计模型进行判定。如果检验结果支持固定效应模型，则进一步定义年份虚拟变量，检验所有年份虚拟变量的联合显著性。一旦通过联合显著性检验，表明应该在固定效应模型中加入时间效应，构建面板双向固定效应模型。详细的估计方法与第五章第二节保持一致。

二 变量定义与选取依据

（一）被解释变量

本章的被解释变量为城乡融合发展（IUD）。城乡融合发展是一个将城乡经济建设、居民生活以及空间设施等作为一个系统整体推进的动态复杂系统。城乡融合发展不仅是城乡差距不断缩小的过程，同时也是城乡协调发展、共同进步的过程。在参考丁焕峰等学者的经验做法[②]基础上，本书从城乡经济融合、城乡社会融合和城乡空间融合三个维度综合测度城乡融合发展水平（见表6.1）。其中，城乡经济融合维度包括产业发展水平、城乡居民人均收入之比、城乡居民人均消费之比；城乡社会融合维度包括城乡社会保障、城乡医疗保障、城乡人口结构；城乡空间融合维度包括交通网密度、人均私人汽车拥有量、信息化水平。在构建上述评价指标体系的基础上，本书利用熵值法确定各个指标的权重大小，并进一步借助线性加权求和法计算出2011—2021年中国地级市层面的城乡融合发展水平。

[①] 陈强编著：《高级计量经济学及 Stata 应用（第二版）》，高等教育出版社2014年版。

[②] 丁焕峰、张蕊、周锐波：《城市更新是否有利于城乡融合发展？——基于资源配置的视角》，《中国土地科学》2021年第9期；辛金国、马帅西：《数字经济对城乡融合发展的空间溢出及门槛效应研究——以浙江省为例》，《调研世界》2022年第8期；苏春红、李真：《数字经济促进城乡融合发展了吗？——基于中国285个地级市的实证研究》，《经济社会体制比较》2023年第3期。

表6.1　　　　　　　　城乡融合发展综合评价指标体系

指标维度	指标	指标说明	单位	属性
城乡经济融合	产业发展水平	非农产业与农业产值之比	元	正向
	城乡居民人均收入之比	城镇居民人均可支配收入/农村居民人均可支配收入	%	负向
	城乡居民人均消费之比	城镇居民人均消费支出/农村居民人均消费支出	%	负向
城乡社会融合	城乡社会保障	城乡每万人养老保险参保人数	人	正向
	城乡医疗保障	城乡每万人床位数	个/人	正向
	城乡人口结构	城镇人口/总人口	%	正向
城乡空间融合	交通网密度	公路里程/城市建设用地面积	km/km²	正向
	人均私人汽车拥有量	城乡居民私人汽车拥有量/总人口	辆/人	正向
	信息化水平	城乡人均固定电话用户数	台/人	正向

在构建上述评价指标体系的基础上，本书进一步计算获得了样本地级市城乡融合发展水平的综合指数。主要步骤包括：第一步，对上述指标进行标准化处理。

对于正向指标，用以标准化处理的计算公式如下：

$$STA_{ij} = (ORI_{ij} - ORI_{j\min})/(ORI_{j\max} - ORI_{j\min}) \quad (6.7)$$

对于负向指标，用以标准化处理的计算公式如下：

$$STA_{ij} = (ORI_{j\max} - ORI_{ij})/(ORI_{j\max} - ORI_{j\min}) \quad (6.8)$$

式（6.7）和（6.8）中，STA_{ij}表示地级市i的第j个指标的标准化数据，ORI_{ij}表示地级市i的第j个指标的原始数据；$ORI_{j\max}$表示所有地级市第j个指标原始数据中的最大值，$ORI_{j\min}$则表示最小值。

第二步，对标准化数据进行比重变换，公式如下：

$$W_{ij} = STA_{ij}/\sum_{i=1}^{m} STA_{ij} \quad (6.9)$$

第三步，计算第j项指标的熵值，公式如下：

$$E_j = -(\ln m)^{-1} \sum_{i=1}^{m} W_{ij}\ln W_{ij}, 0 \leq E_j \leq 1 \quad (6.10)$$

第四步，计算第j项指标熵值的信息效用价值D_j，其大小由该指标的信息熵E_j决定，公式如下：

$$D_j = 1 - E_j \tag{6.11}$$

第五步，计算第 j 项指标熵值的权重 ω_j，公式如下：

$$w_j = D_j / \sum_{j=1}^{n} D_j \tag{6.12}$$

第六步，计算城乡融合发展水平综合指数。基于标准化处理之后的数据，借助线性加权求和法计算出 2011—2021 年中国地级市层面的城乡融合发展水平，其具体公式如下：

$$IUD_{it} = \sum_{i=1}^{n} w_i STA_{it}, \text{其中} \sum_{i=1}^{n} w_i = 1 \tag{6.13}$$

（二）其他变量

本章的核心解释变量为数字普惠金融（DGF），机制变量为城乡资本错配（URC），控制变量包括经济发展（ECO）、财政支出（GOV）、传统金融发展（FIN）、对外开放（OPE）和产业结构升级（IDS），所有变量设定与第五章保持一致。

三　数据来源与说明

考虑到地级市层面统计数据的可获取性以及研究对象的可比性，本章样本共涉及 2011—2021 年中国的 276 个地级市[①]。相关指标原始数据主要来源于历年的《中国城市统计年鉴》、各省市《统计年鉴》和各地级市《国民经济和社会发展统计公报》，以及国家统计局官网、EPS 数据平台（中国区域经济数据库、中国城市数据库）、Wind 数据库等权威数据网站。为了消除价格因素的影响，将 2011 年设定为基期，对涉及货币的变量数据进行了价格平减处理，以确保样本数据在不同年份间的可比性。

第三节　实证检验与结果分析

一　基准回归分析

为了考察数字普惠金融对城乡融合发展的基准影响，本书首先进行了

---

① 不包括北京、上海、重庆和天津四个直辖市，以及城乡差异较小的深圳市，同时剔除了海南、青海、新疆、西藏等《中国城市统计年鉴》中地级市数据缺失较为严重的省份。

F 检验、LM 检验、Hausman 检验与时间效应检验,检验结果发现①,应该构建面板双向固定效应模型进行回归分析。采用面板双向固定效应模型的回归结果如表 6.2 所示。其中,第(1)列是不考虑控制变量的回归结果,第(2)至第(6)列是逐步加入控制变量的回归结果。在没有加入任何控制变量时,数字普惠金融(DGF)对城乡融合发展的影响系数为 0.6018,并且通过了 1% 的显著性水平检验,表明数字普惠金融对城乡融合发展具有显著的正向作用,即数字普惠金融有助于促进城乡融合发展。逐步加入控制变量后,数字普惠金融对城乡融合发展的影响系数始终显著为正,并且都通过了 1% 的显著性水平检验,说明在考虑经济发展、财政支出、传统金融发展、对外开放以及产业结构升级等因素后,数字普惠金融对城乡融合发展依旧具有明显的促进作用,从而证实了本章的研究假说 6.1。

表 6.2 基准回归结果

变量	(1)	(2)	(3)	(4)	(5)	(6)
DGF	0.6018***	0.4542***	0.3984***	0.3963***	0.3963***	0.3732***
	(11.08)	(8.50)	(7.45)	(7.42)	(7.42)	(6.89)
ECO		0.3273***	0.4409***	0.4520***	0.4509***	0.4496***
		(14.19)	(16.09)	(16.23)	(15.60)	(15.57)
GOV			0.8854***	0.8602***	0.8605***	0.8764***
			(7.49)	(7.25)	(7.25)	(7.38)
FIN				0.0264**	0.0264**	0.0245**
				(2.21)	(2.21)	(2.05)
OPE					0.0006	−0.0002
					(0.14)	(−0.05)
IDS						0.2365**
						(2.49)
常数项	−3.0199***	−5.8370***	−6.9492***	−7.0717***	−7.0638***	−7.4791***
	(−14.20)	(−20.44)	(−21.76)	(−21.83)	(−21.49)	(−20.31)
城市固定	YES	YES	YES	YES	YES	YES

---

① 限于篇幅,F 检验、LM 检验、Hausman 检验与时间效应检验结果未汇报。

续表

变量	(1)	(2)	(3)	(4)	(5)	(6)
年份固定	YES	YES	YES	YES	YES	YES
拟合优度	0.8201	0.8324	0.8357	0.8360	0.8360	0.8364
样本量	3036	3036	3036	3036	3036	3036

从控制变量的回归结果来看，经济发展（ECO）对城乡融合发展的影响系数在第（2）至第（6）列中始终显著为正，表明人均地区生产总值的提高对消费支出会产生正向带动作用，从而促进城乡融合发展。[1] 财政支出（GOV）对城乡融合发展的影响系数均在1%的统计水平下显著为正，说明财政资金投入是城乡融合发展的重要资金来源，加大政府财政支出有利于推动城乡基本公共服务均等化，进而促进城乡融合发展。传统金融发展（FIN）对城乡融合发展的影响系数在第（4）至第（6）列中为正，并且均通过了5%的显著性水平检验，表明传统金融的服务功能仍然是推动城乡融合发展的重要因素。对外开放（OPE）对城乡融合发展的影响系数并未通过稳健性检验，表明对外开放对城乡融合发展的作用尚未体现出来。产业结构升级（IDS）对城乡融合发展的影响系数在5%的统计水平下显著为正，表明产业结构升级有助于促进城乡融合发展。产业结构升级将促使第一产业为提高经济效益而自发地与第二、第三产业之间相互渗透、相互融合，从而为城乡融合发展奠定了重要的经济基础。[2]

二 中介效应模型估计与结果分析

表6.3列示了面板中介效应模型的估计结果。其中，第（1）列中数字普惠金融（DGF）的估计结果与基准检验保持一致，表明数字普惠金融对城乡融合发展具有显著的正向作用，即数字普惠金融有助于促进城乡融合发展。第（2）列结果显示，数字普惠金融对城乡资本错配的影响系

---

[1] 陈海鹏、彭思雨、沈倩岭：《数字经济、要素流动与城乡融合发展》，《统计与决策》2023年第10期。

[2] 王大超、赵红：《中国城乡融合发展效率评价及其影响因素研究》，《财经问题研究》2022年第10期。

数在1%的统计水平下显著为负，说明数字普惠金融对城乡资本错配具有显著的负向作用，即数字普惠金融有助于缓解城乡资本错配。第（3）列和第（4）列结果显示，城乡资本错配（URC）对城乡融合发展的影响系数均显著为负，且通过了1%的显著性水平检验，表明城乡资本错配抑制了城乡融合发展；与此同时，第（4）列中数字普惠金融的回归系数相比于第（1）列有所减小，城乡资本错配的回归系数绝对值相比于第（3）列有所减小，表明城乡资本错配在数字普惠金融影响城乡融合发展过程中发挥了部分中介效应。从 Sobel 检验和 Bootstrap 检验的结果来看，Sobel Z 统计值为 -2.64 且通过了1%的显著性水平检验，Bootstrap 中介效应的置信区间不包含0，表明上述检验结果有效，数字普惠金融可以通过缓解城乡资本错配促进城乡融合发展，即揭示了数字普惠金融→城乡资本错配缓解→城乡融合发展的传导机理，本章的研究假说6.3得到验证。正如前文理论分析所言，数字普惠金融对缓解城乡资本错配、促进城乡资本自由流动发挥了积极作用，城乡资本错配缓解促进了城乡融合发展。

表6.3　　　　　　　　　　中介效应模型检验结果

变量	(1) IUD	(2) URC	(3) IUD	(4) IUD
DGF	0.3732*** (6.89)	-0.0976*** (-4.14)		0.3598*** (6.63)
URC			-0.1600*** (-3.64)	-0.1372*** (-3.13)
常数项	-7.4791*** (-20.31)	3.0363*** (18.94)	-6.2885*** (-16.72)	-7.0626*** (-18.07)
控制变量	YES	YES	YES	YES
城市固定	YES	YES	YES	YES
年份固定	YES	YES	YES	YES
Sobel Z	\multicolumn{4}{c}{-2.64***}
Bootstrap（1000次）置信区间	\multicolumn{4}{c}{[-0.0115, -0.0013]}
拟合优度	0.8364	0.4773	0.8344	0.8370
样本量	3036	3036	3036	3036

三 交互效应模型估计与结果分析

表 6.4 列示了面板交互效应模型检验结果。其中，第（1）列和第（2）列是核心变量未经中心化处理的估计结果，第（1）列未加入控制变量，第（2）列加入了控制变量；第（3）列和第（4）列是核心变量经过中心化处理的估计结果，第（3）列未加入控制变量，第（4）列加入了控制变量。接下来的分析以第（2）列和第（4）列为主。从结果来看，在未经中心化处理时，数字普惠金融（DGF）对城乡融合发展的影响系数显著为正，城乡资本错配（URC）对城乡融合发展的影响系数显著为负，表明数字普惠金融有助于促进城乡融合发展，城乡资本错配则抑制了城乡融合发展。数字普惠金融与城乡资本错配的交互项（$DGF \times URC$）对城乡融合发展的影响系数显著为正，并且通过了 10% 的显著性水平检验，说明数字普惠金融可以缓解城乡资本错配对城乡融合发展的抑制作用。在经过中心化处理后，数字普惠金融（C_DGF）、城乡资本错配（C_URC）的回归系数依旧分别显著为正和显著为负，两者交互项（$C\_DGF \times C\_URC$）的回归系数则与未经中心化处理时完全保持一致，再次表明数字普惠金融可以缓解城乡资本错配对城乡融合发展的抑制作用。换言之，一个地区的数字普惠金融发展水平越高，越有助于缓解城乡资本错配对城乡融合发展的负向作用，从而验证了本章的研究假说 6.3，即数字普惠金融可以通过缓解城乡资本错配促进城乡融合发展。

表 6.4　　　　　　　　　　交互效应模型检验结果

变量	未经中心化处理		经过中心化处理	
	(1)	(2)	(3)	(4)
DGF	0.4673***	0.4294***		
	(5.97)	(5.45)		
URC	-0.4639***	-0.4627***		
	(-3.30)	(-3.30)		
$DGF \times URC$	0.0569*	0.0557*		
	(1.84)	(1.81)		

续表

变量	未经中心化处理 (1)	未经中心化处理 (2)	经过中心化处理 (3)	经过中心化处理 (4)
C_DGF			0.5474*** (9.79)	0.5080*** (8.97)
C_URC			-0.1737*** (-3.38)	-0.1783*** (-3.48)
C_DGF × C_URC			0.0569* (1.84)	0.0557* (1.81)
常数项	-2.1235*** (-6.38)	-2.5894*** (-6.85)	0.0165 (0.25)	-0.6489*** (-2.70)
控制变量	NO	YES	NO	YES
城市固定	YES	YES	YES	YES
年份固定	YES	YES	YES	YES
拟合优度	0.8218	0.8237	0.8218	0.8237
样本量	3036	3036	3036	3036

第四节 进一步讨论：门槛效应分析

一 门槛回归模型构建与研究方法

（一）门槛回归模型构建

上述研究表明，数字普惠金融通过缓解城乡资本错配促进了城乡融合发展。为了进一步考察数字普惠金融对城乡融合发展的影响是否存在基于数字普惠金融水平和城乡资本错配程度的门槛效应，本书参考 B. E. Hansen 的经验做法，① 分别以数字普惠金融、城乡资本错配作为门槛变量，构建面板门槛回归模型，检验数字普惠金融在门槛约束下对城乡融合发展的差异化影响。具体的面板门槛回归模型设定如下：

$$IUD_{it} = \beta_0 + \beta_1 DGF_{it} I(DGF_{it} \leq \gamma_1) + \beta_2 DGF_{it} I(\gamma_1 < DGF_{it} \leq \gamma_2) + \cdots + \beta_n DGF_{it} I(\gamma_{n-1} < DGF_{it} \leq \gamma_n) + \beta_{n+1} DGF_{it} I(\gamma_n < DGF_{it})$$

---

① B. E. Hansen, "Threshold Effects in Non-Dynamic Panels: Estimation, Testing, and Inference", *Journal of Econometrics*, Vol. 93, No. 2, 1999.

$$+ \delta CTR_{it} + \varphi_i + \nu_t + \varepsilon_{it} \quad (6.7)$$

$$IUD_{it} = \beta_0 + \beta_1 DGF_{it} I(URC_{it} \leq \gamma_1) + \beta_2 DGF_{it} I(\gamma_1 < URC_{it} \leq \gamma_2) + \cdots$$
$$+ \beta_n DGF_{it} I(\gamma_{n-1} < URC_{it} \leq \gamma_n) + \beta_{n+1} DGF_{it} I(\gamma_n < URC_{it})$$
$$+ \delta CTR_{it} + \varphi_i + \nu_t + \varepsilon_{it} \quad (6.8)$$

其中，γ 代表门槛变量（数字普惠金融或城乡资本错配）的不同门槛值；β_1、β_2、$\cdots$、β_n 与 β_{n+1} 表示在数字普惠金融或城乡资本错配的不同门槛值区间，数字普惠金融对城乡融合发展的影响系数；如果 β_1、β_2、$\cdots$、β_n 与 β_{n+1} 至少有一个通过显著性水平检验并且彼此差异明显，说明本书选择的门槛变量是有效的；$I(\cdot)$ 为指示函数，$I=1$ 表示括号里的条件得到满足，$I=0$ 则相反；其余变量同前文基准计量模型保持一致。

(二) 门槛模型估计方法

在对面板门槛回归模型式 (6.7) 和式 (6.8) 进行估计时，不仅需要联合估计门槛值和斜率值，同时也要对门槛效应存在性和门槛值真实性进行检验。以式 (6.7) 为例①，首先把任意 γ_0 作为初始值赋予 γ，借助最小二乘法估计获得各变量的回归系数及残差平方和 $S_1(\gamma)$。按照同样的方法，依次选择多个 γ_0 估计得到对应的 $S_1(\gamma)$，其中可以使 $S_1(\gamma)$ 数值达到最小的便是门槛值 $\hat{\gamma}[\hat{\gamma} = arg\ min S_1(\hat{\gamma})]$。当门槛值 $\hat{\gamma}$ 确定下来以后，可知剩余方差 $\hat{\sigma}_1^2 = S_1(\hat{\gamma})/[n(T-1)]$（$T$、$n$ 分别表示时间维度和样本个数），进而能够估算出与门槛值对应的斜率值。

其次对门槛效应存在性进行检验。以单一门槛效应存在性的检验方法为例②，其对应的待验假设和检验统计量分别为：

$$H_0: \beta_1 = \beta_2 \quad (6.9)$$

$$F_1 = [S_0 - S_1(\hat{\gamma})]/\hat{\sigma}_1^2 \quad (6.10)$$

如果检验结果拒绝待验假设，表明单一门槛效应存在。式 (6.10) 中，S_0 表示不存在门槛（待验假设）情形下的残差平方和，$S_1(\hat{\gamma})$ 表示存在门槛情形下的残差平方和，并且 $S_0 \geq S_1(\hat{\gamma})$；$\hat{\sigma}_1^2$ 表示门槛估计残差的方差。考虑到无法识别待验假设下的门槛值，并且 F_1 的渐进分布是非标准 χ^2 分布，因此必须借助自助抽样法（即 Bootstrap 法）来计算 bootstrap

---

① 面板门槛回归模型式 (6.8) 的估计方法以此类推。
② 双重门槛效应和多重门槛效应的存在性检验方法以此类推。

值与 F_1 的概率分布。

最后对门槛值真实性进行检验。同样以单一门槛效应检验为例，其待验假设和对应的似然比检验（LR）统计量分别为：

$$H_0: \hat{\gamma} = \gamma_0 \tag{6.11}$$

$$LR_1(\gamma) = [S_1(\gamma) - S_1(\hat{\gamma})] / \hat{\sigma}_1^2 \tag{6.12}$$

式（6.12）中，$S_1(\gamma)$ 表示非约束下的残差平方和；B. E. Hansen 给出了 $LR_1(\gamma)$ 的累积分布函数 $(1 - e^{-x/2})^2$，当显著性水平为 ξ 时，并且 $LR_1(\gamma) > -2ln(1 - \sqrt{1-\xi})$ 时，拒绝待验假设。

二 门槛效应检验与门槛值估计

根据上述检验思路，本书首先需要采用自助抽样法确定面板门槛回归模型的具体形式。自助抽样法的检验结果如表 6.5 所示。根据表 6.5 中不同模型所对应的 F 统计值与 P 值检验结果可以发现，门槛变量数字普惠金融（DGF）通过了双重门槛效应检验，表明以数字普惠金融作为门槛变量时应设定面板双重门槛回归模型；城乡资本错配（URC）也通过了双重门槛效应检验，表明以城乡资本错配作为门槛变量时应设定面板双重门槛回归模型。其次需要估计门槛变量的双重门槛值。本书利用最小残差平方和方法来估计数字普惠金融（DGF）和城乡资本错配（URC）的双重门槛值，结果发现，数字普惠金融（DGF）的双重门槛估计值分别为 5.4679 和 5.6765，城乡资本错配（URC）的双重门槛估计值分别为 0.9673 和 1.4527，并且都通过了 1% 的显著性水平检验，表明数字普惠金融（DGF）和城乡资本错配（URC）的双重门槛值是真实可靠的。

表6.5　　　　　　　　　门槛效应检验结果

门槛变量	门槛类型	F 统计值	P 值	Bootstrap 次数	临界值 10%	5%	1%
DGF	单一门槛	53.75***	0.0000	300	12.9378	14.8793	20.8205
	双重门槛	27.83***	0.0033	300	12.9217	14.9154	22.3512
	三重门槛	19.71	0.2533	300	26.8171	30.6880	37.3836

续表

门槛变量	门槛类型	F 统计值	P 值	Bootstrap 次数	临界值 10%	临界值 5%	临界值 1%
URC	单一门槛	57.21***	0.0033	300	27.7725	32.3135	42.4922
	双重门槛	39.83***	0.0100	300	24.6692	32.6342	39.2238
	三重门槛	11.02	0.7700	300	29.2983	35.7255	46.6354

三 门槛回归模型估计与结果分析

表6.6列示了面板双重门槛回归模型的参数估计结果。其中，第（1）列是以数字普惠金融作为门槛变量的估计结果。从中可以看出，当数字普惠金融水平等于或低于5.4679时，数字普惠金融对城乡融合发展的影响系数为0.2589，且通过了1%的显著性水平检验；当数字普惠金融水平处于5.4679到5.6765之间时，数字普惠金融对城乡融合发展的影响系数为0.2455，同样通过了1%的显著性水平检验；随着数字普惠金融水平跨过第二个门槛值5.6765之后，数字普惠金融对城乡融合发展的影响系数依旧显著为正，但系数进一步降低至0.2196。这表明随着数字普惠金融水平的不断提升，数字普惠金融对城乡融合发展的促进作用有所降低；换言之，在数字普惠金融水平越高的地区，数字普惠金融对城乡融合发展产生的促进作用越小，从而证实了本章的研究假说6.4。其原因可能在于，首先，与传统金融发展较为相似，数字普惠金融发展同样存在适度匹配问题，当数字普惠金融匹配度超越某一具体阈值后，其对城乡融合发展的促进效应也存在边际递减现象。其次，作为一种金融创新，数字普惠金融的快速发展也会不断放大金融风险，使得数字普惠金融对城乡融合发展的促进作用受到一定抑制。这也意味着不能仅仅依靠数字化与普惠金融的简单结合，必须进一步探索创新数字普惠金融促进城乡融合发展的有效路径，更好地发挥数字普惠金融的优势。最后，当数字普惠金融发展到一定阶段，当地城乡资本要素相对充足，其可能通过"涓滴效应"与"扩散效应"促进邻近地区城乡融合发展，而对本地城乡融合发展的促进效应则呈现出边际递减趋势。

表6.6　　　　　　　　　面板门槛模型回归结果

门槛变量：DGF		门槛变量：URC	
变量	(1)	变量	(2)
$DGF_{it}I$	0.2589 ***	$DGF_{it}I$	0.3429 ***
（$DGF_{it} \leq 5.4679$）	(4.69)	（$URC_{it} \leq 0.9673$）	(6.29)
$DGF_{it}I$	0.2455 ***	$DGF_{it}I$	0.3979 ***
（$5.4679 < DGF_{it} \leq 5.6765$）	(4.41)	（$0.9673 < URC_{it} \leq 1.4527$）	(7.43)
$DGF_{it}I$	0.2196 ***	$DGF_{it}I$	0.3802 ***
（$DGF_{it} > 5.6765$）	(3.89)	（$URC_{it} > 1.4527$）	(7.12)
常数项	-6.8048 *** (-18.30)	常数项	-7.1666 *** (-19.61)
控制变量	YES	控制变量	YES
城市固定	YES	城市固定	YES
年份固定	YES	年份固定	YES
拟合优度 R^2	0.8407	拟合优度 R^2	0.8415
观测值	3036	观测值	3036

表6.6第（2）列是以城乡资本错配作为门槛变量的估计结果。结果显示，当城乡资本错配程度等于或低于0.9673时，数字普惠金融对城乡融合发展的影响系数为0.3429，并且通过了1%的显著性水平检验；当城乡资本错配程度处于0.9673到1.4527之间时，数字普惠金融对城乡融合发展的影响系数增加至0.3979，并同样通过了1%的显著性水平检验；当城乡资本错配程度大于第二个门槛值1.4527时，数字普惠金融对城乡融合发展的影响系数依旧在1%的统计水平下显著为正，尽管系数数值（0.3802）相比于第二个区间（0.3979）有所降低，但仍然明显高于第一个区间（0.3429）。这表明数字普惠金融对城乡融合发展的促进效果会受到城乡资本错配的影响，整体而言，在城乡资本错配程度越高的地区，数字普惠金融对城乡融合发展的促进作用越大，从而证实了本章的研究假说6.5。其原因主要在于，在城乡资本错配程度越高的地区，城乡资本要素的自由流动受阻越严重，农村地区由于资本短缺导致城乡融合发展水平越低。根据边际效应递减规律，当数字普惠金融作用于城乡融合发展时，城乡融合发展水平越高，数字普惠金融的作用效果越有限；相反，城乡融合

发展水平越低，其未来提升的空间可能更大，数字普惠金融的作用效果也越大。由此可知，数字普惠金融对城乡融合发展的促进效果在城乡资本错配程度越高的地区越明显。事实上，这也从侧面再次印证了本章的研究假说6.2，即城乡资本错配是数字普惠金融影响城乡融合发展的重要机制，数字普惠金融可以通过缓解城乡资本错配进而促进城乡融合发展。

第五节 本章小结

本章在理论分析数字普惠金融通过缓解城乡资本错配进而影响城乡融合发展的内在机理基础上，采用多种面板计量模型实证检验了数字普惠金融缓解城乡资本错配的经济效应。面板双向固定效应模型回归结果表明，数字普惠金融对城乡融合发展具有显著的正向作用，即数字普惠金融有助于促进城乡融合发展。面板中介效应模型回归结果证实，数字普惠金融可以通过缓解城乡资本错配促进城乡融合发展，揭示了数字普惠金融→城乡资本错配缓解→城乡融合发展的传导机理。面板交互效应模型回归结果表明，数字普惠金融可以缓解城乡资本错配对城乡融合发展的抑制作用；换言之，一个地区的数字普惠金融发展水平越高，越有助于缓解城乡资本错配对城乡融合发展的负向作用。进一步的面板门槛回归模型检验发现，数字普惠金融对城乡融合发展的影响存在基于数字普惠金融和城乡资本错配的门槛效应，随着数字普惠金融水平的不断提升，数字普惠金融对城乡融合发展的促进作用呈现边际递减趋势；在城乡资本错配程度较高的地区，数字普惠金融对城乡融合发展的促进作用更大。

第 七 章

数字普惠金融缓解城乡资本错配的总体构想

要想充分释放数字普惠金融在缓解城乡资本错配过程中的动力与潜力，不仅需要充分了解数字普惠金融影响城乡资本错配缓解的驱动因素及关键阻碍，还需在此基础上明确数字普惠金融促进城乡资本错配缓解的总体思路，从而为相应的路径设计与政策供给提供基本遵循。本章基于前述章节的理论分析、事实判断以及实证结论，重点就数字普惠金融缓解城乡资本错配的指导思想、目标定位、基本原则进行系统阐释。

第一节 数字普惠金融缓解城乡资本错配的指导思想

城乡资本错配根源于城乡二元经济结构。城乡资本要素要想实现优化配置，仅仅依靠市场机制或者政府机制均是不可能完成的。数字普惠金融在促进城乡资本错配缓解的过程中，一方面需要发挥市场在资源配置方面的决定性作用，利用市场机制优化调节金融资源，有效匹配金融服务供给与需求；另一方面也需要发挥政府在资源配置方面的调控性作用，适度调节竞争格局，引导金融资源合理配置，并在发现金融风险时及时进行干预。此外还要注重构建市场与政府的协同机制，并根据城乡发展情况的变化不断调整协同机制，实现有效市场和有为政府的更好结合。

一 引导市场机制发挥决定性作用

市场机制在资源配置中的积极作用得到了理论界的一致肯定。马克思在《资本论》中深入探讨了资本主义制度下市场机制对资源配置与社会生产力的积极作用。在马克思看来，市场经济主要通过价值规律、竞争规律以及供求规律等对资源实现优化配置。其中，价值规律是市场经济的基本规律，发挥着调节商品生产与流通的作用，可以通过市场交换促进分工与协作的社会生产机制的形成；竞争规律依靠鞭策落后、激励先进的"优胜劣汰"机制促使市场主体不断降低成本和提高效率，并促进社会生产力的持续提高；供求规律则利用供求变化影响商品价格，进而借助价格信号引导生产和消费行为，实现对资源的有效配置。西方经济学理论认为，与计划方式相比，市场是配置资源最有效率的方式，该效率通过发挥市场机制作用来实现。所谓市场机制，是指通过市场竞争配置资源的方式，亦即资源在市场上通过自由竞争与自由交换来实现配置的机制。作为一个有机整体，市场机制涵盖了价格机制、供求机制以及竞争机制等。通常而言，市场机制具备形成市场价格、优化资源配置、平衡供求关系、激励效率提高、实现经济利益以及评价经济效益等功能。

目前，市场经济制度是世界上绝大多数国家采取的经济制度。在社会主义市场经济条件下，市场机制也是资源配置的主要方式。本质上，中国社会主义市场经济体制改革是一个不断完善市场配置资源的过程。1984年，党的十二届三中全会提出，中国社会主义经济是公有制基础上的有计划的商品经济，明确了"国家调节市场，市场引导企业"，市场自此开始在资源配置中发挥作用。1992年，党的十四大明确提出，中国经济体制改革的目标是建立社会主义市场经济体制，明确"要使市场在社会主义国家宏观调控下对资源配置起基础性作用"。1993年，党的十四届三中全会明确"建立全国统一开放的市场体系，实现城乡市场紧密结合，国内市场与国际市场相互衔接，促进资源的优化配置"。2013年，党的十八届三中全会进一步明确了中国经济体制改革新的要求和方向，提出要"使市场在资源配置中起决定性作用和更好发挥政府作用"。至此，市场机制的作用已经从原来的"基础性"转变为"决定性"，这既是中国共产党对市场与政府关系认识的一次重要突破，也是马克思主义中国化的一项崭新成果。

21世纪以来，在党和政府出台一系列政策措施（包括"统筹城乡发展""城乡发展一体化""城乡融合发展"等）推动实施城市资本反哺农村发展战略的背景下，加之城市地区规模经济效应达到临界点而出现资本回报率的明显下滑，资本要素由于难以在城市地区实现自我增殖，开始逐渐向边际生产率更高的农村地区流动。资本要素"由城入乡"式的流动极大地缩小了城乡之间的资本边际生产率差异，带动了城乡资本错配程度的有效缓解。数字普惠金融是推动城乡资本错配缓解的主要市场力量。引导市场机制在数字普惠金融缓解城乡资本错配过程中发挥好决定性作用，是指要依靠"自下而上"的市场力量，以市场的资源配置功能为基础，通过市场主体的竞争与合作推动数字普惠金融在农村地区的快速发展，从而为缓解城乡资本错配提供有力支持。具体而言，应当从培育数字普惠金融市场主体、建设数字普惠金融市场体系、加强数字普惠金融市场服务三个方面来完善市场机制，充分发挥市场机制在数字普惠金融缓解城乡资本错配过程中的决定性作用。

第一，培育数字普惠金融市场主体。从农村数字普惠金融市场主体构成来看，既包括普惠金融产品与服务供给方（负责数字普惠金融的"金融"部分），也包括使金融产品和服务更加普惠的数字技术供给方（负责数字普惠金融中的"数字"部分）。一是持续优化金融机构、类金融机构等普惠金融产品与服务供给方。积极拓展政策性银行、商业银行、农村信用合作社等传统银行业金融机构的物理服务网络，增加保险、证券、基金、信托等传统非银金融机构在农村地区的布局；支持村镇银行、农村资金互助社以及小额贷款公司等新型农村金融服务机构的可持续健康发展，弥补传统金融机构在农村地区覆盖不足的问题，提升金融服务的普惠性；加快数字支付、个体网络借贷、网络众筹、数字货币、大数据金融等互联网金融服务机构，提高这些金融业态在农村金融市场的所占份额。二是加快培育金融科技企业等使金融产品和服务更加普惠的数字技术供给方。通过信贷支持、财政补贴以及税收优惠等方式，支持金融科技企业持续加大科技创新投入，推动企业数字技术创新升级；积极利用金融科技企业的技术优势完善征信体系和监管体系，为金融科技企业的作用发挥创造有利条件。

第二，建设数字普惠金融市场体系。数字普惠金融市场体系是普惠金融运行与产品交易的系统集合，囊括了所有参与数字普惠金融活动的金融机构。依据数字普惠金融市场的基本形态与功能作用，结合农业农村多元化的金融需求特征，加快建设数字普惠金融市场体系，应重点从数字信贷市场、数字保险市场以及数字资本市场三个方面同时发力。其中，数字信贷市场对接的需求体量最大，运作的基础和现实性最强，是解决农业农村发展资本短缺的主要途径，是建设数字普惠金融市场体系的重中之重；数字保险市场具有灾害"减震器"和社会"稳定器"的功能，可以赋能农业保险不断"扩面、提标、增品"，是缓释农业农村发展风险、改善农业农村融资信用状况以及增强农业农村实力的重要载体；数字资本市场是传统资本市场的数字化转型，能够便利涉农企业上市融资、套期保值、价格发现以及规避风险，是涉农企业扩大融资效能、实现资本要素与农业资源有效对接的重要平台。只有从上述三个方面齐头并进、协同创新，才能够真正建立起适合农业农村发展需要的数字普惠金融市场体系。

第三，加强数字普惠金融市场服务。在优化城乡资本要素配置过程中，要激励具有市场主体身份的金融机构按照市场经济原则积极主动创新数字普惠金融服务，推动金融机构的金融服务供给与农业农村发展的金融需求有效对接，并最终进入良性互动和可持续发展状态。一是拓展数字普惠金融在农村的服务场景。鼓励涉农金融机构同各种类型的互联网金融机构以及金融科技企业进行多方合作，构建多方参与的数字普惠金融服务场景，推进数字普惠金融服务创新。二是建设农村普惠金融服务站以扩大服务半径。除了依托村党群服务中心建设的农村普惠金融服务站，重点支持金融机构根据农业农村发展实际情况，依靠市场化运作建立数字化普惠金融服务站，重点突出农村普惠金融服务的"数字化""普惠性"以及"精准性"特征。三是创新数字化金融服务人员的服务意识。完善数字化金融服务人才队伍建设，转变数字化金融服务人员的服务理念，重点培育既擅长数字技术又熟悉普惠金融业务的复合型人才，为数字普惠金融在农村地区的可持续发展提供人才保障。

二 促进政府机制发挥调控性作用

除了积极作用，市场机制在资源配置中的市场缺陷或者市场失灵也引起了理论界的高度重视。马克思在《资本论》中对资本主义制度下市场机制的市场缺陷进行了系统考察。他指出，作为商品经济发展的高级阶段，市场经济不仅包括商品运动的一般规律（即价值规律），还涵盖资本运动的一般规律。其中，资本追逐价值增殖的规律意味着资本的动机在于攫取剩余价值，而资本疯狂追逐价值增殖最大化的行为必然会产生市场经济的负面作用；资本生产过剩的规律则会导致资本主义的生产危机，从而造成资源浪费和资源配置低效。因此，为了减少这些资本运动规律所带来的市场缺陷，必须更好地发挥政府的作用。西方经济学的市场失灵理论认为，完全竞争的市场机制可以使资源配置达到最佳状态，即实现帕累托最优。由于外部性影响、垄断的存在、信息不对称以及公共物品等因素，单纯依靠价格机制对资源进行配置会出现市场失灵，没有办法实现帕累托最优效率。市场失灵导致市场机制在配置资源时难以充分发挥作用，此时可以通过政府介入来弥补市场失灵所造成的效率损失。

主张让市场机制在城乡资本要素配置中起决定性作用，并不意味着否定或者忽视政府的作用，而是要更好地发挥政府作用。这是因为目前数字普惠金融在农村地区的发展不仅存在市场失灵现象，同时也面临政府的过度干预问题。一方面，数字普惠金融在农村地区发展存在的市场失灵现象，迫切需要政府的积极介入以弥补市场失灵。目前，中国农村金融市场体系尚未完全建立，市场制度还未健全，市场机制发育也不够完善，农村金融市场仍普遍存在农村金融的正外部性，农村金融市场的信息不对称性与垄断性等市场失灵现象。在这样的情形下，政府必须积极介入，采取有针对性地缓解市场失灵的具体措施，大力培育农村金融市场，为农村金融市场成长创造优良的外部条件。另一方面，数字普惠金融在农村地区发展面临的政府过度干预问题，迫切需要更好地发挥政府作用，实现政府作用由过度干预向适度干预转变。长期以来，由政府主导的外生性农村金融供给模式极大地抑制了市场机制在中国农村金融市场中的作用发挥。为此，政府应当转变职能，减少对农村金融市场主体活动的过度干预，注重完善和维护农村金融市场机制，以确保农村金融市场的健康运行和更有效运作。

综上所述，更好地发挥好政府机制的作用在利用数字普惠金融缓解城乡资本错配过程中至关重要。具体而言，政府机制至少应该在以下三个方面发挥调控性作用：一是服务市场，即解决农村金融市场在数字普惠金融缓解城乡资本错配过程中的发展困境；二是监督市场，即维护农村金融市场秩序，为农村地区的数字普惠金融发展创造有利条件；三是补充市场，即弥补农村金融市场失灵。

第一，服务市场：解决农村金融市场发展难题。一方面，政府要加强基础制度建设，以便市场机制更好地发挥作用；另一方面，政府又要避免过度干预，因为政府对经济的干预并非总是有效，一旦政府干预出现越位，不仅会导致政府失灵，也会进一步造成市场扭曲。具体而言，一是优化农村数字普惠金融的制度保障。健全农村金融法律法规体系，为农村数字普惠金融发展提供法律制度保障；建立协调、高效的农村金融监管制度，优化农村金融监管体系，保障农村数字普惠金融的健康发展。二是完善农村数字普惠金融基础设施供给。利用财政补贴和其他政策措施扶持涉农金融机构加强支付结算体系建设，创新农村支付方式，扩大支付系统覆盖面；政府主导建立健全农村征信信息系统，通过激励和惩戒方式增强农村经济主体的信用意识。三是减少对农村金融市场和涉农金融机构的过度干预。政府应减少或退出对涉农金融机构的人事安排、网点设置以及信贷投向等事项的介入，维护其正常经营活动；适当放宽农村普惠金融市场的准入门槛，合理引导民间金融组织的健康发展，提升其普惠金融服务能力。

第二，监督市场：维护农村金融市场秩序。如果农村金融市场秩序混乱，会极大地制约市场机制在数字普惠金融缓解城乡资本错配过程中的作用发挥。为此，一是明确金融监管主体，实行差异化金融监管政策。要明确不同金融监管主体的职责与范围，完善金融监管协调机制，增强不同金融监管部门的协调与信息共享；加强对农村金融基层监管人员的业务技能培训，提升金融监管人员专业能力；转变"一刀切"式的金融监管，实行分层、分业、分类的差异化监管，提高金融监管的针对性。二是利用数字化技术手段提高金融监管水平和金融监管效率。金融监管机构要积极利用先进的数字化技术手段，完善现有金融监管技术，同时通过构建跨部门的信息共享平台，实时监控农村金融市场风险；一旦风险发生，不同的监管部门可以利用信息共享平台进行及时协作，提高农村金融市场金融风险监控的效率和质量。三是维护市场公平竞争。监管部门应对农村金融市场的垄断现象及时介入，避免不正当竞争，保护农村中小金融机构和金融消费者的权益；督促涉农金融机构增强自我监督和自我约束，确保其业务稳健、合规发展，共同营造公平竞争的市场环境。

第三，补充市场：缓解农村金融市场失灵。农村数字普惠金融服务外部性导致的市场失灵极大地抑制了涉农金融机构提供数字普惠金融服务的积极性和主动性。财税货币政策具有显著的激励引导功能，可以促使涉农金融机构积极提供数字普惠金融服务。一是增加财税政策对农村数字普惠金融发展的支持力度。利用财税政策的成本与风险补偿功能，对开展农村数字普惠金融业务的金融机构进行财政补贴或者提供税收优惠，激励其积极发展农村数字普惠金融，加大在农业农村发展领域的信贷投放规模。二是加强货币政策对农村数字普惠金融发展的支持力度。货币政策可以通过存款准备金、再贴现以及再贷款等工具，激励引导涉农金融机构积极提供数字普惠金融服务。继续对涉农金融机构实施"定向降准"政策，采取差别性的存款准备金率，增强涉农金融机构的财务实力，提升其服务农业农村发展的能力；继续加强再贴现和支农再贷款的支持作用，增加涉农金融机构的再贴现额度和支农再贷款总量，降低再贴现利率和支农再贷款利率，引导涉农金融机构持续扩大农业农村发展领域的信贷投放。

三　构建协同机制发挥辅助性作用

除了上述的市场机制和政府机制，农村数字普惠金融体系中不同主体之间通过合作形成的协同机制也至关重要。在数字普惠金融缓解城乡资本错配过程中，不仅需要各个主体发挥好自身作用，同时也需要各个主体加强配合、相互促进，从而实现"1＋1＞2"的协同效应。农村数字普惠金融体系中的主体主要包括三大类：政府、金融机构①和农村经济主体②，它们具有不同的特征、资源与能力禀赋，在推动农村数字普惠金融发展过程中的角色定位与职能发挥存在差异。具体而言，政府主要在政策层面通过资源倾斜、政策支持以及监管约束等方式，对农村数字普惠金融的发展方向进行合理引导，同时协调、保障好各方的基本利益，进而促进农村数字普惠金融的可持续健康发展；金融机构和农村经济主体等市场主体则在

---

① 这里的金融机构是一个广义概念，既包括金融机构、类金融机构等普惠金融产品与服务供给方，也包括金融科技企业等使金融产品和服务更加普惠的数字技术供给方。

② 这里的农村经济主体也是一个广义概念，具体包括小农户、新型农业经营主体、农村个体工商户和小微企业主等农村数字普惠金融的服务对象。

实际执行层面发挥作用，并且这种作用既受限于自身的资源能力范围，同时也是在政府指导与规划下的有序发挥。总的来看，政府的职能聚焦于统筹引导金融机构和农村经济主体等市场主体有序参与到农村数字普惠金融发展过程中，并依据具体情况为市场主体提供资源协调、财税支持以及政策扶持。

加快构建农村数字普惠金融体系中不同主体之间合作互动的协同机制，本质上是将"自上而下"与"自下而上"两种路径进行有机结合。构建主体协同机制的积极作用主要体现在以下几个方面。首先，协同机制以政府引导作为基本前提和基础，可以有效发挥政府在宏观调控、统筹规划以及全盘布局等方面的优势。其次，金融机构能够广泛地参与到农村金融市场中来，有助于丰富农村金融市场主体，激发农村金融市场竞争活力，并设计开发出更多更适合农村经济主体需求的数字普惠金融产品和服务，提高农业农村发展领域的金融可得性。再次，政府通过引导社会资本有序进入农村数字普惠金融市场，既有利于缩小农业农村发展所面临的资金缺口，同时又能够减轻政府财政压力，使得政府不再必须充当农业农村发展"投资者"的角色，进而推动有效市场和有为政府更好地结合。最后，政府、金融机构以及农村经济主体等主体协同参与农村数字普惠金融体系建设，能够更大程度地满足多方主体的利益诉求，并形成良性的有机协调与合作格局。具体而言，完善的协同机制构建应该从以下三个方面着手。

第一，加强政府与金融机构之间的协同。由于农业农村发展的资本短缺问题具有复杂性与多样性特征，这需要政府与金融机构共同努力，以政府为主导，传统涉农金融机构带头，新型农村金融机构共同参与，协同合作，形成结构化的农村数字普惠金融体系。一方面，政府必须充分发挥自身的主导作用。政府要通过积极推动农村信用体系建设、数字基础设施建设与金融安全体系建设，全面布局与统筹农村数字普惠金融发展，促进农村金融资源的优化配置；可以通过政策引导或财政补贴等方式，支持金融机构（特别是大型商业金融机构）在农村地区设立物理网点，使金融服务向农村地区延伸；着力强调政策性金融机构在农业农村发展中的重要贡献，引导农发行与国开行在金融支农领域中加大投入力度；鼓励和引导商业银行涉农贷款资金向农村地区流动，扩大农村金融资本的供给规模。另一方面，金融机构也要充分发挥自身的"主力军"作用。金融机构要针对农业农村发展现状，设计有针对性的信贷产品，满足新形势下农业农村发展的资本需求；同时，可以采取有效激励措施，引导农村经济主体与金融机构形成长期、稳定的供需关系，从而为农业农村发展提供可持续的资本供给。

第二，加强金融机构与农村经济主体之间的协同。金融机构与农村经济主体在农村数字普惠金融体系中扮演的角色有所不同，其中，金融机构是农村数字普惠金融产品和服务的生产者，农村经济主体则是消费者，两者只有做到互相配合、相互促进，才能实现农村数字普惠金融体系的高效运转。一方面，生产决定消费，金融机构设计金融产品和服务的种类与质量，决定了农村经济主体对金融产品和服务的消费方式与消费水平。因此，对于金融机构而言，其在设计金融产品和服务时，必须充分了解农村经济主体的实际金融需求，确保其金融产品和服务供给可以为农村经济主体的生产生活提供帮助。如果金融机构不根据农村经济主体的实际需求设计金融产品和服务，农村经济主体就难以产生对金融产品和服务的消费积极性，最终产生对农村数字普惠金融的不信任。另一方面，消费对生产具有反作用。只有农村经济主体的金融消费需求不断提升，金融机构的金融产品和服务设计才能得到持续创新；在农村经济主体金融消费过程中形成的对于金融产品和服务更高的消费诉求，是金融机构进行产品更新和服务升级的风向标。因此，农村经济主体要减少对数字普惠金融产品和服务的主观排斥，积极使用数字普惠金融产品和服务并提出正面反馈，促进金融机构不断优化产品和服务设计，进而更好地匹配农业农村发展的金融需求，缓解农村经济主体面临的融资约束。

第三，加强政府与农村经济主体之间的协同。近年来，基于推进乡村振兴战略的实际需要，政府不断加大在农村数字普惠金融体系建设方面的投入力度，使广大农村经济主体可以从中受益。但是，由于受教育水平和文化程度普遍较低，大部分农村经济主体的金融素养不高，缺乏对金融产品和服务的正确认识，进而导致农村经济主体本能地不愿意接触金融产品和服务（尤其是数字普惠金融产品和服务），以尽可能规避金融风险。在农村经济主体不积极参与农村数字普惠金融体系的情形下，即便政府持续加大农村数字普惠金融体系建设的投入力度，其成效也难以得到明显提高。因此，一方面，农村经济主体要与政府合作，积极参与政府组织的各种数字普惠金融知识培训，不断提升数字技能、金融素养以及对风险的正确认知，主动了解与使用数字普惠金融产品与服务。另一方面，政府也要与农村经济主体合作，充分了解和掌握农村经济主体的实际金融需求，进而引导金融机构不断创新适合农村经济主体需要的金融产品与服务；同时，针对农村经济主体风险能力不足的特点，政府应积极识别和防控农村数字普惠金融风险，加大对金融机构的监督力度，规范金融机构的市场行为，切实做好农村经济主体权益保障工作。

第二节　数字普惠金融缓解城乡资本错配的目标定位

加快缓解城乡资本错配是推动城乡融合发展的必然要求，也是乡村振兴的重要途径。要建立一套与之相适应的数字普惠金融服务体系，就得明确数字普惠金融缓解城乡资本错配的目标定位，以便对现有的数字普惠金融服务体系进行创新。具体而言，这些目标主要包括以下四个方面。

一　农业农村发展的资金需求得到有效满足

促进农业农村高质量发展需要实现资金、劳动力、土地、技术以及制度等要素的有机融合。其中，特别以资金要素最为关键，资金是驱动农业农村高质量发展最为重要的引擎。目前农业农村发展的资金需求具有如下几个重要特征。一是资金需求数量明显增加。农业农村的快速发展催生出了大批新型农业经营主体。相较于传统农业经营主体，农民专业合作社、家庭农场、种养大户以及农业产业化企业等新型农业经营主体具备了更高的专业化、规模化以及产业化程度，从而使得其产生了较大的资金需求数量，以满足其在生产经营场地、加工制造设备、物流仓储设施等基础工程建设项目方面的资金投入。二是资金需求用途不断拓宽。新型农业经营主体的资金需求不再局限在土地流转前的生产和消费领域，而是涉及整个农业产业链，贯穿生产经营周期的各个领域和各个环节，具体涵盖农产品生产、初（深）加工、储存（冷藏）、物流（冷链）以及市场销售等方方面面的资金需求。三是资金需求方式越发灵活。与传统农业经营主体以短期资金需求为主相比，新型农业经营主体专业从事农产品生产和服务，其规模化、专业化与集约化水平较高，其对资金需求期限越发灵活多样，并且存在明显的周期性、长期化趋势。

综上所述，现阶段农业农村发展的资金需求存在需求数量明显增加、需求用途不断拓宽以及需求方式越发灵活等显著特征，然而，由于农业农村发展的资本积累不足，导致资金缺口比例较高，除了依靠自我资本投资，还迫切需要大量的外部资金支持。金融服务作为提供资金支持的核心手段与机制，其最基本的功能在于通过开发适合的金融服务产品，以有效满足农业农村发展的多样化资金需求。其中，根据农业农村发展对资金的需求普遍具有额度较大的特点，涉农金融机构要积极运用数字金融平台对农业农村经营主体进行"数字授信"和"数字担保"，充分满足其对资金的增额需求；结合农业农村发展对资金需求的用途存在多元化趋势，涉农金融机构要推动数字普惠金融业务与农业产业链各个环节的深度融合，为产业链各个环节提供多样化的资金支持，提升资金供给效率；针对农业农村发展对资金需求的方式越发灵活，金融机构在提供资金供给服务时，需要综合考虑周期性与长期性因素，以满足不同类型的农业农村主体对信贷资金期限的差异化需求。

二 农业农村发展的资本集聚能力显著增强

农业农村具备较强的资本集聚能力是城乡资本配置逐渐优化的根本标志，增强农业农村发展的资本集聚能力是缓解城乡资本错配的关键所在。因此，数字普惠金融除了要把满足农业农村发展的投资资金需求作为目标，更要将降低农业农村领域的生产经营和风险作为扶持内容，以提升农业农村的资本集聚与可持续发展能力。在农业农村发展的早期阶段，由于农业生产经营天然存在高风险、低收益的特点，加上各种要素价格普遍上涨所造成的负面影响，使得农村经济主体普遍面临较高的生产经营成本和风险，收益空间十分狭窄甚至出现亏损。此时，理性的市场主体一般不会向农业农村领域进行投资，从而无法形成农业农村发展的资本集聚，不利于城乡资本错配缓解。换言之，只有当农业农村领域的生产经营成本与风险大幅降低，可以保证在农业农村投资获得较高的收益时，资本要素才会向农业农村领域集聚，从而促进城乡资本要素的优化配置。可见，在数字普惠金融缓解城乡资本错配的过程中，需要把增强农业农村发展的资本集聚能力作为基本目标。

数字普惠金融可以在降低农业农村领域的生产经营成本与风险、促进农业农村领域的资本集聚方面发挥重要作用。一方面，数字普惠金融能够降低农村资本要素的供给成本与获得成本。在资本要素的供给端，数字普惠金融借助数字技术可以为农村经济主体在线提供信贷资金支持，从而降低资本要素的供给成本；在资本要素的需求端，农村经济主体也可以通过数字终端在线满足自己的资本要素需求，从而节省大量的时间成本、人力成本和交通成本。另一方面，数字普惠金融能够降低农村经济主体的生产经营风险。数字普惠金融依托数字技术手段可以打破农村经济主体与金融机构之间的信息不对称，帮助识别产业链潜在风险与供应链潜在风险，提升农村经济主体的风险管理能力；同时，数字普惠金融还可以通过数字保险、数字担保以及数字风投等业务分担农村经济主体的生产经营风险，一旦将其风险降下来，农村经济主体的获利能力和资本集聚能力便会显著增强，反过来又为数字信贷业务提供优质客户，促进数字普惠金融与农村经济主体的良性互动发展。

三　农业农村发展的金融服务效能明显提升

要充分发挥数字普惠金融对城乡资本错配的缓解作用，关键在于作为供给方的数字普惠金融机构对应于农业农村发展的资金与风险管理需求，究竟有多大的服务供给效能。这不仅取决于数字普惠金融机构所拥有的金融资源数量，更取决于数字普惠金融的服务创新能力。通常来说，数字普惠金融机构的服务创新能力越强，其服务的效能就越大。因此，在数字普惠金融缓解城乡资本错配的过程中，需要把提升数字普惠金融自身的服务效能作为根本目标。从传统金融服务农业农村发展的具体情况来看，目前主要通过信贷、担保以及保险等途径来实现，但是农村经济主体依旧普遍面临"融资难""融资贵"等问题，进而制约着农业农村的高质量发展。接下来，涉农金融机构应充分考虑农村经济主体金融服务需求的特殊性，积极借助数字技术手段，有效降低普惠金融服务成本，破解农村经济主体金融服务的难点，进而使数字普惠金融服务更好地匹配农村经济主体的金融服务需求，提升数字普惠金融服务的供给规模与供给质量，促进数字普惠金融与农村金融协调配合发展。

城乡资本错配缓解是一项系统性工程，为了提升数字普惠金融的服务效能，满足农业农村发展的资本需求，核心在于要结合农业农村金融服务需求场景进行数字普惠金融产品与服务创新。一是要加强数字普惠金融与农村经济主体的生产生活场景深度融合。通过对农村经济主体的金融服务需求进行准确识别、精准画像，设计开发"场景化"的数字普惠金融服务产品，实现数字普惠金融供给主体与农村市场需求主体的有效匹配，提升农村经济主体使用数字普惠金融服务的获得感与满意度，更好地释放数字普惠金融在缓解城乡资本错配方面的潜力。二是要不断优化和完善数字普惠金融业务流程。通过开发适合农村经济主体的移动终端模式和操作界面，积极推广便捷服务终端和远程交互服务，推动数字普惠金融服务的有效精准触达，提升农村经济主体的金融服务体验。三是要坚持传统服务渠道与数字服务渠道相结合。在持续优化和完善农村经济主体所熟悉的传统服务渠道（柜台服务）的同时，也要积极引导农村经济主体使用数字服务渠道，从而实现传统服务渠道与数字服务渠道的有机融合。

四　农业农村发展的金融服务风险总体可控

农业农村发展既面临由自然灾害所导致的自然风险，也面临由市场价格波动与市场需求变化所产生的市场风险，而这些风险也是资本要素未能大规模进入农业农村领域的重要原因。与此同时，由于农村地区征信系统不完善、金融监管不到位等因素，金融服务于农业农村发展总是与风险相伴随。作为传统金融的重要补充，数字普惠金融的发展可以赋能农村经济主体的风险管理能力。一方面，数字普惠金融借助大数据、人工智能等技术手段，可以增强金融市场交易风险信息的可得性，打破农村经济主体与涉农金融机构之间的信息壁垒，帮助识别农业农村发展各个领域的潜在风险，提升农村经济主体的风险管理能力。另一方面，依托数字化技术手段，数字普惠金融既可以提高涉农金融机构的风险识别与控制能力，减少涉农金融机构对农村经济主体在违约风险、还款能力方面的担忧，提高农村经济主体的信贷可得性，同时也能够推动农村经济主体之间通过合作、共享以及联合运营等方式实现联合增信，进而增强农村经济主体的风险负荷能力。

当然，数字普惠金融在发展过程中也可能在流动性、技术性、操作性以及消费者保护等方面带来新的风险，为此应该把健全和完善数字普惠金融监管制度放在突出位置。一是要高度重视数字普惠金融的业务规范性。对于开展数字普惠金融业务的金融机构与非金融机构，要建立健全审慎监管体系，严格相应的准入门槛和牌照要求；既要创造适合数字普惠金融良性发展的政策环境与市场环境，同时也要完善数字普惠金融的风险监管措施，强化数字普惠金融的风险处置力度，为农村经济主体参与数字普惠金融构建安全可靠的外部环境。二是要高度重视数字普惠金融的技术安全性。数字技术是数字普惠金融得以迅猛发展的技术支撑，但数字普惠金融的健康发展也因此受制于数字技术的安全性、先进性以及可靠性，所以如何制定有效措施加强对数字技术层面的监管以防范个人信息泄露与资金安全问题尤为重要。三是要高度重视农村金融消费者的权益保护。既要提升农村经济主体识别和防范涉农领域非法集资、金融诈骗等违法行为的能力，也要切实保障农村经济主体在使用数字普惠金融产品和服务过程中的合法权益。总的来看，数字普惠金融需要在金融支农与防范风险的矛盾中寻求平衡。

第三节 数字普惠金融缓解城乡资本错配的基本原则

在厘清数字普惠金融缓解城乡资本错配的指导思想和目标定位的基础上，还需要进一步明确数字普惠金融缓解城乡资本错配的基本原则。只有从理论上明确了这些具体的原则，才能够更加科学、高效地设计数字普惠金融缓解城乡资本错配的宏微观路径。在紧密结合中国数字普惠金融和农业农村发展实际情况的前提下，本书认为数字普惠金融在缓解城乡资本错配过程中应该坚持以下原则。

一 数字普惠金融服务商业可持续原则

数字普惠金融服务商业可持续原则是指金融机构在从事数字普惠金融业务时，不仅需要考虑到农村经济主体的短期利益，还需要注重自身的长期发展，确保在满足农村经济主体需求的同时，实现自身的持续盈利。这一原则强调的是金融机构在追求数字普惠金融业务发展的同时，必须注重风险管理和成本控制，确保数字普惠金融业务的长期稳定。一方面，数字普惠金融服务商业可持续要求严格风险管理。传统普惠金融在风险管理方面普遍存在风险识别与评估不准确、风险防范措施不足以及风险管理机制不健全等问题，数字普惠金融必须借助大数据、人工智能、物联网等数字技术，构建数字化的风控模型，更大程度地对数字普惠金融服务风险进行监测，以保障数字普惠金融的可持续发展。另一方面，数字普惠金融服务商业可持续要求加强成本控制。传统普惠金融服务农业农村发展的最大障碍在于服务成本高昂，这里的成本既包括网点铺设成本和人工干预成本，也包括信息搜集成本和信息处理成本。在服务成本高昂的情形下，如果要想实现普惠，那么势必会压缩金融机构的获利空间，降低金融机构为农村经济主体提供服务的积极性，从而难以确保金融服务供给的可持续性。数字普惠金融借助数字化技术，可以通过优化运营成本、提升服务效率、精准营销策略以及实现规模经济等方式，有效地缩减金融服务的内部成本，这既让农村经济主体享受到了金融服务，同时也可以为金融机构带来更多利润，有助于增强金融服务的商业可持续发展。一般而言，金融服务的内部成本高低直接决定了金融服务价格是否合理。一个合理的金融服务价格可以确保金融机构与农村经济主体之间实现互利共赢，既可以使金融机构获得足额利润进而推动数字普惠金融服务商业可持续发展，同时也能够使资本要素不断注入农村经济主体进而带动城乡资本错配的可持续缓解。

二　数字普惠金融服务模式差异化原则

数字普惠金融服务模式差异化原则是指以农村经济主体需求为导向，结合地域差异、服务深度和广度、科技创新以及风险管理等因素，设计灵活多样的服务模式，以满足农村不同类型市场主体的金融需求。差异化的数字普惠金融服务模式有助于缩小金融服务的鸿沟，推动金融服务的普及化和均等化。目前，中国农村数字普惠金融服务的供给主体和需求主体均呈现多元化特征，农村数字普惠金融服务的供给主体有银行业金融机构，也有非银行业金融机构，农村数字普惠金融服务的需求主体既有经营农户，也有农业产业化企业等，众多的农村数字普惠金融服务供给主体与需求主体之间的匹配问题尤为复杂。基于此，在数字普惠金融缓解城乡资本错配的过程中必须坚持服务模式差异性原则。其一，对于银行业金融机构而言，其主要作用是将资金以风险可控、成本可控以及收益可期的方式供给到农业农村发展领域。如何利用数字化技术促进银行业金融机构产品和服务的数字化、普惠化转型，是促进农业农村发展和缓解城乡资本错配的关键环节。基于银行业金融机构的数字普惠金融服务模式创新目标在于：完善多层次、广覆盖以及差异化的银行体系，充分利用数字技术发挥不同属性银行业金融机构[①]的比较优势，满足不同类型的农村经济主体在生产经营过程中产生的差异化金融服务需求。其二，对于非银行业金融机构[②]而言，其主要作用是提升农村金融资源供给方与需求方的合作意愿和匹配效率，以及对银行资金覆盖不到的领域进行有效补充。如何借助数字化技术进一步推动非银行业金融机构产品和服务的数字化、普惠化转型，是提升数字普惠金融支持农业农村发展水平的重要措施。基于非银行业金融机构的数字普惠金融服务模式创新目标在于，借助数字技术构建农村金融综合保障体系，丰富农村金融产品和服务类型，提高农村金融市场运行效率。

三 数字普惠金融服务效率最大化原则

数字普惠金融服务效率最大化原则是指金融机构充分利用数字化技术，不断优化金融服务流程，有效管理金融交易风险，并持续创新金融产品和服务，促使有限的金融资源在支持城乡资本错配缓解中发挥最有力的促进作用，从而通过最小的金融服务支出实现城乡资本错配缓解目标的最优化，为更广泛的农村经济主体提供更便捷、更优质的金融服务。效率最大化原则在数字普惠金融服务于农业农村发展过程中具有非常重要的意义。一方面，效率是衡量数字普惠金融服务水平的重要标准。只有提供高效的数字普惠金融服务，才能满足农村经济主体的需求，赢得农村经济主体的信任。另一方面，效率是实现数字普惠金融可持续发展的关键。通过提高服务效率，可以降低服务成本，提高服务盈利能力，从而为数字普惠金融服务的长远发展提供保障。那么，如何实现数字普惠金融服务效率最大化呢？一是要注重数字技术创新。数字技术的创新与应用是提升数字普

---

① 主要包括开发性和政策性金融机构、国有大型商业银行、股份制商业银行、城市商业银行、民营银行以及农村中小金融机构等。

② 这里的非银行业金融机构是一个广义概念，包括融资担保公司、小额贷款公司、保险公司以及持牌的金融科技公司等。

惠金融服务效率的关键。通过不断研发新的数字技术，优化服务流程，可以大幅缩短服务时间，降低人力成本，提高数字普惠金融服务质量和效率。二是要加强数据分析能力。通过收集和分析大量的农村经济主体数据，可以深入了解农村经济主体的需求和偏好，为不同类型的农村经济主体提供个性化的服务方案。这不仅可以提高农村经济主体满意度，还可以优化资源配置，提高服务效率。三是要推动服务渠道的多元化。除了传统的银行网点和线上平台，数字普惠金融服务还可以通过移动终端、社交媒体等多元化的渠道进行。这样可以满足不同类型的农村经济主体的金融需求，提高金融服务的覆盖面和效率。四是要加强内部管理。通过优化组织结构、完善管理制度以及提高员工素质等方式，可以提高金融机构内部管理效率，为数字普惠金融服务于城乡资本错配缓解的效率最大化提供保障。

四　数字普惠金融服务风险最小化原则

数字普惠金融服务风险最小化原则是指在提供数字普惠金融服务的过程中，通过采取一系列的风险管理措施，将可能产生的风险降到最低，以确保金融服务的稳定性和安全性。在数字普惠金融服务于城乡资本错配缓解的过程中，风险主要来源于两个方面。一是农业农村领域。农业农村经营所面临的自然、市场以及政策等诸多风险一直是制约农业农村发展的瓶颈，同时在缺乏保险和担保的情况下，这些风险也是导致市场化资本不愿意轻易介入的重要原因。可见，数字普惠金融支持农业农村发展具有天然的高风险性。二是数字普惠金融服务本身。数字普惠金融本质上是一种金融创新，创新意味着有风险产生，如果创新的数字普惠金融服务不适应农村经济主体的需求，就可能使创新收益小于创新成本，从而出现无意义的创新。因此，在数字普惠金融服务于城乡资本错配缓解的过程中，必须将服务风险最小化作为基本原则加以遵循，旨在通过强化风险管理、提升信息透明度以及加强监管和合规等措施，使数字普惠金融服务的风险降至最低。首先，强化风险管理是实现数字普惠金融服务风险最小化的重要手段。金融机构需要建立完善的风险管理制度，对数字普惠金融服务的各个环节进行全面、系统、科学的风险评估和管理，包括对农村借款人的信用评估、对贷款过程的监控和管理以及对不良贷款的处置等。其次，提升信息透明度也是数字普惠金融服务风险最小化原则的重要内容。金融机构应该建立完善的信息披露机制，利用科技手段提升信息透明度，以更好地了解服务的风险状况，采取有效的措施来管理和控制风险。最后，加强监管和合规运营也是数字普惠金融服务风险最小化原则的重要措施。监管机构应该加强对数字普惠金融服务的监管力度，制定科学合理的监管政策和规范，确保金融机构的合规运营。同时，金融机构自身也应该加强内部合规管理，防范操作风险和道德风险。

第四节　本章小结

本章基于前述章节的理论分析、事实判断以及实证结论，重点就数字普惠金融缓解城乡资本错配的指导思想、目标定位、基本原则进行了系统阐释。其中，数字普惠金融缓解城乡资本错配的指导思想，既要引导市场机制发挥决定性作用，也要促进政府机制发挥调控性作用，还要构建协同机制发挥辅助性作用。数字普惠金融缓解城乡资本错配的目标定位包括农业农村发展的资金需求得到有效满足、农业农村发展的资本集聚能力显著增强、农业农村发展的金融服务效能明显提升以及农业农村发展的金融服务风险总体可控。数字普惠金融缓解城乡资本错配的基本原则涵盖数字普惠金融服务商业可持续原则、数字普惠金融服务模式差异化原则、数字普惠金融服务效率最大化原则以及数字普惠金融服务风险最小化原则。

第八章

数字普惠金融缓解城乡资本错配的宏观路径

本章将为数字普惠金融缓解城乡资本错配提供基础支撑的金融制度优化、金融组织优化以及金融市场优化集中在一起讨论,共同构成数字普惠金融缓解城乡资本错配的宏观路径框架。在持续推进数字普惠金融缓解城乡资本错配格局的进程中,市场准入不完善、风险监管不到位和权益保护不健全等制度性缺失问题严重抑制了农村地区的资本供给,明确了完善数字普惠金融制度体系的重要性;传统金融行业发展模式的高成本、低效率和高风险弊病引致了农村金融供需结构不均衡格局,揭示了提升普惠金融行业数字科技化水平的重要性;传统金融市场运行面临的"不可能三角"问题,制约了金融市场资源优化配置,阻碍了农村经济发展的资本集聚,彰显了打造高质量数字普惠金融市场生态的重要性。因此,现阶段探究打通数字普惠金融领域"痛点、堵点和难点"性问题的制度优化、组织优化和市场优化宏观路径,对于充分发挥数字普惠金融缓解城乡资本错配的效能具有十分重要的现实意义。

第一节 数字普惠金融缓解城乡资本错配的制度优化路径

中国数字普惠金融发展始终存在诸如农户、农村小微企业融资难,金融机构数字普惠金融服务建设乏力,农村弱势群体金融权益缺乏有效保护等弊病。溯其本源,尚不健全的监管制度体系是重要因素之一。而规范的

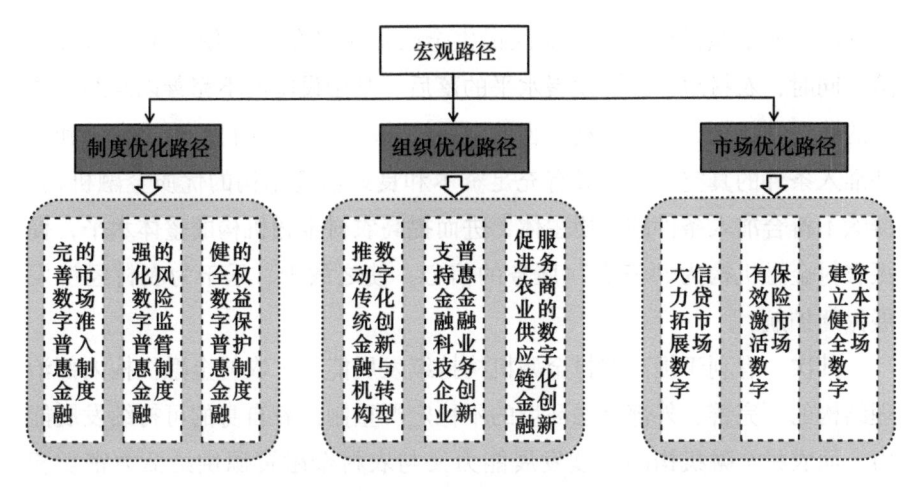

```
                          宏观路径
         ┌─────────────────┼─────────────────┐
    制度优化路径         组织优化路径         市场优化路径
         ↓                 ↓                 ↓
  ┌──┬──┬──┐        ┌──┬──┬──┐        ┌──┬──┬──┐
  │完│强│健│        │推│支│促│        │大│有│建│
  │善│化│全│        │动│持│进│        │力│效│立│
  │的│的│的│        │数│普│服│        │拓│激│健│
  │数│风│权│        │字│惠│务│        │展│活│全│
  │字│险│益│        │化│金│商│        │数│数│数│
  │普│监│保│        │创│融│的│        │字│字│字│
  │惠│管│护│        │新│科│供│        │信│保│资│
  │金│数│数│        │与│技│应│        │贷│险│本│
  │融│字│字│        │传│企│链│        │市│市│市│
  │市│普│普│        │统│业│数│        │场│场│场│
  │场│惠│惠│        │金│创│字│        │  │  │  │
  │准│金│金│        │融│新│化│        │  │  │  │
  │入│融│融│        │机│  │金│        │  │  │  │
  │制│制│制│        │构│  │融│        │  │  │  │
  │度│度│度│        │转│  │创│        │  │  │  │
  │  │  │  │        │型│  │新│        │  │  │  │
  └──┴──┴──┘        └──┴──┴──┘        └──┴──┴──┘
```

图 8.1　数字普惠金融缓解城乡资本错配的宏观路径

制度体系在明确金融主体各项义务、推进金融政策落地实施和激励金融机构自主创新等环节具有重要作用。因此，现阶段着眼于完善和优化中国数字普惠金融相关的制度体系，既是扩大农村金融供给的迫切需要，也是满足农村经济发展的必然要求，更是缓解城乡资本错配的有力保障。健全数字普惠金融制度体系，有助于进一步保障农村普惠群体的金融权益，提高农村金融资源的配置效率，强化农村经济发展的资本集聚能力。本节将从数字普惠金融的市场准入制度、风险监管制度以及权益保护制度等多条制度优化路径分析数字普惠金融对缓解城乡资本错配的支持效能。

一　完善数字普惠金融的市场准入制度

金融市场准入机制是由金融监管机构依照经许可准入的管理办法，甄别出符合准入条件的金融机构，赋予其投入金融活动并开展金融业务的资格，规范金融主体进入金融市场的规章制度。因此，建立健全市场准入制度能够有效保障金融机构在进入金融市场时具备提供金融服务的能力，进一步防范农村数字普惠金融市场风险。在保证符合准入条件者进入、维护金融市场秩序以及保障投资者权益的基础之上，完善农村数字普惠金融市场准入制度的附加效应还体现在以下几点。

首先，有利于扩大农村金融供给。农业生产经营的季节性、自然灾害的频发性特征决定了农村经济将面临长期不稳定的发展态势，这种现状正持续消磨着金融机构为农村地区提供金融服务的信心，使之不敢以身犯险。同时，农村地区经济发展水平的落后、基础设施的不完善以及经济体系的脆弱性特征，使得趋利避害的金融机构不愿入驻农村。通过完善和弥补准入条件的真空，引入具有充足资本和良好治理结构的优质金融机构，摒除不符合准入条件的劣质主体，进而提高农村金融机构的整体水平，提振农村金融机构为"三农"服务的信心，使之敢于、乐于为农村经济发展保驾护航。

其次，有利于提高农村金融机构持续发展能力。农村金融机构内部治理结构的不完善、外部金融环境的不稳定严重制约着自身的可持续发展能力，而农村金融机构的持续发展能力又与农村金融资源供给活力密切相关。通过健全和创新市场准入制度，以法治手段来约束农村金融机构，倒逼农村金融机构去探索更加规范化和民主化的内部治理系统。此外，对农村金融市场的准入机制进行合理的优化，有助于扩大农村资源匮乏地区金融资源的有效供给，进一步增强农村金融机构抵抗外部环境不稳定性的主体韧性，从而推动实现农村金融经济的可持续发展。

最后，有利于减少政府的过度干预。中国农村金融市场准入制度主要是在政府的主导下逐步建立起来的，因此农村金融市场的发展不可避免地会受到政府行为的影响，政府过度干预而导致金融机构的寻租行为极大地损害了农村金融市场的健康发展风气。通过建立一套系统化、规范化和有针对性的市场准入法律体系，为政府监管农村金融市场提供更加权威、公正的法律依据和准则，用具有法律效力的规章制度同时约束政府和金融主体，使法律制度真正成为政府在充分尊重市场自主性的前提下干预市场运行最有效的手段。

随着中国数字普惠金融的迅猛发展，市场面临的潜在风险也逐渐暴露。为顺应市场变化，中国人民银行、国家金融监督管理总局（原银保监会）以及国家市场监督管理总局等部委先后出台了各项管理办法和指导意见，有效保障了数字普惠金融的可持续发展。然而由于农村数字普惠金融起步较晚，法律监管层面无法实现与金融科技的同步发展，相关准入法规的分散、真空和低位阶等问题使风控建设举步维艰，严重影响农村数字普惠金融的资源配置功能。着眼于数字普惠金融发展方面先后出台的一系列的规范性文件，受制于传统的分业监管模式和架构的约束、法律文件出台时间和出台部门的差异，数字普惠金融的准入监管存在矛盾和冲突，法规细则较为笼统和零碎。

例如，《村镇银行管理暂行规定》中对于股权结构准入许可在实践中出现了效果偏差，这是由于金融机构最大持股比例的规定以及民间资本持股比例的限制，使大股东金融机构占据主导地位，同时又打消了民间资本的投资积极性，从而违背了村镇银行"支农"的初衷；又如，《非金融机构支付服务管理办法》中对于非金融机构开展支付业务的准入许可仅立足一般性规定，缺乏可操作性的具体标准，对于虚拟货币业务则出现准入条件的真空。此外，目前专门针对农村数字普惠金融的监管规定仍停留在政策性文件层面，法律效力与强制力难以保障，相关配套方案细则仍需参照城市数字普惠金融的一般性规定。

为着力破解农村数字普惠金融资源配置瓶颈，更好地满足农村经济发展的资本需求，有效提高数字普惠金融缓解城乡资本错配效力，应当着眼于以下两个方面来完善市场准入制度。

其一，构建专门性法规体系，提高法律法规位阶。由于中国农村数字普惠金融起步较晚，市场准入法律法规尚未系统化，法律效力普遍较低，亟待建立一套针对农村数字普惠金融市场准入的专门性法律体系，将农村数字普惠金融相关业务纳入监管范围，保证准入制度的权威性和公正性，为政府的监管行为提供系统化的法律依据和法律准则。同时，对于现行位阶较低、存在冲突的法律体系应当进行适当的整合、吸收，加强更高法律位阶的专门性法规体系建设，增强监管法律的可操作性，推动法治监管高质量发展，实现有法可依而不依赖于部门规章等行政手段，打破以往依附于城市数字普惠金融监管的传统治理格局。在更明确地区分农村数字普惠金融与传统金融监管的基础上，着力解决监管空白、适用模糊等问题，实现全方位、高效率的农村数字普惠金融市场准入监管。

其二，放宽市场准入门槛，充分发挥政府作用。市场准入门槛的设置能够有效约束市场主体的行为，降低金融机构的经营风险，从而有效实现数字普惠金融市场的长治久安。而设置不合理的市场准入门槛不仅会对投资主体和金融创新的积极性造成双重打击，还会导致数字普惠金融资源的错配。因此，适当地放宽市场准入门槛，完善市场准入相关法律法规，确立"宽严相济"的市场准入标准，允许更多符合准入条件的投资主体平等进入数字普惠金融市场。在放宽准入门槛的同时，也注重做好风控建设。政府作为有效的领导者和主导部门，要逐步完善金融机构的存款准备金制度，对金融机构资本充足率进行实时监控。同时，尊重数字普惠金融市场资源配置的决定性作用，正确发挥政府的主导作用，为数字普惠金融缓解城乡资本错配营造良好的法治环境。

二　强化数字普惠金融的风险监管制度

2023年10月，国务院印发的《关于推进普惠金融高质量发展的实施意见》（以下简称《意见》）中提出，要持续提升中小金融机构等重点机构和重点领域风险防控能力，不断完善风险监测预警和化解处置机制，有效识别和防控数字平台风险，有力遏制非法金融活动，进一步完善金融稳定保障机制。相对于传统普惠金融来说，数字普惠金融的发展进程中不仅会面临传统的金融风险，还将叠加数字技术创新带来的潜在风险。因此，进一步强化数字普惠金融风险监管体系，筑牢风险防控堤坝，优化金融生态环境，具有以下两个方面的必要性。

其一，在传统金融风险层面，目前中国并未对除传统金融机构以外的诸如金融科技企业、农村供应链金融服务商等金融主体进行严格的存款准备金制度规定，默认了电商及网络借贷平台可通过建立资金池来管理自有资金，极有可能产生平台资金挪用的安全风险，一旦面临高频的支付结算，无法及时兑付用户提现，平台将陷入流动性风险，面临破产危机。此外，在数字普惠金融推进过程中，市场的垄断性风险和系统性风险时有发生。由于数字普惠金融服务平台掌握海量用户交易数据，意味着这类主体相对于其他金融供给者在参与金融服务竞争方面更具有天然的优势。同时，大型金融服务供给方以其资源优势迅速占领市场，导致金融交易费用激增，不断降低金融市场运行效率，最终形成金融垄断的恶性局面。此外，数字普惠金融对信用扩张带来的影响亦不容忽视，诸如"拆东墙补西墙"等过分扩张式的资本游戏暗藏着破坏性极强的系统性风险。

其二，在数字技术风险层面，数字普惠金融得益于云计算等多种信息技术手段，在为广大民众提供金融服务时能够打破传统金融格局的桎梏。与此同时，随着金融数字化不断加深，数字普惠金融对信息网络系统的依赖性也在不断增强，这意味着客户的个人信息和资金安全将面临极大的风险挑战。一方面，大多数中小型数字普惠金融平台的信息安全防护措施尚未完善成熟，数字技术手段尚且存在漏洞，很难通过数据"脱敏"来有效抵御黑客攻击，导致用户个人信息被动泄露的风险系数增加；另一方面，在对用户进行个人信息采集时，数字普惠金融平台相比于传统普惠金融平台采集的重要信息范围更加广泛和内容更加详尽，一些互联网企业甚至通过多种生物识别支付技术手段来过度采集用户信息，而这些技术手段识别得出的重要个人信息又与用户资金安全牢牢挂钩，一旦用户个人信息发生泄露，消费者的资金安全便会受到极大威胁。此外，数字普惠金融目标用户金融素养和风险意识的普遍薄弱也是导致其资金信息安全危机的原因。

随着金融数字化应用愈演愈烈，数字普惠金融风险监管方面存在的问题愈加明显，主要体现在法律监管手段的滞后和法律监管尺度的把控上。法律监管手段方面，面对强大灵敏的数字技术，传统的人工监管模式可能不再适用。数字普惠金融平台能够有效利用先进的技术手段来规避监管，从而实现监管套利。监管部门无法及时针对数字技术攻击的监管漏洞进行逐个立法，加之法律法规的制定和出台存在时滞性，新旧问题往往接踵而至，由此便形成了数字普惠金融风险监管的技术壁垒；法律监管尺度方面，金融监管机构为了应对数字技术带来的监管挑战，不得不发挥其主观能动性与金融服务供给商展开金融监管和金融创新的技术博弈。而不健全不完善的法律监管体系、不适当不合理的法律监管尺度，往往会造成"一管就死，一放就乱"的监管格局。因此，如何加强应对数字技术问题的监管立法，推动监管手段升级以及把握好金融监管和金融创新的法律尺度对于推动数字普惠金融的高质量发展至关重要。

为积极应对数字普惠金融在风险监管上的问题和挑战，最大程度地发挥数字普惠金融在降低农村金融服务成本、扩大农村金融供给规模和增强农村资本集聚能力等"助农"环节的支撑作用，应从以下几个方面来强化数字普惠金融的风险监管制度。关于数字技术的应用问题，在法律监管中也应当适当引进监管科技，推动监管技术的升级。比如英国的"监管沙盒"机制，其包容审慎的机制特征与中国数字普惠金融所追求的监管模式相契合，监管试点在防范监管风险、监管错配和消费者保护等方面的效果显著。此外，监管立法机关应当协同数字普惠金融行业协会，制定统一的技术应用标准，遏制不法分子妄图钻数字技术漏洞行为；关于监管与创新的平衡问题，数字普惠金融监管立法中应当明确"包容审慎"理念，构建风险监管与金融创新的双赢格局。此外，还应建立有效的信息披露制度，并针对农村金融消费者建立差异化的激励补偿机制，有效抑制"教育鸿沟"引发的农村消费者财产信息安全问题，为数字普惠金融缓解城乡资本错配奠定坚实的法治基础。

三 健全数字普惠金融的权益保护制度

数字普惠金融借助大数据、云计算等多种信息技术手段，极大地提高了消费者的信贷可得性。与此同时，城乡基础设施建设差距产生的"数字鸿沟"，以及城乡居民金融素养差距引发的"教育鸿沟"，使得农村消费者的知情权、公平交易权以及资金信息安全权等相关权益面临新的挑战。针对广大金融消费者面临的权益保护困境，国务院印发的《意见》中也对金融消费者的权益保护提出了更高要求，指出要进一步完善金融消费者权益保护体系，健全金融消费者教育和保护机制，加快推进金融消费者权益保护专门立法，持续提升数字普惠金融产品的易用性、安全性、适老性，积极推动防范化解金融消费者权益风险的相关法治建设。强化金融消费者权益保护机制对于维护农村居民金融发展权，提高农村金融市场稳定性，进而缓解城乡资本错配具有重要的实践意义。一方面，通过健全消费者权益保护制度，明确农村居民享有的金融发展权，能够加快实现城乡金融资源的均衡供给；另一方面，完善农村金融消费者权益保护机制，可以有效改善农村金融市场脆弱的消费环境，有利于增强农村发展的资本集聚能力，协同提高数字普惠金融合理调配城乡资本要素的效能。

现阶段，中国数字普惠金融领域关于消费者权益保护的体制机制在多个方面还有待健全和完善。首先，专门性立法缺失。有关金融消费者权益保护的内容虽在各个部门法中有所提及，但尚缺乏针对数字普惠金融产品和消费者特征的专门性法律，金融消费者的有关合法权益不能得到有效可靠的保障。其次，监管体制不健全。数字普惠金融背景下诞生的众多新型金融组织形态和混业经营的业务模式，使得交叉的金融业务和跨行业的金融产品成为行业的监管空白，监管部门往往不能及时察觉并迅速作出应对和处理，从而加大了数字普惠金融监管的风险。再次，金融纠纷化解机制待完善。关于金融消费者的维权方式有诸如投诉、诉讼以及仲裁等多种途径，但对于在数字经济领域中处于弱势地位的农村金融消费者来说，各方面的维权难度均不断加大。高成本、低补偿、多程序和难取证等问题成为农村金融消费者维权道路上的重重阻碍。最后，金融消费者教育保护机制待提升。由于"数字鸿沟"和"教育鸿沟"问题尚未解决，金融消费者素养和维权意识参差不齐，这就对各部门的金融知识普及机制提出了更高要求，普及范围不仅仅局限在内部员工，更应重视对农村居民群众开展相关素质教育，培育农村金融消费者的维权意识。

针对现行数字普惠金融消费者权益保护制度存在的上述问题，健全数字普惠金融的权益保护制度有以下几条途径。首先，立法部门应加快出台针对金融消费者权益保护的专门性法律，明确金融消费者权益保护范围和保障渠道，重点关注金融消费者个人信息和资金安全。此外，考虑到城乡金融发展水平的差异性，相关部门应当因地制宜地制定地方性法律法规，全方位保障城乡金融消费者的合法权益。其次，针对混业经营和分业监管模式的缺陷，设立专门的金融消费者保护机构，组织开展金融机构对金融消费者权益保护的评估和评价工作，加大监管披露和通报力度，推进金融消费者权益保护监管执法合作机制建设。再次，畅通金融消费者投诉渠道，建立健全金融纠纷多元化解机制。比如建立有效的网络在线纠纷解决机制，为金融消费者创造高效率、低成本和可追踪的投诉渠道。此外，基于非诉途径优势，构建具有法律效力的第三方仲裁机构，有利于推动纠纷化解流程更加便捷和高效。最后，健全金融知识普及多部门协作机制，广泛开展金融知识普及活动，推进将金融知识纳入国民教育体系。组织面向农户、新型农业经营主体、新市民、小微企业主等重点群体的教育培训，提升数字金融产品使用能力，增强个人信息保护意识，进一步缓解"数字鸿沟"和"教育鸿沟"问题，为数字普惠金融缓解城乡资本错配筑牢法治保障。

第二节　数字普惠金融缓解城乡资本错配的组织优化路径

随着数字经济的不断发展创新，传统金融机构服务模式下的信贷供给规模远不能满足现代农村经济发展的资金需求，农村金融资源供不应求的失衡状态引致信贷成本升高、农村规模不经济现象凸显。为适应市场变化，实现传统金融行业的经营转型，以数字化力量助力农村经济发展，推动发展适配农村业务逻辑的数字普惠金融是最直接有效的途径。近年来，传统普惠金融行业积极与数字化技术融合发展，数字化传统金融机构、金融科技企业以及农业供应链金融服务商在内的各类金融服务供给者纷纷涌现，不断拓展了农村数字普惠金融服务的覆盖面，全面提升了农村数字普惠金融服务水平，有效缓解了农村金融供给不足和供给结构不均等问题，为农村经济发展的资本集聚注入了强大的发展动能。本节将聚焦于数字普惠金融的发展模式，探析传统金融机构的数字化转型、金融科技企业的普惠业务创新以及农业供应链金融服务商的数字技术创新等多条组织优化路径对数字普惠金融缓解城乡资本错配的支持效能。

一　推动传统金融机构的数字化创新与转型

传统金融机构作为农村金融体系的"正规军"和"主力军"，在推动农村数字普惠金融的发展进程中起到了至关重要的作用。普惠金融的数字化演进给传统金融机构带来了全新的发展机遇与挑战，在数字化浪潮的驱使下，数字金融推动和倒逼了传统金融机构的数字化创新与转型。一方面，数字化为传统金融机构带来的数字技术建设便利能够与金融机构自身的信息积淀和规模效应相融合，扬长避短地形成优势互补。对于以利润最大化为经营目标的金融机构来说，为了实现自身发展而主动进行数字化转型是毋庸置疑的。另一方面，随着数字技术的广泛应用，传统金融机构面临的市场竞争压力随之扩大。新的服务模式与渠道和新的支付方式与借贷方式改变了既往以银行为主导的供给格局，改变了银行业在支付体系的垄断地位，也改变了传统金融机构的资金借贷渠道，转而聚焦于突出客户对金融产品和金融服务的及时性与便捷性要求是否得到满足。同样，为了应对数字冲击带来的行业经营挑战，金融机构不得不改变传统发展模式，积极探寻顺应数字化进程的新路径。因此，在农村数字普惠金融背景下，传统金融机构的数字化创新与转型是大势所趋，更是借助数字化力量服务"三农"金融领域，提振农村金融服务整体水平，优化城乡资本配置格局的必然选择。

第八章 数字普惠金融缓解城乡资本错配的宏观路径 / 225

由于农村数字普惠金融服务面向的普惠群体具有"量多、额小、面广、分散"等特征，使得这类群体在财务管理、信贷抵押等方面普遍存在不规范、不完备的问题，导致金融机构在开展普惠金融业务时不得不面临高投入、低回报和高风险的境遇，从而极大地打击了金融机构开展涉农金融业务的积极性。通过传统金融机构与数字化技术的有效结合，将大数据、云计算和人工智能等信息技术手段融入金融机构的普惠金融业务中，实现了金融机构自身资金、信息和专业等优势资源的效用最大化。数字化金融服务能够打破普惠金融服务时间与空间的双重局限性，拓展普惠金融服务的群体覆盖面，进一步提高农村金融服务可得性；数字化金融产品能够更加精准地定位普惠金融服务群体诉求，满足农村经济发展的多样化资金需求；数字化风控体系能够提高金融机构的风控能力和效率，提高农村金融体系的稳健性，进一步提升农村资本集聚能力。具体地，"数字化赋能"主要体现在以下三个方面。

首先，近年来，传统金融机构中的多数商业银行广泛利用数字化技术，积极推出"三农"线上服务平台和应用程序，搭建融合全客户、全产品、全渠道和全流程的金融生态系统，为普惠群体提供线上化、自动化、智能化的"一站式""全天候"金融服务，通过线上线下业务的多渠道协同来有力打破时空桎梏，有效提高农村地区之于便捷、高效和优质金融服务的可得性。其次，通过引入数字化技术，接入工商、税务和司法等方面数据，结合农商银行精准识别传统农业分散、粗放经营模式下产业链中痛点、难点和堵点的优势，有效提高数字普惠金融产品的创新和应用效率。线上信贷产品已成为普惠金融业务发展的尖兵利器，有助于满足农村经济发展全方位的金融资源需求。最后，商业银行通过在涉农信贷体系中结合数据赋能、算法驱动等信息技术手段，构建多维度数据进而建立涉农在线风控模型，有效解决了传统农业信贷的风控难题，实现了风控体系由传统的质押物驱动转向与数字化驱动共同发展，大大提高了银行风险识别、预警和处置效能，为提高农村金融体系稳定性注入了强大的科技动能。

随着传统金融机构普惠金融数字化转型的不断推进，其在金融服务、产品创新和风险防控等方面都面临更新、更高的挑战，为了充分发挥传统金融机构在数字技术浪潮中的"主力军"作用，推动农村数字普惠金融

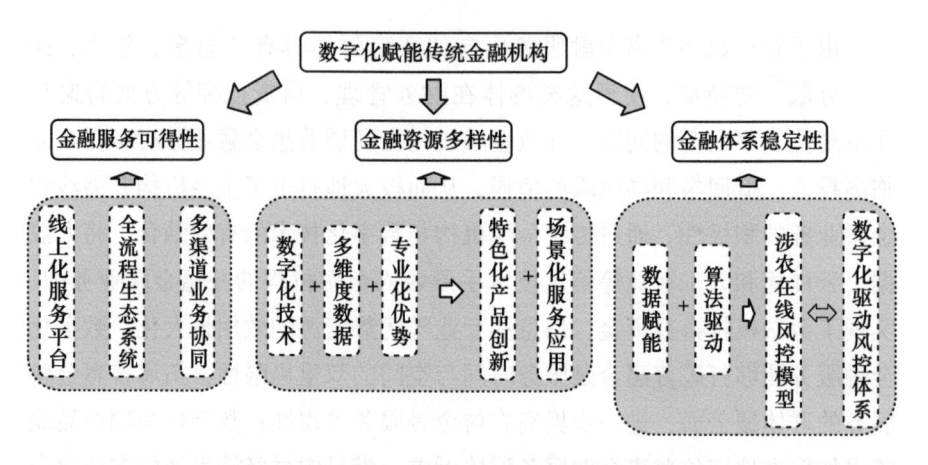

图 8.2　传统金融机构数字化创新与转型效能

高质量发展,从而进一步缓解城乡资本错配问题,现阶段亟待优化传统金融机构数字化转型中面临的以下问题。首先,数字化金融服务能力方面,普惠金融业务数字化发展为金融机构引入大批客源的同时,不可避免地会出现普惠金融服务水平跟不上数字化发展速度的问题,这将导致普惠金融的可持续性发展受到制约和威胁。因此,金融机构内部人员应当紧跟数字化转型下的新业务模式、新营销方式和新系统工具,以适应时代环境的加速变化,从而提升金融机构提供数字普惠金融服务的能力和效率。其次,在数字化金融产品创新方面,目前各大商业银行推出的线上化产品同质化程度较高,个性化需求满足程度较低,普惠金融产品区域特色化和场景化的创新力度有待进一步加强。针对现有产品的局限性,必须加强适配本地化客户金融产品的创新力度,积极研发区域特色金融产品,全方位满足不同种类、不同行业和不同需求客户的多样化、个性化的资金需求。最后,在数字化风控水平方面,数字化技术的应用一方面提升了银行的风控能力;另一方面也引发了银行数据来源的有限性和数据本身的滞后性,使其难以实现对风险全面、精准地检测和管控。因此,金融机构应当依托科技和数据为关键要素,通过内外部信息,不断更新迭代产品,持续完善预警和贷后模型,增强风控的前瞻性和有效性,筑牢农村数字普惠金融体系的风险堤坝。

二 支持金融科技企业的普惠金融业务创新

随着科技赋能普惠金融助力解决"三农"问题的不断演进，金融科技企业和电商平台快速拓展农村金融市场，在众多金融市场参与主体中承担着至关重要的"技术支持商"作用。金融科技企业和电商平台以数字技术和场景为依托，以网络普及和电商模式为基础，创新农村普惠金融服务流程及模式，同时致力于为金融机构和政府部门提供技术输出和数字金融配套服务，三方协同发力促进农村消费性金融和农村数字普惠金融高质量发展。与传统金融机构不同，金融科技企业和电商平台以其掌握的丰富度更高的商家线上交易数据与线下物流信息，熟练度更高的核心信息技术处理手段，拥有的完整度更高的数字化基础设施体系，能够有效实现物流、信息流和资金流的协调统一，对于推动农村数字普惠金融实现高质量发展具有被广泛认可的独特作用。在解决农村金融资源供给不足，缓解城乡资本错配问题的实践层面，金融科技企业有助于解决农村金融市场信息不对称、金融交易成本高等痛点、难点和堵点问题，大幅提高农村普惠金融服务的可得性和便利性；有助于拓展普惠金融供给模式和渠道，催生新型农村经济发展的多样化金融需求，提高农村资本要素供需匹配程度；有助于健全农村信用体系，完善金融机构风险控制体系，在推动金融资源向农村弱势群体倾斜的同时，为农村数字普惠金融的可持续发展提供技术支持。具体来说，"金融科技"+"普惠业务"赋能数字普惠金融缓解城乡资本错配的路径和效能体现在以下几个方面。

首先，金融科技企业通过建立大数据智能化征信机制，有效缓解农村金融市场信息不对称、交易成本高等问题。从农业生产经营的行业特殊性来看，农村地区具有鲜明的分散经营特点，使得传统金融机构在实时监控农户的信用状况、财务状况和贷款意图时受到严重的地域分散限制，从而引发了农户信用评估相关信息数据采集和监督的高难度、低效率和高成本等痛点问题。此外，农业生产经营过程中不可避免地会受到自然灾害等众多非可控因素的威胁和挑战，从而进一步打消了金融机构向农户提供信贷的积极性。从农村金融用户的个体特殊性来看，农村信贷客户多、规模小、融资额度低，金融机构难以有效区分各类信贷申请用户信息。加之农村地区信贷申请用户多为自然人，尚且不具备健全完善的财务信息披露功能，即使是乡镇企业法人，也难以提供完整经审计的财务报表，使得金融机构无法有效核实企业财务状况的真伪，农户信用贷款配给受到极大限制。综上，农业生产经营分散、场景多变，农户客群基数小、业务经验不足等多种原因共同导致了农村金融市场信息不对称、金融交易成本高的问题，使得农村地区的金融供给难以满足其经济发展的资金需求。相比传统金融机构，金融科技企业信息获取来源更广泛、信息处理技术更科学、信用评估体系更完善，在缓解信息不对称问题方面具有得天独厚的技术优势。金融科技企业利用其掌握的高频、海量的用户交易数据，依托智能化的处理技术精准客户画像，通过大数据征信与智能化信用评估体系，为低成本、高效率地对农户信用情况进行真实全面评估提供了现代化、智能化的信息对称机制，为农村金融机构应对信息不对称问题提供了行之有效的风险控制手段，切实提高了农村金融服务的可得性和便利性。

其次，金融科技企业针对农业经营活动场景化特色，以电商模式和数字技术为依托，实现普惠金融创新产品的应用场景化，满足各类场景用户对金融产品的差异化需求，有效提升农村普惠金融的供需匹配度。对于以利润最大化为经营目标的营利性金融机构来说，为了规避较高的信息搜寻、信息处理和信息监督等金融交易成本，源源不断地产出同质化程度较高的金融产品似乎是最经济稳妥的经营途径。但趋于同质化的金融产品市场远不能满足现代农村发展对金融资源的差异化需求，极大地阻碍了农村数字普惠金融发展。金融科技企业依托旗下电商平台的用户覆盖率和使用深度优势，借助数字技术捕捉并整合海量、分散的社会网络交易数据，以农业经营场景为切入点，为场景化的普惠金融用户精准匹配"量身定制"的金融产品和服务。在农业生产性融资场景下，金融科技企业基于电商的交易信息、信用信息和物流大数据，为农村中小微信贷用户群体建立智能化征信和信用评估系统，提供消费贷、农业贷等经营资金。在农产品销售场景下，金融科技企业畅通"线上+线下"销售渠道，大力发展农贸，显著增强了农村地区的经济实力；在农业供应链场景下，金融科技企业采用数字化技术追踪专业大户、农民合作社、家庭农场和农业产业化龙头企业等新型农业经营主体的信用情况和消费足迹，有效串联全产业链信用数据，实现供应链融资高效提速；在农村网络购物场景下，金融科技企业依托电商模式下沉农村，提供便捷线上支付服务，不断拓宽农村消费性金融发展渠道。围绕"三农"的应用场景，紧贴"三农"的实际需求，金融科技企业的普惠业务创新拓展了农村数字普惠金融供给模式，优化了农村金融资源配置效率，缓解了农村资本要素供需失衡问题。

最后，金融科技企业通过设计智能化风控系统，帮助金融机构实现科学、高效的授信流程，强化金融机构的风险分担机制，从而进一步提高农村金融市场的可持续发展能力。随着数字化转型步入深水区，传统金融机构在数据驱动下发展的线上涉农信贷也面临用户数据真实性、完整性和及时性带来的授信和风控挑战。在数据真实性方面，从外部第三方机构获取的数据缺乏交叉验证，金融机构内部人员线下采集的农户经营信息难以有效核实，农户信用数据真实性严重不足，可能导致过度授信、风控失效问题频发；在数据完整性方面，由于农村征信体系建设仍不完善，农户信用信息较为分散和缺失，有关工商、税务和法院等外部有效数据维度受限，数据的可用性和完整性不足；在数据时效性方面，传统金融机构数据搜集、处理的低效率和高成本产生的时滞问题，可能导致授信或风控产生偏差，引发金融机构的经营风险。而拥有数字技术优势的金融科技企业能够有效解决这一数据难题，依托人工智能和大数据分析等核心信息技术，捕捉农户的金融需求和行为特征，开发符合农户实际需求的普惠金融智能化风控系统和信用评估模型，通过自动化对接当地"三农"数据，可以对农户的信用状况与风险水平进行评估，并将评级结果纳入贷款额度审批模型，帮助金融机构建立可靠的农户信用记录和评估体系，从而实现快速决策和处理贷款申请，提升农村信贷流程的自动化水平和放款效率。同时，金融科技企业可以利用区块链技术，为金融机构建立一套安全可信的金融交易和结算系统，大幅提高金融交易的透明度和可追溯性，有效提升金融机构的风险管理能力。因此，金融科技企业的智能化风控系统为金融机构的风险分担机制提供了广阔的实施空间，在突破农村金融市场天然脆弱性桎梏的同时，能够进一步提高农村经济发展的资本集聚能力，为实现农村数字普惠金融的可持续发展提供数字化动力。

三 促进农业供应链金融服务商的数字化创新

碍于农业生产经营风险高的天然属性、农户缺乏有效抵押物的痛点顽疾以及金融机构因信息不对称导致的金融交易成本高等堵点问题，传统金

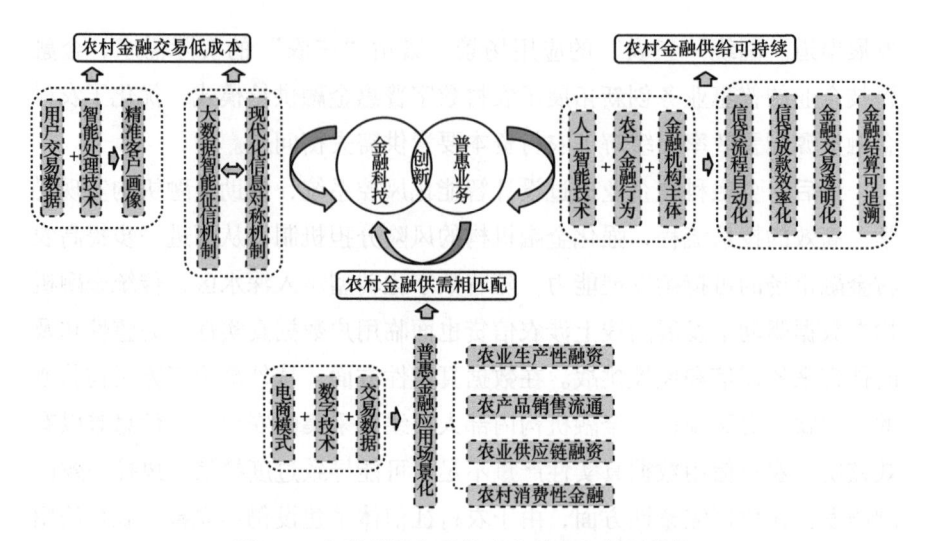

图 8.3　金融科技企业普惠金融业务创新效能

融机构在普惠金融领域的"支农"效果受到严重约束。在农村经济迅猛发展面临的迫切金融需求下,普惠金融领域需要打破传统授信模式,精耕细作于全供应链的各个环节,以推动农业产业发展为目标,对其进行联合服务。基于此情景下,作为以完整农业供应链为服务载体的新型普惠金融供给方,农业供应链金融服务商在涉农领域应时而生。相对于传统农村金融机构,农业供应链金融服务商是在农村数字普惠金融发展进程中的一种有效转型成果,是通过整合物流、商流、资金流等信息流,分析考核整条供应链上下游生产经营主体状况和一体化程度,掌握核心涉农经营主体的信用风险、财务状况和贷款意图等基本情况,构建供应链上下游企业与核心企业一体化的金融供给系统和风险评估体系,有效满足供应链上各方农业经营主体诸如融资、结算、支付等多样化、个性化和差异化金融服务的新型普惠金融服务平台。其天然的产品市场导向性以及链上不同主体的交易网络关系有助于形成信息甄别机制和抵押替代机制,能够有效解决传统金融机构在开展涉农业务时由于信息不对称、缺乏有效抵押品引发的获客难、风控难和定价难问题。近年来,大数据、云计算、区块链等核心信息技术手段与农业供应链金融模式深度融合,推动了传统农业供应链金融进行数字化迭代升级,利用数字技术加快农业供应链各参与主体间的信息协调与传递,进一步缓解了农村地区金融供给不足和供给结构不均等沉疴痼

第八章 数字普惠金融缓解城乡资本错配的宏观路径 / 231

疾，充分发挥数字农业供应链金融服务"三农"优势，助推农村数字普惠金融有效改善城乡资本错配格局。数字技术通过推动农业供应链金融线上化、场景化、数字化发展，赋能数字普惠金融缓解城乡资本错配的具体机制体现在以下几点。

首先，数字技术赋能农业供应链金融服务线上化，大幅降低金融交易成本，拓宽农村金融服务覆盖面，有效提高农村资本要素获取效率。在供应链经营主体信息采集方面，农业供应链上的参与主体数量较多且集中度较低，使得传统金融机构在用户数据采集、信息整合、信用评级等环节面临更高的人工信息搜寻成本和技术处理要求。农业供应链金融服务商依托数字技术一方面促进数字农业、智慧农业全面发展，对农业全供应链经营主体生产、销售等经营信息，信用风险、财务状况和贷款意图等基本情况进行线上化、智能化的实时收集和监控；另一方面，通过数字化的信息处理模式将非标准化、非结构化的"软信息"编码成客观、量化的"硬信息"，大幅缩短供应链参与主体的信贷流程和决策链条，打破了传统金融机构对农业供应链融资的信息壁垒，有效降低农业供应链金融交易成本；在供应链金融覆盖范围方面，金融机构线下经营网点建设成本较高，农业供应链上下游参与主体众多且地理位置分散，金融服务无法触达整条供应链的农业经营主体，难以突破农村金融服务的"最后一公里"限制。借助大数据、区块链等数字信息技术，对供应链上参与主体贷前的经营行为、贷款意图和信用状况进行线上化的实时远程监督，对经营主体提供网络化、平台化、链条式的金融服务，有效盘活核心企业和农业供应链上下游经营主体，大幅降低金融供给的边际成本。此外，数字科技赋予农业供应链金融服务商跨区域经营优势，最大程度地拓宽了农业供应链金融的有效服务边界，有助于引导更多的金融资源向农村下沉，进一步优化城乡金融资源配置效率，有利于打破农村经济发展所需资本供给受限的局面。

其次，数字技术赋能农业供应链金融应用场景化，创新贴近农业经营场景的金融产品，打造因地制宜、精准定位的区域化、差异化、定制化金融供给模式，满足农业供应链上所有经营主体在农业生产经营各个环节的多元化资金需求，提高农业供应链金融供需匹配度。传统的金融机构以及农业供应链金融服务商在分析核实农业经营主体的信贷意图、经营实力、财务状况、信用评级等数据的真实性、客观性和有效性时，双方存在信息孤岛式的不对称格局。通过数字技术赋能农业供应链金融，实现大数据、物联网、区块链等核心信息技术优势与农业供应链自身的信息串联传递优势相融合，依托数字技术打通农业供应链上下游链条化的信息场景，借助核心企业在供应链上下游拥有的稳固地位优势和战略合作伙伴关系，安全可靠地对外传递供应链各参与主体的生产经营数据和信用风险状况等基本信息，建立农业供应链多维度综合信用评级记录作为金融服务商的融资授信依据，运用物联网技术快速高效地实现农业供应链上各方物流、商流和资金流等信息流的整合分析，利用科技赋能结合农村区域经济、农户经济资源和用户消费特点，丰富用户触点，强化闭环跟踪，无缝衔接到各类场景，精准把握供应链各参与主体从生产到销售各个环节的潜在融资需求，推出具备场景化、区域化、组合化和安全性特点的农业供应链金融产品。此外，供应链核心企业能够以其享有的当地特色农业和优势农产品为中心向外辐射，实现供应链上下游企业和农户的利益联结，农业供应链金融服务商可以从农业价值链走向出发，结合数字技术手段，实现"数字技术+核心企业+供应链上下游企业+农户"的金融服务供给模式，为农业供应链各经营主体、各生产经营环节提供多样化、高供需匹配度的金融产品及服务。

最后，数字技术赋能农业供应链金融风控数字化，提高农村金融供给意愿和水平。农业供应链上下游经营主体具备数量多、规模小、分散度高等特点，使得农业供应链风险因子错综复杂，金融机构面对涉农业务往往不敢贷、不愿贷。因此，构建农业供应链数字化风控管理体系，对于保障农业供应链金融的可持续发展至关重要。在贷前阶段，融合物联网、大数据、人工智能等数字科技手段，采集供应链上下游企业、核心企业以及农户在各项生产经营环节的商流、物流、资金流、信息流四流合一数据，开展多维度信息交叉验证，作为对数据真实性、客观性进行判断的依据，农业供应链金融服务商可以在贷前形成更立体的客户画像，精准测算针对供应链上不同类型参与主体的授信额度，实现信息采集和风险把控一体化，有效提高农业供应链金融供给水平；在贷中阶段，借助物联网、云计算技术建立全流程、自动化的远程信贷风控管理体系，追踪贷中交易标的信息，精准把控全供应链各方的交易信息和信用情况，有效规避农业供应链金融潜在风险；在贷后阶段，依托应用场景，供应链金融服务商在评价主

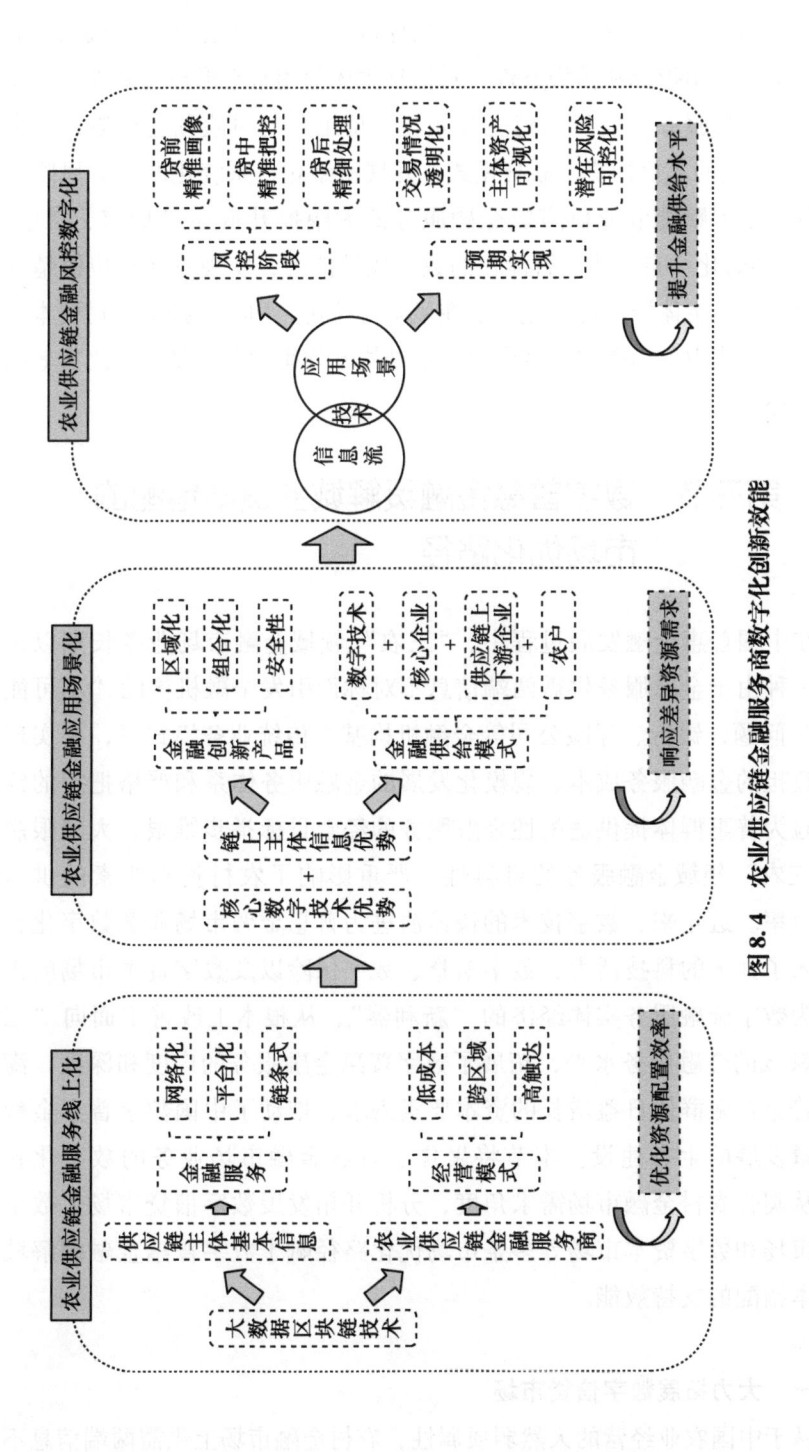

第八章 数字普惠金融缓解城乡资本错配的宏观路径 / 233

图 8.4 农业供应链金融数字化创新效能

体信用的同时，得以逐步完善交易信用评价体系，并根据数据对接条件同步设立交易信用指标和预警条件，对信贷主体信用水平形成有效补充，从而有助于金融服务商在贷后建立高频化、精细化的风险预警机制，脱离"一刀切"式的盲目抽贷、断贷模式，开展精细化、系统化的贷后风险管理。数字技术赋能农业供应链金融服务商大幅提升贯穿"贷前、贷中、贷后"、实时化、自动化、智能化的数字风控能力，实现农业供应链情况透明化、链上主体资产可视化、潜在风险可控化，切实提振了农村资本供给的信心和能力，为缓解城乡资本供给结构不均衡问题提供了行之有效的解决路径。

第三节　数字普惠金融缓解城乡资本错配的市场优化路径

在中国普惠金融发展过程中，"三农"领域金融市场业务长期以来存在一种由于金融服务供需两端信息不对称而引发金融机构的"不可能三角"问题，银行、保险公司等金融机构基于传统业务模式下，要实现以低负担的金融服务成本、规模化发展的金融服务体系和严格把控的经营风险为普惠群体提供适配性金融服务的经营目标举步维艰，大幅限制了"三农"领域金融服务的可得性，严重影响了农村资本要素的供需匹配效率。近年来，数字技术的快速演进为普惠金融市场业务数字化转型注入了强大的科技活力，数字信贷、数字保险以及数字资本市场的兴起成为数字金融服务实体经济的"新利器"，从根本上改善了面向"三农"领域的金融服务水平，拓展了数字普惠金融服务的广度和深度，满足了普惠金融群体日益增长的资本要素需求，推动了中国数字普惠金融高质量发展的生态建设。本节将聚焦于普惠金融市场业务的数字化转型，从契合农村金融市场需求角度，分析开拓发展数字信贷市场、数字保险市场和数字资本市场等多条市场优化路径赋予数字普惠金融缓解城乡资本错配的支持效能。

一　大力拓展数字信贷市场

基于中国农业经营的天然弱质属性，农村金融市场上供需两端信息不对称、农户缺乏有效抵押物等顽疾仍未纾解，致使传统信贷业务模式受到授信审批效率低、业务覆盖面窄、产品种类少、贷款流程繁和风险控制难等诸多弊病的限制，逐渐难以适应"三农"领域为满足生产发展而催生的迫切融资需求。在此现实需求与数字浪潮的双重驱使下，普惠金融领域广泛运用大数据、云计算和物联网等信息技术，不断创新融资业务模式，开拓数字化融资市场。作为数字科技和普惠金融融合发展的新兴产物，数字信贷依托大数据、云计算等数字技术的融合应用为底层技术支撑，以信贷主体内部信用信息和外部信用数据为纽带贯穿信贷管理全流程，以数字技术与数据要素双轮驱动信用评级体系和风险管控机制，创新信贷服务模式和产品，推动信贷业务向农村下沉，在提高农村地区资本可得性的同时，满足其差异化、多元化的资金需求，优化农村信贷资金配置，逐步破解"三农"领域的"信贷不可能三角"。数字技术与数据要素赋能传统信贷业务模式，有效硬化"三农"领域征信软信息，打破信贷供求双方信息不对称格局从而实现数字信任，大幅降低金融交易成本，提高农村金融服务可得性；以场景化、个性化、智能化业务模式实现多点位触达用户，在拓宽金融服务普惠群体覆盖面和多样化融资渠道的基础上，有效改善农村信贷资金配置效率；以量化风控手段实现智能评级、智能预警和智能贷后处理，围绕信贷全生命周期开展动态量化风险管理，并根据管理需求和监管形势变化持续迭代优化数字风控模型，提高金融机构风险防控水平，为农村数字普惠金融的可持续发展筑牢风险防范堤坝。进一步来看，开拓数字信贷市场赋能数字普惠金融缓解城乡资本错配的具体路径体现在以下几个方面。

首先，数字信贷市场依托金融科技手段实现信贷业务全流程标准化、数字化和可配置化，有效降低了金融机构在获客、运营和风控等环节涉及的金融交易成本，切实提高了数字普惠金融服务可得性。在获客方面，大数据技术支撑数字信贷业务赋能金融机构高效获取"三农"领域分散化、非结构化"软信息"，人工智能技术有效解决信贷主体基础信息不完善、信息传递不流畅等问题，实现普惠信贷主体"软信息"客观量化，提高信贷双方信息对称度，为后续授信环节做好信息数据储备。以大数据高级分析技术有效识别、分析主体各项信用评级和信贷需求数据，建立目标客户精准画像，打通"场景+平台"的获客渠道，结合"线上+线下"精准营销，可以高效获取批量、优质客户并实现分类管理，在增强客户黏性的同时减少客户引流成本；在运营方面，数字化的信贷业务流程大幅缩减了人工审批、信息处理等数据操作成本，智能化、场景化精准营销和线上、线下一体化经营模式有效降低金融机构销售成本，推动金融机构实现利润最大化经营目标；在风控方面，数字信贷模式基于海量数据信息建立大数据风控体系，并积极接入信用信息共享平台，打破金融市场信息孤岛，实现贷前、贷中、贷后的风险综合管理，高效控制风险管理成本。因此，数字信贷业务能够通过以上三个环节的成本控制，助力金融机构降本增效，进一步引导金融机构加大"三农"领域的信贷支持力度，进一步降低普惠群体金融服务门槛，进一步提高农村地区资本要素可得性。

其次，数字信贷市场通过数字化渠道和技术手段充分发挥自身用户扩展效能，大力拓展涉农信贷服务的覆盖广度和深度，实现智能化、多元化需求响应与精细化、系统化流程管理的提质扩面双侧升级。一方面，数字信贷通过设计数据分析模型和建立算法规则，深度挖掘客户关联关系，刻画客户消费、借贷行为偏好，借助人工智能识别技术高效触达各类普惠群体，整合征信、物流等数据实现覆盖支付、结算、跨境等数百个融资场景，快速响应农村地区多样化融资需求，拓展农村金融服务半径，提升农村金融服务能力。另一方面，通过构建线上线下协同的金融服务体系，利用网络渠道延伸普惠金融服务触角，突破了时间、空间等限制提供全天候在线信贷服务；依托数字技术精准响应、简化手续以及提升效率等优势，有效实现信贷流程优化和重构，及时满足"三农"领域"短、小、频、急、散"的融资需求；融合政府开放数据，基于农村经营主体生命周期、成长潜力和知识产权等要素，设计专门化授信测算模型，对用户信贷流程进行精细化管理，实现高效精准放贷，提升农村金融服务质量。数字信贷的扩展效应突破了时空限制，推动金融机构以可负担成本下沉服务，一站式满足农村经济发展的差异化融资需求，进一步推动城乡资本要素优化配置。以其共享、便捷、低成本等优势特点，与传统信贷业务形成有机互补，为拔高金融服务水平注入了全新的科技发展动能，切实提升了农村金融供给端"能做会做"的服务能力和服务质量。

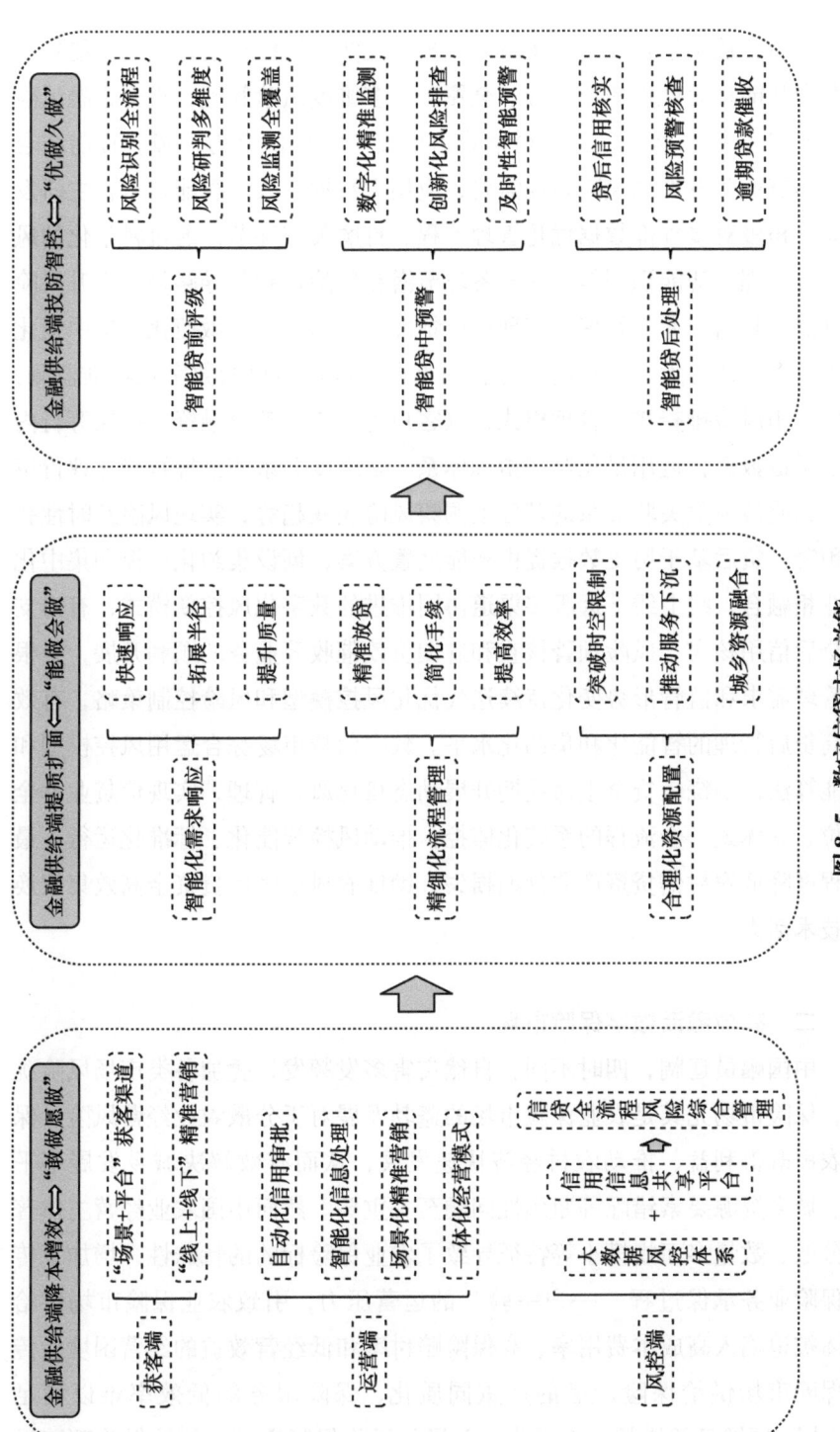

第八章 数字普惠金融缓解城乡资本错配的宏观路径 / 237

图 8.5 数字信贷市场效能

最后，数字信贷市场采用量化风控手段实现智能贷前评级、智能贷中预警和智能贷后处理的全流程、全覆盖、多维度风险管理，提升金融风险"技防""智控"水平，为农村信贷市场安全性提供有力保障。贷前结合数字信贷业务发展和风险防控需要，应用大数据、人工智能技术自主研发工具，积极对接外部数据优化管理流程、打磨关键环节，通过科学化的风险前置管理，智能识别信贷业务各环节潜在风险点和传导路径，提升风险预判能力和信贷业务效率，实现风控精准化、前瞻化、敏捷化；贷中强化信用风险破坏力大、波及面广等管理重点、难点客户的数字化精准监测，创新信用风险排查排序管理模式，以客户为中心，整合融资、担保等行内外多渠道数据，运用量化监测指标体系、多维度关系图谱等智能化评价策略，在厘清风险关联关系的基础上洞察风险演变趋势，实现风险及时性智能预警；贷后基于历史数据提供智能处置方案，创设集约化监控和集中化作业相融合、线上线下远程多渠道协同推进的数字化风控新模式，有力支撑贷后信用核实、风险预警核查和逾期贷款催收等业务的顺利开展，并根据管理需求和监管形势变化持续迭代优化风控模型和风险控制策略，有效提高贷后管理的智能化和集约化水平。数字信贷市场综合运用风控模型和智能算法，围绕信贷全生命周期开展动态量化风险管理，实现信贷业务全方位、立体式、全流程的系统化监控，推动风控智能化、标准化运行，最大程度降低农村信贷资产非预期损失，助推农村地区信贷资金高效集聚焕发技术活力。

二 有效激活数字保险市场

中国幅员辽阔，四时不同，自然灾害多发频发，叠加各类市场风险犹存，保险市场尤其是农业保险市场的蓬勃发展对于分散农业经营风险、保障农民既得利益、推动农村经济快速发展，从而有效解决城乡发展不平衡、城乡资源要素错配等瓶颈性问题至关重要。然而中国农业经营主体普遍分散、数量多而规模小等特征导致了农业保险标的的特殊性，增加了传统保险业务承保过程"一户一验"的运营压力，引致农业保险市场供给主体被迫陷入高成本费用率、高保险赔付率和低经营效益的经营困境；传统保险市场供给保险产品的严重同质化、保险服务的低效率难以满足"三农"领域日益增长的多样化、差异化风险保障需求；传统保险理赔过度依赖农户数据使得道德风险问题频发，保险公司潜在风险损失不断扩大。为了进一步破解传统保险市场面临的堵点、痛点、难点问题，以"降本、扩面、提质、控险"为重塑方向，顺应科技驱动的时代浪潮，打好数字科技与保险经营的组合拳才是充分发挥涉农保险"减压阀"和"稳定器"效能的关键。数字技术通过有效嵌入涉农保险业务开展过程中风险定价、核保核查、查勘定损、理赔风控等核心场景，赋能保险经营模式进行高效的优化重塑，在更大程度上降低农业保险经营成本，提升保险服务效率，改善道德风险管控难问题等基础上，为农村居民提供跨区域、全天候、智能化的差异性风险保障服务，逐步破解"三农"领域的"保险不可能三角"。着力激活数字保险市场驱动其优质、高效、可持续发展不仅有助于最大程度地提升保险服务"三农"效能，还能在更大程度上为数字普惠金融缓解城乡资本错配推波助澜。具体地，数字保险市场高质量发展对于改善城乡资本配置格局的传导机制体现在以下几个方面。

首先，数字保险市场依托数字科技赋能保险流程线上化、智能化和数据一体化，助力保险机构多维度降本增效，实现保险机构的"愿承保"，提高农村保险服务可得性和及时性。在保险流程线上化方面，数字线上化工具针对各类用户设计不同业务应用场景，为"三农"领域提供承保理赔线上全流程业务处理服务，解决了现场触达痛点，简化了保险交易环节、降低了经营成本，使得农业保险承保验标数据更加真实，理赔更加便捷、精准，财政补贴资金更加安全。在切实提升涉农保险运营效率的同时，推动保险服务更便捷、高效下沉到村舍和分散的农户，增强农业保险服务可得性和及时性。在保险服务智能化方面，基于按图承保、按图理赔的智能化操作模式，实现精准化、自动化、标准化、无纸化农险全流程智能化处理，大幅提高核保准确率和查勘定损效率，提升识别理赔欺诈行为敏感度，降低保险机构运营成本，有效助力保险公司突破经营困境；在保险数据一体化方面，通过物联网、大数据和人工智能等科技的有效嵌入，打破了农业保险数据采集、存储、交互、验证等资源整合在时空上的限制，赋能农业数据实时检测，精准评估农作物损失状况，提高灾损数据真实性、准确性和及时性，有力打破保险双方信息不对称格局、弥补农业保险经营信息不充分缺陷、解决由此引发的理赔环节道德风险问题，使得保险机构在成本可控前提下获得更全面、更充分、更准确、更及时的农户信息。因此，数字保险市场的蓬勃发展从多个维度出发切实提升保险机构经营效益，有助于提振保险机构供给涉农金融服务信心，推动保险金融服务进一步下沉农村，从而缓解城乡金融资源错配格局。

其次，数字保险市场基于多种核心信息科技应用，多维度创新保险产品、拓展保险服务领域，提升保险服务"三农"的渗透率和覆盖度，助力保险服务农村新业态，满足"三农"领域经济发展更新、更大的风险保障需求。基于物联网、人工智能技术应用快速洞察、捕捉数字经济时代的市场需求，有效感知、识别、监测和评估农业风险，进而向完善涉农保险服务、管理等环节延伸，完成"不可保风险"到"可保风险"、"小农险"到"大农险"的转变，实现涉农经营项目的"可承保"和保险公司的"愿承保"，进一步降低"三农"风险发生概率，反过来保障农村金融资源可获性的提升。基于大数据、区块链技术应用连接农村各保险参与主体及上下游产业链，高效赋能保险定价、核保、理赔等多项业务环节，进而建立并完善一系列行之有效、因地制宜、应对最广大农民实际需求、贴合农业生产经营应用场景、满足农村经济发展资源配置的产业链服务机制，从而实现快速响应并更好地满足农业生产经营主体海量多样化的风险保障需求；围绕完善农村数字普惠金融体系，数字保险市场依托大数据技术快速分解农户面临的潜在风险，实现适配风险管理工具组合的再配置，融合发挥科技、信贷、保险效能，实现优势互补、相互促进。以数字技术撬动银行授信，以银行信贷助推"三农"发展，以保险服务有效控制信贷风险，建立起"数字+银行+保险+农户"四位一体的新型金融服务模式，有力提升了农户信用水平，保障了农业农村生产发展所需的信贷资金供给，满足了"三农"领域实现经济高质量发展同步增长的资本需求，进一步优化和提升了城乡资本配置效率。

最后，数字保险市场运用现代科技手段推动农险风控信息化，充分发挥农险风控信息化赋予保险机构提升可持续发展能力和增信效能的双重效应，实现保险机构于"三农"领域可持续发展的同时，进一步提高农村地区金融资源集聚能力。基于大数据资源，数字保险市场着眼"三农"重大风险领域构建风险智能分析与防控体系，并高效赋能简化风控流程、降低风险隐患、提升风控效率。一方面，通过农险风控数字化模型有效甄别高风险交易，判别高风险客户，精准识别欺诈行为，筛查重复投保现象，智能感知异常交易，实现风险早识别、早预警、早处置，提升农业保险机构风险内控能力，为保险机构降低经营风险提供了重要保障。另一方面，风控信息化下的农村气象灾害等多维地理信息数字化，实现了农村自然风险灾前预警、灾中防控、灾后估损等功能，为保险大灾风险转移和保险快速理赔提供了技术支撑。由此可见，农险风控信息化打破了道德风险与自然风险的双重风险挤压困境，保障了农业保险的持续稳定发展。值得注意的是，农业保险风险防控信息化赋能保险领域稳定发展的同时，还能有效缓解农村融资难题。农险风控信息化通过助力农业生产防灾减损，有力消除农业生产收入不稳定、农产品价值不确定、农机财产难变现等风险问题，有效保证合格抵质押品质量，透明化不稳定还款来源，量化信贷环节潜在特殊风险，充分发挥农业保险增信功能，撬动农村信贷规模倍增效应，实现以保险保障联动融资支持的风险共担、利益共享机制，引导更多信贷资金流向"三农"领域，提高农村经济发展的资本集聚能力，进而赋能农村数字普惠金融高质量发展，从而缓解城乡资本配置不合理、城乡发展不平衡等问题。

三 建立健全数字资本市场

在数字普惠金融运行中，资本市场具有牵一发而动全身的重要金融枢纽和基石作用。一方面，资本市场的发展可以更好地匹配农村实体经济的资金融通需求，充分发挥资本市场的输血功能，促进农村地区经济发展与总体财富增长；另一方面，通过发挥资本市场的资源配置和优化效应，借助宏观规划与产业引导，推动各资本要素的跨区域流动和配置，可以提升城乡资本配置效率，着力改善城乡资本配置不平衡格局。对于"三农"领域普惠群体来说，传统银行信贷等间接融资方式往往使其面临融资渠道窄、融资无抵押和融资利率高的筹资困境，严重制约了农村地区经济发展的资本集聚。资本市场以其"促融通"效能进一步优化"三农"融资机制，支持符合条件的农业企业通过上市、挂牌、债券发行等方式进行直接融资，降低"三农"融资成本，拓宽"三农"融资渠道，改善"三农"融资结构，同时发挥涉农上市公司的并购重组作用，进一步促进涉农资源有效配置，推动"三农"领域高质量发展反哺农村地区经济；以其"优配置"效能进一步引导资金流向，有助于推动资本精准"下乡"，为农村

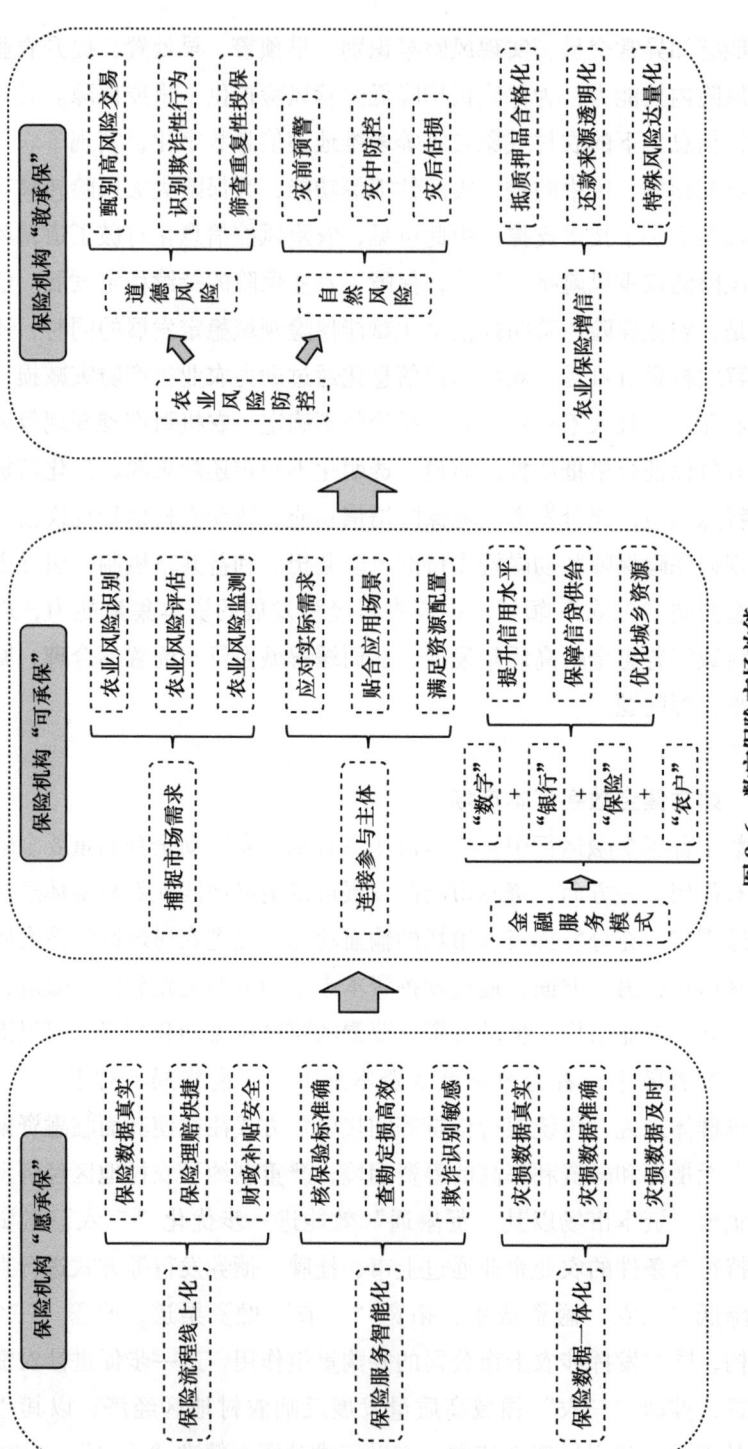

图 8.6　数字保险市场效能

地区的资本集聚引渠灌水，有利于提高资本配置效率，改善城乡资本错配格局；以其"强监管"效能进一步规制资本市场参与主体交易行为，保障弱势普惠群体在更公平、安全的市场环境下获取金融资源，有效提高普惠群体金融可得性和便利性。然而，由于城乡二元结构下的群体性差距尚存，信息不对称、交易成本高、供需不均衡等顽疾仍是资本市场支农的痛点、堵点和难点问题，严重阻碍了城乡资本配置优化进程。

随着新一代数字技术的兴起，大数据、云计算、人工智能等核心技术赋予了资本市场新的发展动能。在全面实行注册制改革和经济双向开放的大背景下，强化科技赋能，推动资本市场数字化转型成为优化城乡资本配置、助力实体经济高质量发展的核心引擎。在赋能资本市场高质量发展方面，数字技术有助于提高资本市场信息披露质量，增强市场透明度，进而提升资源配置效率，从而推动资本市场法治化、有序化发展。同时，依托先进的信息技术手段有助于高效汇集市场内外部数据，改善资本市场监管结构，以数智化监管提升资本市场监管效能；在赋能传统金融行业数字化转型方面，金融科技改变了传统金融业务模式，助力金融机构实现自动化、标准化和精细化运营管理流程，进而显著降低金融交易成本，全面提升金融服务运行效率，切实提高金融机构数智化风控能力，从而推动金融机构服务"三农"在内的实体经济实现可持续、高质量发展；在赋能资本市场高质量供给服务方面，数字技术降低资本市场的参与门槛，拓宽资本市场服务边界，改善信息不对称、交易成本高和服务不均衡格局，在充分发挥其增强金融服务普惠性天然优势的基础上，兼顾数字资本市场的普惠性与适当性，提供适配度更高、针对性更强的金融产品和服务，进一步推动数字资本市场普惠发展。综上，建立健全数字资本市场是顺应数字普惠金融高质量发展要求的大势所趋。从本质上来看，发展数字资本市场赋能缓解城乡资本错配机理主要体现在科技赋能资本市场高质量发展和金融机构数智化转型两条路径。

数字技术驱动有助于促进资本市场业态创新、增强服务能力、提升监管效能，推动资本市场高质量发展，进而最大程度地发挥其提升资本配置效率和服务实体经济优势，从而引导金融资源向县域、农村下沉，稳步提高资本市场支农水平，不断扩大农村地区的资本集聚。依托数字技术手段，有利于实现资本市场运作模式和服务重点进一步优化完善。一方面，通过进行海量数据低成本、高效率处理分析，降低信息搜寻成本和交易成本，打破信息孤岛式的资本市场交易格局，大幅降低资本市场参与门槛，提高金融资源可得性和资本配置效率；另一方面，数字技术的嵌入可以有效打破资本市场服务场景限制，拓宽业务渠道和服务领域，有效扩大市场边界和服务半径，不断增强面向农村实体经济的资本供给力度。此外，数字技术赋能资本市场自动化信息揭示和智能化价格发现机制，有助于汇集市场大量分散的小规模投资群体闲置资金，并发挥资本市场靶向性优势有效引导集聚的金融资源流向边际收益率较高而资本供给不足的农村地区，从而有利于缓解城乡资本错配问题。借助数字化赋能，有助于提升科技监管效能，强化资本市场风险保障。依托大数据技术有效提升监管覆盖度、监管及时性、监管有效性和前瞻性，实现实时、量化、精准监管资本市场主体行为，通过看穿式的数据化监管模式为资本市场中的广大普惠群体撑起公平获取金融资源、安全交易金融服务的科技保护伞，从而进一步优化资本市场资源配置能力。同时，量化科技风控手段有助于提升资本市场信用风险管理能力，实现更全面、精准、及时的风险预警防范，推动资本市场实现高质量的可持续发展，从而为改善城乡资本错配格局源源不断地注入新的资本动能。

数字资本市场赋能金融机构数字化、智能化发展转型，大幅提升金融机构服务实体经济效能，进一步优化金融资源配置效率，推动数字普惠金融缓解城乡资本错配格局。在赋能金融交易降本增效层面，数字技术能够进一步完善和优化传统金融供给体系，打破资源供需双方信息不对称格局和高成本、低效率交易壁垒，不断降低金融服务成本、提升金融服务效率和服务能力，从而有效满足长期受金融排斥的普惠群体金融服务需求。同时，数字经济的正外部性有助于抑制资本的天然逐利性，进而有效促进金融服务效率的提升和金融资源的优化配置；在赋能金融服务提质扩面层面，通过非接触式金融服务发展和线下业线上化迁移，突破金融服务受时空限制的天然约束，有效拓宽金融服务可达边界，扩大金融服务覆盖面，深化金融服务渗透率，提高农村地区获取外部金融资源的可得性和便利性。同时数字技术能够有效畅通金融市场资本要素流动，增强城乡区域间经济活动和资本要素的关联度与集聚性，加快跨区域、跨市场的资本要素下沉农村；在赋能金融资源供需匹配层面，农村地方性中小金融机构借

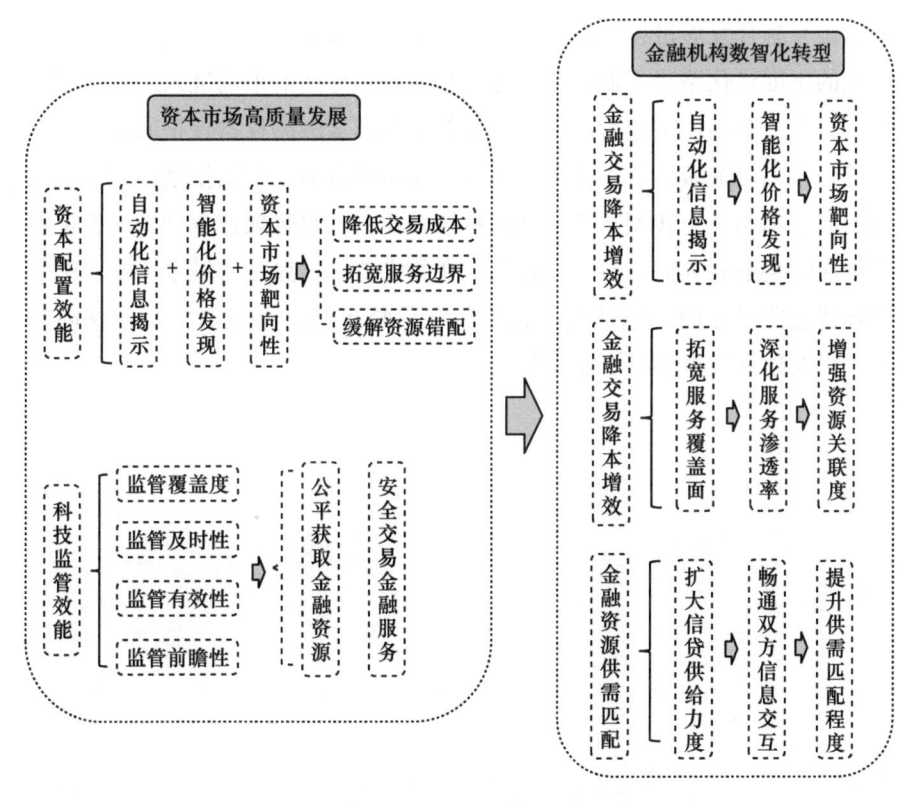

图 8.7　数字资本市场效能

助金融科技的技术优势和低门槛特征，融合自身与当地用户互联互通的信息优势，在实现数字化转型的同时能够有侧重点地为农村融资需求较高地区提供更多的信贷支持，大幅提升农村地区资本供需匹配程度。同时，金融科技创新通过加剧金融机构间的市场竞争关系，有助于畅通金融资源供需双方信息交互，帮助实体企业在更加公平的市场交易环境下获取金融资源，从而推动资本由边际收益率相对较低而资本供给过剩的城市地区向边际收益率相对较高而资本供给不足的农村地区倾斜。

第四节　本章小结

本章聚焦于制度优化、组织优化和市场优化，系统性地设计了数字普惠金融缓解城乡资本错配的宏观路径，对于合理引导资本要素流向农村，加快城乡融合发展进程具有重要现实意义。在数字普惠金融缓解城乡资本错配的制度优化路径方面，包括完善数字普惠金融的市场准入制度，强化数字普惠金融的风险监管制度，健全数字普惠金融的权益保护制度；在数字普惠金融缓解城乡资本错配的组织优化路径方面，包括推动传统金融机构的数字化创新与转型，支持金融科技企业的普惠金融业务创新，促进农业供应链金融服务商的数字化创新；在数字普惠金融缓解城乡资本错配的市场优化路径方面，包括大力拓展数字信贷市场，有效激活数字保险市场，以及建立健全数字资本市场。

第九章

数字普惠金融缓解城乡资本错配的微观路径

本章将契合于数字普惠金融缓解城乡资本错配现实需求的金融产品创新、金融服务创新以及金融技术创新集中予以讨论，共同构成数字普惠金融缓解城乡资本错配的微观路径框架。在数字普惠金融缓解城乡资本错配的过程中，数字金融产品种类单一、创新性弱，致使农村地区资本需求不能得到满足，指明了提升数字金融产品多样性，进而降低农村资本配置扭曲程度的重要性；农村数字金融服务场景单一、覆盖率低，金融服务人员意识淡薄，阻碍农村数字金融业务普及，道出了提高农村金融服务质量，进而缓解农村地区"失血""贫血"现状的重要性；数字金融征信技术、定价技术以及风控技术落后，加剧了农村融资困境，展现了加快数字普惠金融领域技术创新，进而突破城乡资本要素错配瓶颈的重要性。为了充分发挥数字普惠金融缓解城乡资本错配的效能，有针对性地提出产品创新、服务创新、技术创新三条微观路径，对于着力破除农村资本供给缺失、实现城乡资本要素优化配置具有重要现实意义。

第一节 数字普惠金融缓解城乡资本错配的产品创新路径

由于政府干预金融资源配置、金融机构追求利润最大化、农村经济主体处于弱势地位等原因，金融产品在农村地区普遍"水土不服"，金融资本区域配置不合理导致城市和农村地区金融资本的边际产出未能实现最优

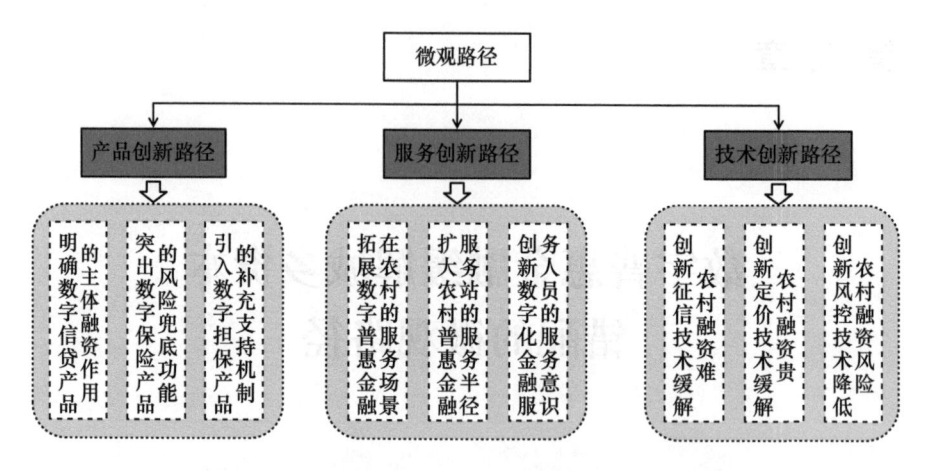

图9.1 数字普惠金融缓解城乡资本错配的微观路径

状况。数字金融产品凭借其特有的优势在促进城乡资本要素合理配置过程中发挥着重要的作用。创新数字信贷产品能够降低农村融资约束，增加农村地区资本投资规模；创新数字保险产品能够加强农村权益保护，加快农村地区社会保障体系发展；创新数字担保产品能够弥补农村担保物空缺，引导城市资金向农村回流。本节将聚焦数字普惠金融产品，从数字信贷产品、数字保险产品以及数字担保产品等多条产品创新路径深入探究数字普惠金融对缓解城乡资本错配的支持效能。

一　明确数字信贷产品的主体融资作用

信贷产品作为金融机构最基础的产品，将数字赋能信贷产品是创新数字金融服务、增加农村金融供给的首要任务。与传统信贷产品相比，数字信贷产品是以数字技术为主要手段，向不同层次人群提供贷款支持的一系列金融服务。数字支付业务的广泛普及，为数字信贷产品的流行提供了重要条件。数字信贷产品与传统信贷产品相比，最大的优势在于其能够克服地理排斥，降低农村经济主体的附加成本。一方面，数字信贷产品提高了金融服务的便捷性，使农村经济主体足不出户就能完成融资贷款，实现无接触数字贷款；另一方面，数字信贷产品提高了农村经济主体的信贷可得性，使传统金融服务无法触及的"长尾客户"也能享受到高质量的金融服务。

目前，农村信贷供给面临较为严峻的形势。一方面，由于农村经济主体的信息可得性差、数量偏少，传统金融机构难以构建出适合农村经济主体的贷款指标；另一方面，农村经济主体的信贷风险高且金融机构从中能获取的收益低，出于营利目的，传统金融机构更倾向于贷款给城镇居民。因此，传统金融机构在建立信贷评分机制、开发信贷产品时，往往忽略农村经济主体，转而倾向于考虑用户的职业、资产、收入等硬性指标，对于软性指标的考虑较少，这种做法将农村经济主体排斥在传统金融服务之外。为了进一步缓解弱势群体的融资困境，不少地区尝试选取新的指标衡量信贷评分。比如，以产品、押品、人品、水表、电表和税表为基础的"三品三表"，能够对中小型企业信用进行很好的评估，但是这类评估体系并不适用于农村经济主体。为了促进农村经济发展的资本聚集，更好地缩小城乡之间的资本供给差距，可以通过以下思路对农村经济主体信用进行评估。其一，对于大额贷款，金融机构可依托互联网、大数据等技术，重新构建信贷评分机制，对农村经济主体的贷款额度及利率进行快速判断。根据农村经济主体的金融需求与生产经营情况，结合地理、环境状况等自然因素，对农村经济主体进行信贷评估。通过云计算等技术，测算农村经济主体每一年的经营能力和现金流状况，对农村经济主体的风险进行评估，判断其是否有能力偿还贷款，设计出满足农村经济主体需求的信贷产品。其二，对于小额贷款，商业银行有能力承担一定的风险，因此完全可以采用信用评估后置、信贷前置的模式，通过数字金融服务平台进行交易，将"用户是否按时还款"等为主的交易行为指标作为信用测度指标，能够简单、快速判断用户的信用，降低金融机构信贷评估成本，提高信用评估的精准度。通过云计算等数字技术，对用户多次贷款、还款行为进行测评，逐步提高或降低用户信贷评分，对评分低的用户提高融资门槛，对评分高的用户提高信贷额度，能够较好地提高用户的还款自觉性。

农村经济主体普遍受教育程度较低，对新兴事物接受能力较差，为了便于农村经济主体等弱势群体的使用，数字信贷产品必须具备以下特点。第一，平台界面设计人性化。数字金融服务平台界面应该简洁明了，让那些对数字科技不敏感的农村经济主体也能够自主使用数字信贷产品。第二，产品购买流程便捷性。在保证交易安全的情况下，除去那些繁琐、不必要的流程，让交易更加方便快捷。第三，产品设计灵活性。要根据农村经济主体的特点，有针对性地设计出与其经济活动相适应的数字信贷产品。基于此，着力创新数字信贷产品应从以下两个方面入手。其一，从农村经济主体生产经营角度出发，为了防止农村经济主体在生产经营过程中出现现金流暂时性短缺，金融机构根据不同农产品的生产周期，设定贷款人的贷款时间、还款期限，制定相应的农业数字信贷产品。在农村经济主体购买种子、幼崽时，金融机构提供相应的线上贷款（如"玉米贷""生猪贷"等）支持。在农产品成熟之后，农村经济主体进行还贷。同时，建立线上供应链信息系统，根据农业企业上下游客户所提供的交易规模、信用信息等数据，对农业核心企业的上下游客户进行分类，将信贷审批权交给农业供应链核心企业，实现信贷自动化审批，为信用好的农村经济主体提供信贷支持。其二，从农村经济主体抵押物少的角度出发，直接为农村经济主体提供无担保纯信用的小额线上信贷产品，用于改善那些长期处于融资链尾部的农村个体的生活状况，只要其没有不良信用记录，便可为其授信。同时，创新农村经济主体的担保方式。依托互联网、大数据等数字技术，把农村经济主体细分为不同群体，将农村经济主体所处群体的集体资产作为其信贷担保物。比如，家庭成员连带责任的担保方式，这种方式以土地等农村经济主体特有的资产作为担保物。

二 突出数字保险产品的风险兜底功能

缓解城乡资本错配的核心目标是扩大农村地区资本供给，推动农村金融发展，满足农村金融需求。目前农村金融发展较为滞后，专门为农村经济主体开发的保险产品相对较少，相较于城镇居民和企业，农村经济主体参保意识不够强烈。大力发展农业保险对于分散农业经营风险、保障农民既得利益、推动农村经济快速发展，从而有效解决城乡发展不平衡，突破城乡金融资源错配瓶颈至关重要。尤其是在目前全球气候逐渐变暖，极端气候事件发生频率增加的背景下，如何更好地发挥农业保险对农村经济主体的风险兜底保障功能，是现阶段亟待解决的一大难题。当前中国农业保险市场发展仍处于"初级阶段"，农业保险还存在产品种类单一、理赔机制繁琐等问题。将数字技术融入农业保险领域，在赋能农业保险高质量发展的同时，还有助于充分发挥农业保险增信功能，撬动农村信贷规模倍增效应，引导更多信贷资金流向"三农"领域，提高农村经济发展的资本集聚能力，从而缓解城乡资本错配问题。

通过数字技术推动保险产品创新发展可以从以下两个方面入手。一方面，在传统保险产品营销环节中引入互联网等数字技术，扩大保险的覆盖面。运用数字技术推销传统保险产品，具有以下优点。第一，能够在一定程度上克服地理排斥，使农村经济主体参保更加便捷，降低农村经济主体的附加成本，进一步提高农村经济主体的参保积极性；第二，在数字平台上发布保险产品，可以使保险产品信息更加透明化，促进保险行业的竞争，降低参保费用，优化保险产品质量。另一方面，将数字技术融入开发新型数字保险产品当中，在新型数字保险产品营销、标的物测度、保险理赔等环节采用先进的数字化技术。此外，还可以运用数字技术为政府与保险公司之间搭建合作桥梁，优化保险产品服务质量。比如，借助卫星大数据分析等数字化技术，政府和保险公司共同参与协作管理保险信息，既能够使政府和保险公司获取各自所需要的信息，也能够促进政府对保险公司进行更好的监管，避免因道德风险而导致保险公司与投保人之间的纠纷。

新型农业生产方式不仅要面临自然灾害风险，还会伴随新的风险，如供需关系与价格波动之间的风险，尤其是物联网等数字化平台的应用，放大了风险体量。因此，要利用数字技术等科技手段，探索应对新型风险的方法。一方面，要创新风险承接机制，实施更为专业的风险减量措施，在没有先行案例参考的情况下，先行先试，探索保险产品升级新路径；另一方面，利用互联网、大数据等技术，实现数据跨地区、跨行业共享，将保险承保数据和理赔数据相结合，进行深度分析，对保险产品进一步优化。利用更先进的数字技术推出与农户生产经营活动紧密相关、保证农村经济主体收益的数字化保险产品，是数字化技术与保险产品相结合的重大创新，也是金融行业数字化转型的重要举措，更是推动城乡金融资源优化配置的必然选择。以下介绍三种可以广泛推广的数字化农业保险。

一是农业区域产量指数保险。农业区域产量指数保险是利用大数据、云计算等技术，将农村投保人的农作物产量，与当年区域内同一种类农作物的平均产量对比，实行滚动测算的保险产品。这种保险对数据存储与整合具有极高的要求，需要对庞大的数据库提供技术支持。该保险不依赖单个投保人的农作物产量，能够有效降低信息不对称现象造成的道德风险和逆向选择问题。若农村投保人农作物产量低于区域农作物平均产量就可以获得理赔，但这种理赔方式也存在一定局限性，比如，由于当年可能存在自然灾害等原因，区域农作物产量均较少，区域农作物平均产量低，那些个体农作物产量高于区域农作物平均产量，但低于往年农作物产量的农村投保人，就享受不到理赔。因此可以进一步设计出以下附加理赔方式，用来弥补上述理赔规则的局限性。具体而言，若当年实际的区域农作物平均产量低于根据往年数据所预测的当年区域农作物平均产量，农村投保人生产的农作物产量即便比区域农作物平均产量高也能获得相应的理赔。

二是农业气候指数保险。农业气候指数保险是为了弥补由于气候变化而导致的农村经济主体在生产经营过程中可能发生的损失而设计的保险产品。农业气候指数保险的核心在于利用大数据、云计算、人工智能等多种数字技术，构建出更加完备、精准的农业保险标的测度体系。在构建出成熟的农业保险标的测度体系的基础上，利用无人机、北斗卫星导航系统等气象测度技术，对农作物生产的温度、湿度等指标进行测度。这不仅提高了农业保险服务的效率，还降低了农业保险公司的成本。不同省份地区由于气候、地理环境等自然要素的不同，各地区所生产的农作物不同，因此农业气候指数保险的条款制定也要因地制宜。要定期对不同地区农户进行问卷调查，掌握第一手资料，根据农户的问卷调查，对保险条款进行相应的调整，扩大农业保险产品对农业生产的覆盖面，使农业保险产品更加健全，真正发挥数字保险产品的风险兜底功能。

三是区块链家禽养殖保险。区块链家禽养殖保险是保险公司为农村养殖户和其上游企业设计的保险产品，通过区块链系统，对自然灾害、流行病或个人行为等原因导致的家禽死亡承担责任。区块链技术有效降低了信用风险和操作风险，强化了农村产业结构调整和农村产业链延伸。区块链家禽养殖保险的具体使用流程如下：首先，农村养殖户将其在活禽销售企业购买家禽的凭证上传至区块链系统，确定其养殖家禽数量；其次，在养殖期间，农村养殖户要在区块链系统实时上传由屠宰场所提供的家禽死亡数量、死亡原因等信息；最后，保险公司在区块链系统上对农村养殖户提供的凭证进行对比判断，通过区块链智能理赔系统对农村养殖户进行赔付。面向未来，区块链技术还可以进一步与物联网、大数据等先进技术相结合，持续提升家禽养殖保险的智能化和精细化水平。

总的来看，农业保险产品的数字化创新是一项复杂的系统工程，需要保险公司与政府机构的积极参与。一方面，保险公司应深入贯彻数字金融、金融科技理念，将数字技术贯穿保险的"开发—监督—理赔"整个流程，运用大数据、云计算等技术，打造更加精准合理的评估机制。通过引入人工智能等技术对标的物进行监管，克服气候环境影响，消除地理上的障碍。借助互联网等线上服务，让理赔变得更加方便快捷。另一方面，除了保险公司要根据自身业务结构推动产品数字化转型，保险监管体系也要引入数字技术，打造数字化保险监管体系。数字化保险监管体系能够克服由于人为因素产生的道德风险，提高保险行业的服务效率和服务质量，保证参保人员的合法权益，提高社会整体福利，促进保险业高质量发展。此外，政府机构应加强与保险公司之间的合作，推动创新型农业保险产品跨区域传播，形成规模效应，切实提高农业农村发展的风险保障水平。

三　引入数字担保产品的补充支持机制

担保产品是为了弥补融资过程中信息不对称而设立的金融中介工具，既能够为被担保人增加信用，又能够为债权人分担风险。担保作为增进农村经济主体信用、缓解农村经济主体融资难题的有效手段，尤其是担保的数字化转型，既是金融行业优化升级的必然选择，更是增强农业农村发展对金融市场资金吸引力的重要手段。与传统担保模式相比，数字担保模式具有以下优点。首先，重塑业务流程，提升运营效率。传统担保过程往往耗时耗力，而数字担保模式通过智能合约等技术，能够极大地简化交易流程，提高交易速度。其次，降低信息不对称，增强交易透明度。通过区块链等技术，数字担保模式可以实现交易信息的公开透明，使得相关主体能够更加清晰地了解交易各个环节，降低信息不对称的风险。最后，实时监测预警，提高风险管理水平。通过大数据分析和人工智能等技术，数字担保模式可以对各种风险进行实时监测和预警，及时发现和应对潜在的风险，有助于提高整个金融系统的稳定性。

农村经济主体普遍缺乏担保产品是导致资本要素配置城市偏向的重要原因。近年来，针对农村经济主体缺乏合适担保产品这一问题，各地金融机构积极推行将土地承包经营权、农民住房财产权和林权等"三权"作为担保品开展抵押贷款的创新型融资模式。其中，农村土地承包经营权抵押是指在不改变土地所有权、承包权，不改变土地生产经营用途、不影响正常生产经营活动的情况下，以农村经济主体所拥有的土地承包经营权作为抵押，为其提供主要用于支持农业产业项目的抵押担保产品。农民住房财产权抵押是指在不改变宅基地所有权、不改变住房用途的情况下，以农民住房所有权及宅基地使用权作为抵押的抵押担保产品。林权是指不转移林权的占有，以林地经营权和林木所有权为抵押品的抵押担保产品。"三权"抵押贷款模式可以有效缓解农村地区严重"失血""贫血"现象，尤其是将数字技术赋能"三权"抵押贷款模式，能够增强农业农村发展对金融市场资金的吸引力，进一步推动资本要素向农业农村发展领域集聚。

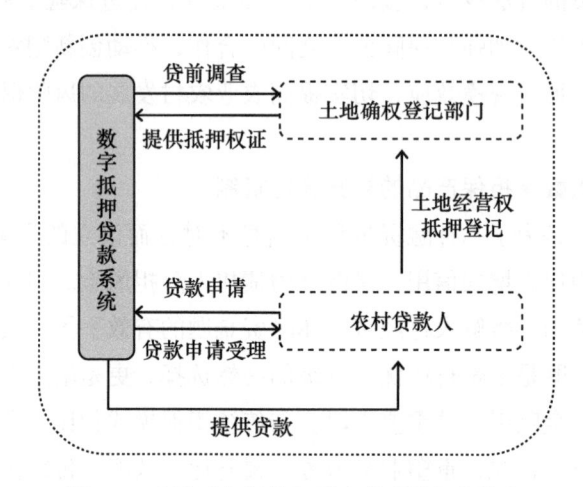

图9.2 土地承包经营权数字化融资担保流程

数字技术赋能"三权"抵押贷款模式，需要建立包括金融机构、农村贷款人、政府确权登记部门在内的线上抵押贷款系统。以农村土地承包经营权为例，新型数字化融资担保的主要流程如下：首先，根据金融机构提出的贷款要求，农村贷款人在数字化抵押贷款系统上提交相应材料并申请贷款；其次，金融机构收到农村贷款人的贷款申请以后，将农村贷款人提供的线上材料结合土地确权登记部门的数据，对农村贷款人进行贷前调查，判断农村贷款人是否符合贷款条件；再次，金融机构向符合贷款条件的农村贷款人发出贷款申请受理证明，农村贷款人根据数字化抵押贷款系统提示，与金融机构签订《借款合同》《抵押合同》等相关电子合同，并通过线上系统向土地确权登记部门办理土地经营权抵押登记；最后，由土地确权登记部门向金融机构提供抵押权证，再由金融机构向农村贷款人提供贷款。整个流程均在线上处理，操作简单方便，为农村贷款人节省了额外的附加成本，进一步提高农村经济主体的信贷可得性。值得强调的是，在抵押权实现时，农村贷款人依然是土地承包人，农村贷款人抵押的只是土地的经营权，等到抵押期满、承包结束以后，农村贷款人收回其土地经营权。为了防止抵押期间农村贷款人没有经济收入，农村贷款人可以享有优先被雇用权。

数字化"三权"抵押贷款模式虽然在一定程度上能够简化农村贷款人的地权抵押程序，提高农村信贷服务效率，促进城乡资本要素优化配置。但其也存在一定缺陷，比如可能会加大地权流失的风险，增加农村社会的不稳定性。因此，应依托数字技术，进一步推动数字化"三权"抵押贷款产品的优化，进而降低农村经济主体的抵押贷款风险。首先，应明确抵押物权属。通过数字化抵押贷款系统向土地确权登记部门确认抵押担保物品，明确区分清楚宅基地及其地上房屋财产。其次，建立更加合理的抵押物价值评估体系。目前农村不动产尚未建立准确、规范的价值评估体系，利用大数据、云计算等功能推动建立抵押物价值评估体系，使抵押物价值评估更加准确。再次，降低农村贷款人的成本。通过采取降低农地抵押贷款利率，进行利率补贴等一系列贷款优惠政策，进一步降低农村贷款人的融资约束。最后，借助互联网等数字化平台，加强农村金融知识普及宣传，提高农村经济主体的金融素养，防范地权流失风险。由于"三权"抵押的限制条件较多，现实生活中抵押物处置变现较为困难，如何通过数字技术，解决抵押物变现问题，推动农村金融市场发展，是"三权"抵押的核心难题。因此既要保证金融机构的正常收入，也要保障农村经济主体的生产生活不会因此受到影响。一方面，金融机构可借助互联网平台，允许抵押物在一定区域范围内流转，保障抵押债权受偿；另一方面，可将贷款保险机制引入线上抵押贷款系统，从而降低金融机构与农户所承担的风险。

除了根据农村经济主体资产的特殊性设计出数字化农村产权类抵押担保产品，还可以根据农村的主要生产经营产物设计出适合农村的数字动产质押担保产品。数字农村动产质押担保模式的核心在于将供应链系统嵌入抵押流程当中，根据农村企业采购、生产和销售等不同阶段，将农村企业存货、预收款等不同动产作为质押品，进而为农村企业生产经营活动提供现金流。这种抵押担保模式除了需要依托强大的数据存储系统和数据处理系统，还需要确保抵押贷款系统与产业链、供应链系统的有效连接。总的来看，无论是数字化农村产权类抵押担保产品还是数字化农村动产质押担保产品，均可以为农村经济主体提供新的融资渠道，有助于推动资本要素由城市地区向农村地区流动，进而缓解城乡资本要素错配问题。

第二节　数字普惠金融缓解城乡资本错配的服务创新路径

传统模式下的农村金融服务始终存在增值性金融服务难以嵌入、对物理网点的依赖性强、服务内容和方法缺乏针对性等诸多问题。为了更好地推动乡村振兴战略的实施，实现农村金融发展与优化城乡资本配置需求相契合，通过数字技术完善农村金融服务体系是一条重要路径。数字普惠金融作为数字技术与金融的融合，不仅能够消除空间上的阻碍，有效打破金融壁垒，对农村金融发展产生质的影响；而且能够拓展金融服务深度，满足农村经济主体的多元化服务需求，从而实现城乡金融协调发展。本节将聚焦数字普惠金融服务的使用深度、覆盖广度和服务品质三个维度，探究拓展数字普惠金融在农村的服务场景、扩大农村普惠金融服务站的服务半径、创新数字金融服务人员的服务意识等多条路径对数字普惠金融提升城乡资本配置效率的支持效能。

一　拓展数字普惠金融在农村的服务场景

数字普惠金融在农村地区推行效果欠佳，除了金融信息不对称、供需不匹配等原因，商业银行认识不足，金融供给始终没能契合农村生产生活场景也是其中的重要因素。为了让金融服务与农村生产生活相适应，金融机构应积极拓展数字普惠金融在农村的服务场景，打造集支付业务、信贷业务、保险业务和理财业务等数字金融服务与村务业务、农贸业务和服务点业务等非金融服务于一体的一站式农村金融服务平台，满足农村群体多元化金融服务需求。一站式农村金融服务平台能够有效拓展农村数字普惠金融服务场景，增加农村的金融供给，提高农村经济发展的资本聚集程度。对农民和农村个体户来说，一站式农村金融服务平台将农村群体的生活场景融入产品设计当中，在为农村群体提供传统金融服务的同时，考虑农村社群生活场景和生产经营场景，为农村群体提供优质的非金融服务。对农村小微企业和农村新型经营主体而言，一站式农村金融服务平台发挥平台资源优势，帮扶农村企业"走出去"，将外商"引进来"，开拓出银企合作的新路径。

一站式农村金融服务平台的构建思路如下：首先，根据农村经济主体的生活照构建出 AI 模型，将 AI 模型融入数字普惠金融服务场景当中，构建起线上金融服务生态圈，为农村经济主体提供线上全过程金融服务；其次，以农村经济主体生产场景为切入点，将金融服务拓展到农业生产、加工和销售等非金融场景当中，使金融服务贯穿整个农业产业链，推动场景模式化、服务标准化；最后，要联合市场各参与主体，构建普惠金融服务共同体，推动数字普惠金融服务场景化。为了推动资金、人才和技术等要素向农业农村集聚，一站式农村金融服务平台具体包括了四大数字化金融服务和六大数字化非金融服务及附加功能。

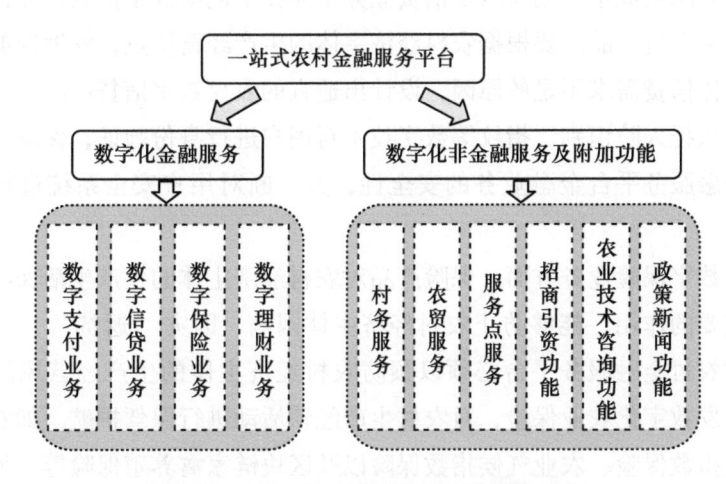

图 9.3　一站式农村金融服务平台服务功能

第一，农村一站式金融服务平台将数字化赋能于支付业务、信贷业务、保险业务和理财业务等四大金融业务，并对这四大金融业务进行优化升级，拓展数字普惠金融在农村的服务场景。在数字支付业务方面，目前，数字支付业务是农村数字普惠金融业务中发展最出色的业务，数字支付业务为数字普惠金融服务打入农村奠定基础。将数字支付业务嵌入农村生产生活的各个场景当中，进一步加大数字支付业务的渗透力。首先，提高一站式农村金融服务平台的快捷支付程序在农村的普及率，在商店、加油站等不同场景中办理快捷支付程序，让农村经济主体在不同的线下场景中使用快捷支付程序；其次，将社保、供水、供电、通信和纳税等与农村居民生活息息相关的业务数据与一站式农村金融服务平台的线上缴费系统对接，推出线上便民缴费服务，强化涉农缴费场景中的数字化支付；最后，一站式农村金融服务平台应加强与学校、医院和公共交通等公共部门的合作，探索与教育、医疗等公共服务相关的数字化场景应用。

在数字信贷业务方面，优化一站式农村金融服务平台的农村信贷业务是开展数字普惠金融业务、缓解农村融资约束的重点，推动农村信贷业务发展是缓解城乡资本错配最直接的方法。创新一站式农村金融服务平台的农村信贷产品，必须根据农村经济主体的生产经营情况、资产状况等有效信息有针对性地设计出适合的数字信贷产品，进而降低农村经济主体的融资约束和融资成本。创新数字信贷业务主要在于创新数字信贷评分机制与创新数字信贷产品。要根据农村经济主体的生产经营特点，深度挖掘农村经济主体信贷需求不足的原因，设计出适宜的农村数字信贷产品。除此之外，要依托人脸识别、指纹等数字技术对用户进行身份验证，保障一站式农村金融服务平台金融业务的安全性，并不断对用户安全系统进行优化升级。

在数字保险业务方面，保险产品对农村经济主体的生产生活保障起着至关重要的作用，能够防止农村经济主体因病、因灾"返贫"。一方面，一站式农村金融服务平台必须以预防农村经济主体的生产经营风险为目标，开发数字化农业保险，对农村生产经营活动进行保驾护航。如农业区域产量指数保险、农业气候指数保险以及区块链家禽养殖保险等。另一方面，一站式农村金融服务平台要以保护农村经济主体的人身、财产安全为目标，对农村医疗保险、农村财产保险等进行数字化创新，开发出与农村经济主体日常关联较大的数字保险产品，对农村经济主体人身财产安全提供保障。

在数字理财业务方面，农村经济主体的收入相对较少，且大部分来源于体力劳动，推动农村理财产品发展，能够提高农村经济主体的非劳动收入，拓宽其收入渠道，缩小城乡之间的收入差距。目前大部分农村经济主体并不具备理财意识和投资能力，且受预防性储蓄和风险态度的影响，极少数农村经济主体参与金融市场。因此，要想推动数字理财产品在农村的普及，其一，要提高农村经济主体的金融素养。一站式农村金融服务平台为农村经济主体提供金融知识普及和理财培训，让其具备理财投资的能力，合理把控投资风险，获取一定的收益。其二，开发适合农村经济主体特点的理财产品。针对农村经济主体风险承受能力低、缺乏金融素养等因素，一站式农村金融服务平台的理财产品应具备开发风险低、收益稳定的特点。此外，考虑到农村经济主体知识水平不足，一站式农村金融服务平台的农村理财产品的购买界面应简洁化，购买赎回流程应尽可能简单化。一站式农村金融服务平台将场景进行有效叠加，能够让农村经济主体享受到全方位的金融服务，利用数字技术洞察农村经济主体的不同需求，从而提供差异化金融服务。

第二，一站式农村金融服务平台在为农村经济主体提供金融服务的同时，还具备村务、农贸和服务点三大非金融服务，为农村经济主体的生产生活和农村经济高质量发展提供助力。首先是村务服务。村务服务是通过建立农村社群，方便村委等村干部发布本村信息，让农村经济主体及时掌握本村最新的通知和惠农政策。其次是农贸服务。农贸服务是为农村经济主体更好地进行生产经营活动所开发的，主要功能是为农村经济主体提供线上农产品贸易平台，为农村经济主体与供应商和采购商搭建桥梁，方便农村经济主体采购种子、销售农作物，从而拓宽农产品销售路径。最后是服务点业务。服务点业务主要是显示附近的银行营业厅、助农服务点，方便农村经济主体办理金融业务。设立的助农服务点主要是为农村经济主体提供简单的取款、汇款和缴费等服务。

此外，一站式农村金融服务平台还附加一系列额外功能，对非金融业务进行完善补充。其一，招商引资功能。一站式农村金融服务平台将不同农产品生产加工片区细分，将不同农产品片区的信息发布在招商引资界面，为外部资本和农村企业搭建桥梁。其二，农业技术咨询功能。通过开展线上公开课、发布文章以及提供线上专家，为农村经济主体提供农业技术资讯，让农村经济主体对农产品进行科学种植，保证农产品的产量和品质。其三，政策新闻功能。一站式农村金融服务平台会及时发布最新的农业相关政策、新闻，开阔农村经济主体的视野，为农村经济主体生产和加工农产品提供政策导向，同时也能够让农村经济主体及时享受到惠农政策。一站式农村金融服务平台不断创新数字技术，充分考虑农村客户需求，积极响应国家乡村振兴战略部署，纠正政策导致的非农配置偏向，打造出"多重身份、一个 App"。

二 扩大农村普惠金融服务站的服务半径

目前，农村地区的人口流失较为严重，大部分年轻群体外出务工，留下老年群体在农村生产生活。相较于年轻人，老年人学习能力较弱，接受新事物的过程相对缓慢，这也阻碍了数字普惠金融在农村的发展进程。扩大数字普惠金融的覆盖范围是发展数字普惠金融的重要任务。完全通过设立金融服务网点来扩大金融服务范围，需要极高的成本且效率低下，应将数字化手段融入农村普惠金融服务当中。从已有的实践来看，部分地区村庄通过建立农村普惠金融服务站，达到了较为不错的成效。建立农村普惠金融服务站，不仅能够极大地降低投资成本，还能够提高金融服务的效率和质量，为改善农村资本要素匮乏现状助力。同时，普惠金融服务站能够缓解农村居民就业压力，推动农村经济建设。一方面，普惠金融服务站的建立能够为农村居民提供一定数量的"编外岗位"；另一方面，普惠金融服务站在推动农村产业链发展的同时，能够进一步创造就业机会。因此，要进一步加强普惠金融服务站的建设，扩大金融的服务半径。

推动农村软硬件建设，既是推动农村数字金融发展的基础，也是扩大金融服务半径的前提。其一，建立起完善的农村基础设施建设考核机制，为农村数字普惠金融服务打好基础。目前，不少农村边远地区建立了通信网络，但信号质量差、维护水平低等问题明显存在。通信部门要加强对农村通信网络的维护，定时对农村的电信网络基站分布、无线网络信号覆盖率以及传输速率等指标进行考核，满足农村经济主体接受线上金融服务的基本条件。电力部门应加强对农村电力供应指标体系的监管考核，防止农村数字普惠金融服务因供电中断受影响，满足农村数字普惠金融服务基础建设，提高农村数字普惠金融服务的安全性。其二，对农村经济主体购买智能电子产品费用、通信费用和电费等实施补贴制度，降低农村群体享受金融服务的附加成本。农村的通信网络覆盖密度小，尤其是很多贫困家庭并没有经济实力购买并使用通信网络，这也进一步抑制了数字普惠金融服务在农村的覆盖广度。因此，政府应考虑农村人群的收入水平和生活质量等一系列因素，对农村经济主体购买终端设备进行一定比例的补贴，促进互联网智能终端产品下乡。同时，通信部门、电力部门等有关部门也要对农村电信资费和农村电费等额外费用实行一系列补贴政策，执行更加优惠的定价，进而降低农村金融服务获得成本。

建设普惠金融服务站的目的在于，尽可能地扩大金融服务的覆盖面，提升农村群体的金融体验感，努力缩小城乡之间的数字鸿沟。建立普惠金融服务站的主要思路如下。第一，依托村党群服务中心建设普惠金融服务站。农村经济主体交往严重依赖地缘、亲缘，因此通过村党群服务中心（村委会）推动普惠金融服务站建设，能够降低农村群众对新型数字金融服务的戒备心和排斥心理，在一定程度上弥补农村金融机构的金融服务广度问题，让"长尾群体"也能很好地享受到普惠金融服务。第二，在农村建立普惠金融服务站要推动相应的基础设施建设。金融机构必须投入必要的资金与设施，为农村群体提供一站式、便捷性的普惠金融服务。除了配备电脑、POS机、验钞机和保险柜等展业设备，还要配置移动智能终端，完善互联网金融配套设施，将数字技术贯穿整个金融服务，提高农户使用金融服务的体验感。此外，加大宣传物料等的投入，强化农村客户的金融素养培训，也是扩大农村金融服务半径必不可少的手段之一。第三，在普惠金融服务站引入多元化金融服务。除了逐步引入支付、存款和保险等一系列传统金融服务，提供各类金融便民服务之外，普惠金融服务站还应将普惠金融与当地特色产业、特色项目相结合，因地制宜地开发出体现自身特色的新业务，推动农村产业经济发展。第四，以村干部人员为主线，提高农村群众的认同感。在村党群服务中心设立普惠金融专员，县域选聘乡村普惠金融宣传员，为农村群体提供数字普惠金融相关知识，指导乡村每家每户享受数字普惠金融服务，形成"乡村—普惠金融服务站—商业银行支行—商业银行总行"互联互通的商业银行数字普惠金融组织体系。除此之外，构建数字普惠金融发展成效考核体系，定期对乡村普惠金融宣传员进行绩效考核，充分激发村党群服务中心和村干部人员快速推进辖内数字普惠金融的动能。

除了建设普惠金融服务站，还要实行以下措施，逐步完善普惠金融服务站的功能，不断提高农村金融服务品质，缩小城乡之间的金融服务差距。第一，设立数字技术咨询流动服务站。为农村居民提供通信网络与数字金融咨询服务，不断推进金融服务体系的数字化更新，加强农村居民与数字化金融服务之间的联系。第二，创新信用信息采集与更新。将农村居民信用信息审核资格与村党群服务中心对接，在降低信息搜集成本的同时，能够对农村居民进行有效考察，同时也能加强基层党建与脱贫致富之间的结合，促进村民之间的交流。第三，加强普惠金融服务站招商引资功能。做好普惠金融服务站的运营管理，加强与金融科技企业的合作，依托数字技术，搭建起普惠金融、农村党政和农村电商"三合一"的服务站点，吸引各类数字普惠金融企业入驻。第四，由政府组织推选"乡村振兴带头人"。在农村居民里选出"乡村振兴带头人"，让"乡村振兴带头人"对数字普惠金融服务做到先行先试，起到模范带头作用，坚定农村经济主体对普惠金融的信心。第五，注重加强对农村居民金融消费权益的保护。将普惠金融教育与农村居民生产经营活动相结合，提升农村居民数字使用能力，进而推动数字金融与农业同步升级。引入民营机构在县域农村地区设立维权咨询点，为农村金融消费者维权提供便捷的渠道，将普惠理念引入企业文化当中，为不同层级的用户提供平等的金融服务，加强基层金融监管全覆盖，做到精准追责。此外，普惠金融服务站建设要注重循序渐进，不能太过激进，也不能太过保守。尤其是不同农村地区在建设普惠金融服务站时，切勿将其他地区的模式照搬过来，要结合自身特点，有所取舍。

三 创新数字金融服务人员的服务意识

服务意识是指服务人员在与服务机构利益相关的人员或企业沟通时，有意识地主动做好服务。深入贯彻落实"增强金融服务职能，全面提高金融服务能力和水平，为人民提供更优质、更高效的金融服务"这一理念，关键在于强化数字金融服务人员的服务意识。数字金融服务人员的工作意识、自身素养、工作能力和工作态度直接影响到数字金融服务的工作成效。创新数字金融服务人员的服务意识是推动数字普惠金融在农村地区快速发展的工作重点。目前，由于金融机构普遍偏好高端客户，即便是农村金融机构也更加偏好非农用户，金融机构的这种非农偏好，进一步拉大了城乡之间的金融服务差距。因此，要缩小城乡之间的金融服务差距，务必要强化数字金融服务人员的服务意识，让农村经济主体能够平等地享受金融服务。

新型数字金融服务人员必须具备以下服务意识。第一，公平公正的服务意识。对于数字金融服务人员来说，要端正自己的服务态度，尤其要注意端正自己对农村经济主体这类弱势群体的服务态度，避免因为农村群体金融素养低、交流困难而态度恶劣。要提供平等的服务，不能因为为农村群体办理业务利润少而忽视农村群体的业务需求。第二，诚信负责的服务意识。数字金融服务人员要在工作当中真心实意地对待每一位客户，认真完成每一项业务，对每一位客户负责。数字金融服务人员应该以推动数字金融业务发展作为自身的服务目标，深入推动数字金融服务进农村。第三，高效务实的服务意识。数字金融服务人员应积极主动地加入数字赋能金融当中，提高数字金融服务质量和效率。数字金融服务人员要根据客户的特征，迅速识别出客户需求，有针对性地提供适合该客户群体的金融产品和服务。第四，以人为本的服务意识。数字金融服务人员要以"人"为中心，对数字金融服务进行优化升级，真真切切地满足客户的需求。尤其是要弄清客户真正需要的服务。数字金融服务人员应采取灵活的手段，使数字金融服务与客户更加适应。对于那些紧急的客户，应区分轻重缓急，简化业务办理程序，真正做到为客户着想。

数字金融服务人员要建立起与客户之间的信任关系，提高客户黏性。这能够使基层关系更加稳定，农村数字金融服务开展更加顺利，并将数字金融服务水平潜移默化地提升到另一个高度，进而有助于缓解农村金融供需结构不平衡现状。具体而言，创新数字金融服务人员服务意识的举措主要包括以下几点。

第一，构建完善的数字金融服务人员服务评价体系，明确数字金融服务人员的职业认知。数字金融服务人员的服务理念和态度行为直接反映出数字金融服务职能的状态，因此，对数字金融服务人员要提出更高的服务要求。应科学设计出数字金融服务人员评价体系，量化考核指标，并且科学规范地执行考核程序。建立数字金融服务人员服务评价体系，让数字金融服务人员工作有据可依，规范数字金融服务人员的服务流程，提高数字金融服务质量。数字金融服务人员体系的考核不能只依赖于金融机构内部测评，还应将客户评价作为指标纳入考核当中，客户对数字金融服务人员提供的金融服务质量评价更加直接，更能指明数字金融服务人员优化自身服务要努力的方向。

第二，加强对数字金融服务人员的培训。一方面，要加强数字金融服务人员的职业道德培训。通过定期对数字金融服务人员进行培训，能够始终保持金融服务人员良好的服务意识，提高金融服务人员的职业道德操守。另一方面，培养数字金融服务人员的专业能力。由于数字技术发展速度很快，数字金融服务正处于不断地更新过程当中。因此，为了更好地开展数字金融服务，数字金融服务人员必须不断进行学习培训，使数字金融服务人员在弥补自身知识水平不足的同时，能够跟得上数字金融产品与服务的优化升级。针对数字金融服务人员开展的培训，培训内容要有针对性、连贯性，不仅要以课堂学习的方式开展培训，而且要进行场景训练，让数字金融服务人员融入一定的场景当中，进行实战训练。让数字金融服务人员在培训过程当中，真正意识到自己的不足之处并加以改正。

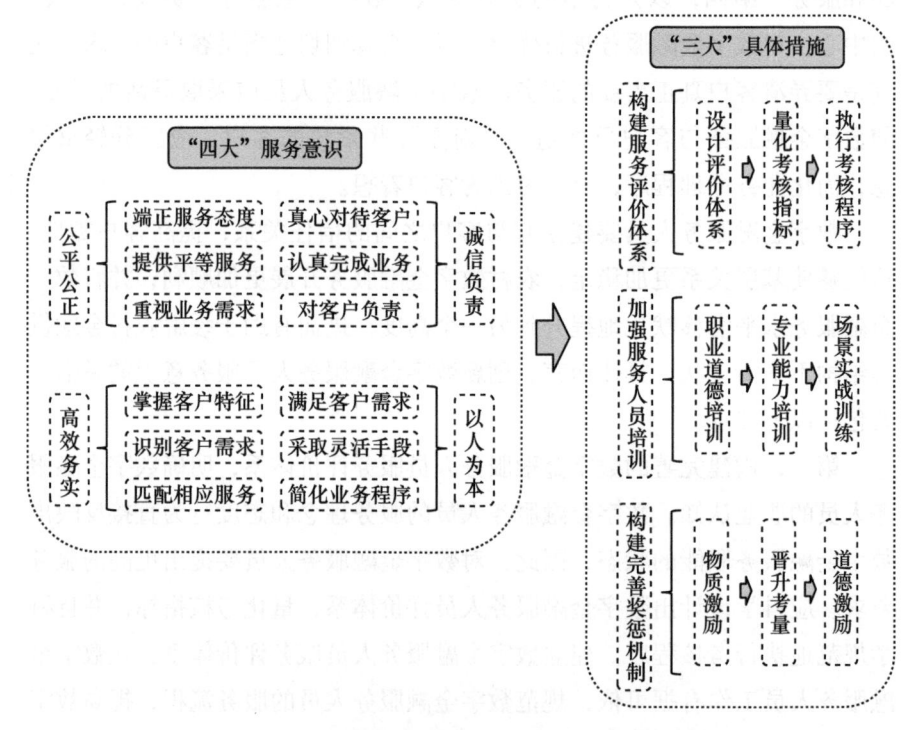

图 9.4　创新数字金融服务人员服务意识的思路

第三，构建完善的奖惩机制，树立人才竞争意识。数字金融服务机构不仅要对能力突出的数字金融服务人员给予物质上的激励，而且要将数字金融服务人员的行为纳入晋升的考量当中。将优秀的数字金融服务人员作为金融机构的储备干部，不仅能提高整个部门的数字金融服务的质量和效率，还能提高该金融机构数字金融服务整体的竞争力。在选拔干部时，要重视客户调查，尤其是对农村经济主体这类弱势群体的态度调查。增加那些真正为农村群体设身处地着想的数字金融服务人员的晋升机会，有助于树立金融机构形象，增加客户对金融机构的信任程度。此外，还要对数字金融服务人员进行道德上的激励，将能力强、服务态度好的数字金融服务人员作为先进典型，带动数字金融服务团队其他人员，提升农村群体对数字金融服务的认可度。

为了进一步创新数字金融服务人员的服务意识，金融机构应尽可能地打造更加开放、更加包容的氛围，塑造"以客户为本"的企业文化，进一步激发数字金融服务人员的服务创新意识，提高数字金融服务人员的服务质量。针对不同客户的需求，数字金融服务人员能够更加灵活地推出合适的数字化金融产品。为了保证数字普惠金融服务的持续性、数字金融产品的优质性，要提高数字金融服务团队中金融科技人才的占比。通过提高对外部科技人才的待遇水平、提高人才的吸引力度，扩充数字化人员队伍，为数字普惠金融在农村发展提供人才保障。此外，还要逐步健全金融监管功能，强化金融监督机构对数字金融服务人员的监督，确保数字金融服务人员有能力在农村做好数字金融服务。数字金融服务的发展，需要数字金融服务人员协同合作。只有真正高效地协同合作，数字金融业务才能顺利地开展下去。

第三节　数字普惠金融缓解城乡资本错配的技术创新路径

传统金融模式下，资金、人才和技术等要素倾向于集聚在城市，同时，大多数"城市偏向"经济政策的实施也导致了资本的非农配置偏向。将数字技术融入金融当中，能够在一定程度上突破金融排斥现象，增强金融的普惠性。随着数字技术的不断发展，传统金融服务体系下面临的农村融资问题能够得到有效缓解,数字技术赋能金融改善了城乡资本要素错配状况,并产生新的农村经济增长点。创新征信技术能够缓解农村融资难现象,提高农村金融资源供需匹配效率;创新定价技术能够缓解农村融资贵现象,提高农村金融可得性;创新风控技术能够降低农村融资风险,健全农村金融市场。本节将聚焦于数字技术创新,探究征信技术、定价技术和风控技术等多条技术创新路径赋予数字普惠金融缓解城乡资本错配的支持效能。

一 创新征信技术缓解农村融资难

目前的征信体系主要评估资产、收入和学历等硬性指标,没有或较少使用软性指标评估客户信用。与城镇经济主体相比,农村经济主体收入来源较为单一、受教育程度低,硬性指标评价结果一般要落后于城镇经济主体,因而征信体系对农村经济主体具有一定的"排斥性"。与此同时,农村经济主体大部分通过从事农业活动维持生活,其经济收入主要受到自然条件的影响,而自然条件又有很大的随机性,一旦有自然灾害发生,轻则威胁到农作物产量,重则威胁农村经济主体的房屋建筑甚至自身安全。因此,农村经济主体收入具有较大的不稳定性,其自身抗风险能力也相对较弱。对于传统金融机构而言,向农村经济主体提供贷款,需要承担较大的风险,却没有较高的收益,导致其对农村经济主体存在"营销排斥",从而极大地加剧了农村融资困境。将数字技术赋能征信系统,可以更加有效地缓解农村融资难问题,促进资本向农村流动,具体做法如下。

第一,建设数字化征信数据仓。目前,金融机构对传统农村信贷的模式还没有完全转变,且农村各类生产经营和信用信息累积不足,由此导致农村征信主体征信数据的缺乏,加大了农村征信主体的融资约束。因此,要预防逆向选择和道德风险、彻底解决农村融资难问题,构建数字化征信数据仓是创新征信技术的首要任务。数字化征信数据仓是依托互联网、大数据等数字化技术,将征信主体的各种非金融信息集中起来,进行整合、分类等处理的动态征信数据系统。构建数字化征信数据仓,要深度挖掘农民或农村企业的信息情况。将农民或农村企业的身份信息、生产经营状况以及资产负债情况等基本信息进行更加详细地调查,有利于金融机构深入了解该农村征信主体的情况,更加科学地判断该农村征信主体的债务偿还能力。在搜集农村经济主体的个人身份信息时，要考虑农村经济主体在不同组织、不同环境中的不同身份，尤其是将农民作为农民专业合作社成员的信息进行搜集整理，纳入征信模型当中；在搜集农村企业的信息时，应深入调查与该农村企业相关的企业信息，将相关企业信息也纳入征信模型当中。

第二，依托数字技术，创新征信手段。征信也为风险管控提供了保障，在授信前，应通过数字化征信数据仓的数据，先评价农村征信主体所在行业的风险状况，再评价农村征信主体自身的风险状况。首先，应根据大数据等技术，整合不同行业现状，深入研究农村征信主体所在行业的发展历史、现状、规模、结构、未来趋势以及行业平均生产指标等信息；其次，利用云计算等手段，结合行业整体情况，对行业的发展环境和未来发展趋势进行数字化分析，实现行业的风险预警；最后，根据行业风险状况，将农村征信主体的生产经营情况、自身竞争能力以及生产指标等信息进行风险点总结并进行量化处理。在有足够的供应链信息的情况下，还应将农村征信主体置于供应链系统中进行评价，并加强供应链的信贷额度管理。除此之外，还要加大对农村征信主体行为信息的搜集，加大行为信息指标在征信模型中的比重，进一步优化征信模型。

第三，升级数字化征信数据仓的功能，深度挖掘数据价值。其一是强化数据的存储和管理功能。由于农村征信数据数量庞大，且更新时效快，征信数据的储存和管理也是一大难题。要设计出科学的技术方案，客观记载农村征信主体的数据，在数据的存储与调取、运算和信息输出质量等方面进行优化升级。重点在于将农村征信主体的交易数据进行系统性整理，运用更加先进的手段，对农村征信主体进行信用打分。除了对农村征信主体的信息进行记录，还要建立信用报告查询日志，方便农村征信主体信用报告需求者的使用。同时，建立信用报告查询人的查询记录也能间接保护征信主体的人身财产安全，预防信用报告查询人的道德风险问题。其二是强调数字化征信数据仓的报告应具备更先进的导出功能，方便报告使用者的解读。一方面，要丰富征信报告的呈现形式。征信系统应具备画图等工具，用户能够采用图文结合的方式导出报告，使报告变得更加通俗易懂。另一方面，征信系统也要具备相应的统计方法和计量工具，让用户在制作各种报表时，能在系统上直接对报表进行处理分析，提高报表的质量。

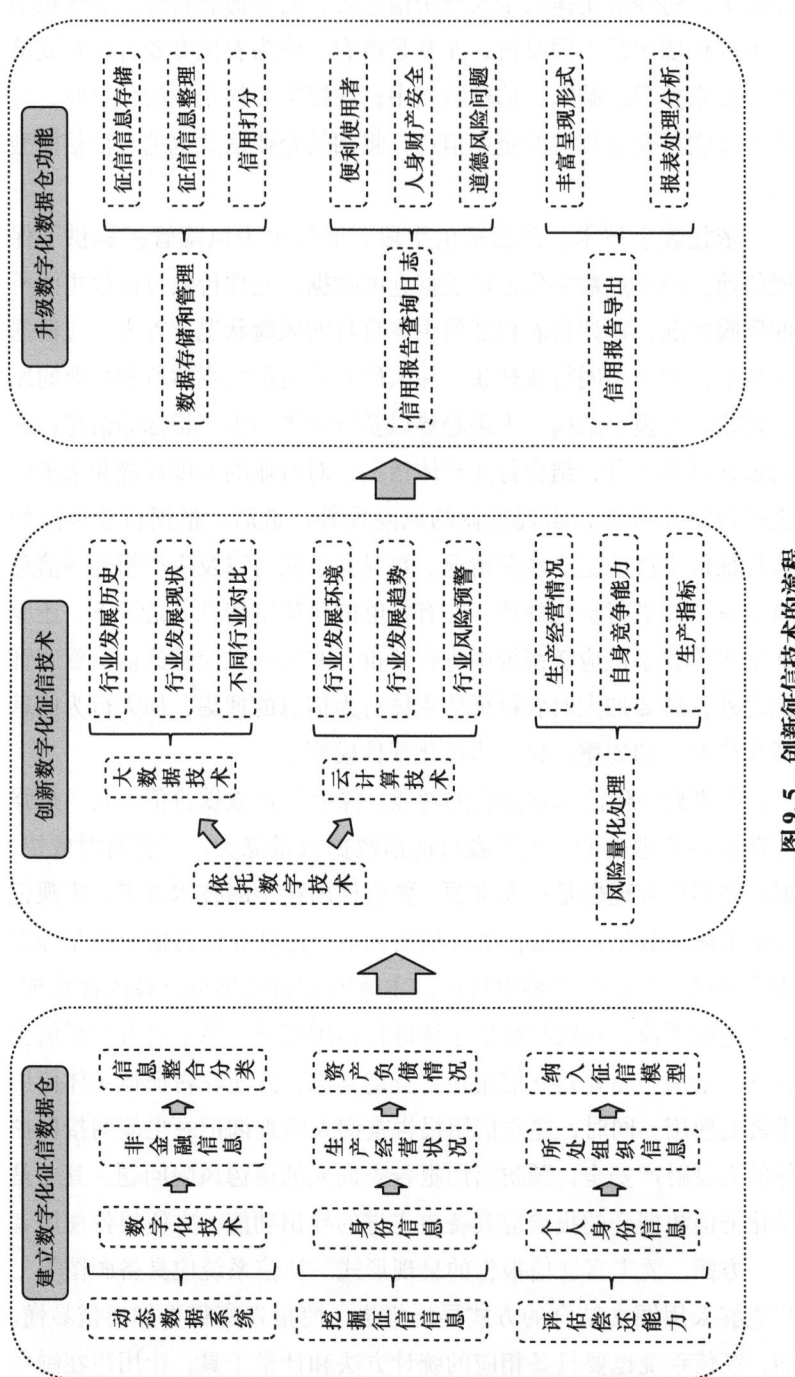

图 9.5 创新征信技术的流程

为了确保农村征信主体的信息安全，征信报告在导出过程时，必须由农村征信主体书面授权。征信系统的创新目的在于更好地服务于农村经济主体等金融服务弱势群体，缩小城乡之间的差距。因此，在建立征信指标、设计征信模型时，要有针对性地考虑农村征信主体的信贷可得性，加大对农村征信主体的融资力度，确保金融机构筛选出有效客户。征信系统将农村征信主体的信息进行整合处理后，以评级评分为核心内容作为征信报告的输出结果。将普通的征信数据库升级为使用隐私计算、扩展应用场景的响应性数据库，是数据价值挖掘的主流趋势。与传统征信模式相比，基于大数据的数字化征信模式还涵盖了个人社交、手机应用等非结构数据，服务对象也扩展至任何使用互联网设备的用户。数字化征信模式缓解了传统信贷模式过度依赖担保物而导致的农村经济主体融资难的问题。数字化征信模式综合考虑客户信息，并进行实时更新，能够更加敏感地感知客户的信息变化，并以此调整客户的征信等级。

在构建数字化征信系统的过程中，金融机构应加强与不同主体之间的合作。首先，金融机构之间应加强合作、共同管制，建立起征信信息共享平台，防止客户在多家金融机构进行授信、过度授信，使有限的资金发挥最大的效益；其次，为了确保用户信息的真实性，金融机构也要与不同行业的龙头企业进行合作，建立起供应链信息系统，根据客户在生产经营当中的行为信息，更好地判断客户的征信等级；再次，金融机构应与科技公司紧密合作，促进征信系统不断升级优化，加强对数据的挖掘，提高数据的准确性，保证征信系统的安全性；最后，金融机构应加强与央行等政府机构之间的合作。一方面，央行应起到带头作用，引导各个地区不断引入征信系统；另一方面，央行应促进金融机构之间的合作，将不同机构的数据进行整合，建造统一的信息数据中心。

二 创新定价技术缓解农村融资贵

2011 年，普惠金融中心（Center for Financial Inclusion, CFI）在普惠金融的概念中加入"可负担"这一理念，旨在降低农村经济主体等弱势群体的融资成本，为社会各阶层和群体提供适当、有效的金融服务，然而农村融资贵问题并没有因此得到很好的解决。针对农村群体融资贵问题，金融机构要依托数字技术创新定价机制。首先，数字金融能够提高利率对市场的敏感程度。数字金融的盛行加剧了金融机构之间的竞争，使原本固定垄断的利率不得不随市场浮动，加大贷款利率对市场的敏感度。其次，数字金融能够升级利率定价的技术性方法。云计算、大数据和人工智能等技术能够缓解长期以来由于风险定价技术落后、历史数据缺失等原因导致的金融机构定价能力不足问题。最后，数字金融能够改变利率定价的传统模式。各大数字金融巨头进入新兴市场，极大地加速了贷款利率的市场化进程。推动数字金融对定价技术的创新，尤其是要适度降低对农村群体等弱势群体发放信贷资金的利率，使利率既能覆盖风险，保证金融机构的合理收益，也能让农村经济主体等弱势群体普遍接受。换言之，在确定利率水平的时候，不仅要考虑资金供给侧的因素，还要强化对资金需求侧的考量，保证供求之间的平衡。

针对农村经济主体生产经营活动的特殊性，金融机构应把握农村群体的融资需求，综合考虑资金成本、风险溢价和目标收益等因素，建立数字化农村贷款定价模型。建立数字化农村贷款定价模型应遵循以下四个定价原则。第一，市场化原则。强调市场化对信贷配置的作用，降低政府干预程度，使资本配置更加合理。第二，综合收益最大化原则。应将成本、效益和风险三者纳入数字化农村贷款定价模型当中，考虑成本、效益和风险之间的平衡，追求农村经济主体与金融机构之间的综合收益最大化。第三，数字化原则。依托大数据、云计算等先进技术，创新数字化农村贷款定价模型，确定更加精准、科学的利率水平。第四，差异化原则。根据农村经济主体的信用等级、生产经营规模以及资产负债的差异，实施差异化贷款利率定价。尤其是针对生产经营所需的贷款，更应强调农村经济主体生产的农产品种类，根据不同农产品周期的不同，制定不同的贷款利率水平。目前，中国数字化金融业务尚处于起步阶段，数字化贷款产品定价错乱，因此，借鉴国外成熟的定价机制是十分有必要的。建立数字化农村贷款定价模型要重视实践应用，考虑现实可操作性，基于以上四个原则，为农村经济主体提供贷款利率定价的基本框架。

对于贷款利率的定价而言，本质上是金融机构与贷款人之间博弈的结果。贷款利率定价由于受以下因素影响，导致实际定价难度增加。第一，经济环境。当经济形势向好时，投资增加，可贷资金需求增加，利率上升，反之利率下降。第二，政策干预。当政府实施紧缩性货币政策时，可

第九章　数字普惠金融缓解城乡资本错配的微观路径　/　271

贷资金减少，利率上升，反之利率下降。第三，提前偿付因素。债务人可能由于自身财务状况变好，市场利率降低等多种因素提前偿还。第四，违约因素。金融机构在对利率定价时，还应考虑债务人出现无法按时偿还信贷产品的情况。第五，现金流支付机制。现金流支付方式是指本金、利息偿还形式，这对利率定价也有一定的影响。可见，在贷款利率的定价过程中，要综合考虑利率的影响因素，确保涉农金融机构流动性、安全性和收益性的统一实现。同时，涉农金融机构应强化利率定价能力建设，加大农村金融供给力度，形成一套科学、灵活的利率定价机制。具体而言，结合农村经济主体的特点，将数字化嵌入定价技术中，可以通过深度学习法、机器学习法以及大数据算法等技术进行定价，充分利用大数据价值。机器学习是采用效用函数，利用历史数据，学习模式和规律，借助这些模式和规律对未来做出充足的预测。在利率定价方面，机器学习技术可以帮助金融机构根据客户信息、市场情况等因素，通过智能数据定价算法迭代并计算消费者效用与数据集价格间的关系，应用优化算法以消费者效用最大化为目标来确定查询数据价格。

在利用数字技术赋能利率定价时，金融机构可以采用以下步骤。第一，数据收集。利用数字化技术，金融机构可以收集大量数据，包括客户的所有信用卡消费、借贷历史、社交媒体活动和移动设备的位置信息等。同时，金融机构还可以使用外部数据源来获取市场数据，如经济数据、利率趋势和政治因素等。第二，数据清洗和预处理。金融机构在采用机器学习模型时，需要对数据进行清洗和转换，消除任何数据的重复或错误，填充缺失值，同时将数据转化为可用于机器学习的特征向量。第三，特征工程和特征选择。在进行特征选择时，金融机构可以使用数字化营销工具来确定最相关的客户特征。具体包括使用目标营销来确定用户属性和需求，并根据社交媒体分析来评估客户喜好和行为。第四，模型选择和训练。一旦完成特征选择，金融机构可以在数据集上训练模型。常用的数字化模型包括深度学习、神经网络和随机森林等。通过训练模型，可以学习使用历史数据来预测未来的利率。第五，模型优化。通过使用数字化工具来实时跟踪市场指标、客户行为和运营数据等多种因素，金融机构可以结合人工智能技术和数据科学技术，实时优化模型，满足各种需求和趋势。第六，利率预测并实时调整。金融机构可采用模型预测利率，并实时跟踪市场变化，通过机器学习和人工智能技术快速调整利率。由此，利率定价可以更加数字化，金融机构也能够在实时交易中优化利率，应对市场趋势和波动，实现更高效和自动化的交易。

三　创新风控技术降低农村融资风险

随着数字普惠金融的不断发展，风险和问题也不断发生，传统风控已经不能满足数字金融市场的需求。加强风险控制对推动数字普惠金融在农村地区的持续健康发展、确保农村经济主体的资金安全起到了至关重要的作用。数字普惠金融能够不断发展，本身也是持续创新的结果，然而创新的过程往往也会伴随新风险的出现。为了降低农村地区融资风险、促进城乡资本优化配置，在加强普惠金融数字化创新的同时，也要对新型数字创新风险加以控制。

数字技术赋能普惠金融可能增加的新型风险主要包括技术风险、信息安全风险和操作风险。首先是技术风险。技术风险是指在发展数字普惠金融过程中由技术问题导致的风险。由于目前中国互联网建设存在网络安全建设不完善、技术不够先进，且病毒入侵问题层出不穷等现象，依托互联网发展的数字普惠金融也同样难以避免受此类技术风险的影响。因此，要扩大数字金融服务团队里的科技人才占比，不断提高金融科技水平，增强网络技术安全。其次是信息安全风险。信息安全风险是指在数字普惠金融发展过程中信息系统可能面临的威胁。随着互联网的快速发展，信息管理也逐渐趋于"无纸化"。数字信息管理平台能够降低信息管理成本，提高信息的使用价值，但与此同时，数字信息也存在容易被窃取、篡改的风险。因此，加强信息安全管理也格外重要，要不断优化和改善模型，加强模型检验，加强外部欺诈风险监测。最后是操作风险。操作风险是指由于系统、政策制度以及人为因素等缺陷导致操作上可能受到不同程度的损失。虽然互联网的"便捷性"提高了金融服务的效率和质量，但这种"便捷性"也伴随一定的风险。即使操作上存在极小的失误，都有可能造成很大的损失。因此，要定期对数字金融服务人员进行培训，尽可能减少数字金融服务人员的操作失误；同时，应加强互联网金融服务建设，对于涉及用户资产转移、投资等业务的界面，应设置二次确认按钮，经用户反复确认以后，才能执行交易。此外，相关政策条款应设置阅读时长按钮，提醒用户仔细阅读以后才能同意。

除了对以上新型特殊风险加以控制，还要兼顾对传统金融存在的常规性风险进行防范。一是运营风险。运营风险主要是指金融机构在开展数字普惠金融过程中可能造成的经济损失。推动农村数字普惠金融发展需要投入很多成本，且回报偏低，这种高成本、低回报增加了金融机构的运营风险，影响金融机构可持续发展。因此，金融机构在发展数字普惠金融的同时，要以盈利作为首要目的，秉承可持续发展理念，合理控制对农村数字金融的投入成本和农村数字金融产品价格。二是市场风险。市场风险是指由于市场经济环境变化而导致资产受损的可能性。市场风险的诱发因素较多，尤其是数字普惠金融的发展使众多农村金融投资者参与进来，农村金融投资者的投资经验严重不足，极有可能盲目跟风，引起金融产品价格变动，造成市场混乱。为此，要加强对农村金融投资者的培训，提升农村金融投资者的金融素养，引导其树立正确的投资观念。三是信用风险。信用风险是指在交易过程中由于金融机构与农村经济主体双方信息不对称，而导致的逆向选择或道德风险问题。防范信用风险主要依赖于征信技术的创新，建立数字化征信数据仓，对用户的行为信息进行实时更新；强化数据仓的存储和管理功能，维护系统的健康运行；强化数据导出功能，对数据进行更加透彻的分析。四是流动性风险。流动性风险是指当在某一时刻用户提现过多时，可能会导致金融机构没有那么多的金融资产用以变现，进而引起投资者的恐慌，造成产品价格下降，波及整个金融体系。为此，应利用数字技术，加强流动性投放的精准性和前瞻性，重视流动性管理，不能过度依赖滚动融资借短投长。五是法律风险。法律风险是指政府政策方面可能导致的金融损失。随着数字普惠金融的发展，现有法律法规逐渐显现出在数字普惠金融监管上存在空白或抑制数字普惠金融创新等现象。为此，应不断健全法律法规体系，遵循监管"适度性"原则，使法律法规既能全面覆盖数字普惠金融领域，又能保持数字普惠金融创新不被抑制。

传统风控模式要消耗大量的人工成本，且实时性差，难以把握农村经济主体复杂多变的风险特征。利用机器学习等技术的数字风控模式将通过其成本低、实时性强等优势，逐步替代传统风控模式。目前，中国尚未构建出完善的数字化风控系统，数字化风控系统难以满足全方位风控需求。

因此，应根据不同种类风险有针对性地对数字化风控系统不断优化完善。首先，构建实时智能质检引擎。利用大数据、云计算等技术，构建实时智能质检引擎，对用户的交易行为、业务数据进行实时监测，针对异常交易行为设置风险提醒。这种实时智能质检引擎能够让用户很好地规避风险，减少用户的损失。目前，实时智能质检引擎的运用受到一致好评，但由于实时智能质检引擎能处理的问题较为有限，金融机构还要从各个方面获取客户群体可能面临的问题或风险信息，不断更新优化实时智能质检引擎。其次，构建智能反欺诈引擎。进行线上业务，往往要确保用户的交易安全，确定是否为本人进行交易，因此利用人脸识别、指纹和生物探针等技术构建智能反欺诈引擎就显得尤为重要。最后，创新金融风险模型，规范风控模式。加强金融相关行业信息共享，构建信用评分模型、消费倾向模型、资金需求模型以及梯度提升决策树模型等多个传统风险模型和机器学习模型，设计金融风险监管和集中处理的作业流程，进一步升级风险评估体系。此外，实施"监管沙盒测试"也是降低风险的必然选择。央行根据不同金融公司的业务类型，发放不同类型且有一定限制性的金融牌照，允许金融公司在市场上对新业务进行测试。若该业务通过"沙盒测试"，则给金融机构换发正式牌照，允许该业务进一步面向市场；若该业务在测试过程中，出现公司无法承担风险、侵犯消费者权益等情况时，央行将勒令金融公司新业务强制性退出。"监管沙盒测试"在一定程度上既抑制了系统性风险的出现，又激发了金融公司业务创新，有助于推动金融产品实现进一步创新。

第四节　本章小结

本章聚焦于产品创新、服务创新和技术创新，系统性地设计了数字普惠金融缓解城乡资本错配的微观路径，对于着力破除农村资本供给缺失、实现城乡资本要素优化配置具有重要现实意义。在数字普惠金融产品创新方面，提出了信贷产品创新、保险产品创新和担保产品创新三种产品创新思路，通过数字产品创新提高农村金融资本可得性；在数字普惠金融服务创新方面，提出了拓展农村数字普惠金融服务场景、扩大农村普惠金融服务站服务半径以及创新数字金融服务人员服务意识三种服务创新思路，通过数字服务创新促进农村地区资本聚集；在数字普惠金融技术创新方面，提出了征信技术创新、定价技术创新和风控技术创新三种技术创新思路，通过数字技术创新为缓解城乡资本错配提供支持效能。

第十章

数字普惠金融缓解城乡资本错配的协同政策

当前中国农村地区存在资本需求和供给两个方面的金融抑制，城乡资本错配现象表现为农村资本形成以及城市资本向农村的流入受到抑制，阻碍农村经济发展。数字普惠金融能够起到缓解城乡资本错配的作用，为使得这一运行机制和路径模式有序运转，还需要健全产业政策、金融政策、财政政策和保障政策在内的综合政策体系，规避政策"碎片化"和"分散化"，在政策的组合搭配中稳步推进城乡资本市场改革，以达到增强数字普惠金融缓解城乡资本错配格局的效能，抑或通过政策实施手段引导城乡资本配置形成良性发展格局。本章即对数字普惠金融缓解城乡资本错配的产业政策、金融政策、财政政策和保障政策进行系统论述，并就顶层设计层面如何实现相关政策的配套实践提出一定的思路。

第一节 数字普惠金融缓解城乡资本错配的产业政策

数字普惠金融缓解城乡资本错配的产业政策，主要是政府满足数字普惠金融发挥缓解城乡资本错配的作用时，对农业产业硬件条件的客观需求。通过制定完善的农村产业政策，消除金融服务农村的障碍，促进产业结构升级，而健全的产业体系能够带动城乡融合发展，为数字普惠金融提供良好的发展环境，使其更好地缓解城乡资本错配现象，促进资本流向农村。现阶段，在国家不断强调"三农"工作的背景之下，农村农业环境不断优化，产业体系发生了翻天覆地的变化。但是，农村地区多以小农经营为主，现代化水平有待提高、产业链模式有待进一步优化，不利于数字普惠金融改善城乡资本状况。因此，有必要出台并完善相应的产业政策，建立健全现代农业产业体系、生产体系和经营体系，为数字普惠金融发挥效能提供适宜的发展环境。数字普惠金融对农业的支持会促进农业产业体系的发展，而经济发展将为农村吸引更多的资本，解决资本供给不足的问题，助力扭转城乡资本错配的局面。

一　加快构建现代农业产业体系

农业产业能否得到发展，关键在于是否推进了农业现代化建设，提高了农业综合经济效益。现代农业产业体系作为农业现代化的"三大支撑体系"之一，对于农村经济平稳向好发展起着决定性作用，而良好的经济发展状况必然会吸引更多的资金投入，增加农村地区资本供给；现代化的农业产业体系也为充分运用数字普惠金融提供坚实的基础，吸引社会资本源源不断地流向农村地区，达到缓解城乡资本错配的目的。因此，要深化农业供给侧结构性改革，致力于充分发挥农业的经济价值、社会价值和文化价值，构建一体化的现代综合农业产业体系，加深数字普惠金融的服务程度，引导社会资本投向农村，助力数字普惠金融缓解城乡资本错配程度。

第一，积极推动农业产业内部整合，提升农业产业化水平，为数字普惠金融服务农村发展奠定基础，增强其扭转城乡资本错配的动力。实现农业产业化是构建现代产业体系的前提，在现有农业结构基础上，一方面，政府及相关部门要深入推进特色农产品区域建设，充分利用各个地区资源禀赋，严把质量关，推动农业精品生产。更重要的是，要树立品牌意识，借助品牌效应，提升农产品附加值，带动农村经济发展壮大。同时，政府可以完善农产品的专利保护，建立一整套从农产品专利申请到功能验证的保护体系，为社会资本提供优质的投资标的，进而吸引更多的社会资本，"携手"数字普惠金融一同为缓解城乡资本错配而发力。另一方面，积极培育优势主导产业，实现农产品规模化、专业化生产。在此基础上，加快建设农产品质量可追溯体系、市场需求信息平台等，鼓励农业生产"随机应变"，不断提升农业竞争力水平，促进农产品更好地实现其经济价值。而资本本身就具有逐利性质，产业资本回报率提升，数字普惠金融将更加积极地服务于农村产业，促使缓解城乡资本配置的能力增强。

第二，不断完善和优化农业产业链，实现现代农业产业体系一体化，增强农业投资吸引力，推动更多金融资本精准落地，增加农村资本有效供给。要不断改进过去单一的农业生产模式，从产前、产中、产后多环节入手，加强农业供、产、销一体化建设，推动农业产业链的前后延伸。统筹农业生产与加工环节的融合，政府应给予优势主导产业政策的倾斜，培育和壮大一批从事农产品深、精加工的龙头企业，并加大技术创新升级，提高加工效率和农副产品的利用率，打造农产品加工产业聚集地；创新农产品销售模式，培育农产品专营批发零售市场，将农产品咨询、购买、服务等业务融合在一起，优化电商营销模式，构建完善的农业服务体系；在农业产业融合发展方面，尤其要注重支撑服务体系建设，政府要增强对农业现代物流的重视程度，制定符合当地农产品物流的路线规划和实施方案，搭建物流信息化网络系统、专业仓储服务中心等，打通农产品进入消费市场的"最后一公里"，从根本上促进经济价值增长，提高农村金融服务资源的配置效率。

第三，促进农业与其他产业交叉融合，培育农业产业新业态，以产业组织政策手段，繁荣农村经济发展，为数字普惠金融缓解城乡资本错配提供富裕的外部环境。瞄准城乡居民对休闲观光、乡土文化和生态环境等生态性、绿色化的新需求，以农业产业为主导，立足农村地区生态、历史等优势资源，充分发挥农业多样化价值，走有特色的现代农业产业体系建设道路。在农业与旅游业的融合发展上，因地制宜开展不同模式、不同产品的农业休闲旅游业，培育新型农业。例如，体验式、互动式的乡村生态体验区，让来自"钢筋水泥"的都市居民体验不一样的风土人情；借助乡村田园生态、恬静宜人的环境，建设康养小镇、养老项目等，实现以乡村旅游带动农业经济发展。在农业与文化产业融合发展上，注重充分挖掘地域特色文化，讲好具有自身特点的农业产业文化故事，提升乡村的吸引力，不断提高农业发展软实力。通过产业融合发展，为农村经济发展注入新活力，奠定城乡资本有效配置的物质基础。

二 着力夯实现代农业生产体系

中国一直致力于解决"三农"问题，农业农村发展不断迈上新的台阶。在辉煌成就的背后，农业发展依旧面临生产成本不断提高、收益明显偏低以及风险较高等不容忽视的问题。突破农业农村现代化滞后的障碍因素，重中之重在于建立完善的现代农业生产体系，以先进的农业发展吸引更多的资本投资，促使农村经济发展与金融资本双向互动、共同繁荣，进而缓解城乡资本错配。现代农业生产体系是嵌入赋能性要素的农业基础性要素的组合与配置体系。着力夯实现代农业生产体系，可以分别从基础性要素和赋能性要素的角度入手，合理配置生产要素，提高生产效率，增加农业要素投入的单位经济价值，引导更多的金融资本投入资本边际报酬率更高的农业领域，实现农村资本供需平衡，克服城乡资本错配困境。

劳动力、土地和资本等作为农业生产发展的基础性要素，在城市"虹吸效应"以及城市的偏向政策叠加作用下，导致农村长期处于"失血""贫血"状态，进而陷入了资源短缺、发展滞后的困境，致使现代化农业生产体系不完善，农村资本逐渐形成了由乡到城的单向流动局面，而其他社会资本不愿投入。为解决这一现象，优化配置农业生产要素投入是基本保障。盘活农村闲置土地资源，尤其是进城务工居民手中的闲置土地，解决人多地少的基本农情。政府应该积极构建农地交易平台，实现农地市场化配置，提高农地利用率。加快建设高标准农田，强化农田水利、田间灌溉减排等配套设施。民以食为天，国家要实施耕地保护措施，严防耕地"非农化"倾向，继续实施保证耕地面积最小值不变的耕地保护制度，并因地制宜采取撂荒地复耕复垦等措施，实现"藏粮于田"。以人才振兴乡村发展，建立柔性人才引入战略，为农村地区注入"新鲜血液"和人才力量。要构建更加灵活、高效的人才服务体系，聚英才而用之。要加强农村人才队伍的建设，培育高素质人才。通过深化与高校、科研院所的连接沟通，鼓励利用国内外资源，整合教育资源，为农村劳动力提供专业性指导，打造一批有知识、有能力的农业人才。合理配置农村土地与劳动力，让资本看到投资农业经济的优势，改变农村资本的"逆向效应"，引导更多的城市资本投资，进而实现城乡资本均衡供给，提高资本利用效率，缓解城乡资本错配现象。

科学技术是第一生产力，中国农业生产体系正在不断优化升级，现代化进程尚处于发展的初级阶段，土地、劳动等资源的生产率水平相对较低，究其原因，可能在于农业机械化和技术化水平不高，相应的科研创新项目没有很好地落地，致使现代化的农业生产体系并不健全，形成资本投入农业产业的堵点，加剧了城乡资本合理配置的困难程度。在构建现代农业生产体系过程中，首先要继续加强对农业科技水平的重视，打造农业科技硬核。政府可以给予农业科技以财政资金支持，吸引社会资本投入科技创新领域。相关农业发展部门要加快构建农业科研队伍，重点关注种质资源、农机机械化和绿色环保技术等，同时鼓励科研队伍进入田间地头进行实地考察，强化农业科技支撑，推动农业生产体系现代化、科技化改造。其次要健全科技推广体系，推动成果转化与应用，解决科技的"最后一公里"问题。当地政府应完善农业专家的保障服务，进而实现专家"手把手式"地培训与指导。科技研究机构也可以优先培育一批运用新技术的涉农企业，带动其他农业经营主体共同进步发展。最后要推进智慧农业发展，抓住科技革命机遇。要借助"互联网+""物联网+"的东风，利用传感器、视频监控等对农产品实施精准把控、实时考核，实现对现代农业生产体系的多重赋能，助力传统农业换挡升级。农业生产体系现代化的不断推进为资本投资保驾护航，使更多社会资本投入逐步改善城乡资本配置扭曲现状。

三 创新完善现代农业经营体系

"强国必先强农，农强方能国强。"构建现代农业经营体系对于促进农业高质量发展、建设农业强国具有重大意义，同时为数字普惠金融发挥普惠性、便利性提供了物质保障，也能够引导更多的社会资本投入农村地区，进一步提高城乡资本配置效率。当前中国现代农业经营体系建设虽然取得了一些成效，但依旧面临收益递减的问题，且无法完全满足现代农业的发展要求，亟须破解传统农业经营体系的弊病。因此，不断探索并建立健全现代农业经营体系，重点在于以培育发展新型农业经营主体和服务主体为抓手，形成现代农业的"产业洼地"，发展适度规模经营，增强资本集聚能力，为资本入乡提供适宜的环境条件，确保数字普惠金融充分发挥对农业发展的支撑作用，增强其缓解城乡资本错配的效能。

首先，高质量培育新型职业农民，以人才赋能现代农业经营体系，为农村资本投资奠定人才基础。面对中国农村居民文化水平较低，难以适应现代农业发展需求的问题，再加上农村劳动力逐步呈现老龄化、妇女化趋势，农村严重"空心化"的问题，培育具有专业化知识的新型职业农民、加强农民对金融知识的了解，成为发展现代农业经营体系的前提和基础。一方面，国家支持、鼓励建立职业农民制度，制订新型职业农民培养计划，并定期组织培训。结合各个地区对农民技能、资本投资的多样性需求，及时调整培训内容，注重"资"与"技"相关知识的教育，也可以考虑颁发"职业农民资格证书"。另一方面，积极发挥基层党组织作用，整合职业教育资源，动员现有劳动力积极参与培训，充分整合利用当地教育资源，成立项目培训基地。另外，国家出台和完善人才扶持政策，吸引农学专业的大学生、专业技术人才返乡创业，带动农村劳动力提升自身专业素养，培育能够适应现代农业经营体系的高素质新型职业农民，为资本投资项目提供优质的运营人才，增加农村资本投资，提高城乡资本配置效率。

其次，建设和培育新型农业经营主体，完善现代农业经营体系，为资本投资创造优质的环境条件。"大国小农"是中国农业的基本农情，个体化、碎片化的小规模经营容易带来兼业化，农业生产效率有待提高，而资本投资的风险系数也较高。面对这种情况，金融资本更愿意投向边际报酬率低但风险更低的领域，从而抑制农村资本积累，阻碍资本在城乡之间的合理配置。面对这一发展现状，大力建设和培育新型农业经营主体迫在眉睫。在农业大户和家庭农场培育方面，政府和当地农业部门应引导其进行适度规模经营，避免出现资金链断裂、资不抵债现象；在农业合作社的培育方面，政府应支持创新合作入股方式，并建立完善的合作社培训基地来规范其发展，避免形成"空壳社"；针对农业龙头企业，应秉持做大做强的态度，鼓励相关企业合并重组，升级农业产业链，带动小农发展。此外，鼓励新型农业经营主体间积极合作，整合碎片化资源，形成"抱团发展"模式，深化经营模式改革，降低农业经营风险，吸引更多的社会资本投身农业发展，增加农村资本供给，与数字普惠金融互联互通，增强金融缓解城乡资本错配效能。

最后，推进适度规模经营，健全农业社会化服务体系，促进小农和现代农业发展有机衔接。现阶段，中国小农经营模式在一定程度上阻碍了农业现代化发展进程，必须发展多种形式适度规模经营，实现农业资源有效配置，提升农业生产竞争力，增强数字普惠金融服务农村发展的积极性。

有序推进农村土地集中连片整治，通过适度规模经营，破解农地碎片化难题，提升土地经济效益。政府也要完善服务于农地流转的政策，建立完善农地流转信息平台、新建农地流转纠纷的专业仲裁机构等，同时也要不断完善利益分配机制，推动农业经营主体融合发展，带动小农户分享收益，增收致富，促进农村经济带动金融资本发展，改变城乡资本错配格局。"人均一亩三分地"是中国许多地方农业的真实写照，也决定了并不是所有地方都适合搞大规模农业。因此，要不断创新服务模式，鼓励采用农业生产托管方式，发展公益性服务体系和经营性服务组织，同时加强农业产后服务建设，促进小农户节本增效，为金融资本投资农村发展带来更高的回报，从而有利于增强农村发展的资本集聚能力。

第二节 数字普惠金融缓解城乡资本错配的金融政策

数字普惠金融缓解城乡资本错配的金融政策，主要是充分利用金融政策手段和工具，不断优化数字普惠金融发展条件，提高其缓解城乡资本错配的服务效率。与此同时，激发农村金融活水，建立多元化的农村金融服务体系，充分满足农村发展的资本需求。这一政策的目的在于提高数字普惠金融服务于缓解城乡资本错配的效率，并通过金融集聚效应推动城乡资本配置格局的改变。具体包括：优化农村金融资源配置，提供有效的金融供给以达到资本配置均衡；加快培育农村金融市场，为数字普惠金融创造健康的发展条件；增强城市金融辐射带动能力，缩小城乡资本配置效率的差异性；积极引导、规范农村非正规金融发展，增强农村金融的集聚能力。

一 优化农村金融资源配置

金融资源是经济发展不可或缺的核心要素，农村金融是农业经济发展的重要支撑。近年来，中央一号文件一直在强调农村金融问题。然而，从资本逐利性的角度来看，经济薄弱、产业弱质性的农村很难受到以盈利性为首要目的的商业银行的青睐，商业银行无法满足农村地区的信贷资金需求。农村资金以净储蓄的方式流出和农村居民因无法达到金融机构的信贷门槛而无法获得融资的现象并存，使得农村金融资源配置效率低下。因此，要从农村金融资源的配置主客体入手，优化农村金融资源配置，促进金融资源转化为有效供给，从而缓解金融市场中存在的城乡资本配置扭曲现象。

一方面，要明确金融资源配置主体的职能定位，精准布局农村金融资源，缓解农村金融供需失衡问题，优化城乡资本配置格局。基于此，不仅要积极发挥各类传统金融机构职能，还要鼓励并引导新型金融机构的发展，拓宽数字普惠金融供给范围。首先，农业发展银行应该积极充分发挥其作为政策性金融机构的骨干作用，放宽金融服务范围的限制，满足强农惠农项目的资金需求，在商业型金融机构未触及或者不愿提供金融服务的空白区，发挥政策金融的补充作用，降低农户和小微企业的融资约束，最终实现城乡资本配置的优化。其次，商业性金融机构在金融体系中处于主体地位，应该合理引导其"领头羊"作用，因地制宜开展涉农业务，畅通城乡资本对接渠道，打造农村资本配置的高端平台，提高城乡资本配置效率。另外，合作型金融机构在农村金融资源配置中承担"主力军"的角色，要不断深化农村信用社、农村合作银行的产权制度改革，建立农村资金"回流"通道，突出合作金融的经营服务特色，为农业发展提供有效且稳定的金融资源。最后，强化新型农村金融机构的补充作用，不断完善新型农村金融机构的产权和组织架构，发挥其内嵌于农村地区的优势，引进社会资本，提高农村地区资本集聚能力，激发金融资源配置活力。同时政府也要为农村金融市场适当"松绑"，建立健全完善的农村金融体系机制，例如国家可以积极引导国有银行通过股权控制村镇银行、利用财政手段在市场中引入竞争机制等，构建健康有效的金融市场，实现农村资本良性积累。

另一方面，要创新农村金融产品和服务模式，满足农村发展多样化的资金需求，提高农村金融服务深度，增强其缓解城乡资本错配现象的能力。由于相对发达的城市地区对农村金融资源存在明显的"虹吸效应"，再加上农村地区在人力资本、信用环境等方面的缺陷，导致农村金融资源大规模单向流出。为此，要精准配置农村金融资源，加深金融服务的深度，将金融资源转化为有效供给，实现金融资源配置效率的提升。一是政府鼓励银行类金融机构深入农村开展调研，创新金融产品，尤其是针对信贷产品的创新，有助于满足农户和农业生产者多元化的融资需求，促使金融资源达到供需平衡的状态，缓解城乡资本错配难题。例如，政府可以鼓励金融机构创新信贷模式，推行新型产业链信贷模式，积极探索并创新依靠农村土地"承包权""经营权"等无形资产的新型抵押模式，盘活"沉睡"的农村资源，解决农村发展的融资难题。二是不断创新农村金融服务模式并提高服务水平。例如，政府应该鼓励金融机构优化ATM布局，开发适合农户的线上App，并借助大数据、区块链等先进技术，建立起金融机构与农户有效沟通的机制。金融机构可以在信誉良好且长期合作的农村龙头企业派驻客户经理，为企业提供一对一的服务的同时，及时掌握企业经营状况，加大农村金融普惠服务的深度，进而达到优化金融资源配置的效果。三是要注重农村地区资本配置生态环境的改善。政府注重对农村信用体系建设的支持，优化金融服务的外部环境，将金融资源配置方式由"政府主导"向"市场主导"转化，不断实现城乡资本配置的帕累托最优状态。

二 加快培育农村金融市场

在城乡统筹发展过程中，农村金融市场蓬勃发展。然而，农村金融缺乏良好的市场竞争环境，成为城乡资本优化配置的一大障碍，不利于城乡金融一体化发展。尽管国家出台了许多政策性金融支持农业农村发展，但是大量资本通过由政府主导的信贷市场、资本市场与保险市场等集中于国有企业及城市化建设中，大大抵消或削弱了国家惠农政策的效果，致使农村金融资源供给不足，资本在城乡间错配严重。因此，要致力于健全农村信贷市场和资本市场，规范保险市场，并加强对金融市场的监管，为数字普惠金融建立一个多元化、有效竞争的市场环境，提高农村资本供给质量，增强数字普惠金融优化城乡资本配置的效能。

首先，信贷市场是农村资金间接融通的重要渠道。在中国农村信贷市场上，农村信用社是最主要的资金供给者，信贷供给体系相对单一。农村抵质押品的缺乏和信用制度的不完善导致农村金融借贷现象严重，金融资源有效供给严重缺失，加剧了城乡资本配置扭曲现象。为了解决这一问题，必须建立健全农村信贷市场，维护数字普惠金融发展环境，实现农村金融资源"量"上的提升，进一步缓解城乡资本错配。一是吸引外部市场资源进入农村信贷市场，通过有效的竞争机制，为农业发展提供更优质的信贷资源。二是不断创新抵质押品，扩大金融服务覆盖范围，例如可以推广土地流转收益贷款、农业企业应收账款质押贷款以及农企固定资产抵押贷款等。与此同时，做好资产评估工作，保障信贷市场的良性运转。三是完善农村信贷制度及农村信用立法，为农村资本供给奠定坚实的制度基础，进一步提高农村金融服务的安全性和可得性。

其次，资本市场是农村资金直接融资的重要市场。相对于在信贷市场的间接融资，直接融资具有自主性、分散性和直接性等特征，能够有效降低资金融通成本，并吸引闲散的农村社会资本，为农村增加资本供给量，快速响应农村多元化的融资需求，减少农村资本外流并实现供需均衡配置。因此，必须培育健全的农村资本市场，健全的农村资本市场能够提高融资效率，有效防止农村资本的"逆向效应"。一是积极推动农业龙头企业转型升级，鼓励农业龙头企业通过全国中小企业股份转让系统挂牌公开上市，开展直接融资，而政府也应出台相关金融政策适当降低农业企业上市门槛，加强上市辅导，为农业企业发展拓宽融资途径，吸纳各类资本服务于农村经济，提高城乡资本配置效率；二是鼓励农业企业财务指标透明化，实现固定资产所有权、土地承包经营权等资产的资本化或证券化，大力发展股权融资和债券融资，吸引天使投资、创业投资等与企业对接，抑或联合成立类似于REITs的股权投资基金等，增加农业发展的资金支持，实现社会资本的有效配置。

最后，融资市场能够给农业发展提供资金支持，保险市场、监管机制等对于保障市场稳定运行、推动农业经济健康发展同样具有重要意义，是农村经济发展的"保护伞"。完善的农村保险市场有助于增强保险机构提供涉农金融服务的积极性，扩大农村金融供给量，能够在一定程度上缓解城乡资本错配格局。对于保险市场而言，政府要通过财政贴息、降费减税等手段，发挥财政杠杆作用，引导成熟的保险机构优化布局，不断扩大农业保险覆盖面；不断开发和创新符合地方特色的保险产品，支持逐步推广价格保险、收入保险等新型保险产品；此外，开发农村期货市场，充分利用期货市场工具，探索"保险+期权"的模式，无疑是对农村资本供给的外部保护。在此基础上，强化对金融市场的监督与管理是确保农村金融市场长期稳定协调发展的重要保障。具体来说，政府及相关监管部门要严格把控金融市场有效进出机制、金融机构的考核指标体系和信息披露机制，加强对农村金融市场风险的监管，最大程度降低风险，为数字普惠金融充分发挥缓解城乡资本错配的效能提供一个透明、规范的监管环境。

三　增强城市金融辐射能力

城市金融流动性过剩与农村金融供给不足是当前中国城乡金融发展的一个普遍问题。通过增强城市金融辐射能力，破解城市资本自由流动的樊篱，促进城市资本流向农村地区，可以形成城市金融与农村金融互联互助机制，缓解城乡金融发展差距。与此同时，能够促进城市金融与数字普惠金融协同联动，共同缓解城乡资本错配现象。一般而言，资本可流动、可交易的范围越广泛，越能促进资本从低收益领域流向高收益领域，并促进资本配置效率提升。基于此，要推动城乡金融发展，增强城市金融辐射能力，充分发挥其扩散效应，建立城市金融带动农村经济发展机制，实现城市金融"反哺"农村金融，实现城乡金融资源的有效配置。

其一，增强城市金融辐射能力，提高竞争力。金融资源作为带动实体经济发展的重要动力，在城乡之间配置时受到政策、经济环境、配套设施等因素的影响。而城市金融作为中国金融资源的主体部分，要想对城市之外的地区经济起到引领带动的作用，关键要提高自身金融集聚能力，具备向周边地区提供金融服务的足够能力，才能发挥巨大的金融辐射能力，缓解城乡资本配置扭曲的困境。具体来说，一是要培养和引进高端金融人才，为城市金融下乡提供有力支持，提高城市金融服务于农业农村的质量。城市金融机构要对现有金融服务人员加强从业技能培训。在互联网、大数据、物联网等新兴技术蓬勃发展的时代，要求金融从业人员掌握先进技术，致力于提供更优质的金融服务。在积极推动城乡金融一体化发展的道路上，培育金融与农业专业相结合的复合型人才，为城市金融服务农村社会提供坚强的人才支撑体系，致力于优化城乡金融资源配置。二是要推进城市金融机构和金融产品多样化发展，深化城市金融服务深度，提高城市金融辐射带动能力，破解城乡资本错配顽疾。城市金融机构要定期下乡了解实际需求，开发不同的农村金融产品，增强城市金融服务于农村的能力。通过构建功能定位不同的金融机构，探索更多的新型业务模式和新金融业态，也可以通过建立金融街，诱导城乡资本联结，形成紧密的金融辐射网络，促进现代金融服务向农村地区倾斜，消除金融服务盲区，提高城乡资本配置效率。

其二，建立农业与金融协同发展机制，消除城市金融辐射阻力，畅通城市金融下乡渠道，促进城市资本从低收益区域向高收益区域流动，实现资本配置效率的改善。长期以来，农村金融一直处于被抑制的状态，边缘化问题严重。而金融是现代经济发展的重要动力，正因为如此，要优先发展农村金融，充分发挥城市金融辐射带动作用，形成城乡资本耦合发展。具体来说，一方面，要健全农村基础设施，改变农村投融资的不利环境。在引导城市金融机构进驻和迁移的基础上，为其提供便利的金融环境，解决城市金融投资于农村地区面临的硬件条件缺失问题。另一方面，要加快农业现代化发展，金融依托于实体经济的发展，实体经济发展反过来推动金融发展。促进农业产业现代化、规模化发展，大力培育和扶持农业龙头企业，积极引进先进生产技术，能够为金融发展提供良好的经济基础，实现城市金融与农村实体经济良性互动、协调发展，优化城乡资本配置现状。除此之外，政府也要加强金融顶层设计，加快破除金融资源制度、行政性等壁垒，消除工商资本下乡的阻挠隔阂，提高农村资本集聚能力。例如，规定特定商业银行将一定比例的存款投放到农业或涉农领域，建立农村资金回流机制；降低央行对涉农银行机构的再贷款利率，积极引导城市金融向农村地区发挥辐射带动作用，为农村注入足够的金融"活水"，增强农村金融有效供给，与数字普惠金融协同联动，缓解城乡资本错配现象。

四 引导农村非正规金融发展

中国农村金融市场呈现显著的二元结构倾向，包括正规金融与非正规金融。正规金融基于其城市化倾向和追求利益最大化的动机，无法为农业经营者提供足够的金融服务，导致农村地区正规金融"缺位"现象严重；而非正规金融依赖于地缘、亲缘和业缘关系，形成了灵活的担保机制、较低的借贷门槛和交易成本，极大地满足了农村多元化的金融需求，填补了正规金融在农村金融服务的空白，也逐渐在农村金融市场占据了"一席之地"，增加了农村金融资源有效供给，实现城乡资本的优化配置。为解决农村金融市场存在的信息不对称、抵押物缺乏等问题，政府惯用的手段是强化正规金融制度建设，而忽视甚至排斥非正规金融，这种手段不利于农村融资环境的改善，加剧农村资本外流。因此，要积极引导农村非正规金融发展，优化资本配置格局。

一是要不断完善相关法律法规，缓解农村金融抑制，让非正规金融在一个"阳光"的环境中健康成长。非正规金融具有规模小、分散和隐蔽特征，这在一定程度上容易产生道德风险，加剧农村市场风险。当前国家针对非正规金融出台了部分法律法规，但这些法律法规存在一定的局限性，仍需要政府进一步完善，保证非正规金融规范化发展，将非正规金融转化为合法、低风险的农村资本，增加农村金融资源供给。因此，通过法律、行政法规等手段，明确其合法地位。而对非正规金融赋予法律地位，也能够进一步促进其与正规金融的有效竞争，更好地发挥非正规金融的信息优势，实现城乡资本有效配置。政府在制定法规、政策时，也要严格区别对待，避免出现"一刀切"现象，针对赚取"高利贷"等非法的金融活动要秉持严厉打击、坚决取缔的态度。赋予农村非正规金融合法化地位、法治化规范与保障，拓宽农村金融服务供给，从根本上缓解农村金融抑制现状，破解城乡二元金融结构，进而缓解城乡资本错配现象。

二是要加强对农村非正规金融的监督和管理力度，促进其合理、有序地发展。金融行业本身就是一个变化迅速、风险系数极高的行业，而目前非正规金融基本不受正规性、强制性的监管，潜伏了巨大的金融风险。政府部门要充当"监护人"角色，不断完善监管制度，建立一整套科学合理的非正规金融风险预警系统，防止出现金融"爆雷"现象，同时健全危机处理体系，及时化解金融危机；不断优化监管策略，结合资金规模、信誉等级等指标，将非正规金融进行分类管理，注重监管方式非单一化，保证非正规金融成为服务农村经济发展的有效供给，满足农村地区的资本需求，扭转城乡资本错配格局。此外，政府、监管部门也要加强自身监管能力建设，确保各个监管部门认真履行职责；相关部门要健全非正规金融的认证平台，制定相应的扶持政策，降低农村资金"逆流"的可能性，为农村非正规金融打造一个规范、可靠的监管环境，保障农村资本良性循环，进一步提高城乡资本配置效率。

三是要实施正规金融与非正规金融同时驱动发展战略，解决两者服务农村地区时所面临的难题，而且能够引导农村资本回流，有效缓解农村金融供给不足的现状。正规金融具有发展规范、规模可观等优势，但应用于农村地区时，不一定就是有效的。非正规金融是内生于农村金融交易的产物，发展势头良好，能够有效服务于农村融资需求，增强农村资本聚集力。相关部门应合理搭建正规金融与非正规金融的互补协调体系，鼓励两者之间相互参股，形成"组合贷款"模式，通过合作与竞争关系，实现金融资源灵活运用，加大农村金融服务深度；在此基础上，支持专业性金融机构为非正规金融提供咨询服务，不断完善其发展体系，长此以往，农村非正规金融将逐渐走向正确的轨道。此外，加强正规与非正规农村金融的纵向合作，即正规金融将资本贷给非正规金融，再由非正规金融转贷给农户，充分发挥非正规金融的关键纽带作用。在此政策手段下，农村正规金融与非正规金融之间能够实现"共赢"，提高农村资本服务效能，并进一步优化城乡资本配置格局。

第三节 数字普惠金融缓解城乡资本错配的财税政策

数字普惠金融缓解城乡资本错配的财税政策，主要是合理利用财税政策工具，在加大对农村地区财税支持力度的同时，对社会资本形成带动作用，积极引导社会资本对农业经济发展的支持作用。当前农村经济发展落后于城市，城乡资本错配严重，很大一部分原因是中华人民共和国成立以来，国家政策偏向城市，以农养工的制度机制拉大了城乡之间发展差距。即使农村资本边际报酬率相对于城市较高，最终资本却形成了不愿意注入农村地区的局面。构建完善的财税政策的目的在于，全面激活农村金融服务链，稳定加速农村现金流，减少农村资本外流，逐渐缩小城乡金融的规模差异，防止城乡资本错配现状恶化。数字普惠金融缓解城乡资本错配的财税政策工具主要包括财政投资工具、税收政策工具和转移支付工具等，具体使用情况如下。

一 财政投资工具使用

财政投资是政府履行职能的重要工具之一，在中国经济发展中具有重要地位。改革开放以来，财政政策具有城市偏向性，虽然"三农"问题得到了足够的重视，支持乡村发展的财政投资规模逐渐增大，但仍存在一定的缺陷。倘若不调整财政政策导向，优质资本将会继续流向城市，造成农村金融的萎缩，加剧城乡资本配置不合理程度。通过激励相容的制度安排改善过去城市支出偏向的财政政策，并不断优化财政投入结构，逐步建立起城乡协调发展的财政政策，一定程度上能够削弱城乡金融二元结构，与数字普惠金融协同缓解城乡资本错配格局。因此，要着力于加大财政投资力度和改善投资结构，并建立健全国家对农业农村投入的稳定增长机制，对于促进城乡资本自由流动和有效配置是至关重要的。

其一，加大财政投资对农村地区的扶持力度，完善农村相关配套设施和制度，改善数字普惠金融投资环境，并缓解农村资本流动"逆向效应"。一是加大对农村现行基础设施建设的财政投资力度，农村基础设施的缺失与落后阻碍了农村居民生活质量的提升，切实加大对交通、水利、清洁能源和通信等基础设施的财政资金投入，降低资本入乡的障碍，是提升城乡资本配置效率的根本措施。二是要加强对农村社会事业发展的财政扶持力度，重点是要加大对乡村教育、医疗卫生系统的投资，例如，设立教育基金，为农村居民提供优质的教育环境，注入卓越的师资力量，不断提高农村人力资本水平，为数字普惠金融发挥作用提供源水；鼓励进行职业农民的教育培训机构培育新型农村居民；运用财政补贴政策引导城市先进的科技、人才等资源下乡，带动农业朝着更加科学化的方向发展，与农村金融形成互促机制，增加农村资本有效供给。三是加大对农业经营主体的投资力度，尤其是龙头企业和农村新业态主体，在壮大农村经济主体和发展农业的同时，也能为闲散居民提供更多的就业机会，增强农村经济活跃度，改善农业生产环境和投资收益，从而吸引更多的资本投向农业部门。四是加大对涉农金融机构、企业的财政投资力度，推动金融"活水"源源不断地流入农村地区，助力农业经济的发展，改变城乡资本配置格局。

其二，优化财政投入结构，建立健全国家对农业农村投入的稳定增长机制，能够充分释放财政投资的内在力量，将资本注入农业生产部门，同时也对社会资本投向形成引导示范作用，以达到农村资本均衡供给。第一，要将财政投资的权力下放到县级政府部门，发挥县级政府信息优势，向农村地区精准投放财政资金，提高财政资金的使用效率。中央政府调整现有的财政资金投融资方向，将部分财政资金从富裕城市转向经济落后城市，不断完善落后城市与农村地区的基本公共服务和社会保障体系，扶持发展的薄弱环节，为社会资本提供较好的投资环境，进而起到缓解资本错配现象的作用。第二，要优化财政补贴政策，加大对新型农业经营主体的投资比重。找准不同地区农村的特色优势产业，通过财政投资助力于龙头企业，注重对农业全产业链的资助与扶持，发展壮大当地经济，反过来激发该地对资本的吸引能力，增强金融服务农业部门的效能。第三，要不断调整财政投资的方式方法，在掌握农村实际动态的基础上，明确财政支农重点，将财政资金投入农民最关心的薄弱环节和重点领域上，采用直接补贴的方式，做到资金直击中心，高效利用财政资金。同时要加强政府部门的监督与资金使用情况的监管，防止资金流失和资金实际未到位的情况出现，提高农业部门资本深化水平。第四，要建立科学、稳定的投资增长机制，为农村发展提供源源不断的动力，提高农村金融供给的质量与数量，与数字普惠金融一同致力于缓解城乡资本错配。

二 税收政策工具使用

税收政策是国家调控经济、优化资源要素配置的重要手段之一。当前，中国城乡发展不均衡现象严重，从税收角度缓解城乡资本错配现象，优化完善中国现存的税收政策，显得很有必要。根据税收最终经济归宿，税收政策工具可以分为直接税和间接税。直接税包括个人所得税、企业所得税和财产税等，间接税主要以增值税和消费税为主体。基于不同的税种，从征税对象、税率和税收优惠等方面调整应纳税额和税收负担，相应增减相关税收，以税收手段激励城乡资本双向流动并引导资本投向，形成城乡资本合理分配，全面激活农村金融服务链，进而提高金融服务深度水平，扩大农村金融供给量。

首先，完善个人所得税政策，为城乡金融资本要素自由流动提供人力资本保障，降低数字普惠金融等缓解城乡资本错配的壁垒。个人所得税针对个人综合所得、财产租赁和转让所得以及偶然所得等课税。为带动人力资本下乡，扭转人力资本从农村单向流入城市的现状，政府应进一步优化个人所得税政策，鼓励符合农业发展需要的人才到农村扎根、发芽，在提高农村人力资本水平和带动农业发展的同时，增强农村地区对社会资本的认知度与接受度，有效增加农村金融资本供给。例如，个人综合所得适用七级累进税率，政府可以在保证税收总量的情况下，进一步细化税率适用对象，降低投身农业经济的人群的税负水平，优化个税结构。通过税收优惠，调节农民收入，畅通人员要素流动，缩小城乡人力资本差距，进而为数字普惠金融缓解城乡资本错配提供人力支持。

其次，优化企业所得税政策，鼓励资本投资于资本边际报酬较高的农村地区。企业所得税是针对中国居民企业所得和非居民企业境内所得而征收的一种组织财政收入、调控经济的直接税。进一步完善税收结构，不仅要加强对乡村地区企业的税收优惠，更要充分考虑和鼓励涉农的城市企业。例如，针对新型农业经营主体，可以免除初加工环节的企业所得税；针对从事涉农贷款的金融机构，可以适当提高对农业贷款公司应纳所得额的减计比例，或者针对具体助农的金融举措行为安排专项税收优惠；针对城市企业投资农业农村发展的所得额，采用"三免三减半"等手段，降低企业所得税负，从而鼓励工商资本下乡；针对创投企业，当前企业所得税适用在满足一定条件后以投资额的70%抵免应纳税所得额，可考虑制定差别化的或可返还的税额抵免机制，加大对投资乡村的税收优惠力度，加大对农业事业的投资力度，带动农业经济进步，以高质量的"税动力"激发农业农村产业"新活力"，有效增加农村地区的金融资本供给。

最后，适度简化间接税，提高直接税在税收总额中的比重，优化税收结构，优化城乡经济结构，降低金融资源向农村流动的门槛。间接税以增值税为主体，可以适当降低新型农业经营主体、农机农技研发制造等企业的增值税，鼓励其从事农业生产的积极性。在中国目前双主体的税制结构中，间接税是一种累进税，其税负嵌入商品的价格中最终转嫁给居民，间接税所占比重较高。而直接税具有累退性质，其税负不可转嫁，能够调节居民收入、增强微观主体活力。因此，应提高直接税比重，充分发挥直接税调节收入分配的职能，推动经济结构调整，进而提高资本配置效率。

三 转移支付工具使用

转移支付是中国收入再分配制度下的一种重要形式，是政府为了实现一定的经济和社会目标而对特定个人或组织进行无偿补助的工具，包括一般性转移支付、专项转移支付和税收返还等。城乡资本配置失衡，是中国区域之间发展失衡的表现，也是区域间财政失衡的外在表现。而转移支付政策的首要目标即解决财政纵向和横向失衡，既然如此，充分运用政府转移支付工具，降低农村金融机构支农成本和风险，提高农村金融机构服务"三农"的积极性，显得尤为重要。除此之外，还要不断完善转移支付制度和结构，平衡地区财政水平，进而推动城乡资本合理流动、促进资本有效配置和优化经济结构。

其一，完善转移支付的支出结构。转移支付对实现资源有效配置、城乡均衡发展等方面起到至关重要的作用，但在实施过程中，受到部门利益固化、激励约束机制弱化等因素的影响，出现一般性转移支付政策不一般化、专项性转移支付政策碎片化等现象，这种模糊的政策边界和功能定位降低了财政资金的利用率，削弱了资本投向农业部门的积极性与主动性。政府要不断明确一般性和专项性资金使用用途，加强转移支付在农村地区的政策导向，为投资于农村地区的资本提供来自政府的保障。增加对农村地区的教育系统、医疗卫生方面等的专项转移支付支出，提高人力资本水平，以人才保障带动农业经济增长，进而降低农村金融服务门槛；增加交通通信等基础设施建设，改善农村经济生产环境，打通资本下乡的渠道。在此基础上，可以设立地方政府财政应急支援机制，当意外事件发生时，乡镇可以通过应急渠道向上级政府申请支援款项，并设立相应的资金返还制度，降低金融机构支农风险。此外，合理规划财政转移支付支出结构，财政转移支付更多地偏向于积极开发涉农金融产品的金融机构与非正规金融组织，引导资本投资农业，将更多的金融资本留在农村地区服务"三农"，提高农村金融供给的质量与数量，缓解城乡资本错配。

其二，优化转移支付的制度体系。财政转移支付着力解决城乡发展不平衡不充分问题，畅通城乡经济循环。为提高财政资金的使用效率，要不断优化转移支付的制度体系，消除资金循环堵点，确保财政政策落到实处，降低城乡资本错配程度。一是要建立定期评估和淘汰机制，加强专项转移支付的资金整合力度。就现行各项分散的转移支付拨款项目而言，中央和政府要定期进行全面的内部梳理与清理，并建立评价指标体系，检测专项资金用途的效率，并将效率与下一年的财政预算计划相挂钩。对于服务"三农"效果良好、能够带动农村经济发展的专项拨款，要考虑是否加大投入力度，对于并未真正投入农业部门的专项拨款，要做到及时收回或整顿，使专项资金在关键环节发挥关键作用，形成农村资本的有效供给。二是要厘清并明确各相关主体的职责，强化专项资金审核，建立责任追究制。属于中央和政府共同承担的专项拨款，要明确各自承担比例。属于地方政府独自承担的款项，政府要及时发放。中央政府根据不同地区的实际财政和发展状况，适当制定财政分权激励制度，给予地方政府更多的财政自主权。建立省以下财政转移支付制度，加强市、县、乡镇基层政府组织支配转移支付的权力，在高层政府监管下，充分发挥基础组织能动性，广泛听取社情民意，确保每一笔支出都用在与农业发展息息相关、密切联系的地方，以农业经济发展带动农村金融投资，缓解城乡资本错配。

第四节　数字普惠金融缓解城乡资本错配的保障政策

　　制定数字普惠金融缓解城乡资本错配的产业政策、金融政策以及财政政策，从内生制度层面充分发挥数字普惠金融缓解城乡资本错配的效力，可以为农村地区增加有效资本供给，进一步缓解城乡资本错配。除此之外，也要关注外部环境的保障问题，健全相应的保障政策，为其他各项政策的推行与落地实施保驾护航。具体而言，应从深化农村产权制度改革、夯实农村基础设施建设、构筑农村公共服务网络和完善城乡社会保障体系等方面着手，切实做好数字普惠金融缓解城乡资本错配的外部保障政策制定，并为其他优质的社会资本进入农业生产部门提供优质的外部环境，促使其配合数字普惠金融共同优化城乡资本配置。

一　深化农村产权制度改革

　　农村产权制度改革是激发农村发展活力、促进城乡资本自由流动的重要手段。明晰的产权制度能够实现农村资产的市场化，让更多的农村资源成为可撬动金融资源的资产。就工商资本而言，其下乡在很大程度上是因为农村土地的经营权或使用权是可以流转的，这样才能在城乡资本组合配置的基础上，推动农村产业融合发展。通过改革农村产权制度，不断明晰农村产权关系，建立符合市场经济要求的农村集体产权制度，从而实现促进农村经济增长、增强对社会资本吸引力的目标，推动中国农村地区全面发展。从赋能盘活土地资源、加强集体产权管理两方面入手，推动农村产权制度改革，可以为农村居民培育新的收入增长点，降低金融资本投向农业领域的门槛，最终达到缓解城乡资本错配的实际效果。

一方面，要完善土地承包经营制度，落实土地承包经营权，使土地进入市场形成可变现资产，对社会资本下乡形成一定的吸引力，提高农村地区资本配置效率。在制定产权制度方面，中国越来越重视市场这只"看不见的手"，要素市场化配置改革不断推进，很多生产要素流入产权市场。然而，土地资源是农村发展最重要的资源之一，土地政策是农村地区最根本的制度，要不断完善农村土地承包经营制度，充分释放制度红利，为资本投入农村提供制度保障，破解农村资本供给不足问题。首先，需要在现有土地确权政策的基础上，以"确股不确地"的方式，进一步明确土地权属和边界，加大监管力度。其次，在农民依法自愿有偿流转承包地的基础上，健全土地流转补偿机制和利益分配机制，例如针对签订较长使用期限的流转合同，政府给予相应的资金补助。鼓励农户以年底分红、租金等方式获得流转收益，从而促进土地资源有效配置。最后，要强化对农地流转过程的监督与管理，不断完善相关法律法规，为土地经营权流转创造良好的外部环境，通过法律途径，土地经营权得到平等保护，给社会资本下乡投资吃上"定心丸"，增加农村资本供给总量，进而缓解城乡资本错配现象。此外，农村住房产权是一项尚未被激活的重要资产，政府要深化宅基地和住房产权制度改革，以"地票""房票"交易模式，赋能盘活闲置资源，为农村资源流转注入新的动力，推动农业经济发展，反过来缩小城乡资本差距。

另一方面，要发展壮大农村集体经济，强化集体产权管理，以经济发展吸引更多的社会资本服务于农业部门，进而优化城乡资本配置格局。要进一步优化农村集体经济制度，实现资源有效配置，促进城乡金融一体化发展。具体而言，充分利用农村集体产权制度清产核资成果，继续推动农村集体产权制度的有效改革，推动资源变资产、资金变股金，强化农村资本最优配置。引导建立集体经济组织，明确组织的原则、使命，并制定组织的章程，明确集体组织内成员的职责、权利与义务，集中力量发展集体经济，并成立相关的监管组织，确保能够合理分配组织成员的利益。在成立集体经济组织前，政府要与当地村委会、村民等进行有效沟通，根据成员反馈及时调整、完善组织安排和运作方式，实现农村集体经济组织良性运作。集体经济组织还要积极创新各种形式的股权管理制度，做到股权信息公开透明化，降低各利益主体的损失风险。此外，要优化农村产权交易市场，保障农民的财产权益。针对不适合的产权交易平台要及时更新，加快产权交易信息平台和农村集体"三资"管理信息网的合作，两者共享信息数据，解决信息不对称问题，同时也可以将农民手中闲置资源盘活，实现资源有效利用。以上措施，均致力于高效发展农村集体经济，为社会资本服务农业发展提供优质的经济环境，进而达到吸引社会资本、留住农村金融资本的目的，以缓解城乡资本错配问题。

二 夯实农村基础设施建设

改革开放以来，中国将发展的重心放在工业化和城市建设上，农村基础设施建设严重滞后。然而，完备的基础设施能够有效促进城乡资本自由流通，也是数字金融缓解城乡资本错配的重要外部条件。近年来，在乡村振兴战略背景下，中国农村基础设施建设取得长足发展，但依旧存在不足。基于此，要将公共基础设施的建设重点放在农村地区，为农业发展换挡提速提供基础保障。为此，要从生活性基础设施、生产性基础设施、信息数字化基础设施等多方位切入，补齐农村基础设施短板，推进农村信息化建设，确保城乡资本能够在城乡之间自由流动，提高农村地区在资本市场中的竞争力，改变城乡资本配置不合理的现状。

首先，在生活性基础设施建设方面，加强农村生活基础设施建设，保障农村基础的道路交通、通水、通电和卫生环境等要素充足，为农业产业提供便利，促进农业经济蓬勃发展，带动农村金融的有效供给。一是要完善农村道路基础设施，便利的交通环境是实现城乡资本自由流动不可或缺的一环。二是要加强农村电力、水利和能源等基础设施建设和改善，满足农民对生活必需品的需求，提高农村发展水平。这不仅能够提高人民生活水平，而且为发展农村旅游业、文化事业新业态提供最基础保障，带动农村经济繁荣。对生活基础设施薄弱的农村地区，要加大对电网、输变电和燃气管道等基础设施的建设和改善，畅通金融资本进入农业领域的基本设施。三是注重农村环境保护，改善农村生产生活环境，为农村发展旅游业、休闲农业奠定基础，发挥农村生态环境优势，实现农村产业高质量发展。以上措施，目的在于完善农村基础设施建设，为农村经济发展提供物质基础，形成经济与金融共同发展局面，实现城乡金融一体化建设。

其次，在生产性基础设施建设方面，完善农业生产性基础设施是农业经济效益提升、实现农业可持续发展的基础。要不断完善农田水利、农机机械化等基础设施建设。一方面，农业生产具有高风险性，进一步加强农田水利基础设施建设，将有助于提高农业抵御自然灾害能力、确保粮食安全，增强农村金融供给意愿。政府和相关部门应进行有效沟通，构建一套完备的输水、蓄水和灌溉方案，增设蓄水水库等，加大对大中小型水利枢纽的建设。另一方面，要积极引进新型农业机械设备，提高农业生产力水平，提升单位资本投资的收益。要鼓励将现代农用机械、生产设备等运用到作物种苗、栽培和收割等全过程，努力提升农产品初加工机械化水平，实现农业规模化、集约化和产业化发展。当地农业部门可以通过鼓励具有先进机器设备的新型农业经营主体签订小农户委托加工订单，实现小农户间接利用规模化机器设备，提高农业整体的生产效率，扩大农业投资的单位经济价值，吸引更多的资本投入农业领域，缓解城乡资本错配。

最后，在信息数字化基础建设方面，不断完善乡村信息化水平，从而逐渐弥合城乡之间的"数字鸿沟"，为数字普惠金融进入农村提供硬件基础。一是要加强网络通信设施建设，普及移动终端设备，提高宽带通信、千兆光纤等新基建的接入量，推进乡村通信网络普及，为农村居民提供完善的信息服务，畅通城乡交流与合作的渠道。在此基础上，广泛运用大数据、互联网等新型技术，建立综合信息服务平台，整合乡村资源并促进其流动，实现资源高效利用。也要鼓励新型农业经营主体参与"互联网＋销售"模式，推动农村电子商务发展，为数字普惠金融提供数字化基础，降低金融市场供求摩擦而实现资本配置均衡。二是要积极推进物联网、云计算等新型技术的运用，发展智慧农业。健全城乡双向流动的物流体系，优化物流关键环节技术，解决农产品"出村进城"难题，提高农产品运营效率，从而实现农业发展换道领先、抢滩先行，以经济发展带动资本流入。三是要推进各组织数字化转型，形成"数字之眼"，推动农村经济与数字经济融合发展，加快建立数字乡村战略的步伐，配合数字普惠金融共同优化城乡资本配置。

三　构筑农村公共服务网络

完善用以缓解城乡资本错配的金融服务体系，还需要构筑农业公共服务网络，健全农业社会化服务体系，推动科教文卫等公共服务向农村倾斜，缩小城乡公共服务体系间的差距，促进城乡公共资源平等共享、平等收益，从公共服务角度引导更多的劳动力要素进入农业领域，引领带动资本流向，实现农村资本均衡供求。由于城乡之间存在巨大的发展差异，农村公共服务体系的建设相较于城市而言还存在很大差距，为缩小城乡公共服务体系的建设差距，应当将教育、医疗卫生以及就业等领域作为农村公共服务体系建设的关键，增加农村劳动力资源，带动更多资本服务于农业发展，为充分发挥各项政策对城乡资本错配的缓解作用提供良好的外部环境。

首先，完善农村教育服务体系建设。一是要提高教育资源配置，加大对农村地区教育资源的投入，包括改善学校基础设施、增加教师数量和提供教育设施所需的技术设备等，确保农村学校与城市学校享有相同的教学条件。二是要加大对农村地区教师的培训力度，提高教师素质和能力。与此同时，为吸引更多高素质教师队伍投入农村教育工作当中，提高教师福利待遇是必需手段。三是要发展远程互联网教育。利用现代信息技术手段，提供高质量的远程教育资源，这可以满足农村地区学生和成人教育学习者的需求，并弥补农村教育资源投入不足的问题。四是要鼓励义务教育阶段教师城乡双向流动。通过设立激励机制，吸引优秀的教师到农村地区从事教学工作，同时鼓励农村教师在一定时间后回到城市发展提升自身，实现教师资源的均衡配置。五是要加大农村职业教育投入力度，让农村劳动力掌握更多的专业技能，让其能够有一技之长，自力更生，从而促进农村经济的发展。因此，不断完善农村教育服务体系建设，提高农村居民总体素质水平，可以为城乡金融资本的合理配置提供有效的人力资本支持。

其次，完善农村医疗卫生服务体系建设。一是要建设并完善农村医疗机构。建设并增加农村地区的医疗机构及数量，提供基础的医疗服务，确保农村居民能够及时得到医疗救护。二是要加强基层医疗人才队伍建设。增加农村地区医生、护士和其他医护人员的数量，并提供专业的医疗服务培训，提高基层医疗服务的质量和覆盖范围。三是要发展远程医疗服务，提供医生远程会诊、远程医疗指导等服务，这有助于解决农村地区医疗资源不足、有病不能及时就医的问题，提高医疗服务的覆盖度。四是要提供医疗保障和医疗救助。建立健全医疗保险制度，为农村居民提供医疗费用的补偿和报销，设立医疗救助基金，帮助贫困家庭和特殊群体得到必要的医疗救助，解决农村居民有病无钱医的困境。五是要加强卫生健康教育和宣传。政府和相关社会医疗服务机构应当开展卫生健康教育和宣传活动，增强农村居民的健康意识和卫生水平，传播预防疾病的知识，培养正确的卫生习惯。通过完善农村医疗条件，不仅能够留住农村人才，也能为入乡发展农业的城市人口提供生活基本保障，以劳动力为先导，增加农村资本供给，进而缓解城乡资本错配。

最后，完善农村就业服务体系建设。一是要创造就业机会。政府应当建立并支持企业在农村地区发展农业、畜牧业、渔业和农村旅游等产业，为农村居民创造更多的就业机会，支持农民从事农产品加工、农村电商等新兴行业，形成经济与金融互助发展。二是要建立健全农村地区的职业培训机构，提高就业者的竞争力和就业机会，促进农村地区的经济发展。三是要支持农村创业，鼓励农村居民创办个体经济、小微企业等。同时，政府要提供创业资源和市场资金支持，帮助农村创业者发展壮大。四是要加强就业服务和人才引进，建立完善的就业服务机构和平台，帮助农村居民了解就业机会和拓宽就业渠道，吸引优秀人才到农村地区就业，推动城乡人才的交互流动。五是要促进农村产业转型与升级，增加就业的岗位，提高农村就业机会的质量，鼓励农村居民参与现代农业、农村电商和农村文化旅游等新行业，提高农村居民的收入水平，改善其生活质量。构建完善的农村就业服务体系，留住农村优秀人才，消除资本配置的行业歧视，从而有效配置城乡资本，带动农业农村高质量发展。

四　完善城乡社会保障体系

在引导城市资本进入农村的过程中，数字普惠金融的功能作用能否得以充分发挥，还受到农村经济主体认知禀赋、数字金融素养等方面的限制，这就需要为农业经济培育内核动力——劳动力，带动优质资本流向农村，繁荣农业经济发展。社会保障是人民之依，是经济发展的稳定器，能够抚平经济波动，保持经济和社会的稳定发展。加强对农村人力资本的培育，必须建立并完善统一的城乡社会保障体系，从养老保险、医疗保险制度等方面着手，为农村劳动力提供完备的社保体系，不断完善农村地区的外部环境条件，提高农村地区在劳动力市场中的竞争力，以此为农村吸引更多的资本，提高城乡资本配置效率。

首先，完善养老保险制度，真正实现老有所养。当前，相对于城镇养老保险而言，中国新型农村社会养老保险缴费比例和待遇水平都比较低，使得农村地区未来生活成本升高，那些本愿意从事农业行业的居民会选择其他行业。究其原因，主要在于农村居民经济实力有限，新型农村养老保险以个人承担为主。为解决这一问题，政府应该控制城乡保障的给付差距，充分考虑农村实际状况，适当降低农村养老保险缴费的门槛。此外，中国居民的商业保险意识薄弱，在农业生产领域几乎不存在设立商业养老保险的情况。在面临疾病、伤残等意外事件时，农村居民要承受较高的医疗费用，导致居民抗风险能力较低。商业养老保险、意外险等的缺位，为农村地区未来的安定埋下隐患。因此，在现有基本养老保险的基础上，要积极培育商业保险市场，通过财政补贴、个税税前扣除等方式，激励居民加入商业保险计划之中，为农业劳动者后续生活增添一份保障，减轻日后的社会负担，解决从事劳动者后顾之忧，刺激城市人力资本下乡，从而带动社会资本服务于农村的积极性。

其次，完善医疗保险制度，真正实现病有所医。城乡医疗保险制度不断改善，适用范围基本实现全覆盖，在某种程度上改善了居民生活质量。但是，城乡居民所享受的医保报销比例存在差距，再加上城乡医疗公共服务资源分配不平衡，造成城乡社会保障不公平现象。由于忽视医疗资源供给的公平与效率，造成农村人才流失，抑制农业领域中金融资本的投入。因此，一是要构建统一的城乡医疗保险制度，合理调整医保报销比例，让人民平等享有医疗保障的机会，并优化医保支付方式，可以实施待诊疗结束，整合各项医疗保险制度并确定报销金额之后再结算机制。二是要构建统一的大病医疗保险制度，建立健全政府对大病医疗保险的补贴政策，杜绝看不起病、因病返贫致贫现象出现；由于农民经济基础薄弱且身体素质相对较差，应重点关注农民医疗保障水平，适当降低大病保险的起付金，切实保障和改善农村居民的生活状况。通过建立健全的医疗保险制度，解决人民关注的健康问题，削弱人才服务于农业生产部门的制度障碍，从而缩小城乡资本配置的差异。

最后，完善城乡统一的社会救济与社会福利制度，真正实现弱有所扶。在基本养老、医疗制度等社会保障还未实现均等化的当下，社会救济与社会福利制度成为帮扶弱势群体不可或缺的手段。中国逐渐建立了城乡统一的社会救助制度，但依旧存在不公平现象。与城市相比，农村的救助标准较低，说明国家目前对农村居民的社会保障力度相对较低，加剧了农村居民的风险损失成本，使得居民更愿意外出打工赚取更多的资金，造成农村"空心化"问题严重，阻碍经济金融发展，降低了城乡资本配置效率。为此，一是要完善相关救济制度，可以根据最低工资标准，实施动态调整；二是要提高对农村居民的救济水平，鼓励有条件的地区为特定群体建立长期的保障机制；三是要健全失业救济制度，及时调整社会救济者的范围和受救济的时限。通过施行城乡统一的社会救济与福利制度，赋予农村居民与城市居民平等获得各种社会保障的权益，形成以劳动力为先导、带动资本要素在城乡之间自由流动的模式，从而解决农村金融供给结构失衡问题，缓解城乡资本错配。

第五节 本章小结

本章系统论述了数字普惠金融缓解城乡资本错配的产业政策、金融政策、财政政策和保障政策，并就顶层设计层面如何实现相关政策的配套实践提出了相应思路。其中，产业政策的实施手段主要是从加快构建现代农业产业体系、着力夯实现代农业生产体系以及创新完善现代农业经营体系三方面着手。金融政策主要通过优化农村金融资源配置、加快培育农村金融市场、增强城市金融辐射能力和引导农村非正规金融发展等政策手段。财税政策工具主要包括财政投资工具、税收政策工具和转移支付工具等。保障政策主要从深化农村产权制度改革、夯实农村基础设施建设、构筑农业公共服务网络和完善城乡社会保障体系等方面着手。将数字普惠金融缓解城乡资本错配的各层面政策形成合力，助力实现城乡资本合理配置，推动农村经济实现高质量发展。

第十一章

研究结论与展望

本书是关于数字普惠金融对城乡资本错配的缓解作用的研究。该项研究的基本思路是：在回顾和借鉴数字经济与互联网金融相关理论、金融发展与普惠金融理论、要素报酬与资本配置理论、城乡二元经济结构理论的基础上，全面总结国内外有关金融发展与资本配置关系方面的文献成果，探究国外数字普惠金融发展的实践经验及启示，明确地界定数字普惠金融、城乡资本错配等相关概念，剖析数字普惠金融缓解城乡资本错配的理论机理，构建数字普惠金融缓解城乡资本错配的理论模型；进而以此为基础，分析数字普惠金融与城乡资本错配的现状及问题，并实证考察数字普惠金融影响城乡资本错配的直接效应，以及数字普惠金融通过缓解城乡资本错配对城乡融合发展产生的间接效应；最后系统阐述数字普惠金融缓解城乡资本错配的总体构想，科学合理地设计数字普惠金融缓解城乡资本错配的宏观路径和微观路径，并提出数字普惠金融缓解城乡资本错配的协同政策。

第一节 研究结论

本书运用大量的数据、案例与文献资料，遵循理论研究→实证研究→对策研究的逻辑主线，通过严密的制度分析、比较分析、逻辑推理和统计计量研究，得到了以下几个方面的研究结论。

第一，数字普惠金融通过提升农村金融服务可获取性、降低农村金融服务成本、促进农村金融市场竞争以及增强农村金融风险控制能力，可以有效缓解城乡资本错配。首先，数字普惠金融有助于扩大农村金融覆盖范围，降低农村金融用户准入门槛，提高农村金融服务的渗透性、便利性和可获取性。其次，数字普惠金融发展不仅有助于节约农村金融基础设施建设成本，还能够降低农村金融机构的获客成本、人力成本以及运营成本。再次，数字普惠金融发展不仅促进了传统金融同业机构之间的竞争，还催生出一批新型金融科技企业参与竞争，这些企业凭借着自身独特优势，深度参与到农村地区金融服务当中，有效提高了农村金融市场竞争程度。最后，数字普惠金融发展可以推动金融机构利用大数据分析和人工智能算法，建立信贷风控模型，极大地强化了风险监测和控制能力。随着农村金融服务可获取性的有效提升、农村金融服务成本的持续降低、农村金融市场竞争的不断加剧以及农村金融风险控制能力的进一步增强，资本要素会加速从城市地区向农村地区流动，城乡资本错配由此也将得到有效缓解。

第二，普惠金融发展与城乡资本配置演进息息相关，优化城乡资本配置离不开普惠金融的支持，普惠金融的不同发展阶段对优化城乡资本配置均产生了不同程度的促进作用。普惠金融发展大致可分为三个主要阶段，分别是小额信贷和微型金融发展阶段、普惠金融体系形成和发展阶段以及数字普惠金融的创新发展阶段。这三个发展阶段一脉相承又彼此紧密联系：小额信贷和微型金融是普惠金融体系形成的基本前提和重要组成部分，普惠金融体系是小额信贷和微型金融的有机融合和扩大化发展，数字普惠金融则是普惠金融的创新化发展。普惠金融的不同发展阶段对优化城乡资本配置的促进作用主要体现在：小额信贷和微型金融是增加农村资本供给、优化城乡资本配置的重要方式，为其提供了制度安排；普惠金融体系的初步形成有助于普惠金融平稳持续运行，为优化城乡资本配置提供了重要保障；数字普惠金融的创新性发展则促进了金融产品和服务的多元创新发展，并提高了金融机构的风险控制能力，为优化城乡资本配置提供了有效手段。

第三，当前数字普惠金融缓解城乡资本错配的现实模式较为多样，但仍存在丰富拓展的空间，同时数字普惠金融缓解城乡资本错配也面临一些严峻问题。首先，数字化整村授信模式、综合化农村普惠金融平台模式和数字化农业供应链金融模式是数字普惠金融缓解城乡资本错配的主要现实模式。其次，数字普惠金融缓解城乡资本错配面临的问题主要来自数字普惠金融供给层面、农业农村需求层面和国家政府监管层面。从数字普惠金融供给层面来看，尚存在数字普惠金融覆盖广度不够、数字普惠金融产品服务创新不足、传统金融机构数字化转型缓慢、数字化金融服务人才较为缺乏等问题，使得数字普惠金融的作用难以有效发挥；从农业农村需求层面来看，还面临农村居民数字金融素养缺乏、农村产业结构单一与附加值低、农村信用体系不够完善、农村创业人才缺乏等困境，导致城乡资本错配的缓解进程较为缓慢；从国家政府监管层面来看，由于政策偏好长期影响城乡资本配置，加之数字普惠金融相关制度不够健全、风险监管有待加强，进一步制约了数字普惠金融对城乡资本错配的缓解作用发挥。

第四，数字普惠金融有助于缓解城乡资本错配，且这种影响存在结构异质性、区域异质性和传统金融发展水平异质性，但数字普惠金融加剧了邻近地区的城乡资本错配程度。面板双向固定效应模型的回归结果表明：数字普惠金融对城乡资本错配具有显著的负向作用，即数字普惠金融有助于缓解城乡资本错配；在进行内生性问题处理以及一系列稳健性检验后，该结论依旧成立；从结构异质性来看，数字普惠金融使用深度对城乡资本错配的缓解作用要强于覆盖广度，数字化程度对城乡资本错配的缓解作用最弱；从区域异质性来看，数字普惠金融对西部地区城乡资本错配的缓解作用要强于中部地区和东部地区，数字普惠金融对东部地区城乡资本错配的缓解作用相对有限；从传统金融发展水平异质性来看，相比于传统金融发展水平较高的地区而言，数字普惠金融对城乡资本错配的缓解作用在传统金融发展水平较低的地区更强。进一步的空间溢出效应分解来看，数字普惠金融对于本地区和邻近地区城乡资本错配的影响方向存在明显差异，能够缓解本地区的城乡资本错配，却加剧了邻近地区的城乡资本错配程度。

第五，数字普惠金融可以显著促进城乡融合发展，城乡资本错配缓解是其重要机制，并且数字普惠金融对城乡融合发展的影响存在门槛效应。首先，面板双向固定效应模型回归发现，数字普惠金融对城乡融合发展具有显著的正向作用，即数字普惠金融有助于促进城乡融合发展。面板中介效应模型证实，数字普惠金融可以通过缓解城乡资本错配促进城乡融合发展，揭示了数字普惠金融→城乡资本错配缓解→城乡融合发展的传导机理。面板交互效应模型回归结果表明，数字普惠金融可以缓解城乡资本错配对城乡融合发展的抑制作用；换言之，一个地区的数字普惠金融发展水平越高，越有助于缓解城乡资本错配对城乡融合发展的负向作用。进一步的面板门槛回归模型检验发现，数字普惠金融对城乡融合发展的影响存在基于数字普惠金融和城乡资本错配的门槛效应，随着数字普惠金融水平的不断提升，数字普惠金融对城乡融合发展的促进作用呈现边际递减趋势；在城乡资本错配程度越高的地区，数字普惠金融对城乡融合发展的促进作用更大。

第六，要想充分释放数字普惠金融在缓解城乡资本错配过程中的动力与潜力，必须明确数字普惠金融促进城乡资本错配缓解的指导思想、目标定位和基本原则。数字普惠金融缓解城乡资本错配的基本指导思想在于，既需要发挥市场在资源配置方面的决定性作用，利用市场机制优化调节金融资源，有效匹配金融服务供给与需求；同时也需要发挥政府在资源配置方面的调控性作用，适度调节竞争格局，引导金融资源合理配置，并在发现金融风险时及时进行干预；此外还要注重构建市场与政府的协同机制，并根据城乡发展情况的变化不断调整协同机制，实现有效市场和有为政府的更好结合。数字普惠金融缓解城乡资本错配的目标定位应着眼于农业农村发展的资金需求得到有效满足，农业农村发展的资本集聚能力显著增强，农业农村发展的金融服务效能明显提升，以及农业农村发展的金融服务风险总体可控。数字普惠金融缓解城乡资本错配的基本原则主要涵盖数字普惠金融服务商业可持续原则、数字普惠金融服务模式差异化原则、数字普惠金融服务效率最大化原则以及数字普惠金融服务风险最小化原则。

第七，数字普惠金融缓解城乡资本错配是一项复杂的系统性工程，需要设计宏微观相结合的优化路径。宏观层面聚焦于制度优化、组织优化和市场优化，微观层面聚焦于产品创新、服务创新和技术创新。在制度优化路径方面，包括完善数字普惠金融的市场准入制度，强化数字普惠金融的风险监管制度，健全数字普惠金融的权益保护制度；在组织优化路径方面，包括推动传统金融机构的数字化创新与转型，支持金融科技企业的普惠金融业务创新，促进农业供应链金融服务商的数字化创新；在市场优化路径方面，包括大力拓展数字信贷市场，有效激活数字保险市场，以及建立健全数字资本市场。在数字普惠金融产品创新方面，提出了信贷产品创新、保险产品创新、担保产品创新三种产品创新思路，通过数字产品创新提高农村金融资本可得性；在数字普惠金融服务创新方面，提出了拓展农村数字普惠金融服务场景、扩大农村普惠金融服务站服务半径、创新数字金融服务人员服务意识三种服务创新思路，通过数字服务创新促进农村地区资本聚集；在数字普惠金融技术创新方面，提出了征信技术创新、定价技术创新、风控技术创新三种技术创新思路，通过数字技术创新为缓解城乡资本错配提供支持效能。

第八，数字普惠金融能够起到缓解城乡资本错配的作用，为使得这一运行机制和路径模式有序运转，还需要健全产业政策、金融政策、财政政策、保障政策在内的综合政策体系，规避政策"碎片化"和"分散化"，在政策的组合搭配中稳步推进城乡资本市场改革，以达到增强数字普惠金融缓解城乡资本错配格局的效能，抑或通过政策实施手段引导城乡资本配置形成良性发展格局。其中，产业政策的实施手段主要是从加快构建现代农业产业体系、着力夯实现代农业生产体系、创新完善现代农业经营体系三方面着手；金融政策主要通过优化农村金融资源配置、加快培育农村金融市场、增强城市金融辐射能力、引导农村非正规金融发展等政策手段；财政政策工具主要包括财政投资工具、税收政策工具和转移支付工具等；保障政策主要从深化农村产权制度改革、夯实农村基础设施建设、构筑农业公共服务网络、完善城乡社会保障体系等方面着手。将数字普惠金融缓解城乡资本错配的各层面政策形成合力，助力实现城乡资本合理配置，推动农村经济实现高质量发展。

第二节　研究展望

尽管本书较为系统地考察了数字普惠金融缓解城乡资本错配的理论机理，实证检验了数字普惠金融缓解城乡资本错配的具体效应，科学设计了数字普惠金融缓解城乡资本错配的宏微观路径与协同政策，并产生了一些新的研究成果。然而，由于城乡资本要素配置优化是一个复杂的系统性问题，加之目前农村地区数字普惠金融发展尚处于方兴未艾阶段，因此本书仍有一些不足之处，有待于未来进一步深入研究。

第一，不断完善数字普惠金融评价指标体系，以求更为全面、真实地反映数字普惠金融对城乡资本错配产生的影响。作为一个多维概念，数字普惠金融业务涉及数字支付、数字信贷、数字理财以及数字保险等多个维度，其市场供给主体除了传统金融机构，也包括新型数字金融机构。由于数字普惠金融相关数据涉及金融机构的内部信息，如区域布局和客户使用情况等敏感信息，因此多数金融机构（尤其是传统金融机构）不愿意不公开这些数据。考虑到数据的可获取性，本书采用北京大学数字普惠金融指数作为地级市数字普惠金融发展水平的代理指标，该指数基于蚂蚁金服的海量数据，通过严谨的统计方法编制而成，已经在国内学界得到了广泛的认可和应用。然而，数字普惠金融指数主要测度了新型数字金融机构推动的数字普惠金融发展水平，对于传统金融机构的数字普惠金融业务开展情况，缺乏系统、完整的统计资料。因此，未来研究可从更为全面的角度出发，利用不同市场供给主体的海量交易数据，构建一个包含传统金融机构和新型数字金融机构的数字普惠金融指标体系，进而采用更为准确的数字普惠金融指标来深入研究其对城乡资本错配的真实影响。

第二，深入探讨数字普惠金融缓解城乡资本错配的内在机制、异质性影响以及社会经济效应。首先，本书在理论分析部分从提升农村金融服务可获取性、降低农村金融服务成本、促进农村金融市场竞争以及增强农村金融风险控制能力等四个方面，论述了数字普惠金融缓解城乡资本错配的内在机理。然而，限于地级市层面农村金融数据的可得性，本书未能系统检验这四种机制。未来可结合中国家庭金融调查、中国家庭追踪调查等微观数据，尝试对这些机制进行深入挖掘，为数字普惠金融的城乡资本错配缓解效应提供更加丰富的微观证据。其次，本书虽然从数字普惠金融的覆盖广度、使用深度与数字化程度三个维度出发，检验了数字普惠金融对城乡资本错配的异质性影响，但并未围绕使用深度维度进一步展开讨论数字普惠金融不同业务对城乡资本错配的影响。未来可深入研究数字信贷、数字支付、数字理财以及数字保险缓解城乡资本错配的作用差异，以及造成差异的可能原因。最后，本书系统考察了数字普惠金融通过缓解城乡资本错配对城乡融合发展产生的影响，未来可进一步探究数字普惠金融通过缓解城乡资本错配对乡村全面振兴产生的影响效应。

第三，进一步考察数字普惠金融在缓解城乡资本错配过程中能否兼顾"稳增长"与"防风险"的双重目标。如本书理论分析所述，数字普惠金融在增强农村金融风险控制能力、降低农村整体风险水平方面发挥着重要作用。然而，受限于农村经济主体数字金融素养缺乏和政府数字金融风险监管缺位，数字普惠金融在缓解城乡资本错配过程中必然会带来金融风险防范与金融创新监管问题。一是数字普惠金融风险防范问题。在金融数字化转型浪潮下，部分农村经济主体由于缺乏数字技能而导致"数字鸿沟"问题日益严峻，从而形成"长尾群体"风险。未来可考虑加强对数字普惠金融风险的研究，分析农村经济主体在数字普惠金融发展背景下的金融脆弱性特征以及防范数字普惠金融风险的能力，考察数字普惠金融风险对农村经济主体生产经营的影响。二是数字普惠金融创新监管问题。数字普惠金融的创新发展虽然为金融数字化转型注入了新的活力，但也使金融监管不得不面临新的挑战。为此，如何做好数字普惠金融创新监管，在守住风险底线的前提下为真正有价值的金融创新预留发展空间，是目前金融监管部门亟待解决的问题之一，同时也是未来值得重点探究的一个研究方向。

参考文献

一 中文文献

安丛梅:《农村数字普惠金融的模式研究:理论机制与实践总结》,《西南金融》2023年第10期。

白东北、张营营、唐青青:《开发区设立与地区资源错配:理论机制与经验辨识》,《财经研究》2020年第7期。

白俊红、刘怡:《市场整合是否有利于区域创新的空间收敛》,《财贸经济》2020年第1期。

白俊红等:《研发要素流动、空间知识溢出与经济增长》,《经济研究》2017年第7期。

柏培文、杨志才:《中国二元经济的要素错配与收入分配格局》,《经济学》(季刊)2019年第2期。

贝多广、张锐:《包容性增长背景下的普惠金融发展战略》,《经济理论与经济管理》2017年第2期。

蔡洋萍、汪晨、熊佳琪:《中国农村数字普惠金融发展问题及对策分析》,《金融理论与教学》2021年第1期。

曹玉书、楼东玮:《资源错配、结构变迁与中国经济转型》,《中国工业经济》2012年第10期。

常建新:《金融发展、资本错配与经济高质量发展》,《金融发展研究》2021年第7期。

陈方:《论我国城乡金融资本的流动与融合》,《上海经济研究》2023年第1期。

陈国进等:《金融发展与资本错配:来自中国省级层面与行业层面的经验

分析》，《当代财经》2019 年第 6 期。

陈海鹏、彭思雨、沈倩岭：《数字经济、要素流动与城乡融合发展》，《统计与决策》2023 年第 10 期。

陈强编著：《高级计量经济学及 Stata 应用（第二版）》，高等教育出版社 2014 年版。

陈晓华、潘梦琴：《数字普惠金融与农村低收入群体增收效应——来自中国家庭追踪调查（CFPS）数据的经验证据》，《江汉学术》2022 年第 5 期。

陈胤默、王喆、张明：《数字金融研究国际比较与展望》，《经济社会体制比较》2021 年第 1 期。

陈祖华、高燕：《江苏省金融市场发展对资本配置效率影响的实证研究》，《华东经济管理》2018 年第 3 期。

程静、陈佳睿、杜震：《数字普惠金融促进城乡融合发展：内在机制与实证检验》，《金融理论与实践》2023 年第 6 期。

程开明：《从城市偏向到城乡统筹发展——城市偏向政策影响城乡差距的 Panel Data 证据》，《经济学家》2008 年第 3 期。

程欣炜、李婵娟：《数字普惠金融对城乡消费差距的收敛作用研究》，《现代经济探讨》2023 年第 6 期。

储佩佩、张娆：《数字普惠金融对农村产业融合的影响——基于农村双创促进机制视角》，《财会月刊》2023 年第 23 期。

戴伟、张雪芳：《金融发展、金融市场化与实体经济资本配置效率》，《审计与经济研究》2017 年第 1 期。

丁凡琳：《中国数字普惠金融对碳强度的影响》，《武汉大学学报》（哲学社会科学版）2022 年第 6 期。

丁焕峰、张蕊、周锐波：《城市更新是否有利于城乡融合发展？——基于资源配置的视角》，《中国土地科学》2021 年第 9 期。

杜晓山：《小额信贷的发展与普惠性金融体系框架》，《中国农村经济》2006 年第 8 期。

范丽琴、刘国勇：《数字普惠金融发展对农民收入影响的时空分异与收敛性分析》，《中国农机化学报》2023 年第 4 期。

范欣、尹秋舒：《数字金融提升了绿色全要素生产率吗?》，《山西大学学报》（哲学社会科学版）2021年第4期。

方东东、沈子华：《中国农村金融市场准入制度的法律问题及对策研究》，《华北理工大学学报》（社会科学版）2022年第1期。

方芳：《乡村振兴背景下农村金融发展对策研究》，《农业经济》2022年第10期。

封思贤、徐卓：《数字金融、金融中介与资本配置效率》，《改革》2021年第3期。

冯华：《数字普惠金融、要素结构错配与共同富裕》，《技术经济与管理研究》2023年第5期。

付琼、郭嘉禹：《金融科技助力农村普惠金融发展的内在机理与现实困境》，《管理学刊》2021年第3期。

傅秋子、黄益平：《数字金融对农村金融需求的异质性影响——来自中国家庭金融调查与北京大学数字普惠金融指数的证据》，《金融研究》2018年第11期。

高帆：《基于城乡关系视域的要素市场化改革与全国统一大市场建设》，《马克思主义与现实》2022年第5期。

高国生、王奇珍、支海兵：《数字普惠金融对农业碳排放强度的影响效应分析》，《经济问题》2024年第1期。

高慧清、李贤慧、李响：《金融开放、金融摩擦与资本配置效率》，《新金融》2022年第8期。

顾海峰、杨月：《互联网金融、存贷净利差与银行资本配置效率——数量型与价格型货币政策的调节作用》，《金融论坛》2022年第7期。

关成华、张伟：《数字金融对行业资源配置效率的实证研究——基于一级行业周收益率数据》，《技术经济》2022年第7期。

郭峰等：《测度中国数字普惠金融发展：指数编制与空间特征》，《经济学》（季刊）2020年第4期。

郭劲光、张景媛：《数字普惠金融对农民可持续性增收的影响效应——兼论相对贫困治理对策》，《学术交流》2023年第5期。

郭田勇、丁潇：《普惠金融的国际比较研究——基于银行服务的视角》，《国际金融研究》2015年第2期。

郭王玥蕊、张伯超：《二元经济要素错配的收入分配效应研究》，《现代经济探讨》2022年第6期。

韩瑞栋、薄凡：《区域金融改革能否缓解资本配置扭曲?》，《国际金融研究》2020年第10期。

韩元亮、石贝贝：《金融深化、企业所有权性质与资本配置效率——基于沪深上市公司面板数据的实证研究》，《河北经贸大学学报》2020年第2期。

韩长根、张力：《互联网是否改善了中国的资源错配——基于动态空间杜宾模型与门槛模型的检验》，《经济问题探索》2019年第12期。

何地、林木西：《数字经济、营商环境与产业结构升级》，《经济体制改革》2021年第5期。

何慧、郑霖豪、王天：《数字普惠金融赋能共同富裕：理论逻辑与实践路径》，《价格理论与实践》2023年第5期。

何婧、雷梦娇：《数字科技时代的农业供应链金融发展特征与模式分析》，《农村金融研究》2019年第7期。

何宗樾、张勋、万广华：《数字金融、数字鸿沟与多维贫困》，《统计研究》2020年第10期。

侯明利：《农业资本深化与要素配置效率的关系研究》，《经济纵横》2020年第2期。

胡滨、程雪军：《金融科技、数字普惠金融与国家金融竞争力》，《武汉大学学报》（哲学社会科学版）2020年第3期。

胡宁宁：《数字普惠金融与农村家庭消费：机制探析与微观证据》，《河南社会科学》2023年第6期。

胡骞文、李湛、张广财：《数字普惠金融对中小企业创新投入的影响——基于企业家精神的调节效应》，《工业技术经济》2022年第10期。

胡善成、张彦彦、张云矿：《数字普惠金融、资本错配与地区间收入差距》，《财经科学》2022年第5期。

黄立赫、石映昕：《财政分权、资本错配与区域创新效率》，《经济经纬》2022年第5期。

黄群慧、余泳泽、张松林：《互联网发展与制造业生产率提升：内在机制与中国经验》，《中国工业经济》2019年第8期。

黄少安、孙璋：《自由贸易试验区建设是否优化了服务业资源配置?》，

《社会科学战线》2023 年第 3 期。

黄孝武、宗树旺：《金融市场化水平、资本错配与僵尸企业形成》，《海南大学学报》（人文社会科学版）2024 年第 1 期。

黄益平、邱晗：《大科技信贷：一个新的信用风险管理框架》，《管理世界》2021 年第 2 期。

黄卓、王萍萍：《数字普惠金融在数字农业发展中的作用》，《农业经济问题》2022 年第 5 期。

霍兵、张延良：《互联网金融发展的驱动因素和策略——基于长尾理论视角》，《宏观经济研究》2015 年第 2 期。

姬志恒、张彦：《中国城乡协调发展的时空差异及影响因素》，《中国农业大学学报》2022 年第 7 期。

贾晋、高远卓：《改革开放 40 年城乡资本配置效率的演进》，《华南农业大学学报》（社会科学版）2019 年第 1 期。

简泽等：《中国跨企业的资本配置扭曲：金融摩擦还是信贷配置的制度偏向》，《中国工业经济》2018 年第 11 期。

江艇：《因果推断经验研究中的中介效应与调节效应》，《中国工业经济》2022 年第 5 期。

姜中裕：《数字普惠金融促进乡村产业振兴的模式创新与政策研究》，硕士学位论文，南京信息工程大学，2023 年。

蒋晓敏、周战强、张博尧：《数字普惠金融与流动人口家庭相对贫困》，《中央财经大学学报》2022 年第 3 期。

焦瑾璞等：《数字货币与普惠金融发展——理论框架、国际实践与监管体系》，《金融监管研究》2015 年第 7 期。

焦瑾璞、王爱俭：《普惠金融：基本原理与中国实践》，中国金融出版社 2015 年版。

焦瑾璞：《构建普惠金融体系的重要性》，《中国金融》2010 年第 10 期。

焦青霞、刘岳泽：《数字普惠金融、农业科技创新与农村产业融合发展》，《统计与决策》2022 年第 18 期。

靳来群、林金忠、丁诗诗：《行政垄断对所有制差异所致资源错配的影响》，《中国工业经济》2015 年第 4 期。

孔祥智、周振：《我国农村要素市场化配置改革历程、基本经验与深化路径》，《改革》2020年第7期。

兰梓睿、张书华：《数字普惠金融对企业绿色创新的影响及其机制检验》，《统计与决策》2023年第10期。

李爱喜：《普惠金融发展的演进历程、理论逻辑与中国实践》，《中州学刊》2023年第5期。

李婵娟、吕优、钟雨欣：《长江经济带数字普惠金融发展的区域差异、动态演进与收敛性考察》，《统计与决策》2022年第20期。

李春涛等：《金融科技与企业创新——新三板上市公司的证据》，《中国工业经济》2020年第1期。

李刚：《城乡正规金融资本错配与城乡一体化》，《当代经济管理》2014年第12期。

李慧泉、简兆权、林青宁：《数字经济发展能否改善中国资源错配》，《科技进步与对策》2023年第16期。

李建军、姜世超：《银行金融科技与普惠金融的商业可持续性——财务增进效应的微观证据》，《经济学》（季刊）2021年第3期。

李建军、李俊成：《"一带一路"倡议、企业信贷融资增进效应与异质性》，《世界经济》2020年第2期。

李建伟、于凤芹：《城乡统筹发展背景下的农村金融排斥问题研究——以烟台市为例》，《农村经济》2011年第10期。

李柳颖：《我国数字普惠金融对包容性增长的影响研究》，博士学位论文，天津财经大学，2019年。

李麦收、李凯旋：《数字普惠金融、小微企业创业与城乡收入差距——党的二十大共同富裕目标任务路径探索》，《征信》2023年第1期。

李明贤、叶慧敏：《普惠金融与小额信贷的比较研究》，《农业经济问题》2012年第9期。

李牧辰、封思贤、谢星：《数字普惠金融对城乡收入差距的异质性影响研究》，《南京农业大学学报》（社会科学版）2020年第3期。

李牧辰、封思贤：《数字普惠金融、数字门槛与城乡收入差距》，《管理评论》2023年第6期。

李娜：《数字普惠金融、要素配置与城乡融合发展》，《管理现代化》2023年第5期。

李培:《我国城乡间资本流动研究》,《全国流通经济》2017年第12期。

李绍平、秦明、董永庆:《数字普惠金融背景下的小额信贷与农户收入》,《经济学报》2021年第1期。

李寿喜、张珈豪:《数字普惠金融、技术创新与城市碳排放强度》,《华东师范大学学报》(哲学社会科学版)2023年第2期。

李苏苏、段军山、叶祥松:《中国工业行业间的资源错配与效率损失研究》,《南方经济》2022年第5期。

李香菊、刘硕、边琳丽:《数字金融、市场分割与资本要素错配》,《统计与决策》2023年第17期。

李晓龙、冉光和:《市场潜能、制度环境与数字金融发展》,《金融论坛》2022年第9期。

李晓燕、张克俊:《城乡要素交换中市场与政府协同机制研究》,《社会科学战线》2019年第10期。

李欣泽等:《金融发展优化了部门间资源错配程度吗?——来自1986—2015年中国工业部门的研究证据》,《经济问题》2017年第11期。

李勋来、李国平:《我国二元经济结构刚性及其软化与消解》,《西安交通大学学报》(社会科学版)2006年第1期。

李彦、付文宇、王鹏:《数字金融对城市要素配置效率的影响研究》,《经济体制改革》2023年第1期。

李瑶、李磊、刘俊霞:《有为政府、有效市场与高质量发展——基于调节效应和门槛效应的经验研究》,《山西财经大学学报》2022年第2期。

李勇、焦晶、马芬芬:《行业垄断、资本错配与过度教育》,《经济学动态》2021年第6期。

李宗翰、郑江淮:《数字普惠金融对城乡居民消费差距的影响》,《现代经济探讨》2023年第6期。

栗洪伟:《数字普惠金融风险识别及控制研究》,《价格理论与实践》2022年第10期。

梁嘉铭:《中国农村数字普惠金融法律监管研究》,《湖北经济学院学报》(人文社会科学版)2022年第3期。

梁玲玲、李烨、陈松:《数字普惠金融促进企业绿色技术创新的效应与机制检验》,《统计与决策》2023年第11期。

廖常文、张治栋：《稳定经济增长、产业结构升级与资源错配》，《经济问题探索》2020年第11期。

林毅夫、孙希芳：《信息、非正规金融与中小企业融资》，《经济研究》2005年第7期。

林子秋、张驰：《财政压力、预算公开与城市协调发展——基于2013—2019年我国265个城市的实证分析》，《经济问题探索》2022年第10期。

刘继兵、张驰、田韦仑：《金融科技、资源错配与城市绿色创新》，《金融与经济》2022年第6期。

刘锦怡、刘纯阳：《数字普惠金融的农村减贫效应：效果与机制》，《财经论丛》2020年第1期。

刘靖宇、余莉娜、杨轩宇：《数字普惠金融、数字化转型与中小企业高质量发展》，《统计与决策》2023年第18期。

刘亮等：《"走出去"战略改善了中国的资源配置吗？——基于对外直接投资的行业层面考察》，《新金融》2022年第4期。

刘璐、王晋斌、武皖：《金融发展、资本价格扭曲和"资本配置之谜"》，《云南财经大学学报》2023年第3期。

刘明辉、卢飞：《城乡要素错配与城乡融合发展——基于中国省级面板数据的实证研究》，《农业技术经济》2019年第2期。

刘培森：《数字普惠金融促进共同富裕研究——来自中国工业企业工资差距的证据》，《经济体制改革》2023年第6期。

刘荣增、袁向向、何春：《数字普惠金融与城乡融合发展的耦合协调及区域差异》，《区域经济评论》2023年第5期。

刘艳华、吴忆莲：《数字普惠金融发展与基本公共服务均等化：理论阐释与实证分析》，《区域金融研究》2023年第7期。

刘洋、李敬、雷俐：《数字金融发展推动中国城市产业结构升级了吗？——来自地级及以上城市的经验证据》，《西南大学学报》（社会科学版）2022年第6期。

刘忠：《我国普惠型农村金融改革理论与实践研究——兼论广西百色田东农村金融改革》，博士学位论文，武汉大学，2016年。

卢尔泰、吴啸峰：《农业保险怎样借力"互联网+"发展》，《中南民族大学学报》(人文社会科学版) 2022 年第 11 期。

卢盛峰、陈思霞:《政府偏袒缓解了企业融资约束吗?——来自中国的准自然实验》,《管理世界》2017 年第 5 期。

罗鹏、王婧、陈义国:《数字普惠金融缓解城乡资本配置扭曲的效果研究》,《企业经济》2022 年第 10 期。

罗兴、吴本健、马九杰:《农村互联网信贷:"互联网 +"的技术逻辑还是"社会网 +"的社会逻辑?》,《中国农村经济》2018 年第 8 期。

孟凡琳、王文平:《"一带一路"倡议对中国制造业资源错配的影响》,《管理学刊》2022 年第 1 期。

牛志伟、许晨曦、武瑛:《营商环境优化、人力资本效应与企业劳动生产率》,《管理世界》2023 年第 2 期。

彭向升:《中国农村普惠金融发展研究》,博士学位论文,福建师范大学,2017 年。

彭小辉、史清华:《"卢卡斯之谜"与中国城乡资本流动》,《经济与管理研究》2012 年第 3 期。

祁好英:《数字普惠金融、管理者意识与企业数字化转型——基于长三角中小制造企业的调查数据》,《财会通讯》2023 年第 8 期。

秦佳虹、李光勤、崔书会:《中国资源错配的时空演变及其影响因素分析》,《统计与决策》2021 年第 10 期。

冉启英、李艳:《数字经济、市场分割与产业升级》,《统计与决策》2022 年第 22 期。

任力军、倪云松:《投资结构、金融市场与资本配置效率——来自省级工业行业数据的实证分析》,《云南财经大学学报》2019 年第 9 期。

任韬、孙潇筱、褚晓琳:《重点行业资本配置扭曲对中国全要素生产率的影响》,《经济与管理研究》2020 年第 1 期。

邵帅、范美婷、杨莉莉:《经济结构调整、绿色技术进步与中国低碳转型发展——基于总体技术前沿和空间溢出效应视角的经验考察》,《管理世界》2022 年第 2 期。

沈小波、陈语、林伯强:《技术进步和产业结构扭曲对中国能源强度的影响》,《经济研究》2021 年第 2 期。

沈洋、郭孝阳、张秀武:《数字普惠金融、要素错配与工业智能制造》,

《工业技术经济》2022 年第 7 期。

石文香、陈盛伟：《农业保险促进了农民增收吗？——基于省级面板门槛模型的实证检验》，《经济体制改革》2019 年第 2 期。

石玉堂、王晓丹：《数字普惠金融能否推进共同富裕？——基于地级市面板数据的经验研究》，《企业经济》2023 年第 8 期。

时润哲、穆兴增：《县域高质量发展背景下城乡要素流动研究——以城乡资本、人才等要素均衡流动为例》，《经济与社会发展》2022 年第 6 期。

宋科、刘家琳、李宙甲：《数字普惠金融能缩小县域城乡收入差距吗？——兼论数字普惠金融与传统金融的协同效应》，《中国软科学》2022 年第 6 期。

宋敏、周鹏、司海涛：《金融科技与企业全要素生产率——"赋能"和信贷配给的视角》，《中国工业经济》2021 年第 4 期。

宋晓玲：《数字普惠金融缩小城乡收入差距的实证检验》，《财经科学》2017 年第 6 期。

苏春红、李真：《数字经济促进城乡融合发展了吗？——基于中国 285 个地级市的实证研究》，《经济社会体制比较》2023 年第 3 期。

苏红键、魏后凯：《中国城镇化进程中资源错配问题研究》，《社会科学战线》2019 年第 10 期。

苏培添、王磊：《数字普惠金融对中国农业碳排放强度影响的空间效应与机制》，《资源科学》2023 年第 3 期。

孙鸽平：《数字技术赋能农村金融的逻辑成因及路径探析》，《农业经济》2023 年第 12 期。

孙光林、艾永芳、李淼：《资本错配与中国经济增长质量——基于金融效率与产能利用率中介效应实证研究》，《管理学刊》2021 年第 5 期。

孙俊娜、胡文涛、汪三贵：《数字技术赋能农民增收：作用机理、理论阐释与推进方略》，《改革》2023 年第 6 期。

孙灵燕、张全飞：《数字普惠金融对企业碳排放强度的影响研究》，《江西社会科学》2023 年第 11 期。

孙志红、刘炳荣：《贷款利率市场化抑制了非金融企业影子银行化吗》，《现代经济探讨》2022 年第 9 期。

谭燕芝、施伟琦：《数字普惠金融对共同富裕的影响及机制研究》，《经济经纬》2023 年第 2 期。

唐红梅、赵军：《数字普惠金融、产业结构与包容性增长》，《当代经济科学》2022 年第 6 期。

唐金成、李笑晨：《保险科技驱动中国智慧农险体系构建研究》，《西南金融》2020 年第 7 期。

唐松、伍旭川、祝佳：《数字金融与企业技术创新——结构特征、机制识别与金融监管下的效应差异》，《管理世界》2020 年第 5 期。

田杰、谭秋云、靳景玉：《数字金融能否改善资源错配?》，《财经论丛》2021 年第 4 期。

佟玲、田华、李媛媛：《数字普惠金融赋能乡村振兴内在机理、现实困境及路径选择》，《农业经济》2022 年第 10 期。

童燕、靳来群：《数字金融对要素配置效率的影响研究——基于生产与研发双重过程的比较分析》，《金融与经济》2022 年第 6 期。

完世伟、汤凯：《城乡要素自由流动促进新发展格局形成的路径研究》，《区域经济评论》2021 年第 2 期。

汪炜、郑扬扬：《互联网金融发展的经济学理论基础》，《经济问题探索》2015 年第 6 期。

汪亚楠、谭卓鸿、郑乐凯：《数字普惠金融对社会保障的影响研究》，《数量经济技术经济研究》2020 年第 7 期。

王大超、赵红：《中国城乡融合发展效率评价及其影响因素研究》，《财经问题研究》2022 年第 10 期。

王刚、陈迪：《数字普惠金融与中小企业技术创新》，《统计与决策》2023 年第 19 期。

王耕南、张国俊、周春山：《珠三角数字普惠金融的时空演化特征及影响因子》，《地域研究与开发》2022 年第 5 期。

王捷、赵凌宇：《农业规模经营下农村金融难题及支持体系》，《农业经济》2023 年第 10 期。

王良虎、王钊：《中国自由贸易试验区设立能否降低资源错配?》，《西南大学学报》（社会科学版）2021 年第 5 期。

王林辉、袁礼：《资本错配会诱发全要素生产率损失吗》，《统计研究》2014 年第 8 期。

王澎涵、杨有振、范瑞：《数字普惠金融对中小企业投资效率的影响》，《河北经贸大学学报》2022年第6期。

王齐琴：《企业杠杆率水平、金融错配与企业资本配置效率》，《财会通讯》2022年第18期。

王曙光、刘彦君：《数字普惠金融是否有助于缩小城乡收入差距？》，《农村经济》2023年第2期。

王宋涛、朱腾腾、燕波：《制度环境、市场分割与劳动收入份额——理论分析与基于中国工业企业的实证研究》，《南开经济研究》2017年第3期。

王颂吉、白永秀：《城乡要素错配与中国二元经济结构转化滞后：理论与实证研究》，《中国工业经济》2013年第7期。

王伟、朱一鸣：《普惠金融与县域资金外流：减贫还是致贫——基于中国592个国家级贫困县的研究》，《经济理论与经济管理》2018年第1期。

王文、牛泽东：《资源错配对中国工业全要素生产率的多维影响研究》，《数量经济技术经济研究》2019年第3期。

王向阳、申学锋、康玺：《构建城乡要素双向流动机制的实证分析与创新路径——基于以资本要素为核心的视角》，《财政科学》2022年第3期。

王小华、贺文瑾：《数字普惠金融发展的时空特征及其动力机制研究》，《农业经济问题》2024年第1期。

王小华、杨玉琪、程露：《新发展阶段农村金融服务乡村振兴战略：问题与解决方案》，《西南大学学报》（社会科学版）2021年第6期。

王小腾、徐璋勇：《外资进入与资本错配——来自外资准入政策放松的证据》，《现代经济探讨》2020年第3期。

王晓丽、郭沛：《金融科技纾解新型农业经营主体融资困境的路径研究》，《学习与探索》2022年第8期。

王晓明：《以科技赋能开启整村授信新模式》，《中国农村金融》2022年第10期。

王馨：《互联网金融助解"长尾"小微企业融资难问题研究》，《金融研究》2015年第9期。

王奕霏、杨卫东、王海南：《数字普惠金融缩小城乡消费差距的理论逻辑和优化路径》，《农村经济》2023年第8期。

韦峻淞:《中国农村数字普惠金融法律监管检视与反思》,《中阿科技论坛》(中英文) 2023 年第 7 期。

韦朕韬、张腾:《高铁开通、资源错配与我国工业产能过剩》,《经济经纬》2021 年第 5 期。

魏巍、夏连虎:《地方政府债务对工业资本配置效率的非线性影响效应——基于动态面板平滑转换回归 PSTR 模型的检验》,《商业研究》2020 年第 1 期。

温涛、何茜:《全面推进乡村振兴与深化农村金融改革创新:逻辑转换、难点突破与路径选择》,《中国农村经济》2023 年第 1 期。

温涛、朱炯、王小华:《中国农贷的"精英俘获"机制:贫困县与非贫困县的分层比较》,《经济研究》2016 年第 2 期。

吴国华:《进一步完善中国农村普惠金融体系》,《经济社会体制比较》2013 年第 4 期。

吴若冰、蒙启、刘婵婵:《农业供应链金融助力民族地区乡村振兴研究》,《广西民族大学学报》(哲学社会科学版) 2021 年第 5 期。

吴晓求:《互联网金融:成长的逻辑》,《财贸经济》2015 年第 2 期。

伍卓、周付友:《共同富裕背景下数字普惠金融对城乡收入差距的影响效应》,《江汉论坛》2023 年第 5 期。

武翠芳、赵慧、陈少炜:《黄河流域数字普惠金融与碳减排能力耦合协调分析》,《人民黄河》2023 年第 11 期。

习明明、彭镇华:《金融结构、资本配置效率与经济增长的中介效应》,《证券市场导报》2019 年第 9 期。

向洁、胡青江、闫海龙:《数字普惠金融发展的区域差异及动态演进》,《技术经济与管理研究》2021 年第 2 期。

肖云、米双红:《城乡一体化视角下数字普惠金融发展与城乡居民消费差距的动态关系检验——兼论收入差距的中介效应》,《商业经济研究》2021 年第 18 期。

谢获宝、敬卓尔、惠丽丽:《数字普惠金融与中小企业资本结构优化》,《南方金融》2022 年第 8 期。

谢娟:《农村数字普惠金融的政治经济学研究》,博士学位论文,四川大学,2022 年。

谢平、邹传伟：《互联网金融模式研究》，《金融研究》2012年第12期。

谢心荻：《数字赋能城乡要素流动的思路与对策》，《经济与社会发展》2023年第1期。

辛金国、马帅西：《数字经济对城乡融合发展的空间溢出及门槛效应研究——以浙江省为例》，《调研世界》2022年第8期。

星焱：《农村数字普惠金融的"红利"与"鸿沟"》，《经济学家》2021年第2期。

邢鸿飞、吕汉东：《乡村振兴战略下农村数字普惠金融监管研究》，《湖北农业科学》2021年第13期。

徐伟祁、李大胜、魏滨辉：《数字普惠金融对乡村产业振兴的影响效应与机制检验》，《统计与决策》2023年第16期。

许经勇：《新时代城乡要素双向流动与城乡融合发展的深层思考》，《黄河科技学院学报》2022年第9期。

许小晴：《西藏数字普惠金融发展对农牧民消费水平的影响研究》，博士学位论文，西藏大学，2023年。

许玉韫、张龙耀：《农业供应链金融的数字化转型：理论与中国案例》，《农业经济问题》2020年第4期。

鄢宇昊等：《数字普惠金融对乡村振兴的影响效应与经验证据》，《统计与决策》2023年第15期。

杨彩林、李雯雅、曹秋菊：《数字普惠金融、农户信贷供给与城乡收入差距》，《统计与决策》2022年第12期。

杨慧、李波：《数字普惠金融促进共同富裕的效应与机制——基于地级市面板数据的实证分析》，《北方民族大学学报》2023年第6期。

杨继梅、孙继巧：《金融发展、资本配置效率与实体经济——基于不同维度金融发展视角》，《投资研究》2021年第2期。

杨志才、柏培文：《要素错配U型趋势的决定因素——来自中国省际面板数据的证据》，《中国经济问题》2019年第5期。

姚茗珂、赵健、杨艳萍：《乡村振兴视角下数字普惠金融支持"三农"发展的绩效研究》，《金融理论与实践》2023年第8期。

叶陈毅、杨蕾、管晓：《金融科技视域下农村商业银行发展创新路径研究》，《当代经济管理》2023年第8期。

易行健、周利：《数字普惠金融发展是否显著影响了居民消费——来自中国家庭的微观证据》，《金融研究》2018年第11期。

尹应凯、陈乃青：《数字普惠金融、数字鸿沟与共同富裕——基于新结构经济学的视角》，《上海大学学报》（社会科学版）2022年第6期。

尹应凯、侯蕤：《数字普惠金融的发展逻辑、国际经验与中国贡献》，《学术探索》2017年第3期。

岳鹄等：《数字普惠金融、资源配置与工业绿色全要素生产率》，《武汉金融》2023年第3期。

曾国安、苏诗琴、彭爽：《企业杠杆行为与技术创新》，《中国工业经济》2023年第8期。

张翱祥、邓荣荣：《数字普惠金融对农业绿色全要素生产率的影响及空间溢出效应》，《武汉金融》2022年第1期。

张伯超、靳来群、胡善成：《我国制造业行业间资源错配、行业要素投入效率与全要素生产率》，《南京财经大学学报》2019年第1期。

张古：《"双侧"改革背景下中国资本空间错配研究》，《统计与决策》2022年第21期。

张海燕：《数字普惠金融、公共服务供给与城乡协调发展》，《云南民族大学学报》（哲学社会科学版）2023年第2期。

张好蕊：《数字经济时代农村金融消费者权益保护路径》，《农村经济与科技》2023年第11期。

张杰、周晓艳、李勇：《要素市场扭曲抑制了中国企业R&D?》，《经济研究》2011年第8期。

张杰飞、尚建华、乔彬：《数字普惠金融对绿色创新效率的影响研究——来自中国280个地级市的经验证据》，《经济问题》2022年第11期。

张军果、秦松寿：《我国二元经济结构的固化与转化》，《中央财经大学学报》2005年第4期。

张宽、黄凌云：《政府创新偏好与区域创新能力：如愿以偿还是事与愿违?》，《财政研究》2020年第4期。

张林、温涛：《农村金融高质量服务乡村振兴的现实问题与破解路径》，《现代经济探讨》2021年第5期。

张龙耀、于一、杨军：《微型金融的普惠效应实证研究——基于6省4220

户农户调查数据》,《农业技术经济》2021 年第 2 期。

张庙见:《区块链技术助力农村金融服务升级》,《农业经济》2023 年第 5 期。

张启文、田静:《数字普惠金融能否提升农业全要素生产率?——基于异质性与空间溢出效应视角》,《农业经济与管理》2023 年第 1 期。

张庆君、李萌:《金融发展、信贷错配与企业资本配置效率》,《金融经济学研究》2018 年第 4 期。

张庆君、刘靖:《互联网金融提升了商业银行资本配置效率吗?——基于中国上市银行的经验证据》,《金融论坛》2017 年第 7 期。

张世贵:《城乡要素市场化配置的协同机理与改革路径》,《中州学刊》2020 年第 11 期。

张彤进、蔡宽宁:《数字普惠金融缩小城乡居民消费差距了吗?——基于中国省级面板数据的经验检验》,《经济问题》2021 年第 9 期。

张勋等:《数字经济、普惠金融与包容性增长》,《经济研究》2019 年第 8 期。

张宜、刘芸:《扶贫小额信贷与乡村振兴战略衔接的维度与对策》,《财会通讯》2023 年第 4 期。

张屹山、胡茜:《要素质量、资源错配与全要素生产率分解》,《经济评论》2019 年第 1 期。

张远、胡文馨、李俊峰:《数字普惠金融对城乡居民消费差距的影响研究》,《宏观经济研究》2022 年第 4 期。

张治栋、赵必武:《互联网产业集聚能否缓解地区资源错配——基于长三角 41 个城市的经验分析》,《科技进步与对策》2021 年第 13 期。

张宗新、张帅:《数字金融提升我国资本要素配置效率研究》,《社会科学》2022 年第 11 期。

赵春江、曲鸿源:《数字普惠金融促进乡村振兴的路径优化研究》,《理论探讨》2023 年第 4 期。

赵德起、王世哲:《数字普惠金融对城乡收入差距的影响研究——基于中国省域空间计量模型的实证分析》,《经济问题探索》2023 年第 5 期。

赵娜、李光勤、李香菊:《财政纵向失衡对资本错配的影响研究:基于我国 266 个地级市的面板数据》,《湖南大学学报》(社会科学版) 2021

年第 5 期。

赵晓鸽、钟世虎、郭晓欣：《数字普惠金融发展、金融错配缓解与企业创新》，《科研管理》2021 年第 4 期。

赵玉林、刘超、潘毛毛：《R&D 资源错配与绿色创新效率损失——基于中国高技术产业的实证分析》，《科技进步与对策》2022 年第 4 期。

赵玉龙：《金融发展、资本配置效率与经济高质量发展——基于我国城市数据的实证研究》，《金融理论与实践》2019 年第 9 期。

郑宏运、李谷成：《城乡政策偏向对农业资源配置效率的影响研究》，《农业技术经济》2020 年第 7 期。

郑威、陆远权：《数字金融、营商环境与高质量创业》，《现代经济探讨》2023 年第 5 期。

郑展鹏、刘笑言、曹玉平：《数字普惠金融与城乡收入差距：马太效应抑或长尾效应?》，《经济体制改革》2023 年第 6 期。

仲深、杜磊：《市场化程度、政府干预与地区资本错配》，《哈尔滨商业大学学报》（社会科学版）2019 年第 2 期。

周才云、李伟：《普惠金融助力精准扶贫的适应性、瓶颈制约与创新路径》，《理论探索》2017 年第 6 期。

周华东、李鑫、高玲玲：《房价上涨与制造业资源错配》，《华东经济管理》2022 年第 3 期。

周慧、王敏丽：《中国城乡要素错配水平测度及空间分异特征分析》，《安徽农业大学学报》（社会科学版）2023 年第 3 期。

周雷、张鑫、董珂：《数字金融创新有助于促进实体经济高质量发展吗？——基于金融服务效率的机制分析与空间计量》，《西安财经大学学报》2024 年第 1 期。

周晔、丁鑫：《科技赋能提升金融支持实体经济效率了吗？——基于金融供求结构视角》，《国际金融研究》2023 年第 10 期。

周颖、王姣：《数字普惠金融服务乡村振兴的挑战与功能深化》，《农业经济》2022 年第 11 期。

周月书、王雨露、彭媛媛：《农业产业链组织、信贷交易成本与规模农户信贷可得性》，《中国农村经济》2019 年第 4 期。

周月书、王悦雯：《二元经济结构转换与城乡资本配置效率关系实证分析》,《中国农村经济》2015年第3期。

周月书、王悦雯:《我国城乡资本流动研究:1981—2012——基于城乡资本边际生产率的分析》,《江淮论坛》2015年第1期。

周振、伍振军、孔祥智:《中国农村资金净流出的机理、规模与趋势:1978—2012年》,《管理世界》2015年第1期。

周振:《新时代我国城乡要素配置改革:实践成效、理论逻辑和未来展望》,《经济纵横》2023年第1期。

朱杰堂、焦冉晴、谢伟丽:《数字普惠金融如何影响绿色全要素生产率——理论分析与经验证据》,《金融监管研究》2022年第3期。

宗振利、廖直东:《中国省际三次产业资本存量再估算:1978—2011》,《贵州财经大学学报》2014年第3期。

二 外文文献

A. Syed et al., "Assessing the Role of Digital Finance on Shadow Economy and Financial Instability: An Empirical Analysis of Selected South Asian Countries", *Mathematics*, Vol. 9, No. 23, 2021.

A. Abiad, N. Oomes, K. Ueda, "The Quality Effect: Does Financial Liberalization Improve the Allocation of Capital?", *Journal of Development Economics*, Vol. 87, No. 2, 2008.

A. Durnev et al., "Capital Markets and Capital Allocation: Implications for Economies in Transition", *Economics of Transition*, Vol. 12, No. 4, 2004.

A. Goldfarb, C. Tucker, "Digital Economics", *Journal of Economic Literature*, Vol. 57, No. 1, 2019.

A. N. Berger, G. F. Udell, "Small Business Credit Availability and Relationship Lending: The Importance of Bank Organizational Structure", *The Economic Journal*, Vol. 112, No. 477, 2002.

A. N. Omeje et al., "Examining the Penetration of Financial Inclusion in the Agricultural Sector: Evidence from Small-Scale Farmers in Enugu State, Nigeria", *Agricultural Finance Review*, Vol. 82, No. 1, 2022.

A. R. Atellu, P. W. M. O. Sule, "Financial Stability in Kenya. Does Inclusive Finance Matter?", *Journal of Economics and Sustainable Development*, Vol. 10,

No. 6, 2019.

A. Smith, *An Inquiry into the Nature and Causes of the Wealth of Nations*, New York: G. P. Putnam's Sons, 1877.

A. Weinberger, Q. Xuefeng, M. Yaşar, "Export Tax Rebates and Resource Misallocation: Evidence from a Large Developing Country", *Canadian Journal of Economics*, Vol. 54, No. 4, 2021.

A. Zins, L. Weill, "The Determinants of Financial Inclusion in Africa", *Review of Development Finance*, Vol. 6, No. 1, 2016.

B. E. Hansen, "Threshold Effects in Non-Dynamic Panels: Estimation, Testing, and Inference", *Journal of Econometrics*, Vol. 93, No. 2, 1999.

B. Gapp et al., "Digital Finance in Africa: Accelerating Foundations for Inclusive and Sustainable Local Innovation", *Environmental Sciences Proceedings*, Vol. 15, No. 1, 2022.

B. K. Kapur, "Alternative Stabilization Policies for Less-developed Economies", *Journal of Political Economy*, Vol. 84, No. 4, 1976.

B. Kaymak, I. Schott, "Loss-Offset Provisions in the Corporate Tax Code and Misallocation of Capital", *Journal of Monetary Economics*, Vol. 105, 2019.

B. Moll, "Productivity Losses from Financial Frictions: Can Self-Financing undo Capital Misallocation?", *American Economic Review*, Vol. 104, No. 10, 2014.

C. Anderson, "The Long Tail", *Wired Magazine*, Vol. 12, No. 10, 2004.

C. Anderson, *The Long Tail: How Endless Choice is Creating Unlimited Demand*, Random House, 2007.

C. Anderson, *The Long Tail: Why the Future of Business is Selling Less of More*, Hachette Books, 2006.

C. Azariadis, L. Kaas, "Capital Misallocation and Aggregate Factor Productivity", *Macroeconomic Dynamics*, Vol. 20, No. 2, 2016.

C. Dagum, "A New Approach to the Decomposition of the Gini Income Inequality Ratio", *Empirical Economics*, Vol. 22, No. 4, 1997.

C. I. Ravnbøl, "Accessing Cash (Lessness): Cash Dependency, Debt, and Digital Finance in a Marginalized Roma Neighborhood", *Economic Anthropol-*

ogy, Vol. 10, No. 1, 2023.

C. T. Hsieh, P. J. Klenow, "Misallocation and Manufacturing TFP in China and India", *The Quarterly Journal of Economics*, Vol. 124, No. 4, 2009.

C. Y. Park, J. R. Mercado, "Financial Inclusion, Poverty, and Income Inequality", *The Singapore Economic Review*, Vol. 63, No. 1, 2018.

D. J. Mathieson, "Financial Reform and Stabilization Policy in A Developing Economy", *Journal of Development Economics*, Vol. 7, No. 3, 1980.

D. Mhlanga, "Industry 4.0 in Finance: The Impact of Artificial Intelligence (AI) on Digital Financial Inclusion", *International Journal of Financial Studies*, Vol. 8, No. 3, 2020.

D. Restuccia, R. Rogerson, "The Causes and Costs of Misallocation", *Journal of Economic Perspectives*, Vol. 31, No. 3, 2017.

D. Tapscott, *The Digital Economy: Promise and Peril in the Age of Networked Intelligence*, New York: McGraw-Hill, 1996.

D. W. Jorgenson, "The Development of A Dual Economy", *The Economic Journal*, Vol. 71, No. 282, 1961.

E. A. Elliot, C. Cavazos, B. Ngugi, "Digital Financial Services and Strategic Financial Management: Financial Services Firms and Microenterprises in African Markets", *Sustainability*, Vol. 14, No. 24, 2022.

E. Goldman, "The Impact of Stock Market Information Production on Internal Resource Allocation", *Journal of Financial Economics*, Vol. 71, No. 1, 2004.

E. S. Shaw, *Financial Deepening in Economic Development*, New York: Oxford University Press, 1973.

E. Somanathan, "Can Growth Ease Class Conflict?", *Economics & Politics*, Vol. 14, No. 1, 2002.

F. Allen et al., "The African Financial Development and Financial Inclusion Gaps", *Journal of African Economies*, Vol. 23, No. 5, 2014.

F. Cairncross, *The Death of Distance: How the Communications Revolution Will Change Our Lives*, Boston: Harvard Business School Press, 1997.

F. Caselli, J. Feyrer, "The Marginal Product of Capital", *The Quarterly Journal of Economics*, Vol. 122, No. 2, 2007.

F. Y. Mpofu, D. Mhlanga, "Digital Financial Inclusion, Digital Financial Services Tax and Financial Inclusion in the Fourth Industrial Revolution Era in Africa", *Economies*, Vol. 10, No. 8, 2022.

G. Gopinath et al., "Capital Allocation and Productivity in South Europe", *The Quarterly Journal of Economics*, Vol. 132, No. 4, 2017.

G. Matvos, A. Seru, "Resource Allocation Within Firms and Financial Market Dislocation: Evidence from Diversified Conglomerates", *The Review of Financial Studies*, Vol. 27, No. 4, 2014.

G. Vachadze, "Misallocation of Resources, Total factor Productivity, and the Cleansing Hypothesis", *Macroeconomic Dynamics*, Vol. 26, No. 4, 2022.

H. Bester, "Screening vs. Rationing in Credit Markets with Imperfect Information", *The American Economic Review*, Vol. 75, No. 4, 1985.

H. Gupta, "An Analysis of Government Initiatives towards Inclusive Financial System", *International Journal of Advanced Research in Management and Social Sciences*, Vol. 4, No. 5, 2015.

H. T. Patrick, "Financial Development and Economic Growth in Underdeveloped Countries", *Economic Development and Cultural Change*, Vol. 14, No. 2, 1966.

İ. Bozkurt, R. Karakuş, M. Yildiz, "Spatial Determinants of Financial Inclusion over Time", *Journal of International Development*, Vol. 30, No. 8, 2018.

I. Elouardighi, K. Oubejja, "Can Digital Financial Inclusion Promote Women's Labor Force Participation? Microlevel Evidence from Africa", *International Journal of Financial Studies*, Vol. 11, No. 3, 2023.

J. C. Driscoll, A. C. Kraay, "Consistent Covariance Matrix Estimation With Spatially Dependent Panel Data", *The Review of Economics and Statistics*, Vol. 80, No. 4, 1998.

J. C. H. Fei, G. Ranis, "Development of the Labor Surplus Economy: Theory and Policy", *The Economic Journal*, Vol. 77, No. 306, 1967.

J. Copestake et al., "Monitoring the Diversity of the Poverty Outreach and Impact of Microfinance: A Comparison of Methods Using Data from Peru", *Development Policy Review*, Vol. 23, No. 6, 2005.

J. E. Meade, *The Theory of International Economic Policy: Trade and Welfare*,

New York: Oxford University Press, 1951.

J. Greenwood, B. Jovanovic, "Financial Development, Growth, and the Distribution of Income", *Journal of Political Economy*, Vol. 98, No. 5, 1990.

J. Gurley, E. Shaw, *Money in a Theory of Finance*, Washington, D. C.: The Brookings Institution, 1960.

J. Harris, M. Todaro, "Migration, Unemployment and Development: A Two-sector Analysis", *American Economics Review*, Vol. 60, No. 1, 1970.

J. Hicks, *A Theory of Economic History*, New York: Oxford University Press, 1969.

J. M. David, V. Venkateswaran, "The Sources of Capital Misallocation", *American Economic Review*, Vol. 109, No. 7, 2019.

J. M. David et al., "Capital Allocation in Developing Countries", *The World Bank Economic Review*, Vol. 35, No. 4, 2021.

J. P. Elhorst, "Matlab Software for Spatial Panels", *International Regional Science Review*, Vol. 37, No. 3, 2014.

J. Pang, H. Wu, "Financial Markets, Financial Dependence, and the Allocation of Capital", *Journal of Banking & Finance*, Vol. 33, No. 5, 2009.

J. R. Busenbark et al., "Corporate-Level Influences on Internal Capital Allocation: The Role of Financial Analyst Performance Projections", *Strategic Management Journal*, Vol. 43, No. 1, 2022.

J. Schumpeter, *The Theory of Economic Development*, Boston: Harvard University Press, 1912.

J. Wurgler, "Financial Markets and the Allocation of Capital", *Journal of Financial Economics*, Vol. 58, No. 1-2, 2000.

K. Jagani, S. Patra, "Digital Participation through Mobile Internet Banking and Its Impact on Financial Inclusion: A Study of Jan Dhan Yojana", *International Journal of Public Administration in the Digital Age*, Vol. 4, No. 4, 2017.

K. Mann, "Does Foreign Capital Go Where the Returns Are? Financial Integration and Capital Allocation Efficiency", *International Journal of Finance & Economics*, Vol. 26, No. 3, 2021.

L. Alfaro, S. Kalemli-Ozcan, V. Volosovych, "Why doesn't Capital Flow from Rich to Poor Countries? An Empirical Investigation", *The Review of Economics and Statistics*, Vol. 90, No. 2, 2008.

L. Brandt, T. Tombe, X. Zhu, "Factor Market Distortions Across Time, Space and Sectors in China", *Review of Economic Dynamics*, Vol. 16, No. 1, 2013.

L. F. Lee, J. Yu, "Estimation of Spatial Autoregressive Panel Data Models with Fixed Effects", *Journal of Econometrics*, Vol. 154, No. 2, 2010.

L. Gambacorta et al., "How do Machine Learning and Non-traditional Data Affect Credit Scoring?: New Evidence from a Chinese Fintech Firm", BIS Working Paper, No. 834, 2019.

L. V. Vera, "Macroeconomic Adjustment under an External and Fiscal Constraint: A Fix-price/Flex-price Approach", *Metroeconomica*, Vol. 56, No. 1, 2005.

M. Hasan, T. Le, A. Hoque, "How Does Financial Literacy Impact on Inclusive Finance?", *Financial Innovation*, Vol. 7, No. 1, 2021.

M. Imai, "Government Financial Institutions and Capital Allocation Efficiency in Japan", *Journal of Banking & Finance*, Vol. 118, 2020.

M. J. Alam, "Capital Misallocation: Cyclicality and Sources", *Journal of Economic Dynamics and Control*, Vol. 112, No. 3, 2020.

M. J. Fry, "Saving, Investment, Growth and the Cost of Financial Repression", *World Development*, Vol. 8, No. 4, 1980.

M. Jaud, M. Kukenova, M. Strieborny, "Finance, Comparative Advantage, and Resource Allocation", *Review of Finance*, Vol. 22, No. 3, 2018.

M. Kogler, "Risk Shifting and the Allocation of Capital: A Rationale for Macroprudential Regulation", *Journal of Banking & Finance*, Vol. 118, 2020.

M. L. Katz, C. Shapiro, "Network Externalities, Competition, and Compatibility", *The American Economic Review*, Vol. 75, No. 3, 1985.

M. L. Weitzman, "The Share Economy: Conquering Stagflation", *ILR Review*, Vol. 39, No. 2, 1986.

M. Morazzoni, A. Sy, "Female Entrepreneurship, Financial Frictions and Capital Misallocation in the US", *Journal of Monetary Economics*, Vol. 129,

2022.

M. P. Todaro, "A Model of Labor Migration and Urban Unemployment in Less Developed Countries", *The American Economic Review*, Vol. 59, No. 1, 1969.

M. Shinjiro, "Financial Contract and Capital Allocation: A Comparison Between Market-Based Finance and Bank Finance", *The Hosei Journal of Business*, Vol. 55, No. 2, 2018.

N. Bau, A. Matray, "Misallocation and Capital Market Integration: Evidence from India", *Econometrica*, Vol. 91, No. 1, 2023.

N. Bloom, "The Impact of Uncertainty Shocks", *Econometrica*, Vol. 77, No. 3, 2009.

N. Jain, T. V. Raman, "A Partial Least Squares Approach to Digital Finance Adoption", *Journal of Financial Services Marketing*, Vol. 27, No. 1, 2022.

O. Akanfe, R. Valecha, H. R. Rao, "Design of an Inclusive Financial Privacy Index (INF-PIE): A Financial Privacy and Digital Financial Inclusion Perspective", *ACM Transactions on Management Information Systems*, Vol. 12, No. 1, 2020.

P. Belan, P. Michel, B. Wigniolle, "Does Imperfect Competition Foster Capital Accumulation in A Developing Economy?", *Research in Economics*, Vol. 59, No. 2, 2005.

P. K. Ozili, "Digital Finance Research and Developments around the World: A Literature Review", *International Journal of Business Forecasting and Marketing Intelligence*, Vol. 8, No. 1, 2023.

P. Le, "Capital Misallocation and State Ownership Policy in Vietnam", *Economic Record*, Vol. 98, 2022.

P. LeSage, K. Pace, *Introduction to Spatial Econometrics*, Abingdon: Taylor & Francis Group, 2009.

R. A. Mundell, "The Monetary Dynamics of International Adjustment under Fixed and Flexible Exchange Rates", *The Quarterly Journal of Economics*, Vol. 74, No. 2, 1960.

R. Fossati, H. Rachinger, M. Stivali, "Extent and Potential Determinants of

Resource Misallocation: A Cross-Sectional Study for Developing Countries", *The World Economy*, Vol. 44, No. 5, 2021.

R. McKinnon, *Money and Capital in Economic Development*, Washington: The Brooking Institute, 1973.

R. Pieters, "Meaningful Mediation Analysis: Plausible Causal Inference and Informative Communication", *Journal of Consumer Research*, Vol. 44, No. 3, 2017.

R. Rasheed, S. H. Siddiqui, "Attitude for Inclusive Finance: Influence of Owner-Managers' and Firms' Characteristics on SMEs Financial Decision Making", *Journal of Economic and Administrative Sciences*, Vol. 35, No. 3, 2019.

R. W. Goldsmith, *Financial Structure and Development*, New Haven: Yale University Press, 1969.

S. Aoki, "A Simple Accounting Framework for the Effect of Resource Misallocation on Aggregate Productivity", *Journal of the Japanese and International Economies*, Vol. 26, No. 4, 2012.

S. Borenstein, G. Saloner, "Economics and Electronic Commerce", *Journal of Economic Perspectives*, Vol. 15, No. 1, 2001.

S. Claessens, "Access to Financial Services: A Review of the Issues and Public Policy Objectives", *The World Bank Research Observer*, Vol. 21, No. 2, 2006.

S. Dheera-Aumpon, "Resource Misallocation and Rice Productivity in Thailand", *Montenegrin Journal of Economics*, Vol. 14, No. 2, 2018.

S. Gilchrist, J. W. Sim, E. Zakrajšek, "Misallocation and Financial Market Frictions: Some Direct Evidence from the Dispersion in Borrowing Costs", *Review of Economic Dynamics*, Vol. 16, No. 1, 2013.

S. Gopalan, R. S. Rajan, "Does Digital Financial Inclusion Moderate or Exacerbate Output Volatility?", *Applied Economics Letters*, Vol. 29, No. 19, 2022.

S. Hathroubi, "Inclusive Finance, Growth and Socio-Economic Development in Saudi Arabia: A Threshold Cointegration Approach", *Journal of Economic*

Development, Vol. 44, No. 2, 2019.

S. J. Ho, S. K. Mallick, "Does Institutional Linkage of Bank-MFI Foster Inclusive Financial Development Even in the Presence of MFI Frauds?", *Scottish Journal of Political Economy*, Vol. 64, No. 3, 2017.

S. Kalemli-Ozcan et al., "Why does Capital Flow to Rich States?", *The Review of Economics and Statistics*, Vol. 92, No. 4, 2010.

S. Nauhaus, J. Luger, S. Raisch, "Strategic Decision Making in the Digital Age: Expert Sentiment and Corporate Capital Allocation", *Journal of Management Studies*, Vol. 58, No. 7, 2021.

S. Tadelis, "What's in a Name?: Reputation as a Tradeable Asset", *American Economic Review*, Vol. 89, No. 3, 1999.

T. Hellmann, K. Murdock, J. Stiglitz, "Financial Restraint: Towards a New Paradigm", in M. Aoki, H-K. Kim, M. Okuno-Fujiwara eds., *The Role of Government in East Asian Economic Development Comparative Institutional Analysis*, Oxford: Clarendon Press, 1997.

T. N. Bach, "State Owned Enterprises and Capital Misallocation in Vietnam", *Journal of the Asia Pacific Economy*, Vol. 24, No. 3, 2019.

T. Piketty, *Capital in the Twenty-first Century*, Harvard University Press, 2014.

U. S. Thathsarani, W. Jianguo, "Do Digital Finance and the Technology Acceptance Model Strengthen Financial Inclusion and SME Performance?", *Information*, Vol. 13, No. 8, 2022.

V. Galbis, "Financial Intermediation and Economic Growth in Less-developed Countries: A Theoretical Approach", *The Journal of Development Studies*, Vol. 13, No. 2, 1977.

V. M. Kumbhar, "Financial Inclusion Policy: A Case Study of Hilly Area", *International Journal of Research in Economics and Social Sciences*, Vol. 5, No. 9, 2015.

V. Midrigan, D. Y. Xu, "Finance and Misallocation: Evidence from Plant-Level Data", *American Economic Review*, Vol. 104, No. 2, 2014.

V. R. Bencivenga, B. D. Smith, "Financial Intermediation and Endogenous

Growth", *The Review of Economic Studies*, Vol. 58, No. 2, 1991.

W. A. Lewis, "Economic Development with Unlimited Supplies of Labour", *The Manchester School*, Vol. 22, No. 2, 1954.

W. Petty, *A Treatise of Taxes and Contributions*, London: Brooke, 1662.